2018ANTIQUES AUCTION RECORDS

拍卖年鉴 玉器

2017.1.1～2017.12.31

欣弘 主编

湖南美术出版社

凡　例

1.《2018古董拍卖年鉴》分瓷器卷、玉器卷、杂项卷、珠宝翡翠卷、书画卷共五册，收录了纽约、伦敦、巴黎、日内瓦、香港、澳门、台北、北京、上海、广州、昆明、天津、重庆、成都、合肥、南京、西安、沈阳、济南等城市或地区的几十家拍卖公司几百个专场的2017年度拍卖成交记录与拍品图片。

2.本书内文条目原则上保留了原拍卖记录，按拍品号、品名、估价、成交价、尺寸、拍卖公司名称、拍卖日期等排序，部分原内容缺或不详的不注明，书画卷内文条目还有作者姓名、作品形式、创作年代等内容。

3.因境外拍卖公司宿地不同，本书拍品中有多种币种：RMB人民币，USD美元，EUR欧元，GBP英磅，HKD港币，TWD台币。但本书所有拍品成交价均按汇率转换成RMB(人民币)币种。

4.多人合作的作品，目录中仅列出一位主要作者的名字。

5.需查看更多图片资料，请登陆“www.artron.net”进入《中国艺搜》栏目，输入要查看拍品的完整名称或名称的关键词语点击搜索即可。

礼 玉

玉 璜

362 新石器时代或齐家文化 玉三璜联环
估 价：HKD 40,000~60,000
成交价：RMB 81,995
直径13cm 香港苏富比 2017-06-01

2740 商后期 青白玉龙纹璜
来源：养德堂珍藏，台北。
估 价：HKD 80,000~120,000
成交价：RMB 340,400
宽8cm 佳士得 2017-11-29

2746 西周 白玉双人面纹璜
来源：养德堂珍藏，台北。
估 价：HKD 600,000~800,000
成交价：RMB 6,008,060
长11.1cm 佳士得 2017-11-29

2730 西周早中期 青玉龙纹璜 （一对）
来源：养德堂珍藏，台北。
估 价：HKD 200,000~300,000
成交价：RMB 372,313
长9.5cm 佳士得 2017-11-29

2800 西周 黄玉人龙纹璜 （一对）
估 价：HKD 500,000
成交价：RMB 425,760
最大长12.5cm 万昌斯 2017-05-29

370 新石器时代齐家文化 玉璜及西周 玉琮
估 价：HKD 30,000~50,000
成交价：RMB 218,654
璜长12cm，琮宽6.1cm
香港苏富比 2017-06-01

2731 西周早中期 青玉象鼻鹰身龙纹璜
来源：养德堂珍藏，台北。
估 价：HKD 250,000~400,000
成交价：RMB 744,625
长13.2cm 佳士得 2017-11-29

1274 战国 白玉谷纹出脊璜 （一对）
估 价：HKD 80,000~120,000
成交价：RMB 83,733
最大的宽14.7cm 中国嘉德 2017-05-30

1282 西汉 白玉带沁蒲纹出廓双螭龙璜
估 价：HKD 100,000~150,000
成交价：RMB 104,666
宽15.6cm 中国嘉德 2017-05-30

6103 元 古玉龙首谷纹璜
估 价：RMB 30,000~50,000
成交价：RMB 109,250
长7cm 北京保利 2017-12-19

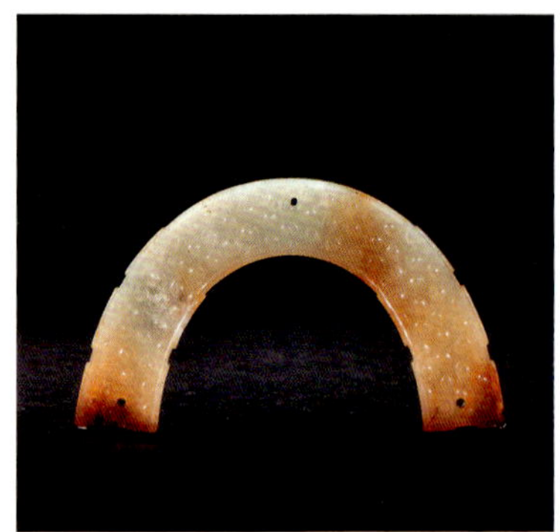

204 汉 谷纹玉璜
估 价：HKD 300,000~360,000
成交价：RMB 326,688
长9cm 香港翰海 2017-10-05

403 西汉 白玉带沁双虎首璜
估 价：HKD 20,000~30,000
成交价：RMB 27,423
宽7cm 中国嘉德 2017-10-02

2718 西汉 玉龙纹璜形佩
估 价：HKD 300,000~500,000
成交价：RMB 887,000
长9cm 佳士得 2017-05-31

3102 明 黄玉龙纹璜
估　价：RMB 30,000~50,000
成交价：RMB 149,500
长10.3cm 中国嘉德 2017-06-19

127 17世纪 青玉双龙首璜
估　价：EUR 2,000~3,000
成交价：RMB 38,202
宽17.4cm 巴黎苏富比 2017-06-22

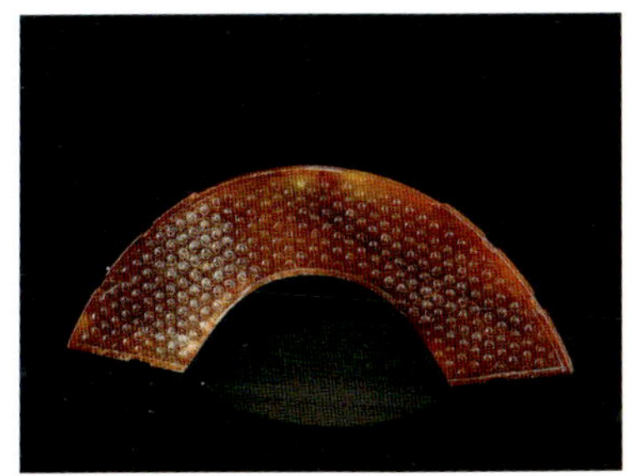

2044 清 谷纹大玉璜
估　价：RMB 450,000~600,000
成交价：RMB 575,000
长17.3cm 古天一 2017-06-07

2009 清 龙凤纹玉璜
估　价：RMB 450,000~550,000
成交价：RMB 1,058,000
长10cm 古天一 2017-06-07

玉　琥

2725 商后期 青玉琥
来源：养德堂珍藏，台北。
估　价：HKD 300,000~500,000
成交价：RMB 7,744,100
长5.8cm 佳士得 2017-11-29

2723 后石家河文化 约公元前2100-公元前1600年 玉琥
来源：养德堂珍藏，台北。
估　价：HKD 120,000~180,000
成交价：RMB 1,063,750
长9.7cm 佳士得 2017-11-29

645 春秋 龙珑 （一对）
估　价：HKD 120,000~180,000
成交价：RMB 137,116
长3.2cm；长2.7cm 北京匡时 2017-10-02

2078 旧玉珑 （两件）
估　价：RMB 400,000~600,000
成交价：RMB 529,000
长11.5cm 北京翰海 2017-06-04

玉　璧

2712 良渚文化 玉璧
来源：养德堂珍藏，台北。
估　价：HKD 100,000~150,000
成交价：RMB 957,375
直径19cm 佳士得 2017-11-29

3069 新石器时代 良渚文化玉璧 （两件）
来源：1.英国韦布里奇；2.赛克勒博士；3.纽约佳士得，2009年。
估　价：HKD 600,000~800,000
成交价：RMB 1,002,375
直径19cm，直径21cm 香港苏富比 2017-04-04

2715 龙山文化早中期 约公元前2300-公元前1900年 青黄玉牙璧
来源：养德堂珍藏，台北。
估　价：HKD 150,000~250,000
成交价：RMB 510,600
宽13.3cm 佳士得 2017-11-29

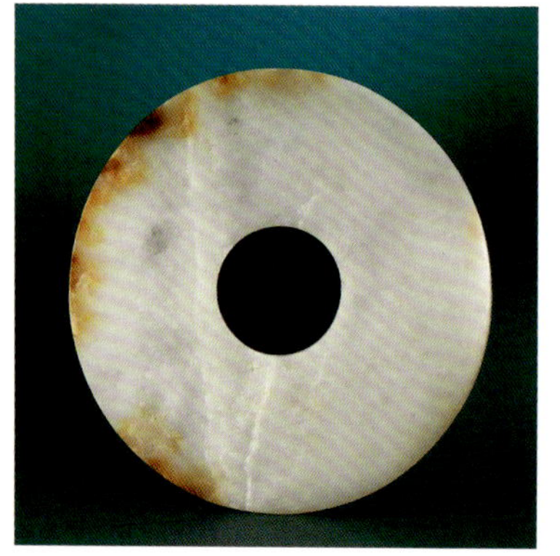

2714 齐家文化至西周 约公元前2300-公元前771年 白玉璧
来源：养德堂珍藏，台北。
估　价：HKD 150,000~250,000
成交价：RMB 531,875
直径23cm 佳士得 2017-11-29

355 新石器时代 玉璧
估　价：HKD 20,000~30,000
成交价：RMB 218,654
直径16cm 香港苏富比 2017-06-01

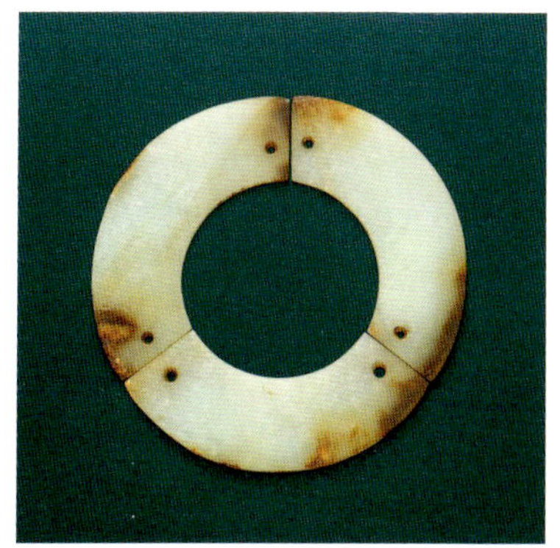

2711 齐家文化 约公元前2300-公元前1500年 白玉三璜联璧
来源：养德堂珍藏，台北。
估 价：HKD 60,000~80,000
成交价：RMB 63,825
直径12.5cm 佳士得 2017-11-29

3110 春秋 透空玉雕螭龙璧
估 价：HKD 300,000~500,000
成交价：RMB 315,414
直径6cm 保利香港 2017-04-04

623 战国 青玉S纹璧
估 价：HKD 30,000~65,000
成交价：RMB 67,880
直径4.5cm 中濠典藏 2017-05-23

232 商 玉璧
来源：台湾重要私人收藏。
估 价：HKD 80,000~100,000
成交价：RMB 102,090
直径15.8cm 香港翰海 2017-10-05

2734 战国 白玉出戟璧
估 价：HKD 120,000~180,000
成交价：RMB 465,675
直径4.2cm 佳士得 2017-05-31

376 战国 玉谷纹系璧
估 价：HKD 10,000~15,000
成交价：RMB 218,654
直径3.5cm 香港苏富比 2017-06-01

233 西周 玉璧
估 价：HKD 100,000~120,000
成交价：RMB 183,762
直径17.5cm 香港翰海 2017-10-05

658 战国 谷纹玉璧、谷纹玉勒
估 价：HKD 190,000~260,000
成交价：RMB 186,086
直径4.7cm；高4.6cm 北京匡时 2017-10-02

2717 战国 玉双凤纹璧
估 价：HKD 300,000~500,000
成交价：RMB 443,500
长7.6cm 佳士得 2017-05-31

2761 战国晚期至西汉早期 玉双凤谷纹璧
来源：养德堂珍藏，台北。
估　价：HKD 150,000~200,000
成交价：RMB 2,740,220
宽6.5cm 佳士得 2017-11-29

2732 西汉 玉透雕龙纹璧
估　价：HKD 1,200,000~1,800,000
成交价：RMB 4,843,020
直径8.5cm 佳士得 2017-05-31

633 商 兽面纹玉璧
估　价：HKD 40,000~80,000
成交价：RMB 83,544
直径12.8cm 中濠典藏 2017-05-23

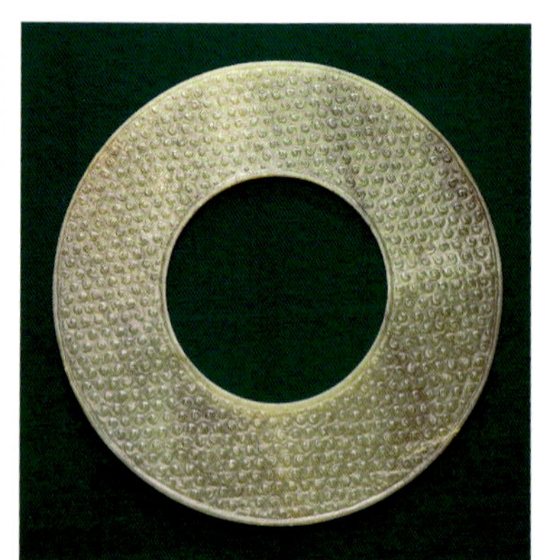

2777 战国早中期 青玉楚式谷纹璧
来源：养德堂珍藏，台北。
估　价：HKD 160,000~200,000
成交价：RMB 212,750
直径21.7cm 佳士得 2017-11-29

216 战国早期至西汉 三层双身兽面纹饰玉璧
来源：台湾重要私人收藏。
估　价：HKD 100,000~120,000
成交价：RMB 245,016
直径25.7cm 香港翰海 2017-10-05

2760 战国中期 玉龙纹璧
来源：养德堂珍藏，台北。
估 价：HKD 120,000~180,000
成交价：RMB 1,276,500
宽7.5cm 佳士得 2017-11-29

2733 汉 白玉透雕羽人骑龙纹璧
估 价：HKD 1,000,000~1,500,000
成交价：RMB 3,459,300
长13.5cm 佳士得 2017-05-31

234 周 玉璧
来源：台湾重要私人收藏。
估 价：HKD 80,000~100,000
成交价：RMB 86,777
直径14cm 香港翰海 2017-10-05

1063 汉 青玉兽面纹璧
估 价：USD 25,000~35,000
成交价：RMB 389,194
直径19cm 纽约佳士得 2017-03-17

2778 西汉 玉兽面纹璧
来源：养德堂珍藏，台北。
估 价：HKD 150,000~250,000
成交价：RMB 212,750
直径21.7cm 佳士得 2017-11-29

370 汉 白玉镂雕龙纹出廓璧
估　价：HKD 800,000~1,200,000
成交价：RMB 783,520
高15.5cm 中国嘉德 2017-10-02

2715 汉 玉双凤璧
估　价：HKD 100,000~150,000
成交价：RMB 221,750
长6cm 佳士得 2017-05-31

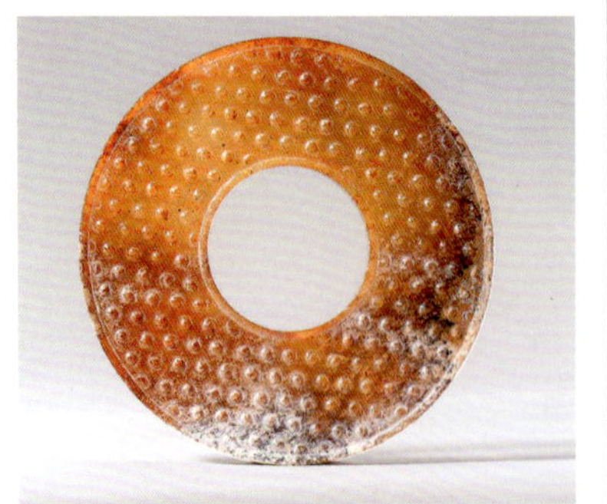

235 汉 谷纹璧
来源：台湾重要私人收藏。
估　价：HKD 80,000~100,000
成交价：RMB 193,971
直径9.1cm 香港翰海 2017-10-05

1353 唐 玉雕龙纹璧
估　价：HKD 50,000~70,000
成交价：RMB 52,333
直径8.8cm 中国嘉德 2017-05-30

1352 宋 高浮雕双螭乳丁玉璧
估　价：HKD 30,000~50,000
成交价：RMB 31,400
直径13.6cm 中国嘉德 2017-05-30

359 约汉 玉蚕纹璧及清 玉琮
估　价：HKD 20,000~30,000
成交价：RMB 306,116
璧直径11.5cm，琮高5.3cm
香港苏富比 2017-06-01

467 宋 白玉高浮雕龙凤纹璧
估　价：HKD 500,000~650,000
成交价：RMB 578,760
直径10.2cm 中濠典藏 2017-11-29

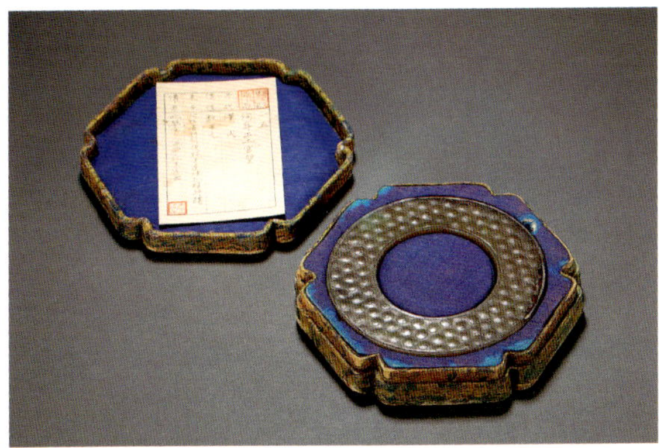

7196 元 青玉蒲纹璧
估　价：RMB 80,000~120,000
成交价：RMB 92,000
直径10.5cm 北京保利 2017-12-20

1757 明 白玉方形倭角双螭璧
估　价：RMB 150,000~200,000
成交价：RMB 184,000
7.3cm×4.4cm 上海匡时 2017-11-05

166 宋/明 褐白玉雕夔龙纹璧
估　价：HKD 100,000~150,000
成交价：RMB 100,238
直径10.7cm 佳士得 2017-04-04

3970 明 青玉瑞斑蒲璧
来源：吴大澂旧藏。
估　价：RMB 1,000,000~1,500,000
成交价：RMB 2,070,000
直径10.8cm 北京匡时 2017-06-04

3570 明 白玉红沁双龙纹璧
估　价：RMB 200,000~250,000
成交价：RMB 230,000
直径12cm 北京匡时 2017-06-04

1607 明 银鎏金镂空玉璧
估　价：RMB 850,000~1,150,000
成交价：RMB 5,175,000
直径9.5cm 中贸圣佳 2017-06-18

1162 明 玉璧
来源：不言堂，坂本五郎旧藏。
估 价：RMB 30,000~50,000
成交价：RMB 632,500
直径13cm 古天一 2017-06-07

511 清早期 龙凤呈祥玉璧
估 价：RMB 80,000~100,000
成交价：RMB 184,000
直径6cm 北京东正 2017-12-09

1808 明早期 白玉双螭谷纹璧
估 价：RMB 60,000~100,000
成交价：RMB 115,000
直径15.4cm 中贸圣佳 2017-06-18

1810 明 玉苍龙教子纹璧
估 价：RMB 80,000~100,000
成交价：RMB 92,000
长6.5cm 中贸圣佳 2017-06-18

3714 清乾隆 白玉透雕宜子孙螭龙纹璧
“乾隆年制”、“身字一百四十七号”款
估 价：HKD 500,000~700,000
成交价：RMB 835,313
高10.5cm 香港苏富比 2017-04-05

2022 清 黄玉兽面纹璧
来源：文物商店旧藏。
估 价：RMB 180,000~200,000
成交价：RMB 253,000
直径7.2cm 古天一 2017-06-07

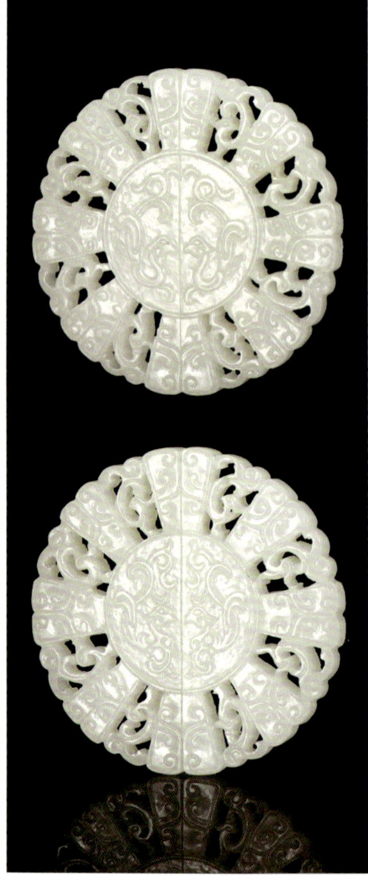

627 清乾隆 透雕丹凤朝阳合璧
“乾隆”、“年制”四字篆书款
来源：台北国泰美术馆蔡辰南先生旧藏。
估 价：RMB 400,000~600,000
成交价：RMB 552,000
直径5cm 观唐皕榷 2017-01-11

1159 清 蒲纹玉璧
来源：不言堂，坂本五郎旧藏。
估 价：RMB 20,000~30,000
成交价：RMB 276,000
直径8cm 古天一 2017-06-07

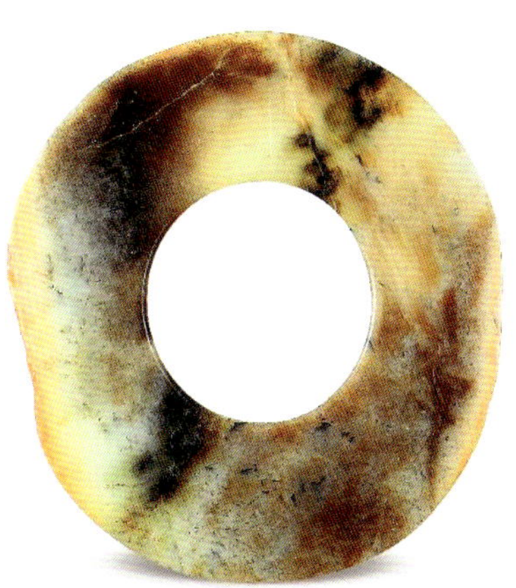

1606 灰玉璧 （两件）
估 价：RMB 70,000~90,000
成交价：RMB 161,000
尺寸不一 中贸圣佳 2017-06-18

玉 琮

801 公元前2000-公元前1000年 玉琮
估 价：USD 4,000~6,000
成交价：RMB 276,760
宽6.3cm 纽约佳士得 2017-03-16

353 新石器时代或良渚文化 玉琮
估 价：HKD 30,000~40,000
成交价：RMB 120,260
长6.4cm 香港苏富比 2017-06-01

354 新石器时代或齐家文化 玉琮
估 价：HKD 30,000~40,000
成交价：RMB 306,116
高12.7cm 香港苏富比 2017-06-01

2709 良渚文化 约公元前3300-公元前2300年 玉人面纹琮
来源：养德堂珍藏，台北。
估 价：HKD 500,000~700,000
成交价：RMB 2,021,125
宽8cm 佳士得 2017-11-29

634 商 玉琮
估 价：HKD 50,000~80,000
成交价：RMB 240,189
6.2cm×4.4cm 中濠典藏 2017-05-23

1343 商 白玉琮
估 价：HKD 50,000~70,000
成交价：RMB 52,333
宽5.8cm 中国嘉德 2017-05-30

2713 齐家文化晚期 约公元前1900-公元前1500年 玉琮
来源：养德堂珍藏，台北。
估　价：HKD 120,000~180,000
成交价：RMB 797,813
高13.6cm 佳士得 2017-11-29

2710 良渚文化晚期 约公元前2600-公元前2300年 玉神人纹九节琮
来源：养德堂珍藏，台北。
估　价：HKD 3,000,000~5,000,000
成交价：RMB 7,233,500
高23.5cm 佳士得 2017-11-29

167 商 玉琮
估　价：HKD 150,000~260,000
成交价：RMB 167,063
高8.9cm 佳士得 2017-04-04

352 商/周 玉琮
估　价：HKD 60,000~80,000
成交价：RMB 195,880
宽13cm 中国嘉德 2017-10-02

1244 西周 神人兽面纹玉琮
估　价：RMB 50,000~80,000
成交价：RMB 80,500
长5.7cm 西泠拍卖 2017-07-15

443 西周 白玉四羊首琮
估　价：RMB 80,000
成交价：RMB 92,000
5cm×4.9cm 浙江佳宝 2017-07-23

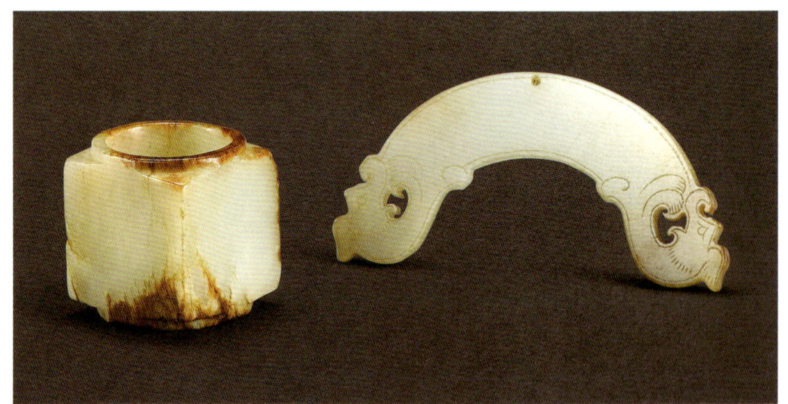

378 约西周 玉琮及明或更早 玉龙首珩
估　价：HKD 40,000~60,000
成交价：RMB 153,058
琮高4cm，珩长9.3cm 香港苏富比 2017-06-01

1410 西周 玉琮
估 价：HKD 10,000~15,000
成交价：RMB 62,800
宽7cm 中国嘉德 2017-05-30

444 宋 玉琮
估 价：RMB 120,000
成交价：RMB 287,500
宽3.6cm；高2cm 浙江佳宝 2017-07-23

1804 明 仿古玉琮
估 价：RMB 275,000~350,000
成交价：RMB 316,250
高18.5cm 上海匡时 2017-11-05

1239 春秋 玉琮
估 价：RMB 30,000~50,000
成交价：RMB 36,800
长4.7cm 西泠拍卖 2017-07-15

2765 战国 玉兽面云纹八方式琮
来源：养德堂珍藏，台北。
估 价：HKD 150,000~200,000
成交价：RMB 425,500
宽5.2cm 佳士得 2017-11-29

122 明 玉琮
估 价：RMB 80,000~150,000
成交价：RMB 92,000
宽5.3cm 北京保利 2017-11-04

1137 清 白玉琮
估 价：RMB 280,000~350,000
成交价：RMB 322,000
高7.3cm 古天一 2017-06-07

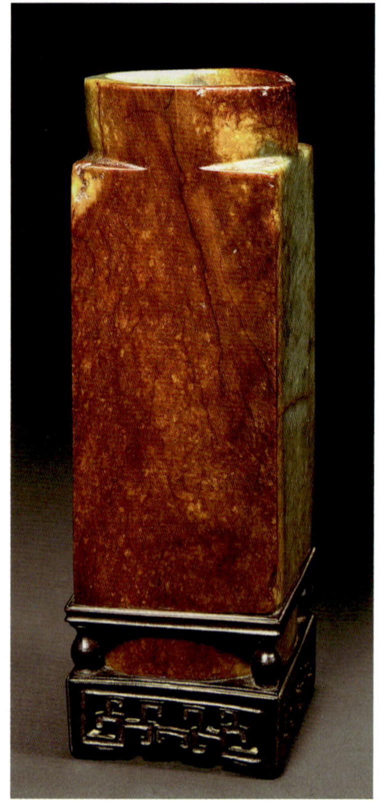

1160 清 玉琮
来源：不言堂，坂本五郎旧藏。
估 价：RMB 80,000~120,000
成交价：RMB 2,875,000
高26.5cm 古天一 2017-06-07

1516 灰青玉琮 （两件）
估 价：USD 2,000~3,000
成交价：RMB 242,165
纽约苏富比 2017-03-18

2056 旧玉琮
估 价：RMB 18,000~30,000
成交价：RMB 322,000
高3.2cm 北京翰海 2017-12-16

1243 良渚文化 三节神人兽面纹玉琮
估 价：RMB 50,000~80,000
成交价：RMB 109,250
高6.5cm 西泠拍卖 2017-07-15

605 清 玉琮
估 价：HKD 40,000~60,000
成交价：RMB 109,327
高8.5cm 香港苏富比 2017-06-01

玉 圭

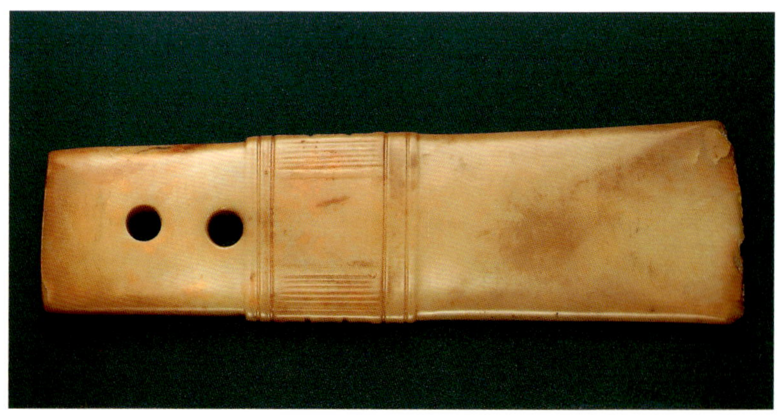

2719 龙山文化晚期至夏朝 约公元前1800-公元前1600年 玉圭
来源：养德堂珍藏，台北。
估 价：HKD 150,000~250,000
成交价：RMB 3,352,940
长22.4cm 佳士得 2017-11-29

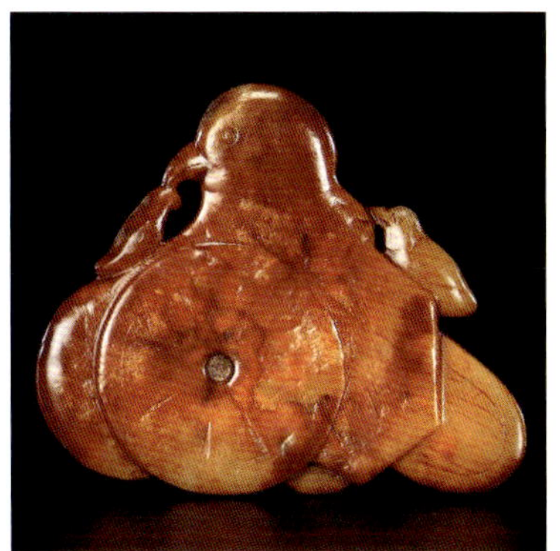

1395 元 玉凤撵圭璧
估　价：RMB 180,000~280,000
成交价：RMB 287,500
长8.5cm 北京东正 2017-06-08

1781 清 白玉龙纹圭璧
估　价：RMB 400,000~600,000
成交价：RMB 460,000
高17.7cm 上海匡时 2017-11-05

1067 清乾隆 玉雕十二章纹圭璧
估　价：RMB 120,000~150,000
成交价：RMB 138,000
长12.2cm 古天一 2017-06-07

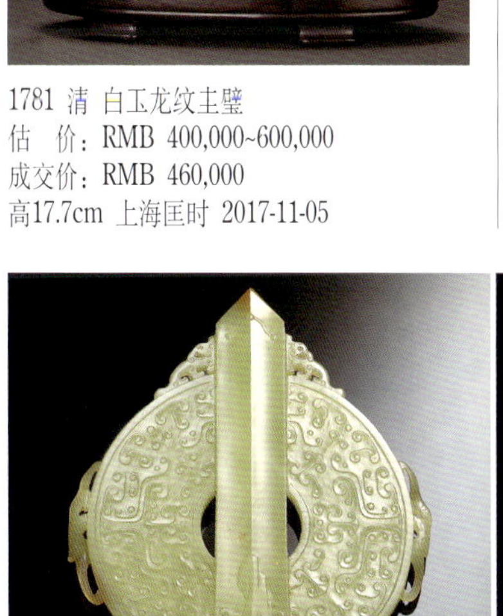

546 清乾隆 黄玉圭璧
来源：1.纽约佳士得，1996年；2.香港佳士得，2003年
估　价：RMB 1,000,000~2,000,000
成交价：RMB 4,025,000
长14.5cm 北京东正 2017-12-09

59 清 青白玉雕十二章圭璧
估　价：HKD 50,000~70,000
成交价：RMB 54,548
长15.3cm 香港苏富比 2017-06-01

玉　璋

1298 文化期 青玉牙璋
估　价：HKD 20,000~30,000
成交价：RMB 20,933
长40.5cm 中国嘉德 2017-05-30

玉 册

5176 清乾隆 “臣袁守侗敬书”并“臣”、“侗”二印御制十六罗汉赞玉册
成交价：RMB 17,250,000
玉片长9cm×6cm 北京保利 2017-12-18

3615 清乾隆十年 青玉描金御制冰嬉赋册页“乾隆乙丑嘉平御笔”款
估 价：HKD 700,000~900,000
成交价：RMB 779,625
高28.7cm 香港苏富比 2017-04-05

佩玩件

玉 玦

2536 西周 玉勾云纹玦
估 价：HKD 45,000
成交价：RMB 51,091
长2.3cm 万昌斯 2017-05-29

340 约战国 玉龙形佩及玉夔龙纹玦（两件）
估 价：HKD 20,000~30,000
成交价：RMB 26,239
佩长10.5cm 香港苏富比 2017-06-01

2728 西周早期 玉龙纹玦
来源：1999年以前购自台北云中居。
估 价：HKD 350,000~600,000
成交价：RMB 9,275,900
宽4.3cm 佳士得 2017-11-29

653 春秋 龙纹柱形玉玦 （一对）
估 价：HKD 60,000~80,000
成交价：RMB 58,764
高2.3cm×2 北京匡时 2017-10-02

2701 兴隆洼文化晚期至红山文化早期 约公元前5500-公元前4000年 玉耳饰玦 （一对）
来源：养德堂珍藏，台北。
估 价：HKD 40,000~60,000
成交价：RMB 170,200
宽3.3cm×2 佳士得 2017-11-29

310 约商 玉环
成交价：RMB 142,125
直径13.3cm 香港苏富比 2017-06-01

玉璇玑

1262 文化期 玉璇玑
估 价：HKD 50,000~70,000
成交价：RMB 81,639
宽10.8cm 中国嘉德 2017-05-30

642 二里头 玉璇玑
估 价：HKD 220,000~280,000
成交价：RMB 215,468
直径9.1cm 北京匡时 2017-10-02

玉环、玉瑗

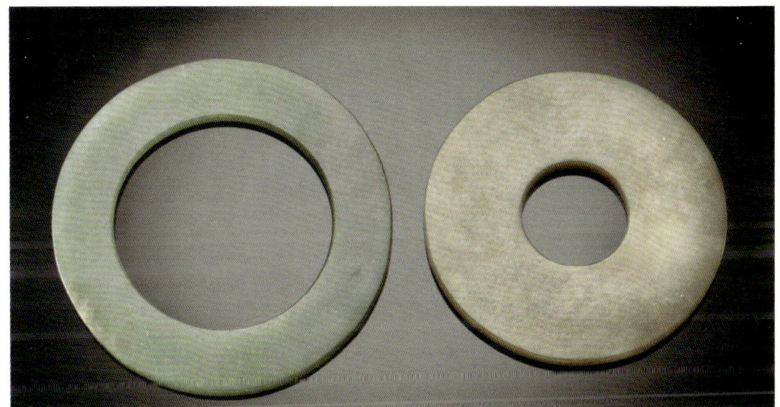

806 公元前2000-公元前1000年 青玉环 （两件）
估 价：USD 5,000~7,000
成交价：RMB 43,244
直径9.8cm；直径8.5cm 纽约佳士得 2017-03-16

1409 文化期 黄玉受沁环
估 价：HKD 150,000~200,000
成交价：RMB 219,799
宽8.2cm 中国嘉德 2017-05-30

357 新石器时代 良渚文化 玉龙首环饰
估 价：HKD 10,000~20,000
成交价：RMB 929,280
直径4.6cm 香港苏富比 2017-06-01

2 春秋 白玉勾连云纹瑗
估　价：HKD 120,000~180,000
成交价：RMB 197,125
直径7cm 佳士得 2017-10-02

2714 春秋 褐白玉龙耳瑗
估　价：HKD 100,000~150,000
成交价：RMB 421,325
宽8cm 佳士得 2017-05-31

1226 战国 玉雕谷纹环 （两件）
估　价：HKD 20,000~30,000
成交价：RMB 104,666
最大的直径7.5cm 中国嘉德 2017-05-30

356 战国 玉蚕纹长方璏及明或更早玉蚕纹环
“玉廿九”款
估　价：HKD 30,000~40,000
成交价：RMB 109,327
璏长6cm，环直径4.3cm
香港苏富比 2017-06-01

1245 春秋 玉雕蟠虺纹环
估　价：HKD 80,000~120,000
成交价：RMB 198,865
直径12cm 中国嘉德 2017-05-30

3102 战国 玉绞丝纹环
估　价：HKD 80,000~120,000
成交价：RMB 94,244
直径5cm 佳士得 2017-05-31

228 战国 玛瑙环
估　价：HKD 300,000~360,000
成交价：RMB 76,568
直径9cm 香港翰海 2017-10-05

303 战国 玉谷纹环
成交价：RMB 459,174
直径10.7cm 香港苏富比 2017-06-01

380 春秋 玉雕三角云纹环
估　价：HKD 50,000~70,000
成交价：RMB 48,970
直径6.7cm 中国嘉德 2017-10-02

333 战国末至西汉初 玉勾连云纹环
估　价：HKD 30,000~50,000
成交价：RMB 284,250
直径9.5cm 香港苏富比 2017-06-01

338 西汉 玉蚕纹环
估　价：HKD 30,000~50,000
成交价：RMB 349,847
直径7.8cm 香港苏富比 2017-06-01

407 战国 白玉勾连纹环
估　价：HKD 200,000~300,000
成交价：RMB 195,880
直径6.2cm 中国嘉德 2017-10-02

360 战国或西汉 玉勾连谷纹璇及玉蚕纹环
估　价：HKD 40,000~60,000
成交价：RMB 153,058
环6.9cm，璇4.2cm 香港苏富比 2017-06-01

308 西汉 玉谷纹环
成交价：RMB 240,520
直径8cm 香港苏富比 2017-06-01

301 西汉 玉谷纹环
来源：1.夏威夷私人收藏；2.纽约佳士得1997年。
成交价：RMB 929,280
直径9.4cm 香港苏富比 2017-06-01

342 西汉 玉谷纹环
估　价：HKD 15,000~25,000
成交价：RMB 109,327
直径3.8cm 香港苏富比 2017-06-01

10 汉 白玉涡纹环
估　价：HKD 150,000~200,000
成交价：RMB 207,500
直径5cm 佳士得 2017-10-02

448 汉 青玉镂雕蟠螭环
估　价：HKD 180,000~220,000
成交价：RMB 195,888
直径11cm 中濠典藏 2017-11-29

2735 宋 褐玉环
估　价：HKD 80,000~150,000
成交价：RMB 243,925
直径6cm 佳士得 2017-05-31

631 宋 玉环
估　价：HKD 200,000~300,000
成交价：RMB 244,850
直径13cm 北京匡时 2017-10-02

3108 宋/明 黄玉螭龙纹瑗
估　价：HKD 300,000~500,000
成交价：RMB 720,688
直径11.6cm 佳士得 2017-05-31

619 清初 青白玉透雕云龙童子环
估　价：HKD 20,000~30,000
成交价：RMB 21,865
直径6.1cm 香港苏富比 2017-06-01

18 清晚期 白玉螭龙纹环
估　价：HKD 10,000~15,000
成交价：RMB 16,364
长5cm 香港苏富比 2017-06-01

534 玉绞丝纹瑗
估　价：RMB 400,000~500,000
成交价：RMB 517,500
外直径10.5cm 北京东正 2017-12-09

325 约明 玉夔龙纹环及玉勾连云纹环
成交价：RMB 207,721
直径7cm，直径6.5cm 香港苏富比 2017-06-01

玉管、玉勒

1341 文化期 玉勒子
估　价：HKD 30,000~50,000
成交价：RMB 50,240
高6cm 中国嘉德 2017-05-30

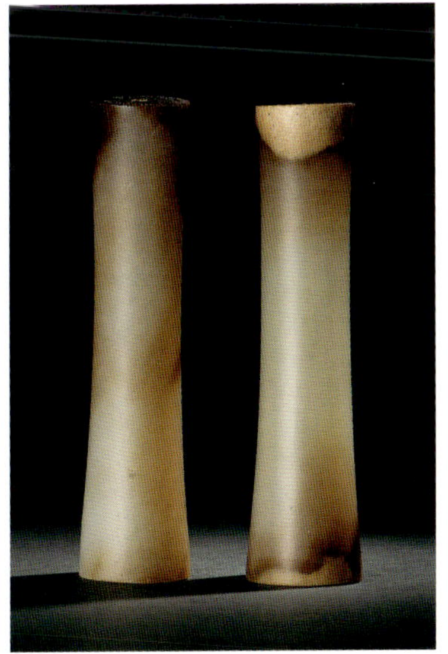

357 文化期 玉勒子 （一对）
备注：1.安思远旧藏；2.纽约佳士得，2015年。
估　价：HKD 200,000~300,000
成交价：RMB 195,880
长9.7cm×2 中国嘉德 2017-10-02

1240 良渚文化 三节神人兽面纹琮式玉管
估　价：RMB 30,000~50,000
成交价：RMB 36,800
高5.2cm 西泠拍卖 2017-07-15

1237 商 白玉带沁虎形勒子
估　价：HKD 20,000~30,000
成交价：RMB 39,773
高5.6cm 中国嘉德 2017-05-30

312 约新石器时代良渚文化 玉琮形管及玉环
估　价：HKD 30,000~50,000
成交价：RMB 710,626
琮长7.6cm，环直径10.6cm
香港苏富比 2017-06-01

2569 春秋 玉龙纹勒
估　价：HKD 130,000
成交价：RMB 138,372
长7.9cm 万昌斯 2017-05-29

2749 春秋晚期 白玉龙纹管
来源：养德堂珍藏，台北。
估　价：HKD 120,000~180,000
成交价：RMB 404,225
长15.5cm 佳士得 2017-11-29

344 约战国 玉夔龙纹管
估　价：HKD 50,000~70,000
成交价：RMB 306,116
长10.4cm 香港苏富比 2017-06-01

1396 战国 白玉蟠虺纹勒子
估　价：HKD 20,000~30,000
成交价：RMB 57,566
高4.8cm 中国嘉德 2017-05-30

659 战国 玉勒（一对）
估　价：HKD 200,000~300,000
成交价：RMB 195,880
高5.4cm；高5.5cm 北京匡时 2017-10-02

2742 战国 玉谷纹管形饰
估　价：HKD 100,000~150,000
成交价：RMB 665,250
长6.5cm 佳士得 2017-05-31

536 元 黄玉罗汉头勒子
估　价：RMB 250,000~350,000
成交价：RMB 368,000
高4cm 北京东正 2017-12-09

1398 宋 白玉云龙纹勒子
估　价：HKD 20,000~30,000
成交价：RMB 20,933
宽2.8cm 中国嘉德 2017-05-30

388 春秋 玉兽头勒子
估　价：HKD 30,000~50,000
成交价：RMB 156,704
长5.2cm 中国嘉德 2017-10-02

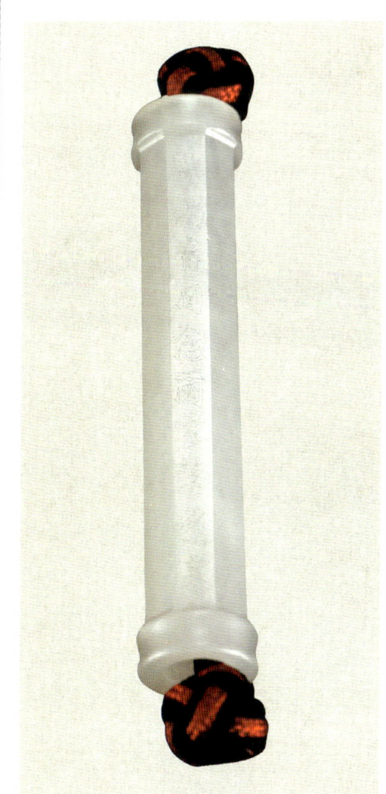

5121 元 修内司制白玉诗文管
出版：《形神兼备——山水堂藏玉II》，图23
估　价：RMB 250,000~300,000
成交价：RMB 402,500
长6cm 北京保利 2017-12-18

516 清乾隆 白玉福寿纹管形饰
估 价：RMB 150,000~250,000
成交价：RMB 172,500
长9.5cm 北京东正 2017-12-09

517 清中期 白玉带皮无双谱勒子
估 价：RMB 400,000~500,000
成交价：RMB 632,500
高3cm 北京东正 2017-12-09

2012 清乾隆 螭龙纹方形玉勒
来源：香港佳士得。
估 价：RMB 400,000~450,000
成交价：RMB 517,500
长5cm 古天一 2017-06-07

1167 清 青黄玉饕餮管
来源：不言堂，坂本五郎旧藏。
估 价：RMB 100,000~150,000
成交价：RMB 4,715,000
高5.5cm 古天一 2017-06-07

284 18世纪 子冈款诗文白玉圆勒子
估 价：RMB 300,000~350,000
成交价：RMB 345,000
高2.8cm 上海明轩 2017-06-30

2063 白玉勾云纹方勒
估 价：RMB 150,000~250,000
成交价：RMB 184,000
高4.8cm 北京翰海 2017-06-04

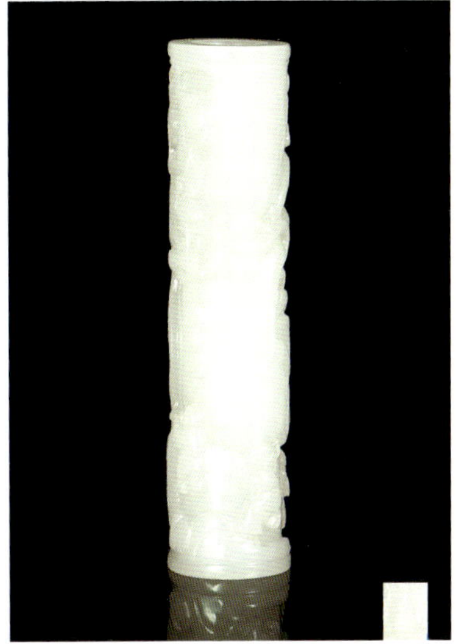

814 清中期 白玉雕五子登科图勒子
"子冈"行书款
估 价：RMB 120,000~220,000
成交价：RMB 218,500
长7.5cm 观唐皕榷 2017-01-12

玉扳指

1209 清乾隆 白玉狩猎图扳指
估 价：HKD 20,000~30,000
成交价：RMB 64,893
高3cm 中国嘉德 2017-05-30

556 清乾隆 白玉御题诗扳指
估 价：RMB 120,000~180,000
成交价：RMB 517,500
直径2cm 北京东正 2017-12-09

2025 清乾隆 黄玉龙凤纹扳指
估 价：RMB 150,000~180,000
成交价：RMB 310,500
直径2.9cm 古天一 2017-06-07

626 清乾隆 黄玉御题《玉簪诗》扳指
估 价：RMB 260,000~460,000
成交价：RMB 402,500
直径2.8cm 观唐皕榷 2017-01-11

1845 清乾隆 御制梅花诗扳指
估 价：RMB 150,000~250,000
成交价：RMB 172,500
高2.5cm 中贸圣佳 2017-06-18

27 清晚期 白玉扳指
估 价：HKD 10,000~15,000
成交价：RMB 185,462
直径3.5cm 香港苏富比 2017-06-01

3066 清 玉扳指五件及翠玉扳指一件
估 价：HKD 200,000~300,000
成交价：RMB 3,659,300
直径3.5cm×6 佳士得 2017-11-29

1809 明 白玉龙纹带板
估 价：RMB 90,000~120,000
成交价：RMB 103,500
尺寸不一 中贸圣佳 2017-06-18

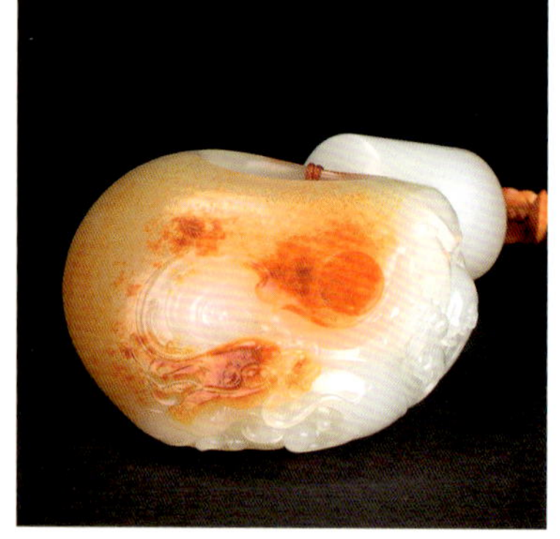

164 杨建发 韬光养晦 白玉扳指
估 价：RMB 1,200,000~1,500,000
成交价：RMB 896,000
长5.6cm，重127.2g；长3cm，重25.8g
上海联合 2017-12-17

玉带板

1157 唐 玉雕舞人带板、铊尾 （各一件）
估 价：HKD 10,000~15,000
成交价：RMB 83,733
最大的高9.8cm 中国嘉德 2017-05-30

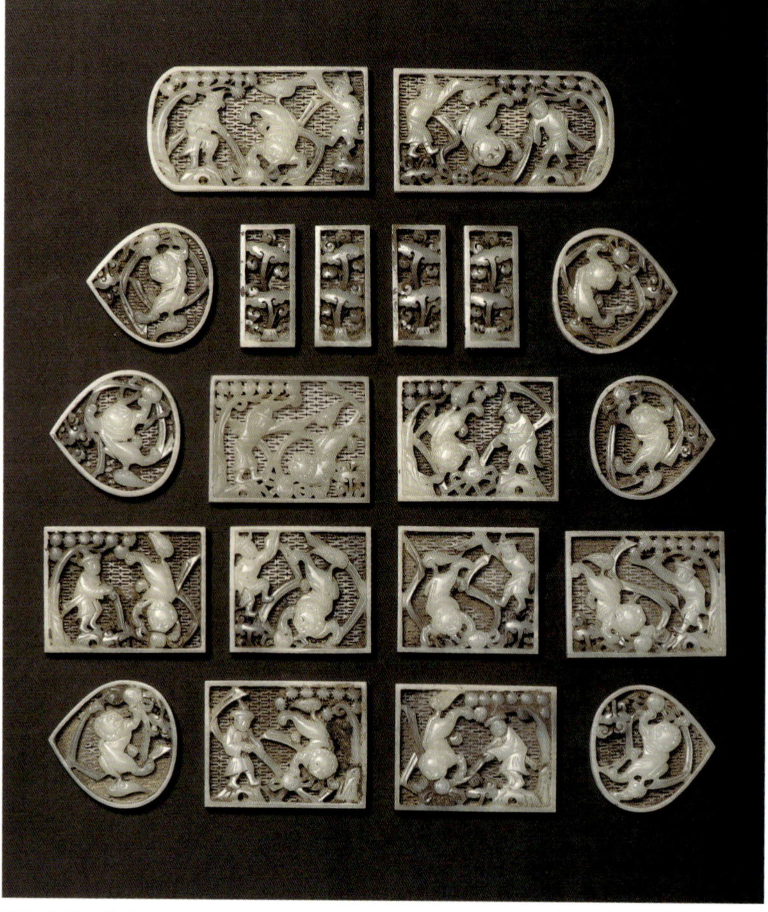

506 元 白玉镂雕胡人戏狮带板 （一套）
估 价：HKD 1,500,000~1,800,000
成交价：RMB 1,958,800
最长9cm 中国嘉德 2017-10-02

5147 元 灰玉海东青击雁图带饰
出版：《形神兼备——山水堂藏玉Ⅱ》，图41
估　价：RMB 80,000~120,000
成交价：RMB 161,000
长6cm 北京保利 2017-12-18

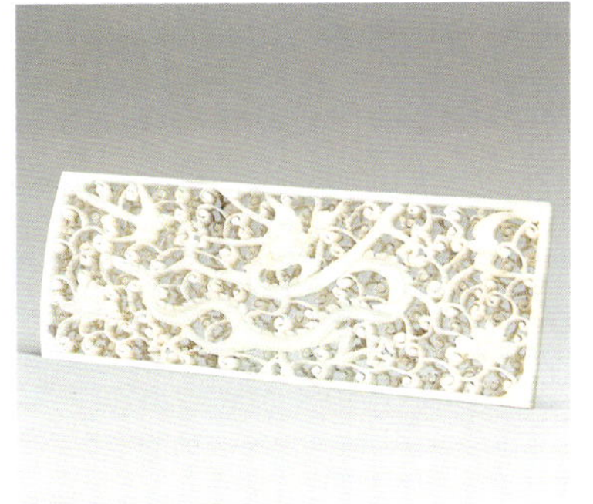

1087 明 白玉龙穿莲花带板
估　价：RMB 40,000~60,000
成交价：RMB 92,000
长15.3cm 北京保利 2017-04-17

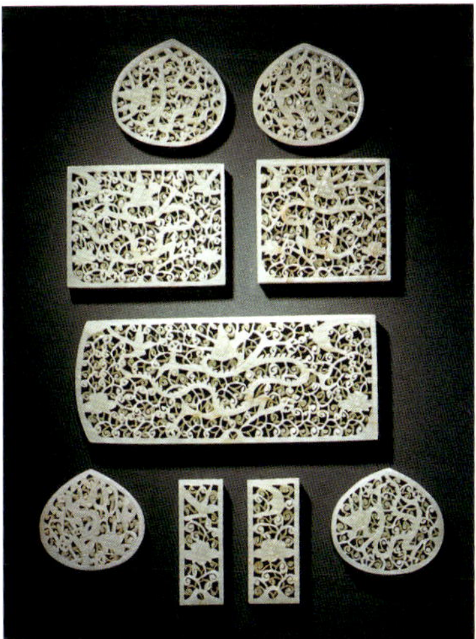

1449 明 白玉镂雕龙纹带板 (9件)
估　价：HKD 80,000~120,000
成交价：RMB 177,932
最大的宽6.4cm 中国嘉德 2017-05-30

263 明 青白玉镂雕穿芝龙纹带板 (1套18块)
估　价：EUR 20,000~30,000
成交价：RMB 191,009
最大9.7cm 巴黎苏富比 2017-06-22

466 唐 青玉胡腾舞纹铊尾带板
估　价：HKD 35,000~55,000
成交价：RMB 35,616
长9.8cm 中濠典藏 2017-11-29

576 明或更早 青玉雕赶珠龙纹玉带（一套）
估　价：HKD 50,000~70,000
成交价：RMB 546,635
香港苏富比 2017-06-01

588 明或以前 春水纹玉带板 (1套20片)
估　价：RMB 300,000~500,000
成交价：RMB 575,000
尺寸不一 荣宝斋（上海） 2017-07-30

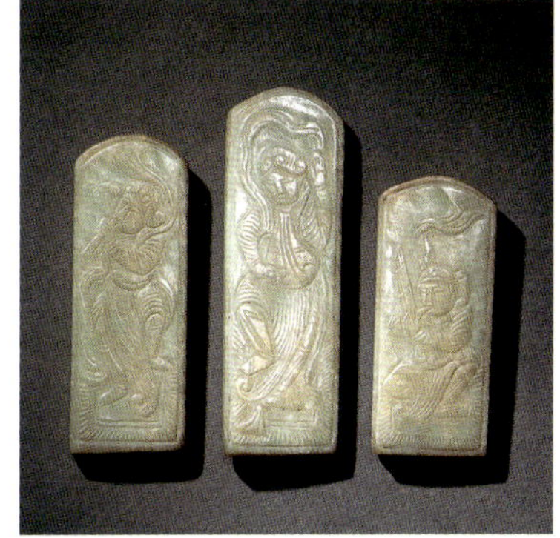

1156 唐 玉雕舞人铊尾 (3件)
估　价：HKD 10,000~15,000
成交价：RMB 104,666
最大的高7.5cm 中国嘉德 2017-05-30

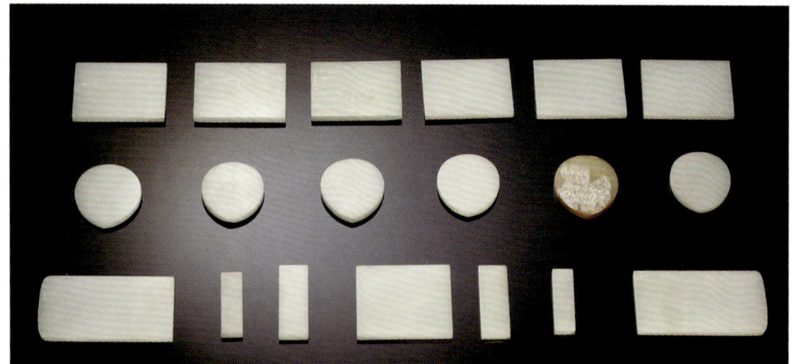

550 明 白玉带板 （一组）
估　价：RMB 1,200,000~1,800,000
成交价：RMB 2,070,000
尺寸不一 北京东正 2017-12-09

2728 汉 白玉龙形带钩
估　价：HKD 120,000~180,000
成交价：RMB 144,138
宽4cm 佳士得 2017-05-31

玉带钩

2769 战国 玉龙首带钩
来源：养德堂珍藏，台北。
估　价：HKD 120,000~180,000
成交价：RMB 531,875
长13.5cm 佳士得 2017-11-29

2770 战国 玉勾连云纹双龙带钩
来源：养德堂珍藏，台北。
估　价：HKD 120,000~180,000
成交价：RMB 1,276,500
长12.5cm 佳士得 2017-11-29

2741 汉 玉螭龙纹带钩
估　价：HKD 280,000~400,000
成交价：RMB 465,675
长14cm 佳士得 2017-05-31

206 战国 九节铁芯玉带钩
来源：台湾重要私人收藏。
估　价：HKD 400,000~500,000
成交价：RMB 1,608,540
长19cm 香港翰海 2017-10-05

650 汉 螭龙纹高浮雕兽面纹带钩
估 价：HKD 1,600,000~2,600,000
成交价：RMB 3,341,760
长12.5cm 中濠典藏 2017-05-23

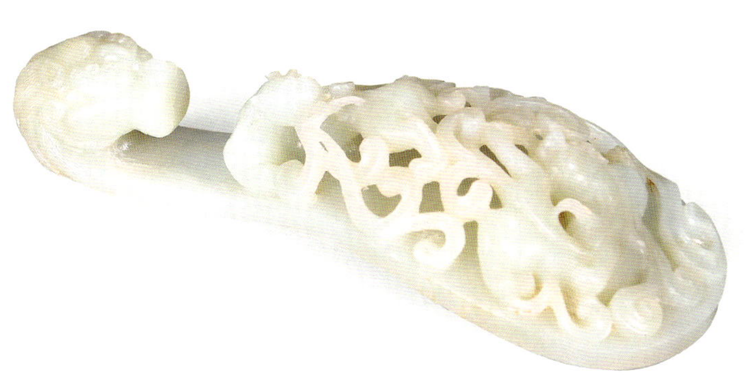

48 清乾隆 白玉望子成龙大带钩
估 价：RMB 180,000~280,000
成交价：RMB 287,500
长16.5cm 北京保利 2017-08-02

1175 明 白玉苍龙教子带钩
备注：安思远旧藏。
估 价：RMB 40,000~50,000
成交价：RMB 46,000
长13cm 北京荣宝 2017-09-24

1468 明早期 黄玉雕勾云纹龙钩
估 价：RMB 80,000~160,000
成交价：RMB 92,000
上海敬华 2017-07-01

3618 明 龙型玉带钩 （6件）
估 价：RMB 400,000~500,000
成交价：RMB 460,000
尺寸不一 北京匡时 2017-06-04

822 清 黄玉龙钩
估　价：RMB 160,000~260,000
成交价：RMB 253,000
长8cm 观唐皕榷 2017-01-12

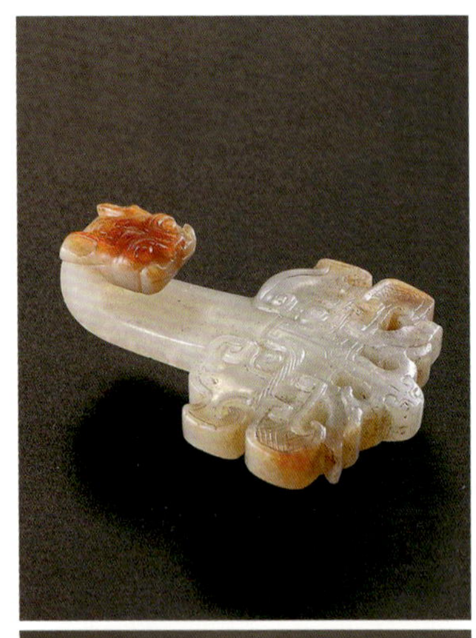

1105 清 龙铺首带钩
估　价：RMB 150,000~180,000
成交价：RMB 333,500
长5cm 古天一 2017-06-07

玉带扣

379 明末清初 汉式玉螭龙纹带扣
估　价：HKD 10,000~20,000
成交价：RMB 284,250
长5cm 香港苏富比 2017-06-01

690 清 双龙带扣
估　价：RMB 55,000~85,000
成交价：RMB 86,250
5cm×3.5cm×2cm 凤凰拍卖 2017-07-30

6885 清 白玉龙纹带扣
估　价：RMB 60,000~100,000
成交价：RMB 80,500
长10cm 北京保利 2017-06-08

1782 清 白玉太狮少狮带扣
成交价：RMB 43,700
长8.5cm 中贸圣佳 2017-09-04

5689 清 青白玉太极八卦纹带扣
估　价：RMB 25,000~35,000
成交价：RMB 28,750
长11.6cm 中国嘉德 2017-04-01

5064 18世纪 白玉留皮花鸟大带扣
成交价：RMB 80,500
长9.5cm 北京保利 2017-12-18

3251 18世纪/19世纪 白玉蝴蝶形带扣（一对）
估　价：HKD 180,000~200,000
成交价：RMB 199,575
宽4.7cm×2 佳士得 2017-05-31

玉　锁

267 清 青白玉玉堂富贵锁
估　价：RMB 30,000~50,000
成交价：RMB 51,750
长12.2cm 八益拍卖 2017-04-22

21 清 玉雕花卉锁
估　价：RMB 14,000
成交价：RMB 34,500
长9cm 北京翰海 2017-09-13

玉　磬

6738 明/清 磬
估　价：RMB 60,000~80,000
成交价：RMB 115,000
长26cm 北京保利 2017-06-08

11 清 碧玉描金云龙纹磬
“林钟”款
估　价：RMB 60,000
成交价：RMB 195,500
长42.5cm 太平洋 2017-09-10

714 清 玉石磬配如意形虎皮楠磬架
估　价：RMB 60,000~80,000
成交价：RMB 69,000
磬架座高75.5cm 北京银座 2017-06-07

玉刚卯 严卯

390 汉 玉刚卯
估　价：HKD 10,000~15,000
成交价：RMB 60,723
高2.3cm 中国嘉德 2017-10-02

79 清乾隆 1793年 碧玉严卯
估　价：HKD 80,000~120,000
成交价：RMB 178,200
高5.2cm 佳士得 2017-04-04

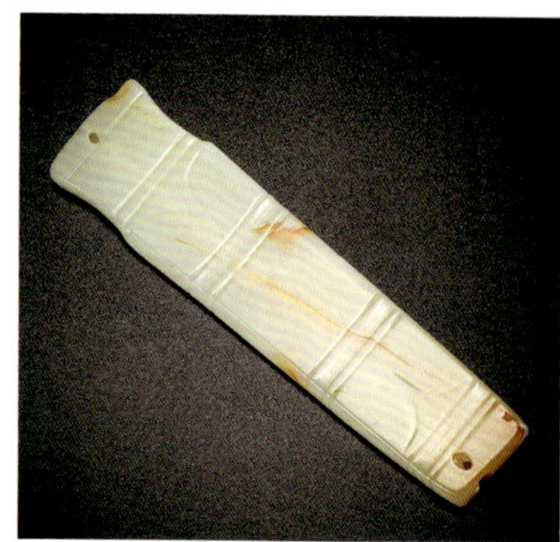

1051 清 白玉蝉纹柄形器
估　价：RMB 150,000~200,000
成交价：RMB 172,500
长10.8cm 古天一 2017-06-07

玉柄形器

2743 西周 青白玉龙凤纹柄形器
来源：养德堂珍藏，台北。
估　价：HKD 500,000~700,000
成交价：RMB 2,021,125
长10.5cm 佳士得 2017-11-29

2744 西周中期 青白玉凤纹两节柄形器
来源：养德堂珍藏，台北。
估　价：HKD 180,000~240,000
成交价：RMB 191,475
长11.5cm 佳士得 2017-11-29

玉炉顶

1252 金 白玉荷塘鹭鸶炉顶
估　价：HKD 120,000~180,000
成交价：RMB 125,599
高4.5cm 中国嘉德 2017-05-30

504 金/元 青白玉镂雕鹭鸶荷塘炉顶
估　价：HKD 50,000~70,000
成交价：RMB 48,970
高3.5cm 中国嘉德 2017-10-02

260 元 明 青白玉雕“秋山高仕图”炉顶
估　价：RMB 450,000~650,000
成交价：RMB 517,500
高9cm 北京宣石 2017-12-03

3264 明 白玉龙纹炉顶
估　价：RMB 110,000~130,000
成交价：RMB 126,500
长6.5cm 中国嘉德 2017-06-19

274 明 白玉镂雕穿花龙纹炉顶 （两件）
估　价：GBP 8,000~12,000
成交价：RMB 95,019
高10cm×2 伦敦苏富比 2017-05-10

2023 明 黄玉带红皮盘龙纹炉顶
估　价：RMB 46,000~56,000
成交价：RMB 161,000
直径4cm 古天一 2017-06-07

768 清 老蜜蜡念珠
估　价：RMB 160,000~260,000
成交价：RMB 207,000
观唐皕榷 2017-01-12

玉珠串

423 五代 白玉莲花珠串饰（100粒）
估　价：RMB 220,000
成交价：RMB 324,800
单径1.3cm 浙江佳宝 2017-07-23

3717 明 南红玛瑙十八籽手串
估　价：RMB 50,000~80,000
成交价：RMB 57,500
长20cm 北京匡时 2017-06-04

3712 清 松香蜜蜡九籽手串
估　价：RMB 15,000~30,000
成交价：RMB 32,200
长27cm 北京匡时 2017-06-04

63 玉雕十二生肖珠串
估 价：HKD 30,000~50,000
成交价：RMB 152,734
香港苏富比 2017-06-01

256 清 红珊瑚捻珠
估 价：RMB 250,000~350,000
成交价：RMB 287,500
直径1.6cm 北京宣石 2017-12-03

项 链

1496 清乾隆 琥珀朝珠带朝珠盒
估 价：RMB 100,000~200,000
成交价：RMB 207,000
盒直径约20cm 上海匡时 2017-11-05

1658 清 蜜蜡一百零八子朝珠
估 价：RMB 50,000~80,000
成交价：RMB 126,500
珠径1.5cm 西泠拍卖 2017-07-15

178 清 珊瑚项链
估 价：RMB 110,000
成交价：RMB 126,500
北京翰海 2017-09-13

1440 19世纪 琥珀翡翠朝珠
估 价：USD 8,000~12,000
成交价：RMB 155,678
纽约苏富比 2017-03-18

玉 镯

1268 文化期 黄玉带沁镯
估 价：HKD 80,000~120,000
成交价：RMB 83,733
直径8.5cm 中国嘉德 2017-05-30

3101 新石器时代 青褐玉镯
估 价：HKD 120,000~220,000
成交价：RMB 110,875
直径8.3cm 佳士得 2017-05-31

1581 汉 青玉手镯
估 价：RMB 10,000~20,000
成交价：RMB 13,800
外径7.5cm 西泠拍卖 2017-05-05

322 新石器时代至商 玉镯形器及玉环
成交价：RMB 60,130
镯直径5.9cm，环直径12cm
香港苏富比 2017-06-01

2751 宋 黄玉带沁神兽纹手镯
估 价：HKD 80,000
成交价：RMB 90,474
外直径8.4cm 万昌斯 2017-05-29

319 宋 战国式玉索纹镯
成交价：RMB 437,308
直径7.9cm 香港苏富比 2017-06-01

1060 明 白玉洒金沁手镯
估 价：RMB 130,000~160,000
成交价：RMB 149,500
直径8.5cm 古天一 2017-06-07

3279 明 玉浸色双龙镯
估 价：RMB 175,000~200,000
成交价：RMB 218,500
直径8.6cm 中国嘉德 2017-06-19

1400 17世纪 黄玉留皮手镯
估 价：RMB 60,000~100,000
成交价：RMB 172,500
直径6.5cm 北京东正 2017-06-08

3129 清 白玉绞丝镯 （一对）
估　价：RMB 180,000~280,000
成交价：RMB 207,000
直径7cm×2 中国嘉德 2017-12-21

2752 清 白玉龙纹手镯 （一对）
估　价：HKD 100,000
成交价：RMB 106,440
最大外径7.6cm 万昌斯 2017-05-29

1812 清 白玉连珠纹镯
估　价：RMB 150,000~250,000
成交价：RMB 253,000
直径15.8cm 中贸圣佳 2017-06-18

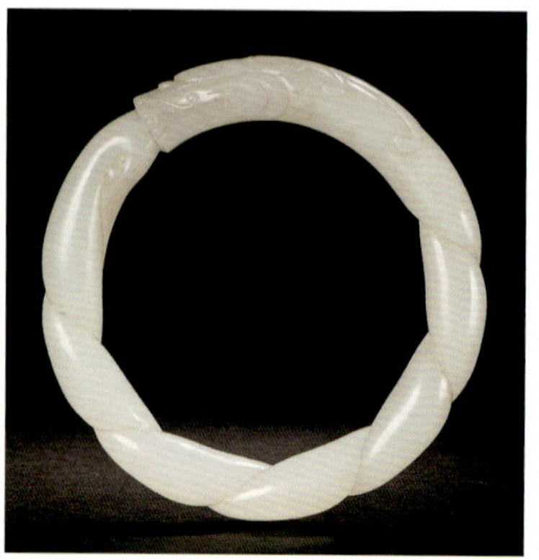

460 清 白玉龙珠镯
估　价：HKD 30,000~50,000
成交价：RMB 107,734
直径8cm 中国嘉德 2017-10-02

72 18世纪 黄玉吉象手镯
估　价：HKD 20,000~30,000
成交价：RMB 240,010
直径8.7cm 香港苏富比 2017-06-01

60 19世纪 青白玉双龙戏珠手镯
估　价：HKD 20,000~30,000
成交价：RMB 65,457
直径7.3cm 香港苏富比 2017-06-01

22 鸡骨白玉镯
估　价：RMB 150,000~200,000
成交价：RMB 172,500
直径7cm 中贸圣佳 2017-06-18

玉髪器

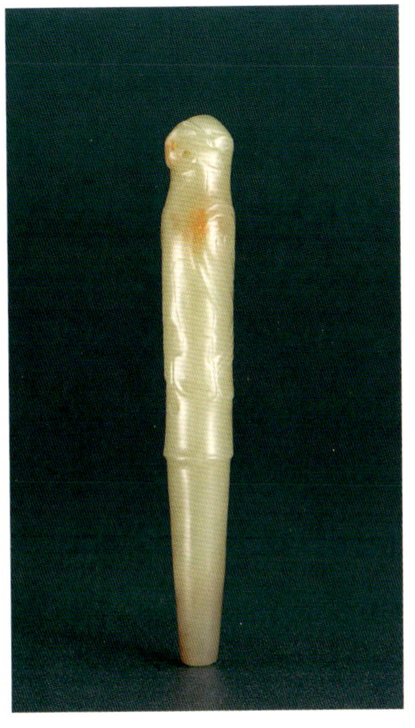

2721 后石家河文化 约公元前2100-公元前1600年 青玉鸟纹笄
来源：养德堂珍藏，台北。
估 价：HKD 150,000~250,000
成交价：RMB 3,352,940
长10cm 佳士得 2017-11-29

323 约商 玉鹰形笄
成交价：RMB 491,972
长5.5cm 香港苏富比 2017-06-01

1284 商 玉雕弦纹箍
估 价：HKD 10,000~15,000
成交价：RMB 36,633
直径5.5cm 中国嘉德 2017-05-30

2751 春秋 玉龙纹梳
来源：养德堂珍藏，台北。
估 价：HKD 50,000~70,000
成交价：RMB 117,013
高5.5cm 佳士得 2017-11-29

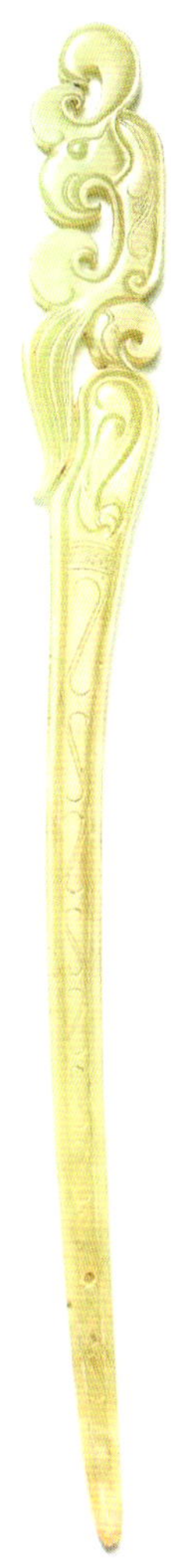

2753 西汉中期 青黄玉凤首发笄
来源：养德堂珍藏，台北。
估 价：HKD 150,000~250,000
成交价：RMB 404,225
长21.4cm 佳士得 2017-11-29

296 唐 白玉凤鸟纹梳背
估 价：RMB 30,000
成交价：RMB 42,550
长4.1cm；宽2cm 浙江佳宝 2017-07-23

3560 明 白玉五梁冠
估 价：RMB 20,000~30,000
成交价：RMB 23,000
高4cm 北京匡时 2017-06-04

371 清 玉笄
估 价：HKD 15,000~20,000
成交价：RMB 76,529
长15cm 香港苏富比 2017-06-01

127 清晚期 白玉嵌宝扁方
估 价：RMB 20,000~30,000
成交价：RMB 74,750
长33.5cm 北京中汉 2017-12-19

285 清 子冈款白玉簪
估 价：RMB 80,000~120,000
成交价：RMB 126,500
长10.5cm 上海明轩 2017-06-30

455 19世纪末 青白玉石榴纹梳 （一对）
估 价：GBP 3,000~5,000
成交价：RMB 33,536
长12cm×2 伦敦佳士得 2017-05-12

743 17世纪/18世纪 灰白玉雕螭龙纹发冠
估 价：USD 6,000~8,000
成交价：RMB 51,893
纽约苏富比 2017-03-14

玉韘形佩

377 战国末至西汉初 玉韘
估 价：HKD 30,000~50,000
成交价：RMB 43,731
高5.5cm 香港苏富比 2017-06-01

2767 战国晚期 青白玉螺纹韘
来源：养德堂珍藏，台北。
估　价：HKD 120,000~180,000
成交价：RMB 255,300
长5.7cm 佳士得 2017-11-29

201 汉 龙凤纹玉韘
估　价：HKD 80,000~100,000
成交价：RMB 163,344
宽4.5cm 香港翰海 2017-10-05

214 汉 龙纹韘形玉佩
来源：台湾重要私人收藏。
估　价：HKD 80,000~100,000
成交价：RMB 326,688
长7.3cm 香港翰海 2017-10-05

9 汉或以后 白玉双螭韘形佩
估　价：HKD 400,000~500,000
成交价：RMB 539,500
长6.5cm 佳士得 2017-10-02

2731 宋 玉瑞兽纹韘形佩
估　价：HKD 200,000~300,000
成交价：RMB 1,862,700
长7.2cm 佳士得 2017-05-31

1121 清乾隆 白玉博古螭龙纹韘形佩
估　价：RMB 150,000~180,000
成交价：RMB 253,000
高6.5cm 古天一 2017-06-07

449 汉 青玉韘形佩
估　价：HKD 80,000~100,000
成交价：RMB 75,684
6cm×4cm 中濠典藏 2017-11-29

3123 清 白玉子冈款鸡心佩及佩饰
估　价：RMB 18,000~28,000
成交价：RMB 138,000
最大：高3.5cm 中国嘉德 2017-12-21

3264 清中期 白玉镂雕鸡心佩
估　价：HKD 200,000~300,000
成交价：RMB 221,750
长7.7cm 佳士得 2017-05-31

1224 鸡心佩、出廓璧、玉觿和玉人 （各一件）
估　价：HKD 300,000~500,000
成交价：RMB 1,465,324
最大的长6cm 中国嘉德 2017-05-30

6812 清 黄玉仿古鸡心佩
估　价：RMB 5,000~8,000
成交价：RMB 10,350
长4.8cm 北京保利 2017-06-08

玉司南佩

2069 元 旧玉工字佩
估　价：RMB 28,000~38,000
成交价：RMB 51,750
长2cm 北京翰海 2017-12-16

玉　牌

2706 红山文化晚期 玉鸟纹令牌
来源：养德堂珍藏，台北。
估　价：HKD 200,000~300,000
成交价：RMB 3,352,940
长24.9cm 佳士得 2017-11-29

3050 金 灰青玉雕瑶池金母纹牌饰
估　价：HKD 100,000~150,000
成交价：RMB 744,625
宽8.5cm 佳士得 2017-11-29

3049 金 青白玉龟鹤齐寿镂雕玉牌
估　价：HKD 150,000~200,000
成交价：RMB 372,313
宽9cm 佳士得 2017-11-29

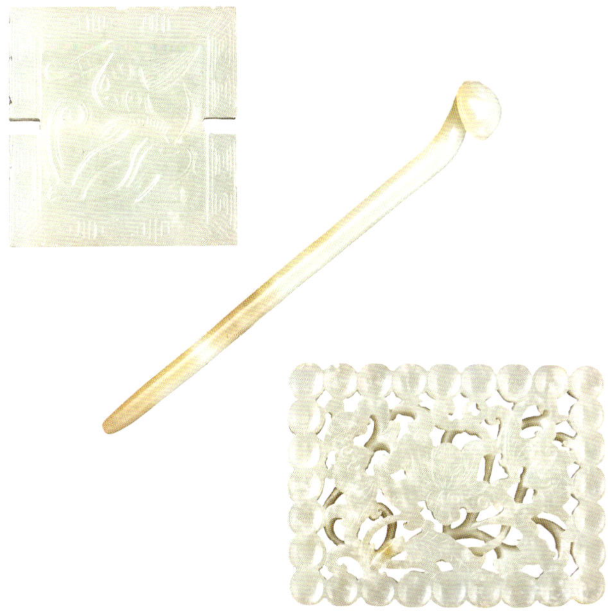

711 明 官造工字佩 带板 玉簪
估　价：RMB 80,000~120,000
成交价：RMB 115,000
尺寸不一 凤凰拍卖 2017-07-30

652 18世纪 白玉透雕双凤纹韘式佩
估　价：HKD 60,000~80,000
成交价：RMB 437,308
高6.5cm 香港苏富比 2017-06-01

1371 元末明初 白玉沁色风云际会牌
估　价：RMB 500,000~800,000
成交价：RMB 943,000
长5.6cm 北京东正 2017-06-08

491 明 白玉山水诗文双凤首牌
估　价：HKD 40,000~60,000
成交价：RMB 70,517
高6.5cm 中国嘉德 2017-10-02

1400 明 白玉子冈牌
估　价：HKD 30,000~50,000
成交价：RMB 99,433
高5.1cm 中国嘉德 2017-05-30

745 17世纪/18世纪 青白玉透雕花卉纹牌
估　价：USD 6,000~8,000
成交价：RMB 77,839
纽约苏富比 2017-03-14

1125 清早期 白玉雕仕女牌
估　价：RMB 250,000~350,000
成交价：RMB 287,500
4.8cm×3.2cm 古天一 2017-06-07

458 清早期 白玉山水诗文牌
估 价：HKD 250,000~350,000
成交价：RMB 244,850
高7cm 中国嘉德 2017-10-02

6160 清乾隆 白玉“连珠合璧”牌
估 价：RMB 350,000~550,000
成交价：RMB 402,500
长6cm 北京保利 2017-12-19

3976 清乾隆 白玉雕太平有象牌
估 价：RMB 200,000~300,000
成交价：RMB 230,000
5.3cm×3.3cm 北京匡时 2017-06-04

250 清乾隆 白玉雕“无双谱”牌子
估 价：RMB 200,000~250,000
成交价：RMB 230,000
高4.5cm 北京宣石 2017-12-03

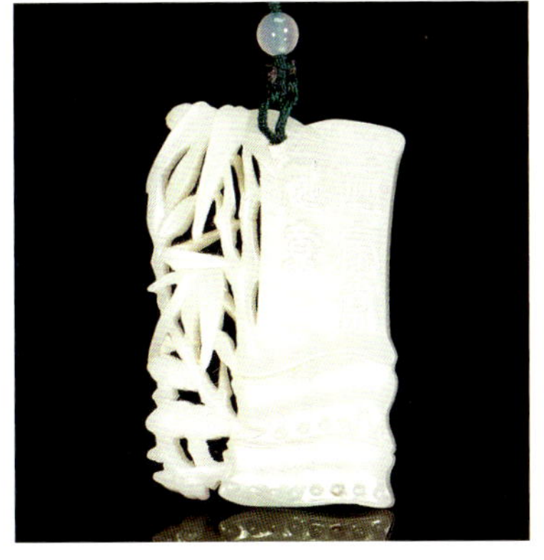

815 清乾隆 白玉雕竹节灵芝纹竹报平安牌
记录：纽约佳士得，2013年。
估 价：RMB 250,000~550,000
成交价：RMB 575,000
长5.5cm 观唐皕榷 2017-01-12

5116 清乾隆 白玉卯兔牌
估 价：RMB 700,000~900,000
成交价：RMB 1,035,000
长7.3cm 北京保利 2017-06-06

338 清乾隆 白玉扑萤图子冈牌
估　价：RMB 200,000
成交价：RMB 336,000
7.2cm×4.6cm 浙江佳宝 2017-07-23

1385 清乾隆 白玉山水人物诗文子冈牌
估　价：RMB 500,000~800,000
成交价：RMB 632,500
长5.5cm 北京东正 2017-06-08

1384 清乾隆 白玉仕女诗文子冈牌
估　价：RMB 200,000~400,000
成交价：RMB 437,000
长3.9cm 北京东正 2017-06-08

3198 清乾隆 白玉仕女诗文子冈牌
估　价：RMB 280,000~300,000
成交价：RMB 322,000
6cm×4.2cm 北京匡时 2017-12-03

5117 清乾隆 白玉酉鸡牌
估　价：RMB 700,000~900,000
成交价：RMB 1,035,000
长7.3cm 北京保利 2017-06-06

6159 清乾隆 白玉云龙纹牌
“乾清宫”款
估　价：RMB 500,000~800,000
成交价：RMB 747,500
长6.2cm 北京保利 2017-12-19

2858 清乾隆 白玉子冈款人物诗文牌
估　价：RMB 380,000~480,000
成交价：RMB 517,500
高6cm 中国嘉德 2017-06-20

1852 清乾隆 白玉子孙万代牌
估　价：RMB 180,000~250,000
成交价：RMB 218,500
长8.5cm 中贸圣佳 2017-06-18

1846 清乾隆 风云际会文玩款诗文牌
估　价：RMB 250,000~350,000
成交价：RMB 368,000
长6.1cm 中贸圣佳 2017-06-18

1608 清乾隆 抚琴图玉牌
估　价：RMB 400,000~600,000
成交价：RMB 517,500
长5cm 中贸圣佳 2017-06-18

1776 清乾隆 子冈款白玉雕松下老者诗文牌
估　价：RMB 280,000~350,000
成交价：RMB 402,500
6.2cm×4.2cm 西泠拍卖 2017-07-15

2863 清乾隆 玛瑙苏作雕二十四孝图牌
估　价：RMB 180,000~280,000
成交价：RMB 207,000
高4.8cm 中国嘉德 2017-12-18

539 清中期 白玉“比翼同心”牌
估　价：RMB 150,000~250,000
成交价：RMB 264,500
高6.2cm 北京东正 2017-12-09

6158 清中期 白玉博古图圆形牌 （一对）
估　价：RMB 150,000~200,000
成交价：RMB 241,500
直径5.4cm×2 北京保利 2017-12-19

1860 清中期 白玉雕夔龙开光观菊图子冈牌
估　价：RMB 500,000~600,000
成交价：RMB 575,000
长6cm 中贸圣佳 2017-06-18

623 清中期 白玉刻狞福寿字牌
估　价：HKD 250,000~350,000
成交价：RMB 244,850
高5.7cm 北京匡时 2017-10-02

1524 清中期 白玉连连报喜童子牌
估　价：RMB 100,000~200,000
成交价：RMB 149,500
长5.2cm 北京保利 2017-11-05

3154 清中期 白玉人物诗文子冈牌
估　价：RMB 180,000~280,000
成交价：RMB 207,000
高5.8cm 中国嘉德 2017-12-21

832 清中期 黄玉马上封侯牌
估　价：RMB 400,000~500,000
成交价：RMB 460,000
长7cm 保利厦门 2017-06-26

2857 清中期 珊瑚螭龙太平牌
估 价：RMB 100,000~200,000
成交价：RMB 115,000
高4.5cm 中国嘉德 2017-06-20

1910 清 白玉“芝亭”款猛虎诗文牌
估 价：RMB 470,000~550,000
成交价：RMB 540,500
长6cm 上海匡时 2017-11-05

927 清中期 玉雕降龙伏虎罗汉图牌
估 价：RMB 150,000~200,000
成交价：RMB 690,000
高6cm 北京诚轩 2017-06-20

1804 清 白玉百事如意牌
估 价：RMB 100,000~200,000
成交价：RMB 207,000
长5.3cm 中贸圣佳 2017-06-18

2865 清 白玉螭龙纹嘉福永锡牌
估　价：RMB 200,000~400,000
成交价：RMB 517,500
高6.5cm 中国嘉德 2017-12-18

623 清 白玉雕江村送别图诗文牌
估　价：HKD 40,000~60,000
成交价：RMB 103,861
高6cm 香港苏富比 2017-06-01

624 清 白玉雕君马黄诗文牌
估　价：HKD 40,000~60,000
成交价：RMB 163,991
高5.4cm 香港苏富比 2017-06-01

1134 清 白玉雕饕餮纹牌
估　价：RMB 180,000~220,000
成交价：RMB 195,500
长8.3cm 华艺国际 2017-05-27

75 清 白玉镂雕螭龙纹牌
估　价：GBP 4,000~6,000
成交价：RMB 103,158
长7.6cm 伦敦佳士得 2017-11-07

1805 清 白玉山水珍玩牌
估　价：RMB 80,000~150,000
成交价：RMB 166,750
长5.4cm 中贸圣佳 2017-06-18

1806 清 白玉宜尔子孙牌
估　价：RMB 120,000~180,000
成交价：RMB 276,000
长5.8cm 中贸圣佳 2017-06-18

1017 清 白玉张骞乘槎牌
“子冈”款
估　价：RMB 200,000~300,000
成交价：RMB 345,000
长6cm 北京保利 2017-04-17

540 清 白玉镂空“岁岁平安”牌
估　价：RMB 60,000~80,000
成交价：RMB 241,500
6cm×4cm 北京东正 2017-12-09

1803 清 白玉竹纹牌
估　价：RMB 50,000~80,000
成交价：RMB 89,700
高4.8cm 中贸圣佳 2017-06-18

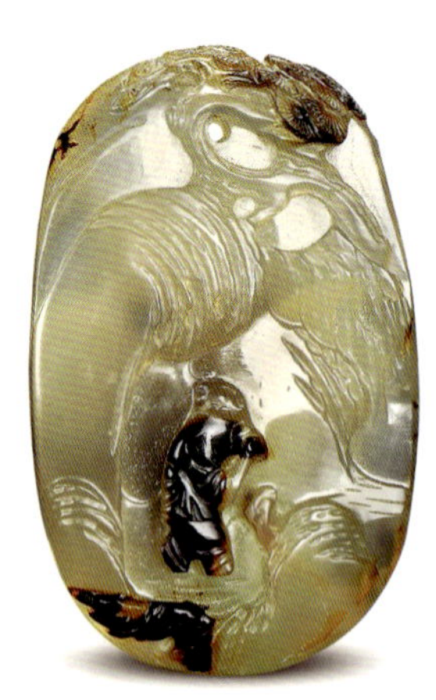

1604 清 巧色玛瑙渔樵牌
成交价：RMB 414,000
长5.1cm 中贸圣佳 2017-06-18

628 清 翠玉山水诗文牌（一对）
估　价：HKD 300,000~400,000
成交价：RMB 293,820
高5cm×2 北京匡时 2017-10-02

592 清 青白玉雕佛像牌（两件）
估　价：HKD 20,000~30,000
成交价：RMB 174,923
高14.1cm 香港苏富比 2017-06-01

214 清 蜜蜡透雕博古纹牌
估　价：HKD 150,000~260,000
成交价：RMB 245,025
宽15.5cm 佳士得 2017-04-04

348 清或更早 青白玉勾纹牌
估　价：HKD 8,000~12,000
成交价：RMB 32,798
高8.4cm 香港苏富比 2017-06-01

3068 18世纪 白玉雕梅花玉牌
估　价：HKD 180,000~250,000
成交价：RMB 191,475
高6cm 佳士得 2017-11-29

2856 清 玉浸色芝亭款人物诗文牌
估　价：RMB 180,000~280,000
成交价：RMB 276,000
高5.7cm 中国嘉德 2017-06-20

128 清 子冈款白玉牌
估　价：RMB 1,200,000~1,500,000
成交价：RMB 1,782,500
长4.6cm 中贸圣佳 2017-06-18

287 18世纪 白玉龙吟虎啸图牌
成交价：RMB 112,016
高6cm 伦敦苏富比 2017-05-10

456 18世纪 白玉牵牛图诗文牌
估　价：HKD 200,000~300,000
成交价：RMB 195,880
高5.8cm 中国嘉德 2017-10-02

3252 18世纪 白玉透雕雉鸡梅花纹牌
“子冈”款
估 价：HKD 260,000~350,000
成交价：RMB 443,500
长5.4cm 佳士得 2017-05-31

3067 18世纪 黄玉镂雕斋戒牌
估 价：HKD 120,000~180,000
成交价：RMB 531,875
长6cm 佳士得 2017-11-29

76 18世纪/19世纪 白玉老子出关图牌
估 价：GBP 6,000~8,000
成交价：RMB 304,045
长5.7cm 伦敦佳士得 2017-11-07

435 20世纪 白玉花木兰诗文牌
估 价：HKD 20,000~30,000
成交价：RMB 195,880
高5cm 中国嘉德 2017-10-02

2008 曹扬 万丈洪泉白玉牌
估 价：RMB 800,000~1,500,000
成交价：RMB 1,322,500
9.1cm×4.2cm×1.5cm 西泠拍卖 2017-07-15

480 19世纪/20世纪 青白玉双龙璧纹牌
估 价：GBP 2,000~3,000
成交价：RMB 167,681
长13.7cm 伦敦佳士得 2017-05-12

10 白玉龙纹牌
估 价：HKD 120,000~180,000
成交价：RMB 200,475
高8cm 佳士得 2017-04-04

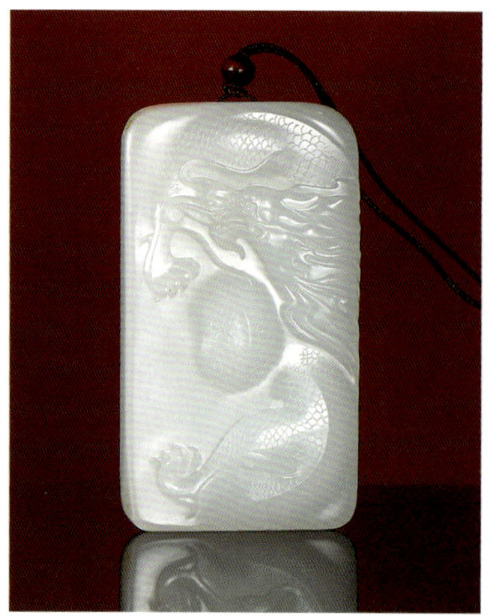

2080 葛洪 龙行天下白玉牌
估 价：RMB 250,000~300,000
成交价：RMB 322,000
7.5cm×4.3cm 西泠拍卖 2017-07-15

1999 崔磊 声威远震白玉牌
估 价：RMB 1,250,000~1,600,000
成交价：RMB 1,437,500
9.3cm×5cm×1.3cm 西泠拍卖 2017-07-15

1975 郭万龙 喜相逢白玉牌
估 价：RMB 320,000~400,000
成交价：RMB 402,500
高6cm 西泠拍卖 2017-07-15

335 葛洪 辅首 白玉牌
估 价：RMB 700,000~800,000
成交价：RMB 392,000
高8.1cm；重量99.7g 上海联合 2017-12-17

3587 侯晓锋 白玉雕弥勒佛牌
估 价：RMB 200,000~300,000
成交价：RMB 230,000
6.9cm×3.7cm 中国嘉德 2017-06-21

1965 黄罕勇 平安无事白玉牌
估 价：RMB 180,000~250,000
成交价：RMB 230,000
高6.6cm 西泠拍卖 2017-07-15

300 穆宇静 佛会 白玉挂牌
估 价：RMB 800,000~900,000
成交价：RMB 649,600
高10.1cm；重量191g 上海联合 2017-12-17

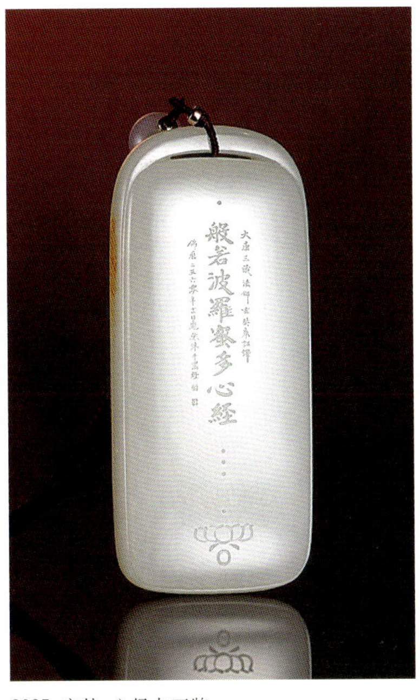

2025 庞然 心经白玉牌
估 价：RMB 350,000~500,000
成交价：RMB 483,000
9.5cm×4.3cm 西泠拍卖 2017-07-15

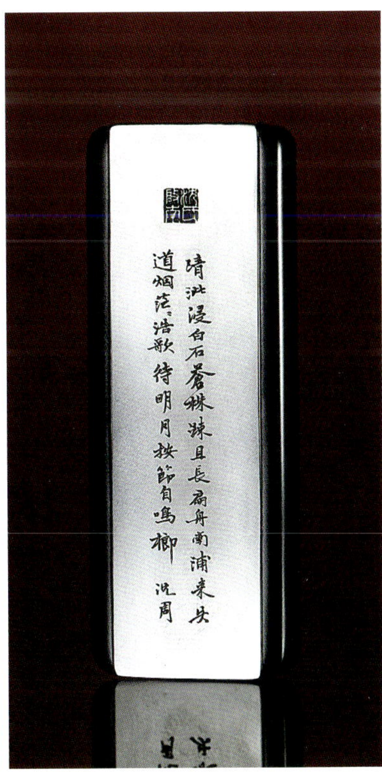

2024 庞然 渔舟唱晚 墨玉牌
估 价：RMB 180,000~250,000
成交价：RMB 230,000
12.5cm×5.1cm 西泠拍卖 2017-07-15

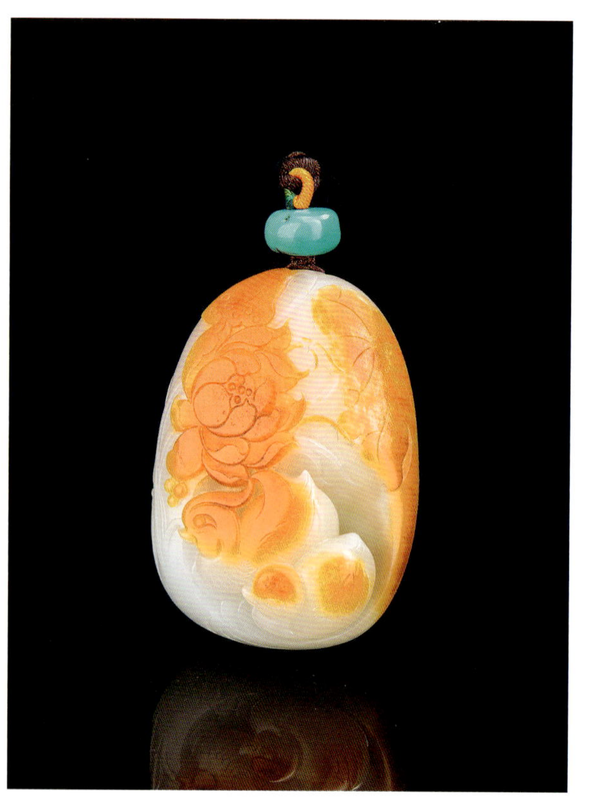

913 王金忠 情投意合白玉挂牌
估　价：RMB 800,000~1,000,000
成交价：RMB 672,000
5.5cm × 4cm × 2cm 上海联合 2017-06-18

143 吴金星 虎虎生威 白玉挂牌
估　价：RMB 550,000~650,000
成交价：RMB 448,000
高5.9cm；重量62g 上海联合 2017-12-17

2066 吴金星 丹凤朝阳白玉牌
估　价：RMB 380,000~450,000
成交价：RMB 460,000
6.7cm × 4cm 西泠拍卖 2017-07-15

204 翟倚卫 齐梅祝寿 白玉牌
估　价：RMB 250,000~300,000
成交价：RMB 220,000
高6.7cm；重量80.6g 上海联合 2017-12-17

904 周立祥 兰竹图白玉对牌
估 价：RMB 800,000~1,000,000
成交价：RMB 918,400
7.1cm×3.8cm×1cm；7.1cm×3.7cm×1cm
上海联合 2017-06-18

2003 王一卜 佛影白玉牌
估 价：RMB 160,000~200,000
成交价：RMB 287,500
高8.5cm 西泠拍卖 2017-07-15

1989 杨曦 莲花观音白玉牌
估 价：RMB 280,000~350,000
成交价：RMB 345,000
高6.4cm 西泠拍卖 2017-07-15

336 吴灶发 观音 白玉牌
估 价：RMB 350,000~400,000
成交价：RMB 224,000
高6.8cm；重量64.5g 上海联合 2017-12-17

佩挂件

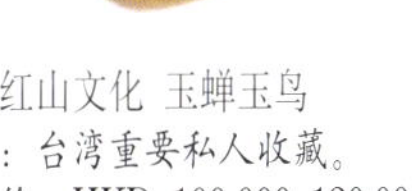

224 红山文化 玉蝉玉鸟
来源：台湾重要私人收藏。
估 价：HKD 100,000~120,000
成交价：RMB 204,180
玉蝉 长12cm；玉鸟 长2cm 香港翰海 2017-10-05

435 红山文化 玉勾云形佩
估 价：HKD 650,000~950,000
成交价：RMB 1,780,800
21.5cm×7.8cm 中濠典藏 2017-11-29

347 内蒙古夏家店文化 玉勾云纹佩
估　价：HKD 70,000~100,000
成交价：RMB 131,193
长8cm 香港苏富比 2017-06-01

2708 红山文化晚期 青玉鸟形佩
来源：养德堂珍藏，台北。
估　价：HKD 300,000~500,000
成交价：RMB 1,276,500
长5cm 佳士得 2017-11-29

2703 红山文化晚期 玉龙
来源：养德堂珍藏，台北。
估　价：HKD 600,000~800,000
成交价：RMB 2,331,740
长11.3cm 佳士得 2017-11-29

639 红山文化 玉猪龙
估　价：HKD 1,500,000~2,000,000
成交价：RMB 2,088,600
长7.2cm 中濠典藏 2017-05-23

2702 红山文化晚期 约公元前3500-3000年 玉蚕蛹 （一对）
来源：养德堂珍藏，台北。
估　价：HKD 50,000~70,000
成交价：RMB 1,170,125
宽4.4cm×2 佳士得 2017-11-29

636 红山文化 玉猪龙
估　价：HKD 350,000~550,000
成交价：RMB 574,365
长4cm 中濠典藏 2017-05-23

1265 文化期 黄玉勾云佩
估　价：HKD 100,000~150,000
成交价：RMB 104,666
宽9cm 中国嘉德 2017-05-30

1138 文化期 玉猪龙 （七件）
估 价：HKD 200,000~300,000
成交价：RMB 648,929
最大的宽7.1cm 中国嘉德 2017-05-30

2896 新石器时代 红山文化 黄玉猪龙
估 价：HKD 900,000
成交价：RMB 957,960
长11.4cm 万昌斯 2017-05-29

804 新石器时代 玉爪形佩
估 价：USD 3,000~5,000
成交价：RMB 30,271
长6cm 纽约佳士得 2017-03-16

2741 商末至西周早期 玉蝉形佩
来源：养德堂珍藏，台北。
估 价：HKD 60,000~80,000
成交价：RMB 63,825
长5.6cm 佳士得 2017-11-29

2727 商晚期 青玉花冠鸮
估 价：HKD 240,000~400,000
成交价：RMB 340,400
长6.8cm 佳士得 2017-11-29

1345 商 青玉受沁虎头鱼形玉佩 （一对）
估 价：HKD 110,000~150,000
成交价：RMB 115,133
最大的长8.9cm 中国嘉德 2017-05-30

2726 商晚期 青玉雁
来源：养德堂珍藏，台北。
估 价：HKD 180,000~250,000
成交价：RMB 531,875
宽7cm 佳士得 2017-11-29

1249 西周 白玉凤鸟人纹佩
估 价：HKD 30,000~50,000
成交价：RMB 78,500
高7.8cm 中国嘉德 2017-05-30

666 西周 人龙玉佩
估 价：HKD 250,000~350,000
成交价：RMB 195,880
高5.9cm 北京匡时 2017-10-02

441 西周 西周人龙玉佩
估 价：HKD 200,000~300,000
成交价：RMB 267,120
10cm×2cm 中濠典藏 2017-11-29

2724 西周或更早 玉鱼形
来源：养德堂珍藏，台北。
估 价：HKD 150,000~250,000
成交价：RMB 1,170,125
长11.6cm 佳士得 2017-11-29

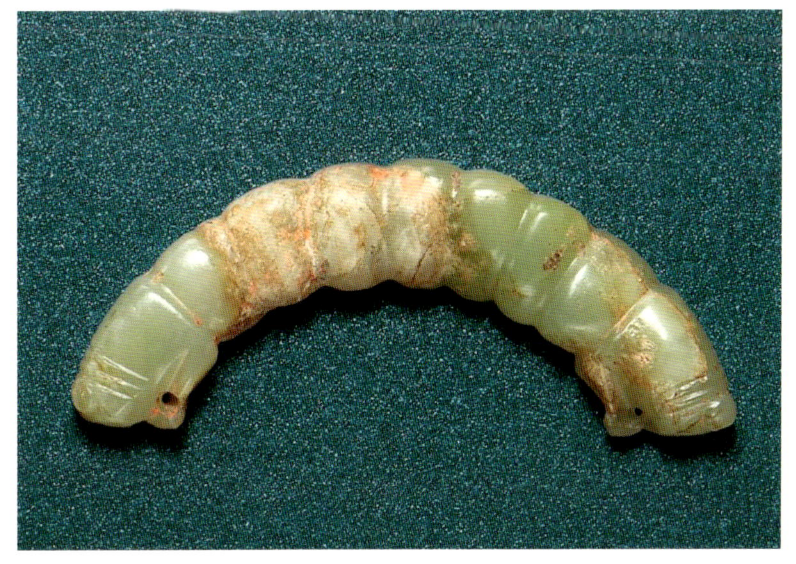

2742 西周 玉蚕佩
来源：养德堂珍藏，台北。
估 价：HKD 80,000~120,000
成交价：RMB 170,200
长7.3cm 佳士得 2017-11-29

2735 西周 玉鸟形佩
来源：养德堂珍藏，台北。
估 价：HKD 50,000~70,000
成交价：RMB 53,188
高5.6cm 佳士得 2017-11-29

2739 西周 玉鱼形佩 （一对）
来源：养德堂珍藏，台北。
估 价：HKD 150,000~250,000
成交价：RMB 372,313
长11.4cm×2 佳士得 2017-11-29

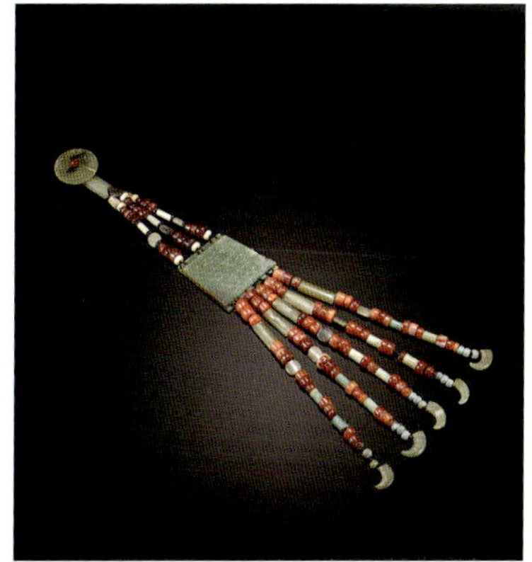

653 西周 玉组佩
估 价：HKD 400,000~500,000
成交价：RMB 522,150
长44.5cm 中濠典藏 2017-05-23

17 西周或以后 白玉兽面纹佩 （一组三件）
估 价：HKD 60,000~90,000
成交价：RMB 228,250
长3cm 佳士得 2017-10-02

2747 西周晚期 玉人龙纹佩
来源：养德堂珍藏，台北。
估 价：HKD 50,000~80,000
成交价：RMB 797,813
高6.5cm 佳士得 2017-11-29

2729 西周早中期 青白玉龙纹佩
来源：养德堂珍藏，台北。
估 价：HKD 100,000~150,000
成交价：RMB 425,500
宽4.5cm 佳士得 2017-11-29

2733 西周早中期 青玉龙纹佩
估 价：HKD 180,000~240,000
成交价：RMB 744,625
长6.3cm 佳士得 2017-11-29

2745 西周中期 高冠玉人
来源：养德堂珍藏，台北。
估 价：HKD 120,000~180,000
成交价：RMB 319,125
高11cm 佳士得 2017-11-29

2737 西周中期 玉鹿形佩
来源：养德堂珍藏，台北。
估 价：HKD 80,000~120,000
成交价：RMB 446,775
高4.6cm 佳士得 2017-11-29

2738 西周中期 玉鸟形佩
来源：养德堂珍藏，台北。
估 价：HKD 80,000~120,000
成交价：RMB 90,419
宽10cm 佳士得 2017-11-29

660 春秋 S龙
估 价：HKD 300,000~400,000
成交价：RMB 195,880
长26.7cm 北京匡时 2017-10-02

1 春秋 褐玉云谷纹组佩
估 价：HKD 180,000~250,000
成交价：RMB 643,250
长4.5cm 佳士得 2017-10-02

2758 春秋 玉虎形佩 （一对）
来源：养德堂珍藏，台北。
估 价：HKD 120,000~180,000
成交价：RMB 159,563
长9.1cm×2 佳士得 2017-11-29

2759 春秋晚期 青白玉秦式镂空双龙佩
来源：养德堂珍藏，台北。
估 价：HKD 80,000~120,000
成交价：RMB 1,595,625
宽5cm 佳士得 2017-11-29

2756 春秋 玉龙形佩 （一对）
来源：养德堂珍藏，台北。
估 价：HKD 260,000~400,000
成交价：RMB 638,250
长16.9cm×2 佳士得 2017-11-29

662 春秋 透雕龙纹玉佩
估 价：HKD 300,000~400,000
成交价：RMB 293,820
长4.3cm×4 北京匡时 2017-10-02

624 春秋 镂空龙纹玉佩 （一对）
估 价：HKD 1,300,000~1,600,000
成交价：RMB 1,670,880
长20.5cm×2 中濠典藏 2017-05-23

2720 战国 白玉双龙凤佩
估　价：HKD 100,000~150,000
成交价：RMB 354,800
长7cm 佳士得 2017-05-31

321 春秋末 玉双龙首珩
成交价：RMB 109,327
长7.6cm 香港苏富比 2017-06-01

2713 战国 白玉龙纹冲牙
估　价：HKD 150,000~250,000
成交价：RMB 421,325
长5cm 佳士得 2017-05-31

2719 战国 白玉龙纹佩
估　价：HKD 300,000~500,000
成交价：RMB 1,649,820
长13cm 佳士得 2017-05-31

2727 战国 白玉透雕龙凤虺纹佩
估　价：HKD 400,000~600,000
成交价：RMB 443,500
宽7cm 佳士得 2017-05-31

212 战国 S形玉龙 （一对）
估　价：HKD 80,000~100,000
成交价：RMB 183,762
长18.8cm×2 香港翰海 2017-10-05

2731 战国 白玉龙佩
估　价：HKD 320,000
成交价：RMB 340,608
长7.3cm 万昌斯 2017-05-29

2712 战国 青玉瑞兽佩 （1组）
估　价：HKD 400,000~600,000
成交价：RMB 1,756,260
高3.5cm 佳士得 2017-05-31

2722 战国 玉螭虺纹佩
估　价：HKD 150,000~200,000
成交价：RMB 465,675
宽6cm 佳士得 2017-05-31

494 战国 玉玦组佩
估　价：HKD 20,000~30,000
成交价：RMB 24,931
尺寸不一 中濠典藏 2017-11-29

311 战国 玉龙形佩 （两件）
成交价：RMB 71,063
长14.8cm，长16.5cm 香港苏富比 2017-06-01

396 战国 玉双凤纹佩
估　价：HKD 50,000~70,000
成交价：RMB 48,970
高7cm 中国嘉德 2017-10-02

1397 战国 玉云纹佩
估 价：HKD 25,000~35,000
成交价：RMB 26,167
长9cm 中国嘉德 2017-05-30

2763 战国早中期 白玉镂雕龙凤纹佩
来源：养德堂珍藏，台北。
估 价：HKD 180,000~240,000
成交价：RMB 1,063,750
长9cm 佳士得 2017-11-29

2755 战国晚期至西汉早期 玉人
来源：养德堂珍藏，台北。
估 价：HKD 240,000~350,000
成交价：RMB 744,625
高5.6cm 佳士得 2017-11-29

2771 战国晚期至西汉早期 白玉双凤纹佩及白玉龙纹觿（一对）
来源：养德堂珍藏，台北。
估 价：HKD 300,000~500,000
成交价：RMB 510,600
长7.5cm；长11cm 佳士得 2017-11-29

2757 战国早期 玉龙形佩（一对）
来源：养德堂珍藏，台北。
估 价：HKD 120,000~180,000
成交价：RMB 404,225
长10.7cm×2 佳士得 2017-11-29

2762 战国早中期 玉镂空龙凤纹佩
来源：养德堂珍藏，台北。
估 价：HKD 300,000~500,000
成交价：RMB 851,000
宽15.5cm 佳士得 2017-11-29

2764 战国中期 青白玉镂空龙凤佩
来源：1999年以前购自台北云中居。
估 价：HKD 200,000~300,000
成交价：RMB 1,595,625
长4.2cm 佳士得 2017-11-29

3026 东周 白玉龙形佩
来源：卢芹斋，巴黎。
估 价：HKD 200,000~300,000
成交价：RMB 356,400
高6.1cm 香港苏富比 2017-04-04

400 西汉 白玉卧蚕纹S形龙佩
估 价：HKD 300,000~500,000
成交价：RMB 293,820
宽11cm 中国嘉德 2017-10-02

318 西汉 玉蒲纹珩
成交价：RMB 71,063
长16.3cm 香港苏富比 2017-06-01

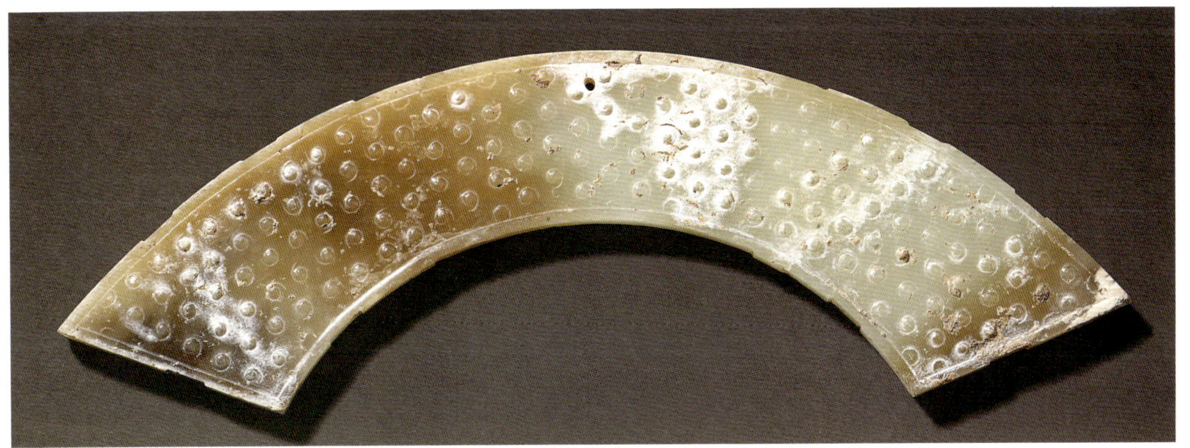

302 西汉 玉谷纹珩
成交价：RMB 120,260
长17cm 香港苏富比 2017-06-01

2560 东汉 白玉水银沁双螭佩
估　价：HKD 160,000
成交价：RMB 170,304
长5.5cm 万昌斯 2017-05-29

2723 汉 玉龙纹佩
估　价：HKD 220,000~400,000
成交价：RMB 243,925
长10cm 佳士得 2017-05-31

2724 汉 玉龙形佩
估　价：HKD 120,000~180,000
成交价：RMB 1,053,313
长9.5cm 佳士得 2017-05-31

1279 汉 白玉带沁兽头佩
估　价：HKD 80,000~120,000
成交价：RMB 83,733
高6.5cm 中国嘉德 2017-05-30

367 汉 白玉镂雕龙纹鸡心佩
估　价：HKD 120,000~180,000
成交价：RMB 117,528
高6.3cm 中国嘉德 2017-10-02

2521 宋 白玉带沁双雁佩
估 价：HKD 20,000
成交价：RMB 69,186
长4.6cm 万昌斯 2017-05-29

3303 宋 白玉巧作卧鸡
估 价：HKD 200,000~300,000
成交价：RMB 289,575
长5.8cm 香港苏富比 2017-04-05

15 宋 褐玉瑗及蝉形佩 （一组两件）
估 价：HKD 70,000~100,000
成交价：RMB 186,750
长4cm 佳士得 2017-10-02

3302 宋 白玉镂雕双龙戏珠佩
估 价：HKD 250,000~300,000
成交价：RMB 501,188
高6.6cm 香港苏富比 2017-04-05

1246 宋 白玉双童游戏坠
估 价：RMB 30,000~50,000
成交价：RMB 55,200
高4cm 西泠拍卖 2017-07-15

1358 宋 白玉镂雕童子佩饰
估 价：HKD 30,000~50,000
成交价：RMB 54,426
直径6.5cm 中国嘉德 2017-05-30

282 宋 黄玉鸡
估 价：RMB 100,000~150,000
成交价：RMB 207,000
高4.2cm 八益拍卖 2017-04-22

1401 辽 白玉花鸟佩
估 价：HKD 18,000~22,000
成交价：RMB 52,333
宽6.6cm 中国嘉德 2017-05-30

224 辽/金 白玉蜻蜓蝴蝶佩
估　价：RMB 60,000~80,000
成交价：RMB 115,000
长5.6cm 八益拍卖 2017-04-22

5148 元 白玉巧色鳜鱼衔莲叶佩
出版：《形神兼备——山水堂藏玉Ⅱ》，图53
估　价：RMB 80,000~120,000
成交价：RMB 161,000
长5cm 北京保利 2017-12-18

1056 金代 玉雕秋山虎纹佩
估　价：RMB 90,000~120,000
成交价：RMB 161,000
高4.2cm 古天一 2017-06-07

5116 元 白玉留皮交颈雁佩
出版：《形神兼备——山水堂藏玉Ⅱ》，图19
估　价：RMB 120,000~200,000
成交价：RMB 207,000
长5.3cm 北京保利 2017-12-18

5152 元 白玉扭绳纹结交八方佩
出版：《形神兼备——山水堂藏玉Ⅱ》，图65
估　价：RMB 80,000~120,000
成交价：RMB 161,000
长8.5cm 北京保利 2017-12-18

693 元以前 鸡形挂件
估 价：RMB 550,000~650,000
成交价：RMB 747,500
长5.38cm 凤凰拍卖 2017-07-30

1356 元 玉雕龟荷佩
估 价：HKD 30,000~50,000
成交价：RMB 104,666
宽6cm 中国嘉德 2017-05-30

915 元 玉雕云龙纹佩
估 价：RMB 30,000~40,000
成交价：RMB 155,250
长6cm 北京诚轩 2017-06-20

604 金/元 龟游佩
估 价：HKD 120,000~200,000
成交价：RMB 208,860
长7.2cm 中濠典藏 2017-05-23

839 明 白玉雕毂纹龙形佩
估 价：RMB 100,000~200,000
成交价：RMB 115,000
长8cm 观唐皕榷 2017-01-12

2068 明 白玉苍龙教子佩
估 价：RMB 280,000~350,000
成交价：RMB 322,000
高6.3cm 古天一 2017-06-07

3118 明 白玉仿古凤佩
估　价：HKD 30,000~80,000
成交价：RMB 29,382
长9.5cm 保利香港 2017-10-02

1894 明 白玉戏兽童子佩
估　价：RMB 58,000~90,000
成交价：RMB 66,700
长4.4cm 上海匡时 2017-11-05

107 明 白玉鱼莲挂件
估　价：RMB 100,000
成交价：RMB 115,000
北京翰海 2017-09-13

1007 明 白玉猪形佩
估　价：RMB 60,000~100,000
成交价：RMB 138,000
长7cm 北京保利 2017-04-17

1659 明 黄玉沁色济公佩
估　价：RMB 11,000
成交价：RMB 25,300
高7.5cm 北京翰海 2017-01-08

123 明 玉雕双鱼坠
估　价：RMB 80,000~120,000
成交价：RMB 138,000
长5.5cm 北京保利 2017-11-04

115 明 玉雕人物佩
估　价：RMB 30,000~50,000
成交价：RMB 34,500
长6cm 北京保利 2017-11-04

925 明 玉雕雄鸡坠
估　价：RMB 20,000~28,000
成交价：RMB 48,300
高3.4cm 北京诚轩 2017-06-20

1863 明 玉烤皮双鱼挂件
估 价：RMB 300,000~350,000
成交价：RMB 345,000
长10.8cm 中贸圣佳 2017-06-18

176 明或以後 黄玉雕高士像
估 价：HKD 60,000~80,000
成交价：RMB 66,825
高8.4cm 佳士得 2017-04-04

1065 明末/18世纪 青玉螭龙佩
估 价：USD 10,000~15,000
成交价：RMB 475,681
宽5.5cm 纽约佳士得 2017-03-17

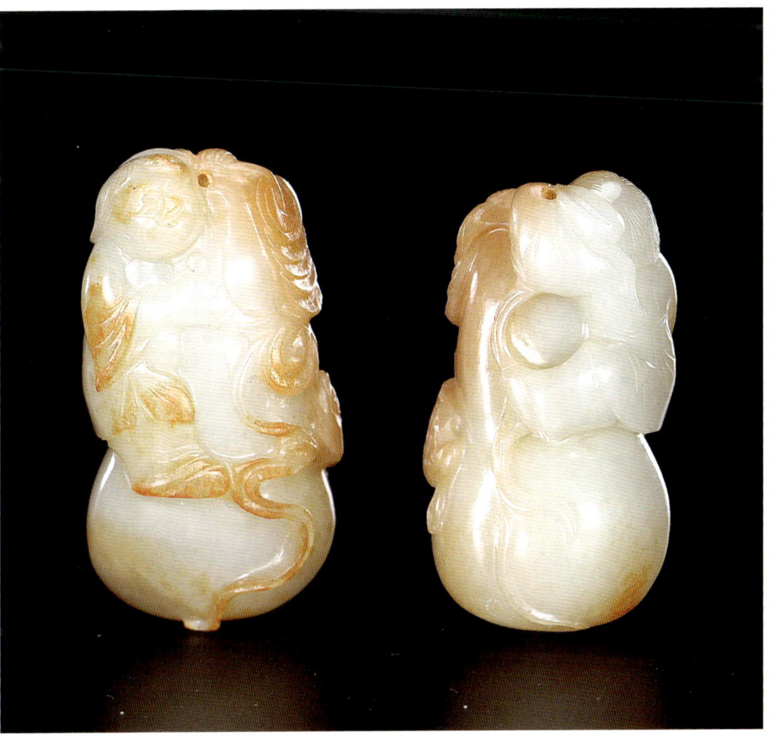

537 17世纪 白玉沁色刘海福禄坠
估 价：RMB 150,000~250,000
成交价：RMB 253,000
长6cm 北京东正 2017-12-09

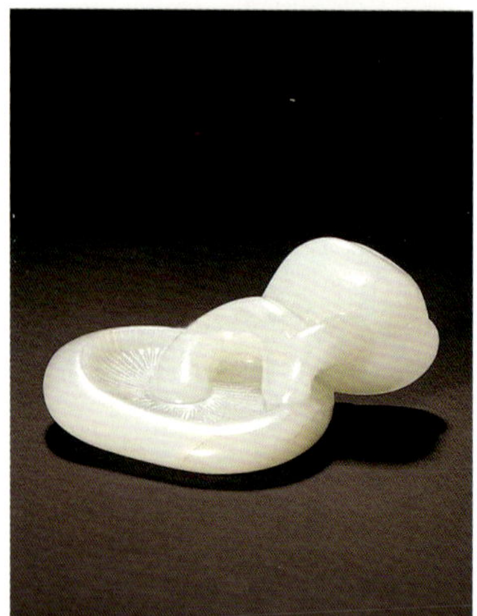

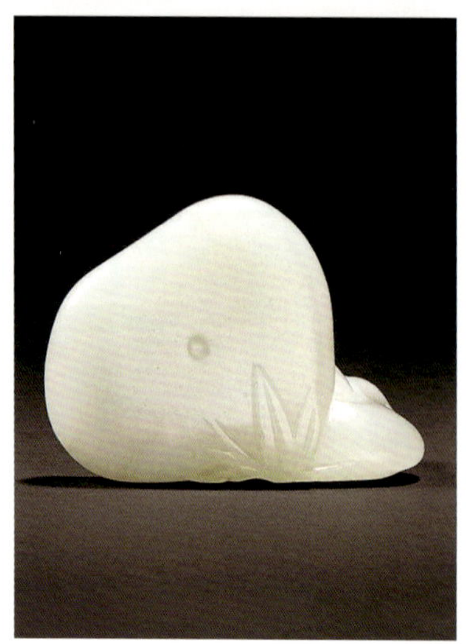

918 清早期 白玉雕君子遐龄佩
估　价：RMB 25,000~32,000
成交价：RMB 63,250
高3.8cm 北京诚轩 2017-06-20

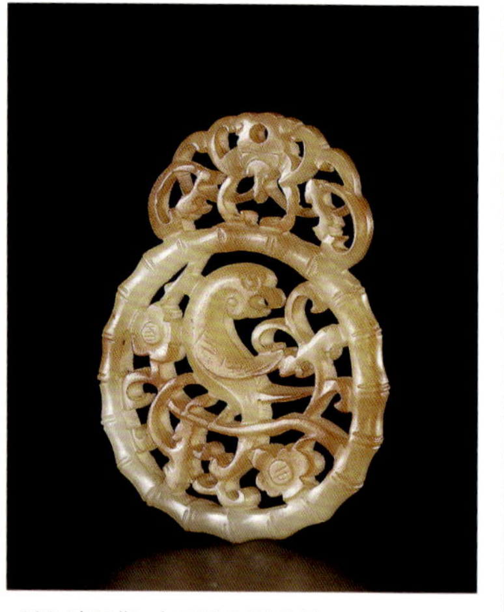

506 清早期 白玉沁色鹦鹉佩
估　价：RMB 50,000~80,000
成交价：RMB 92,000
长5.5cm 北京东正 2017-12-09

1333 清早期 白玉双鱼佩
估　价：HKD 60,000~80,000
成交价：RMB 125,599
高9cm 中国嘉德 2017-05-30

5812 清康熙 白玉雕九龙钺形佩
估　价：RMB 150,000~200,000
成交价：RMB 230,000
长12cm 北京保利 2017-12-19

1351 清乾隆 白玉蝉
估　价：RMB 50,000~100,000
成交价：RMB 276,000
高4.2cm 北京东正 2017-06-08

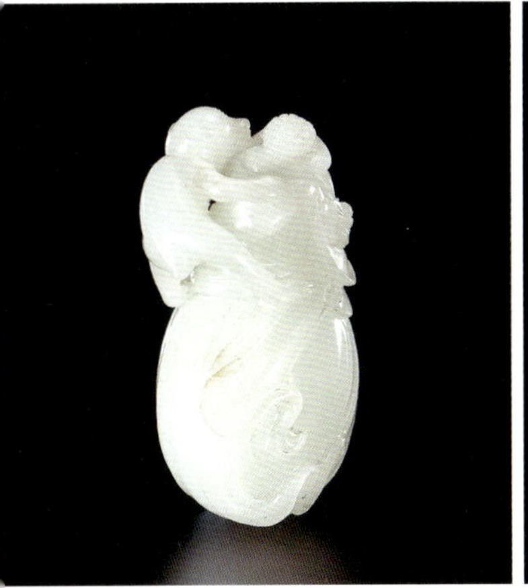

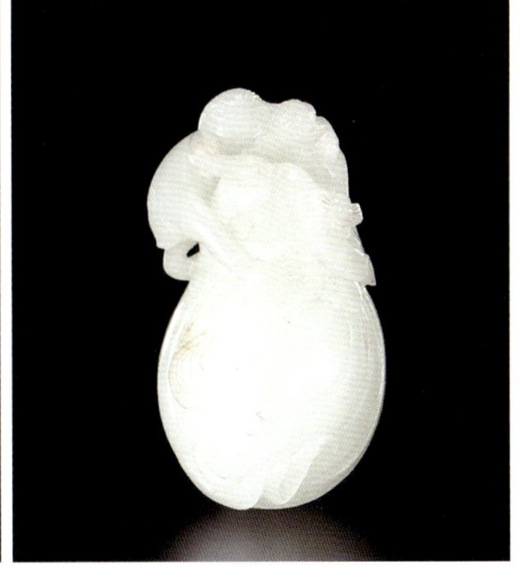

512 清乾隆 白玉代代封候坠
估 价：RMB 250,000~350,000
成交价：RMB 287,500
长6cm 北京东正 2017-12-09

817 清乾隆 白玉带皮瓜纹挂件
估 价：RMB 80,000~180,000
成交价：RMB 172,500
长4.5cm 观唐皕榷 2017-01-12

1435 清乾隆 白玉雕代代封侯佩
估 价：RMB 70,000~135,000
成交价：RMB 80,500
上海敬华 2017-07-01

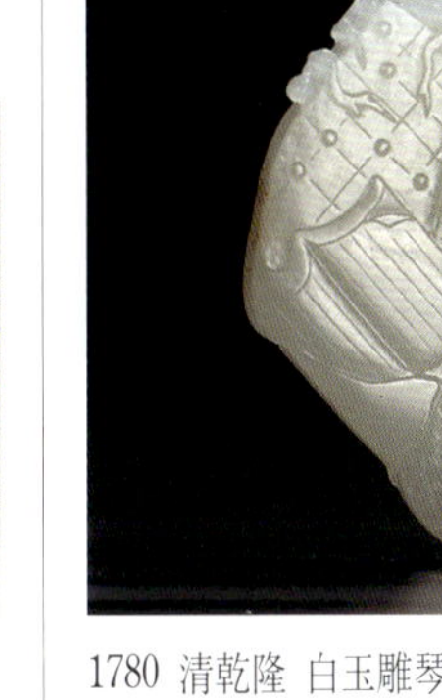

1780 清乾隆 白玉雕琴棋书画佩
估 价：RMB 180,000~250,000
成交价：RMB 207,000
高6.4cm 西泠拍卖 2017-07-15

455 清乾隆 白玉仿汉二龙一凤佩
估 价：HKD 80,000~120,000
成交价：RMB 156,704
宽6.5cm 中国嘉德 2017-10-02

788 清乾隆 白玉雕欢天喜地佩
估 价：RMB 380,000~450,000
成交价：RMB 437,000
长6cm 北京东正 2017-12-09

811 清乾隆 白玉雕玉兰花挂件
估 价：RMB 60,000~90,000
成交价：RMB 105,800
长7.5cm 观唐皕榷 2017-01-12

3977 清乾隆 白玉留皮巧色雕双童子持如意戏金蟾佩
估 价：RMB 500,000~600,000
成交价：RMB 1,127,000
高7cm 北京匡时 2017-06-04

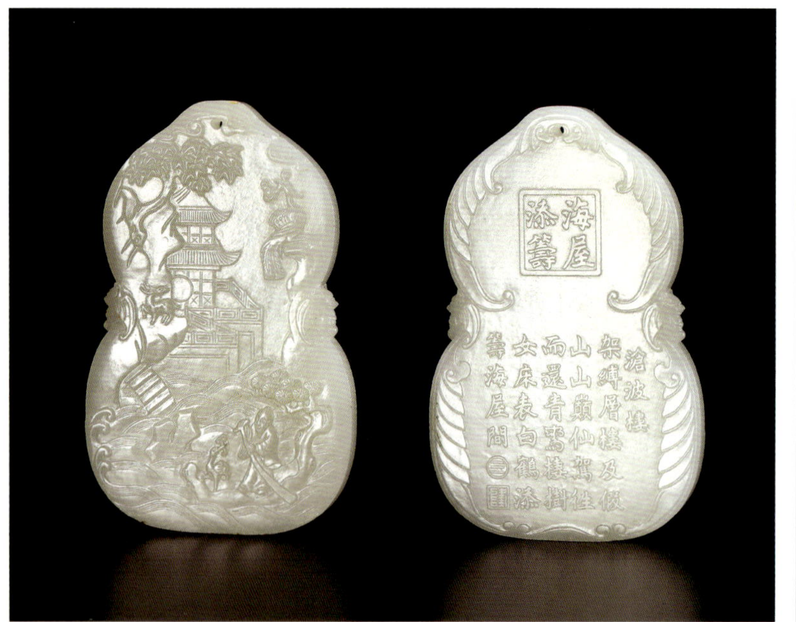

2123 清乾隆 白玉海屋添筹大吉葫芦诗文佩
估　价：RMB 120,000~200,000
成交价：RMB 172,500
高10cm 北京翰海 2017-12-16

132 清乾隆 白玉龙纹钟形佩
估　价：RMB 50,000~80,000
成交价：RMB 80,500
长6cm 北京保利 2017-11-04

1357 清乾隆 白玉龙象佩
估　价：RMB 200,000~280,000
成交价：RMB 333,500
高7.8cm 北京东正 2017-06-08

816 清乾隆 白玉双螭龙纹佩
估　价：RMB 60,000~120,000
成交价：RMB 120,750
长6cm 观唐皕榷 2017-01-12

2179 清乾隆 白玉麒麟送子佩
估　价：RMB 58,000~68,000
成交价：RMB 71,300
高6cm 北京翰海 2017-06-04

2041 清乾隆 白玉琴棋书画佩 （两件）
估　价：RMB 70,000~90,000
成交价：RMB 92,000
高5.5cm 北京翰海 2017-06-04

1091 清乾隆 白玉鱼化龙纹佩
估　价：USD 20,000~30,000
成交价：RMB 345,950
宽11.6cm 纽约佳士得 2017-03-17

2128 清乾隆 白玉喜庆有余佩
估　价：RMB 260,000~400,000
成交价：RMB 345,000
高6.4cm 北京翰海 2017-12-16

3197 清乾隆 白玉透雕夔凤纹“长宜子孙”佩
“乾隆年制”“位字九十号”楷书款
估　价：RMB 900,000~1,000,000
成交价：RMB 1,035,000
长12.8cm 北京匡时 2017-12-03

2180 清乾隆 白玉仙人乘槎诗文佩
估 价：RMB 70,000~90,000
成交价：RMB 92,000
高5.8cm 北京翰海 2017-06-04

2124 清乾隆 白玉御题诗文山水人物佩
估 价：RMB 300,000~400,000
成交价：RMB 402,500
高7cm 北京翰海 2017-12-16

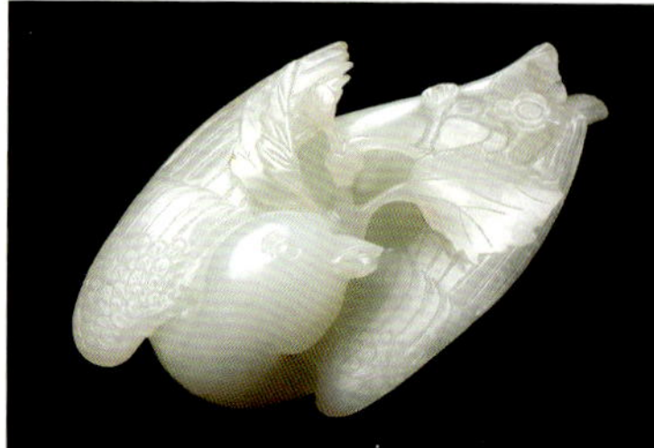

1550 清乾隆 白玉制海晏河清挂饰
估 价：RMB 150,000~250,000
成交价：RMB 230,000
长8cm 北京东正 2017-06-08

3757 清乾隆 琥珀雕事事如意挂坠
估 价：RMB 250,000~300,000
成交价：RMB 287,500
高5.1cm 北京荣宝 2017-12-02

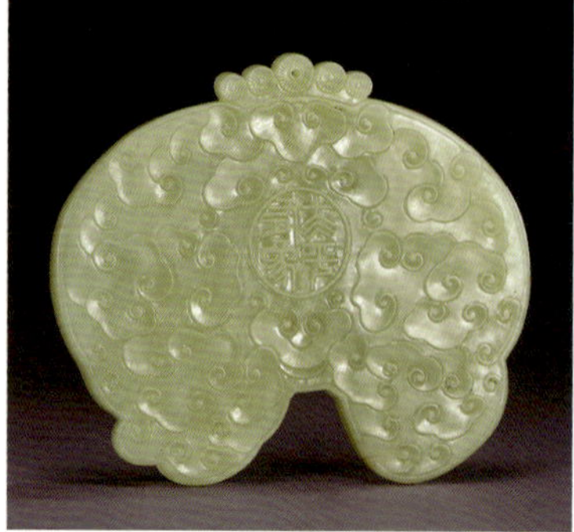

1176 清乾隆 和田黄玉太平有象珮
估 价：RMB 30,000~50,000
成交价：RMB 92,000
10cm × 8.5cm 中拍国际 2017-06-04

5149 清乾隆 黄玉雕龙纹佩
备注：纽约佳士得，2011年。
估 价：RMB 350,000~550,000
成交价：RMB 402,500
长7.5cm 北京保利 2017-06-06

2125 清乾隆 黄玉人物故事佩
估 价：RMB 260,000~400,000
成交价：RMB 345,000
高6.5cm 北京翰海 2017-12-16

2188 清乾隆 黄玉龙凤纹璧形佩
估 价：RMB 70,000~90,000
成交价：RMB 92,000
高5.4cm 北京翰海 2017-06-04

2867 清乾隆 南红玛瑙雕云蝠纹挂珠
估 价：RMB 150,000~250,000
成交价：RMB 172,500
直径3cm 中国嘉德 2017-12-18

2028 清乾隆 黄玉透雕龙凤纹佩
估　价：RMB 800,000~900,000
成交价：RMB 920,000
直径5.3cm 古天一 2017-06-07

2039 清中期 白玉百事如意佩
估　价：RMB 18,000~30,000
成交价：RMB 149,500
高6cm 北京翰海 2017-12-16

459 清中期 白玉财源滚滚转心佩
估　价：HKD 60,000~80,000
成交价：RMB 58,764
高6.5cm 中国嘉德 2017-10-02

922 清中期 白玉雕童子抱猫佩
估　价：RMB 50,000~60,000
成交价：RMB 80,500
长5.5cm 北京诚轩 2017-06-20

2043 清中期 白玉吉庆有余佩
估　价：RMB 8,000~12,000
成交价：RMB 149,500
高7.8cm 北京翰海 2017-12-16

46 清晚期 白玉雕山水人物图佩
估　价：HKD 40,000~60,000
成交价：RMB 130,915
高5.1cm 香港苏富比 2017-06-01

461 清中期 白玉螭龙“忠信孝弟”佩
估 价：HKD 100,000~150,000
成交价：RMB 146,910
高6.6cm 中国嘉德 2017-10-02

2038 清中期 白玉福禄寿佩
估 价：RMB 18,000~30,000
成交价：RMB 94,300
高6cm 北京翰海 2017-12-16

291 清 白玉蝉形玉佩
估 价：RMB 60,000~100,000
成交价：RMB 109,250
高6cm 上海明轩 2017-06-30

62 清晚期 白玉平升式级佩
估 价：HKD 100,000~150,000
成交价：RMB 152,734
高7cm 香港苏富比 2017-06-01

47 清晚期 白玉题诗渔归图佩
估 价：HKD 50,000~70,000
成交价：RMB 163,643
高5.3cm 香港苏富比 2017-06-01

354 清 白玉苍龙教子佩
估 价：HKD 50,000~80,000
成交价：RMB 53,424
高9.5cm 中濠典藏 2017-11-29

2164 清中期 白玉渔桥耕读佩
估 价：RMB 26,000~36,000
成交价：RMB 34,500
高6.5cm 北京翰海 2017-06-04

1341 清 白玉雕葡萄佩
估 价：RMB 80,000~120,000
成交价：RMB 138,000
5.5cm×5cm 西泠拍卖 2017-07-15

1877 清 白玉府上有龙件
估 价：RMB 30,000~50,000
成交价：RMB 34,500
高13.2cm 上海匡时 2017-11-05

847 清 白玉雕双童嬉戏佩
估 价：RMB 120,000~220,000
成交价：RMB 184,000
长5.5cm 观唐皕榷 2017-01-12

1785 清 白玉留皮瓜瓞绵绵佩
估 价：RMB 110,000~150,000
成交价：RMB 126,500
高6.2cm 上海匡时 2017-11-05

678 清 白玉雕螭龙纹佩
估 价：HKD 20,000~30,000
成交价：RMB 43,731
长4.6cm 香港苏富比 2017-06-01

349 清 白玉福寿齐眉佩
估 价：HKD 20,000~30,000
成交价：RMB 24,931
长5.5cm 中濠典藏 2017-11-29

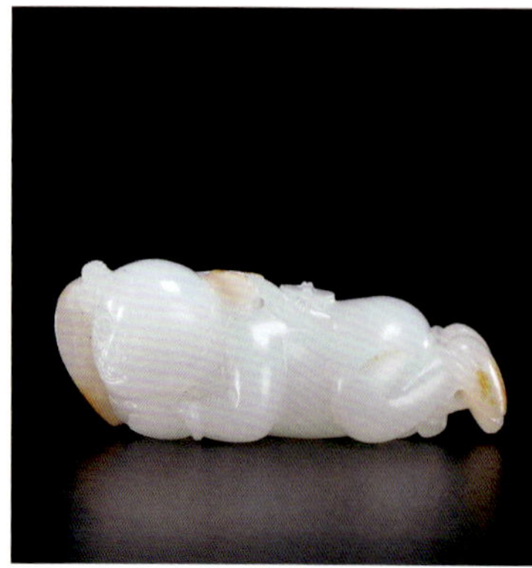

1358 清 白玉留皮童子坠
估 价：RMB 100,000~200,000
成交价：RMB 253,000
长5.2cm 北京东正 2017-06-08

5659 清 白玉府上有龙佩
估 价：RMB 5,000~8,000
成交价：RMB 82,800
长7cm 中国嘉德 2017-04-01

1006 清 白玉龙纹佩
估 价：RMB 200,000~300,000
成交价：RMB 230,000
长7cm 北京保利 2017-04-17

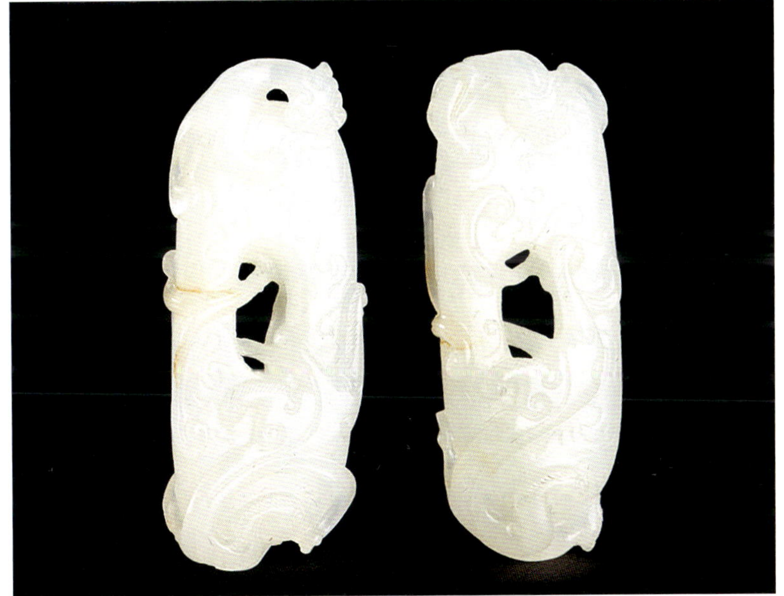

2868 清 白玉双螭佩
估 价：HKD 50,000
成交价：RMB 53,220
长4.7cm 万昌斯 2017-05-29

2548 清 白玉镂雕“路路通”佩
估 价：RMB 100,000~120,000
成交价：RMB 115,000
长7.5cm 北京匡时 2017-12-03

995 清 白玉童子击鼓佩
估 价：RMB 8,000~15,000
成交价：RMB 74,750
长5.5cm 北京保利 2017-04-17

2145 清 白玉洒金瓜蝶绵绵坠
估 价：RMB 32,000~38,000
成交价：RMB 40,250
高5.6cm 北京翰海 2017-06-04

1801 清 白玉童子献宝佩
估 价：RMB 50,000~60,000
成交价：RMB 57,500
长4.9cm 中贸圣佳 2017-06-18

1202 清 白玉鹰蛇佩
估 价：HKD 10,000~15,000
成交价：RMB 29,306
高5.2cm 中国嘉德 2017-05-30

1308 清 黑白玉巧雕蝴蝶福寿绵绵佩
估 价：HKD 30,000~50,000
成交价：RMB 418,664
长5.5cm 中国嘉德 2017-05-30

93 清 琥珀雕凤凰纹佩
估 价：USD 2,000~3,000
成交价：RMB 55,258
宽8.3cm 纽约佳士得 2017-07-13

5698 清 琥珀松下高士图佩
估 价：RMB 1,000~2,000
成交价：RMB 11,500
直径4.6cm 中国嘉德 2017-04-01

108 清 灰玉“长宜子孙”佩
估 价：USD 1,200~1,800
成交价：RMB 20,403
长6.4cm 纽约佳士得 2017-07-13

708 清 龙凤开光佩
估 价：RMB 55,000~85,000
成交价：RMB 103,500
长5.5cm 凤凰拍卖 2017-07-30

1083 清 玛瑙巧作节节高升佩
估 价：RMB 30,000~50,000
成交价：RMB 120,750
高5cm 古天一 2017-06-07

1840 清 南红荔枝坠
成交价：RMB 23,000
长3.6cm 中贸圣佳 2017-09-04

351 清 青白玉蝉（两件）
估 价：HKD 30,000~40,000
成交价：RMB 87,462
香港苏富比 2017-06-01

681 清 青玉雕螭龙纹佩
估 价：HKD 30,000~50,000
成交价：RMB 49,197
直径5.1cm 香港苏富比 2017-06-01

1126 清 双鸟纹玉佩
估 价：RMB 80,000~120,000
成交价：RMB 92,000
长3.5cm 古天一 2017-06-07

1109 清 玉雕龙胎
估 价：RMB 80,000~120,000
成交价：RMB 253,000
长3.8cm 古天一 2017-06-07

1156 清 玉勒子挂件 （一组）
估 价：RMB 400,000~500,000
成交价：RMB 667,000
古天一 2017-06-07

682 清 青白玉雕瑞鸡佩
估 价：HKD 20,000~30,000
成交价：RMB 54,664
长4.8cm 香港苏富比 2017-06-01

160 清 玉喜字佩
估 价：RMB 10,000
成交价．RMB 43,700
高6cm 北京翰海 2017-09-13

26 清 玉龙形佩
估 价：HKD 15,000~20,000
成交价：RMB 20,728
长7.4cm 香港苏富比 2017-06-01

1161 清 玉人及玉人面佩 （1组3件）
来源：不言堂，坂本五郎旧藏。
估 价：RMB 30,000~50,000
成交价：RMB 552,000
高7.3cm 古天一 2017-06-07

1082 18世纪 白玉蝴蝶纹佩 （一对）
估 价：USD 6,000~8,000
成交价：RMB 112,434
宽8.6cm，宽8cm 纽约佳士得 2017-03-17

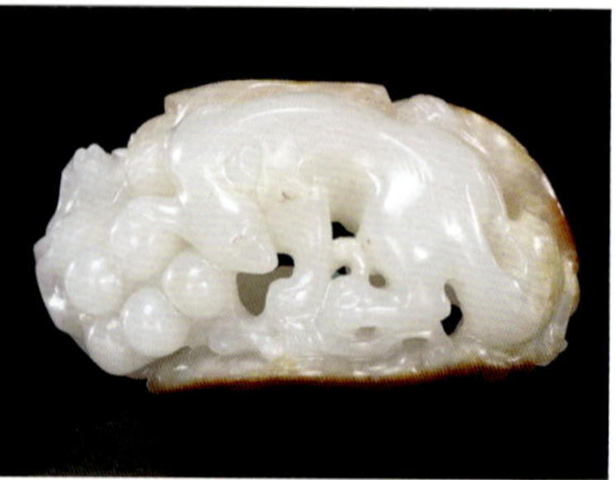

1368 18世纪 白玉留皮松鼠葡萄坠
估 价：RMB 100,000~180,000
成交价：RMB 207,000
长6cm 北京东正 2017-06-08

1354 18世纪 白玉留皮瓜果坠
估 价：RMB 100,000~150,000
成交价：RMB 299,000
高6cm 北京东正 2017-06-08

1353 18世纪 白玉留皮螳螂捕蝉坠
估 价：RMB 50,000~80,000
成交价：RMB 115,000
长5cm 北京东正 2017-06-08

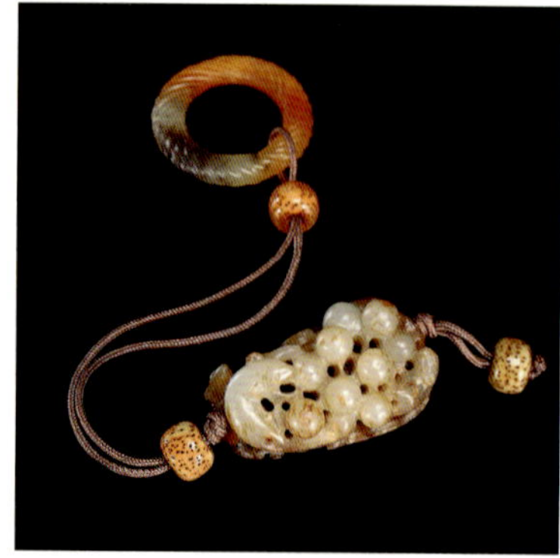

1367 18世纪 白玉巧雕松鼠葡萄坠（加环）
估 价：RMB 80,000~120,000
成交价：RMB 149,500
尺寸不一 北京东正 2017-06-08

1097 18世纪 白玉如意童子纹佩
估 价：USD 12,000~15,000
成交价：RMB 189,269
高5.7cm 纽约佳士得 2017-03-17

457 18世纪 白玉诗文竹节佩
估 价：HKD 80,000~120,000
成交价：RMB 78,352
高5.9cm 中国嘉德 2017-10-02

1382 18世纪 白玉松鼠葡萄坠
估 价：RMB 160,000~260,000
成交价：RMB 299,000
长5.2cm 北京东正 2017-06-08

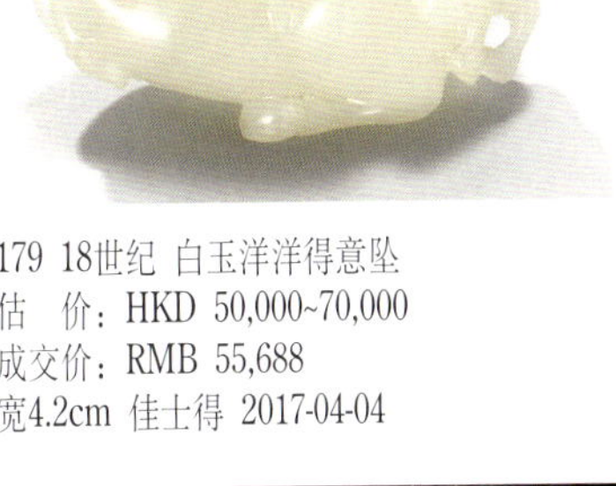

179 18世纪 白玉洋洋得意坠
估 价：HKD 50,000~70,000
成交价：RMB 55,688
宽4.2cm 佳士得 2017-04-04

1211 18世纪 白玉籽料带皮渔翁婴戏图佩
估 价：HKD 10,000~15,000
成交价：RMB 156,999
高5cm 中国嘉德 2017-05-30

796 18世纪 黑白玉巧雕狮象挂坠
估 价：RMB 180,000~200,000
成交价：RMB 218,500
5cm × 3.5cm 北京东正 2017-12-09

524 18世纪 黄玉竹节佩
估 价：RMB 150,000~250,000
成交价：RMB 230,000
长5.5cm 北京东正 2017-12-09

3717 18世纪 苏作白玉美人奏萧图佩
“子刚铁笔”、“子刚”仿款
估 价：HKD 200,000~300,000
成交价：RMB 222,750
高5.7cm 香港苏富比 2017-04-05

3249 18世纪/19世纪 白玉百年好合佩
估 价：HKD 100,000~150,000
成交价：RMB 188,488
高4.5cm 佳士得 2017-05-31

3247 18世纪/19世纪 白玉连生贵子坠
估 价：HKD 80,000~120,000
成交价：RMB 88,700
长3.8cm 佳士得 2017-05-31

3 18世纪/19世纪 白玉镂雕双螭佩
估 价：HKD 30,000~50,000
成交价：RMB 76,367
长6.4cm 香港苏富比 2017-06-01

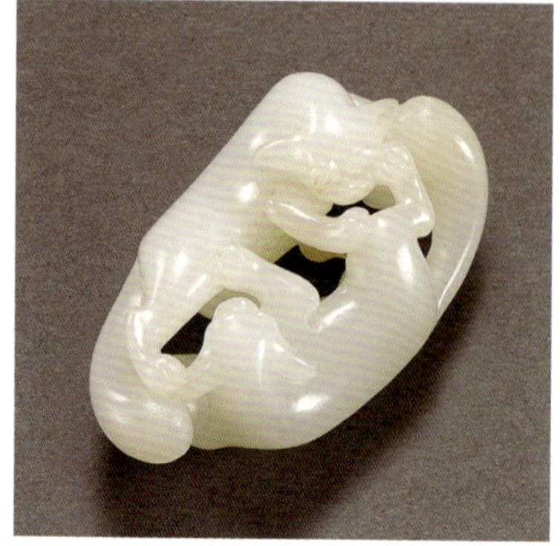

1 18世纪/19世纪 白玉双欢
估 价：HKD 50,000~70,000
成交价：RMB 130,915
长6.8cm 香港苏富比 2017-06-01

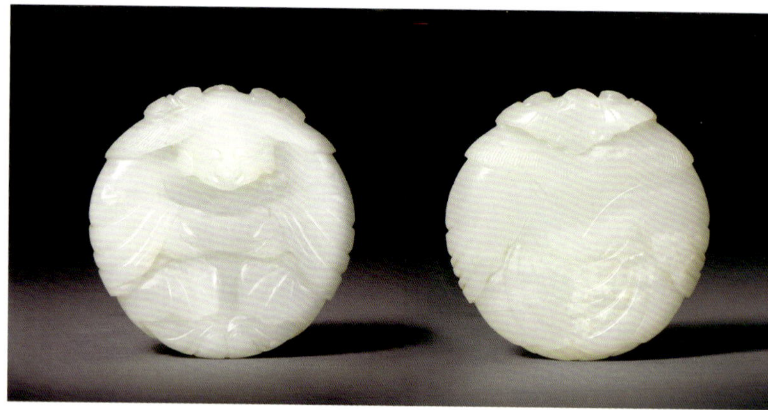

888 18世纪/19世纪 白玉人物纹佩
估 价：USD 6,000~8,000
成交价：RMB 64,866
直径5.7cm 纽约佳士得 2017-03-16

372 18世纪/19世纪 青白玉蝉（两件）
估 价：HKD 30,000~40,000
成交价：RMB 81,995
长6cm，长5.5cm 香港苏富比 2017-06-01

927 崔磊 万事丰足白玉挂件
估 价：RMB 400,000~500,000
成交价：RMB 313,600
5.5cm×3.4cm 上海联合 2017-06-18

1396 白玉镂空朱雀螭龙珩
估　价：RMB 600,000~1,000,000
成交价：RMB 2,012,500
长9.5cm 北京东正 2017-06-08

479 范民广 白玉籽料扭转乾坤
估　价：RMB 120,000
成交价：RMB 287,500
6.7cm×4cm 浙江佳宝 2017-07-23

480 范民广 白玉籽料辟邪
估　价：RMB 200,000
成交价：RMB 336,000
7.3cm×5.2cm 浙江佳宝 2017-07-23

4499 黑白玉松鼠葡萄佩
估　价：RMB 1,000~2,000
成交价：RMB 11,500
长6.8cm 中国嘉德 2017-09-03

2005 黄杨洪 富贵长寿白玉挂件
估　价：RMB 280,000~350,000
成交价：RMB 322,000
3.7cm×2.7cm 西泠拍卖 2017-07-15

762 曹国斌 和田白玉籽料祝福
估　价：RMB 750,000~800,000
成交价：RMB 1,035,000
高14cm 凤凰拍卖 2017-07-30

657 楚式透雕龙凤形玉佩
估　价：HKD 200,000~300,000
成交价：RMB 215,468
长10.2cm 北京匡时 2017-10-02

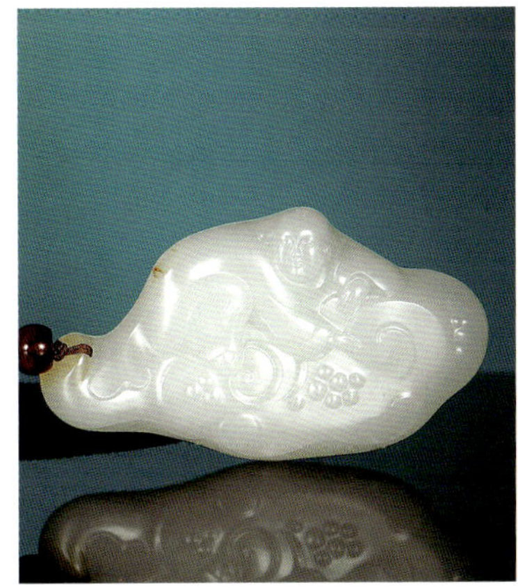
1972 樊军民 如意童子白玉把件
估　价：RMB 90,000~120,000
成交价：RMB 126,500
9.5cm×5.2cm×1.5cm 西泠拍卖 2017-07-15

2007 黄杨洪 金莲开法界白玉挂件
估 价：RMB 300,000~400,000
成交价：RMB 368,000
6.6cm × 2.5cm 西泠拍卖 2017-07-15

1992 李剑 猪先生的春天 白玉挂件
估 价：RMB 100,000~150,000
成交价：RMB 138,000
5.8cm × 3.4cm × 1.9cm 西泠拍卖 2017-07-15

2050 徐志浩 慈怀白玉挂件
估 价：RMB 150,000~180,000
成交价：RMB 184,000
6.3cm × 2.7cm 西泠拍卖 2017-07-15

925 杨建发 玉兔白玉挂件
估 价：RMB 250,000~350,000
成交价：RMB 246,400
6.2cm × 3.3cm 上海联合 2017-06-18

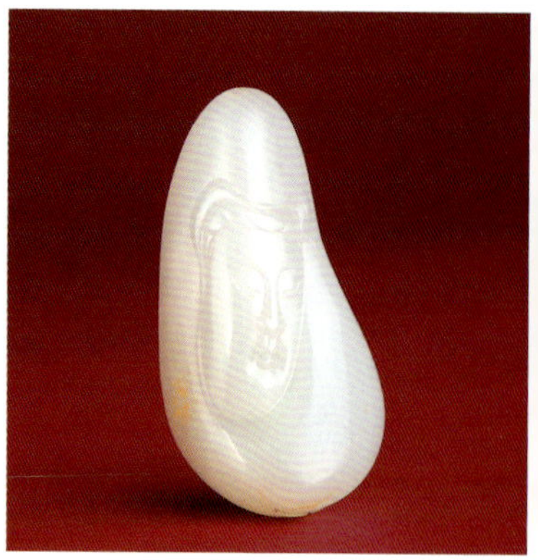

681 吕德 观音 白玉挂件
估 价：RMB 200,000~250,000
成交价：RMB 168,000
高5.2cm 上海联合 2017-06-18

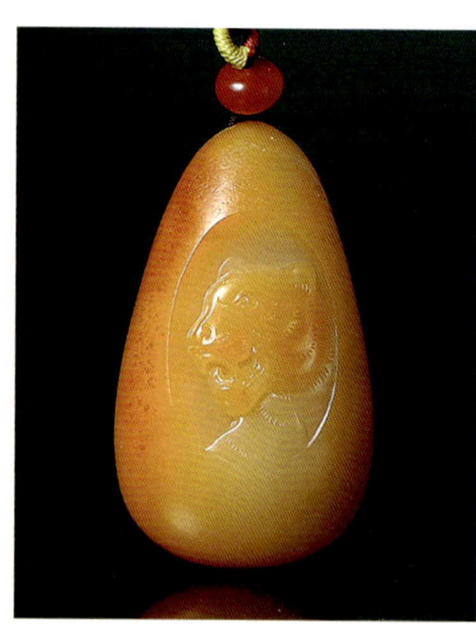

2093 王金忠 虎啸云涌黄玉挂件
估 价：RMB 110,000~130,000
成交价：RMB 126,500
4.3cm × 2.6cm 西泠拍卖 2017-07-15

25 杨建发 金玉满堂 白玉挂件
估 价：RMB 250,000~280,000
成交价：RMB 224,000
4.7cm × 3.4cm，重量43g 上海联合 2017-12-17

21 玉雕熊
估　价：RMB 750,000~850,000
成交价：RMB 862,500
高4.3cm 中贸圣佳 2017-06-18

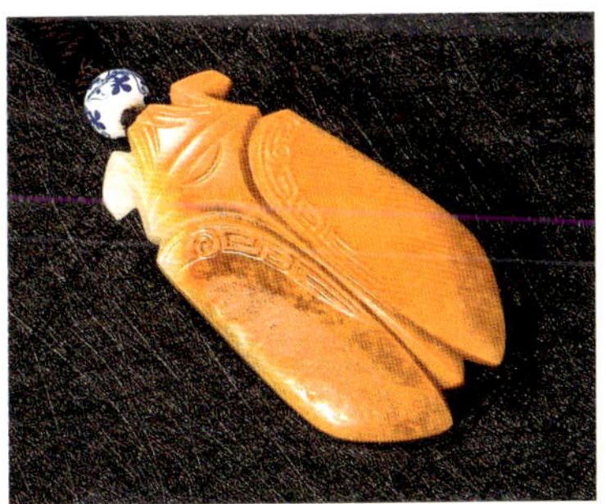

748 张海 一鸣惊人黄沁挂件
估　价：RMB 150,000~180,000
成交价：RMB 112,000
6.2cm×3.4cm 上海联合 2017-06-18

2014 赵琦 福象白玉挂件
估　价：RMB 180,000~220,000
成交价：RMB 218,500
5.9cm×4.1cm 西泠拍卖 2017-07-15

2091 赵显志 灵猴献寿白玉挂件
估　价：RMB 150,000~180,000
成交价：RMB 172,500
6.6cm×3cm 西泠拍卖 2017-07-15

把玩件

1340 宋 白玉黄沁鳌龙把件
估　价：RMB 50,000~80,000
成交价：RMB 103,500
长4.5cm 西泠拍卖 2017-07-15

3052 宋 白玉羊把件
来源：琝琳水阁珍藏。
估　价：HKD 100,000~180,000
成交价：RMB 234,025
长4.5cm 佳士得 2017-11-29

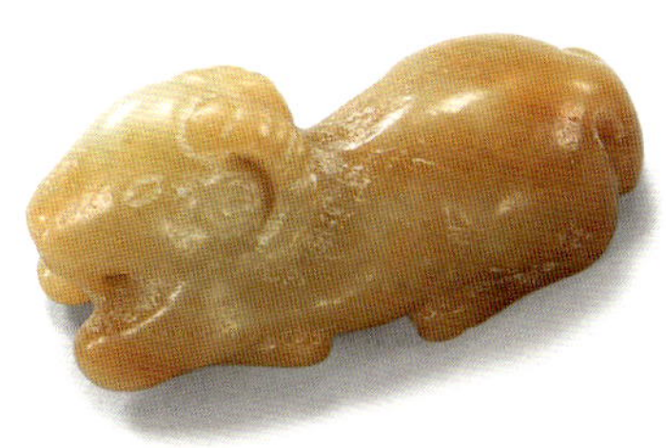

3246 宋 玉羊形把件
估　价：HKD 150,000~260,000
成交价：RMB 166,313
长5.7cm 佳士得 2017-05-31

746 宋/明 黄玉雕瑞獸把件
估　价：USD 6,000~20,000
成交价：RMB 276,763
纽约苏富比 2017-03-14

757 元 白玉雕瑞兽把件
估　价：RMB 5,000~8,000
成交价：RMB 86,250
长7.5cm 保利厦门 2017-06-26

157 元/明 青褐玉双鸟把件
估　价：HKD 130,000~180,000
成交价：RMB 134,875
宽7.2cm 佳士得 2017-10-02

3758 元/明 青玉雕童子戏象把件
估　价：HKD 600,000~800,000
成交价：RMB 622,500
长8cm 香港苏富比 2017-10-03

1181 明 黑白玉牧马把件、黄玉马 （各一件）
估　价：HKD 10,000~15,000
成交价：RMB 75,360
最大的宽7.2cm 中国嘉德 2017-05-30

1857 明 白玉留皮卧牛形把件
估　价：RMB 40,000~60,000
成交价：RMB 46,000
长5.7cm 上海匡时 2017-11-05

1189 明 青玉带皮童子抚猫把件
估　价：HKD 10,000~15,000
成交价：RMB 104,666
宽6cm 中国嘉德 2017-05-30

3054 明 墨白玉嬰戲把件
估　价：HKD 200,000~300,000
成交价：RMB 510,600
高5.5cm 佳士得 2017-11-29

582 明或以前 白玉圆雕童子嬉戏我捉住你了把件
估　价：RMB 80,000~120,000
成交价：RMB 241,500
高5.5cm 荣宝斋（上海） 2017-07-30

1793 明末清初 蜜蜡雕瓜瓞绵绵把件
估 价：RMB 80,000~120,000
成交价：RMB 109,250
高8cm 西泠拍卖 2017-07-15

100 17世纪/18世纪 褐黑玉巧雕鸳鸯把件
估 价：USD 1,200~1,800
成交价：RMB 27,204
长5.7cm 纽约佳士得 2017-07-13

1535 17世纪 褐斑青玉雕卧马把件
估 价：USD 1,500~2,000
成交价：RMB 38,919
纽约苏富比 2017-03-18

632 17世纪/18世纪 黄玉巧雕卧鹿把件
估 价：HKD 50,000~70,000
成交价：RMB 1,639,906
长7cm 香港苏富比 2017-06-01

1687 清乾隆 白玉雕卧马把件
估 价：RMB 50,000~80,000
成交价：RMB 80,500
高3.3cm 西泠拍卖 2017-07-15

1337 清中期 玛瑙巧雕松鼠葡萄纹把件
估 价：RMB 20,000~30,000
成交价：RMB 34,500
高2.4cm 西泠拍卖 2017-07-15

38 清晚期 白玉雕福寿灵芝把件
估 价：HKD 20,000~30,000
成交价：RMB 60,003
长5.1cm 香港苏富比 2017-06-01

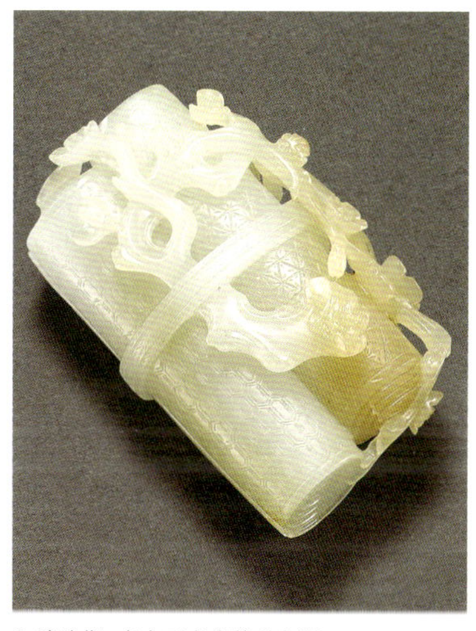

6 清晚期 青白玉书卷梅花把件
估 价：HKD 40,000~60,000
成交价：RMB 87,276
长6.5cm 香港苏富比 2017-06-01

1691 清 白玉雕红沁卧牛把件
估 价：RMB 50,000~80,000
成交价：RMB 80,500
长7.2cm 西泠拍卖 2017-07-15

685 清 白玉雕盘蛇把件
估　价：HKD 20,000~30,000
成交价：RMB 142,125
高2.9cm 香港苏富比 2017-06-01

1664 清 白玉雕三阳开泰把件
估　价：RMB 80,000~120,000
成交价：RMB 195,500
高5cm 西泠拍卖 2017-07-15

1187 清 白玉童子爱鹅把件
估　价：HKD 20,000~30,000
成交价：RMB 73,266
宽5.5cm 中国嘉德 2017-05-30

613 清 白玉雕卧羊把件
估　价：HKD 50,000~70,000
成交价：RMB 142,125
长5.7cm 香港苏富比 2017-06-01

61 清 白玉书形把件
估　价：GBP 4,000~6,000
成交价：RMB 103,158
宽4.5cm 伦敦佳士得 2017-11-07

8 清 白玉猕猴献桃把件
估　价：HKD 30,000~50,000
成交价：RMB 122,513
高4.5cm 佳士得 2017-04-04

1373 清 白玉双欢
估　价：RMB 60,000~100,000
成交价：RMB 126,500
长4.4cm 北京东正 2017-06-08

668 约清 红玛瑙雕瑞兽把件
估　价：HKD 80,000~120,000
成交价：RMB 87,462
长6.5cm 香港苏富比 2017-06-01

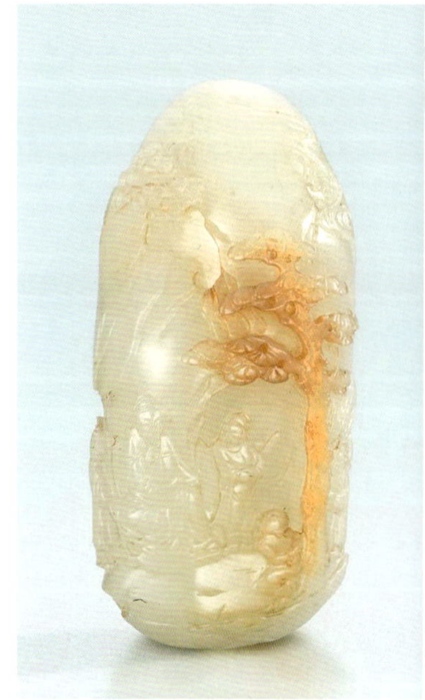

156 18世纪 白玉雕松荫高士图把件
估　价：HKD 150,000~240,000
成交价：RMB 249,000
长6.5cm 佳士得 2017-10-02

3061 18世纪 白玉瑞鸡把件
估 价：HKD 200,000~300,000
成交价：RMB 297,850
长7cm 佳士得 2017-11-29

28 18世纪 黄玉褐斑卧鹿把件
估 价：GBP 8,000~12,000
成交价：RMB 86,870
宽6.5cm 伦敦佳士得 2017-11-07

458 18世纪 青白玉瑞兽把件
估 价：GBP 2,500~4,000
成交价：RMB 78,251
宽9cm 伦敦佳士得 2017-05-12

105 18世纪 青白玉巧作榴开百子把件
估 价：EUR 8,000~12,000
成交价：RMB 81,179
长5.8cm 巴黎苏富比 2017-06-22

3059 18世纪 黄玉神鹿把件
估 价：HKD 80,000~120,000
成交价：RMB 425,500
长5.4cm 佳士得 2017-11-29

1511 18世纪/19世纪 白玉雕双龙戏珠把件及白玉雕事事如意把件
估 价：USD 4,000~6,000
成交价：RMB 86,488
纽约苏富比 2017-03-18

457 18世纪/19世纪 黄玉水牛把件
估 价：GBP 2,000~4,000
成交价：RMB 67,073
长9.5cm 伦敦佳士得 2017-05-12

667 18世纪/19世纪 玛瑙巧雕灵猴献寿把件
估 价：HKD 40,000~60,000
成交价：RMB 60,130
高4.8cm 香港苏富比 2017-06-01

567 19世纪 琥珀雕太狮少狮把件
估 价：HKD 60,000~100,000
成交价：RMB 65,596
长7cm 香港苏富比 2017-06-01

1998 崔磊 承天之祜白玉把件
估　价：RMB 350,000~500,000
成交价：RMB 460,000
高8cm 西泠拍卖 2017-07-15

908 朱跃真 招财金蟾白玉把件
估　价：RMB 250,000~350,000
成交价：RMB 358,400
6.3cm×4.5cm×3.7cm 上海联合 2017-06-18

2006 黄杨洪 鸿运当头白玉把件
估　价：RMB 350,000~400,000
成交价：RMB 402,500
5.4cm×4.1cm 西泠拍卖 2017-07-15

299 崔磊 和合二仙 白玉把件
估　价：RMB 700,000~800,000
成交价：RMB 504,000
6.7cm×4.2cm；重量94g 上海联合 2017-12-17

566 杨建发 灵龟 白玉把件
估　价：RMB 450,000~600,000
成交价：RMB 396,000
8.4cm×5.7cm 上海联合 2017-06-18

1997 李剑 貔貅 白玉把件
估　价：RMB 180,000~250,000
成交价：RMB 287,500
长8cm 西泠拍卖 2017-07-15

2078 葛洪 一马当先白玉把件
估　价：RMB 170,000~200,000
成交价：RMB 207,000
7.7cm×5.7cm 西泠拍卖 2017-07-15

154 黄杨洪 鸿运当头 白玉把件
估　价：RMB 800,000~900,000
成交价：RMB 728,000
6.9cm×3.9cm；重量74.6g
上海联合 2017-12-17

928 林国华 禅 白玉把件
估　价：RMB 900,000~1,200,000
成交价：RMB 784,000
6.3cm×3cm 上海联合 2017-06-18

2036 林金波 福禄寿喜财白玉把件
估 价：RMB 280,000~350,000
成交价：RMB 345,000
6.5cm × 3.8cm 西泠拍卖 2017-07-15

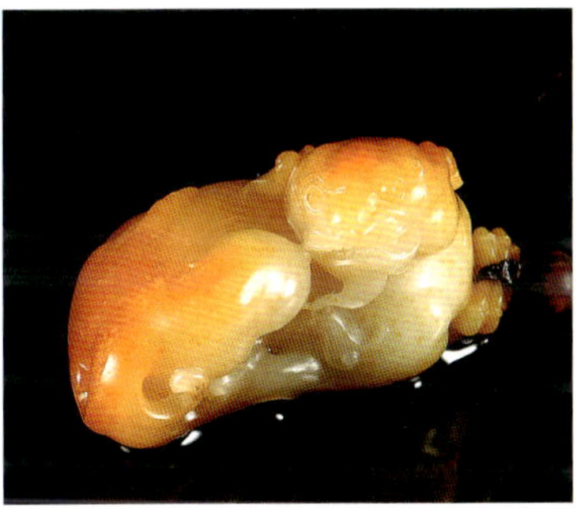

2068 吴金星 招财瑞兽白玉把件
估 价：RMB 180,000~220,000
成交价：RMB 218,500
5.3cm × 2.7cm 西泠拍卖 2017-07-15

2039 吴灶发 福寿双全白玉把件
估 价：RMB 320,000~400,000
成交价：RMB 402,500
7.1cm × 5.7cm 西泠拍卖 2017-07-15

2040 吴灶发 连年有余白玉把件
估 价：RMB 220,000~280,000
成交价：RMB 287,500
4.9cm × 3.8cm 西泠拍卖 2017-07-15

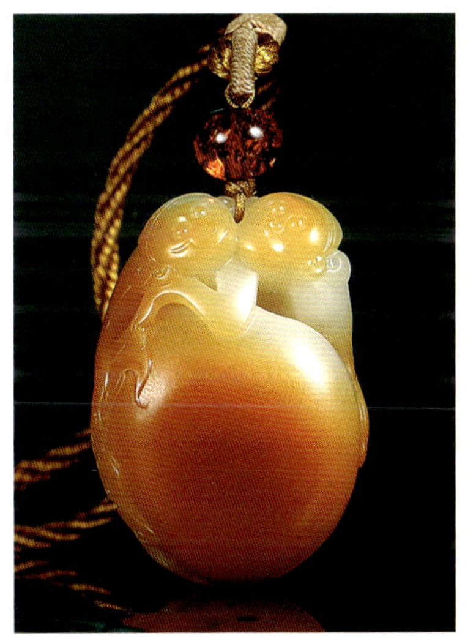

1979 郭万龙 灵猴献寿白玉把件
估 价：RMB 170,000~220,000
成交价：RMB 230,000
高4.4cm 西泠拍卖 2017-07-15

1987 杨曦 马上封侯白玉把件
估 价：RMB 200,000~250,000
成交价：RMB 230,000
高6.1cm 西泠拍卖 2017-07-15

749 俞巍巍 招福瑞兽 白玉把件
估 价：RMB 350,000~400,000
成交价：RMB 280,000
6.5cm × 4.7cm 上海联合 2017-06-18

1698 和田白玉雕天禄把件
估 价：RMB 500,000~600,000
成交价：RMB 575,000
长7.5cm 北京华辰 2017-12-17

其他佩饰件

2704 红山文化晚期 青玉带齿动物面纹饰
来源：养德堂珍藏，台北。
估 价：HKD 300,000~500,000
成交价：RMB 9,275,900
宽19.6cm 佳士得 2017-11-29

2722 后石家河文化 青玉神祖面饰
来源：养德堂珍藏，台北。
估 价：HKD 800,000~1,200,000
成交价：RMB 8,765,300
宽9.5cm 佳士得 2017-11-29

1142 文化期 玉雕兽面纹冠状饰
估 价：HKD 10,000~15,000
成交价：RMB 52,333
宽4.4cm 中国嘉德 2017-05-30

1373 文化期 黄玉鸮两件和鸡骨白玉饰件一件
估 价：HKD 40,000~60,000
成交价：RMB 188,399
最大的宽4.5cm 中国嘉德 2017-05-30

1136 文化期 青玉人面饰
估 价：HKD 10,000~15,000
成交价：RMB 31,400
高4cm 中国嘉德 2017-05-30

2705 红山文化晚期 玉兽面纹杖顶
来源：养德堂珍藏，台北。
估 价：HKD 200,000~300,000
成交价：RMB 1,595,625
宽6.8cm 佳士得 2017-11-29

1241 良渚文化 神人兽面纹玉饰
估 价：RMB 20,000~30,000
成交价：RMB 23,000
高3.7cm 西泠拍卖 2017-07-15

2775 战国 玉凤纹饰
来源：养德堂珍藏，台北。
估 价：HKD 350,000~500,000
成交价：RMB 744,625
长12.8cm 佳士得 2017-11-29

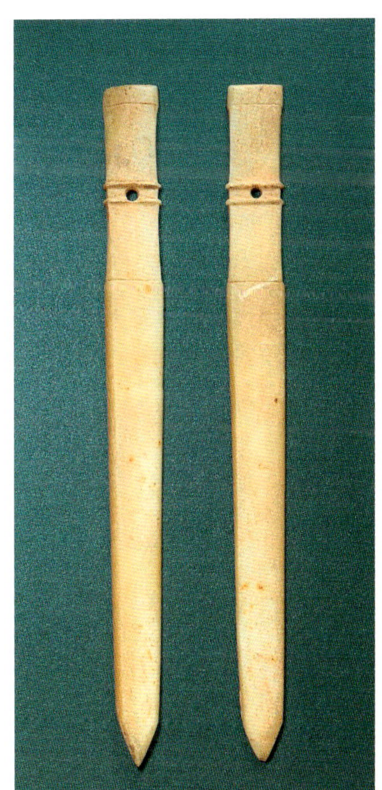

2748 西周 玉符节 （一对）
来源：养德堂珍藏，台北。
估 价：HKD 80,000~120,000
成交价：RMB 85,100
长21cm×2 佳士得 2017-11-29

803 商晚期/西周早期 玉动物形佩 （3件）
估　价：USD 2,000~3,000
成交价：RMB 82,163
宽4.3cm；宽6.2cm；宽3.9cm
纽约佳士得 2017-03-16

1155 战国 玉雕螭龙纹饰件
估　价：HKD 20,000~30,000
成交价：RMB 261,665
宽6.3cm 中国嘉德 2017-05-30

2732 西周早期 青玉兽面饰
来源：养德堂珍藏，台北。
估　价：HKD 50,000~80,000
成交价：RMB 90,419
长2.7cm 佳士得 2017-11-29

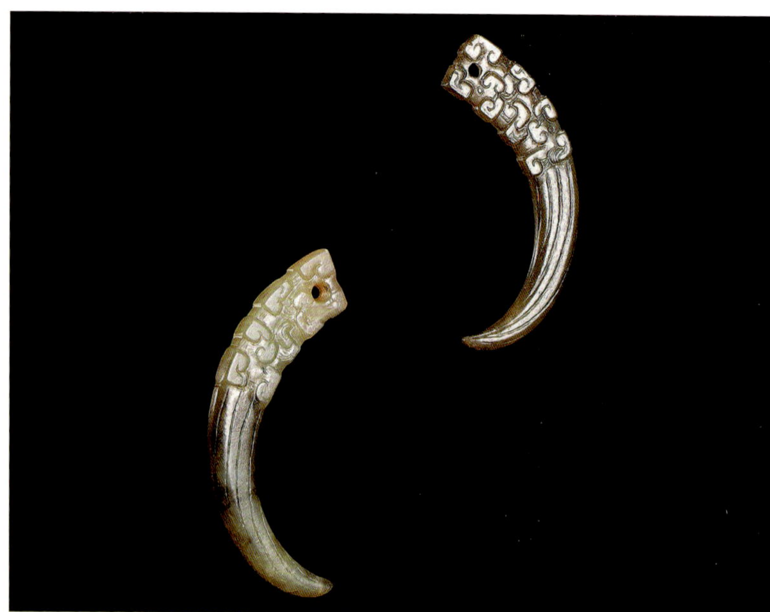

664 春秋 玉觿 （一对）
估　价：HKD 150,000~250,000
成交价：RMB 146,910
长6.7cm；长6.1cm 北京匡时 2017-10-02

2726 战国 玉龙凤纹觿
估　价：HKD 120,000~180,000
成交价：RMB 532,200
高7cm 佳士得 2017-05-31

306 战国 玉夔龙纹饰
成交价：RMB 92,928
4.3cm×3.8cm 香港苏富比 2017-06-01

207 战国 杖形器
来源：台湾重要私人收藏。
估 价：HKD 600,000~800,000
成交价：RMB 561,495
长33.5cm 香港翰海 2017-10-05

2766 战国 玉兽面饰
来源：养德堂珍藏，台北。
估 价：HKD 100,000~150,000
成交价：RMB 1,170,125
长3.5cm 佳士得 2017-11-29

2772 战国晚期至西汉早期 玉龙纹觿 （一对）
来源：养德堂珍藏，台北。
估 价：HKD 120,000~180,000
成交价：RMB 180,838
高13.5cm×2 佳士得 2017-11-29

447 西汉 青玉觽
估　价：HKD 30,000~40,000
成交价：RMB 44,520
长12cm 中濠典藏 2017-11-29

329 约西汉 玉龙形觽
成交价：RMB 32,798
长9.1cm 香港苏富比 2017-06-01

1384 宋/元 白玉镂雕仙宫图嵌饰
估　价：HKD 100,000~150,000
成交价：RMB 366,331
宽10.2cm 中国嘉德 2017-05-30

2845 宋 玉迦楼罗杵
估　价：HKD 10,000
成交价：RMB 34,061
长6.5cm 万昌斯 2017-05-29

632 宋/汉 古玉鹰杖首
估　价：HKD 300,000~400,000
成交价：RMB 293,820
长8.1cm 北京匡时 2017-10-02

3307 宋/元 白玉镂雕四瓣菱形出廓如意云龙纹饰
估　价：HKD 250,000~300,000
成交价：RMB 289,575
长7.5cm 香港苏富比 2017-04-05

3304 宋/元 青白玉镂雕赏菊图饰
来源：香港佳士得，2011年。
估 价：HKD 1,200,000~1,800,000
成交价：RMB 1,336,500
长8.7cm 香港苏富比 2017-04-05

5142 元 白玉迦楼罗神鸟饰
出版：《形神兼备——山水堂藏玉Ⅱ》，图13
估 价：RMB 80,000~150,000
成交价：RMB 138,000
长3.2cm 北京保利 2017-12-18

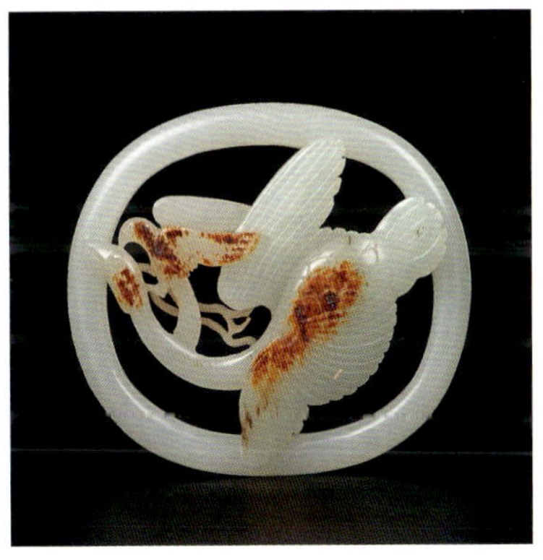

285 辽金 白玉带皮海东青饰件
估 价：RMB 80,000~120,000
成交价：RMB 149,500
长8cm 八益拍卖 2017-04-22

885 明/清 玉螭龙纹饰
估 价：USD 4,000~6,000
成交价：RMB 34,595
长7.7cm 纽约佳士得 2017-03-16

5143 元 黑白玛瑙龙首杖头
出版：《形神兼备——山水堂藏玉Ⅱ》，图38
估 价：RMB 120,000~180,000
成交价：RMB 207,000
长12cm 北京保利 2017-12-18

1251 元 黑白玉镂雕龙纹饰
估 价：HKD 20,000~30,000
成交价：RMB 20,933
宽6.4cm 中国嘉德 2017-05-30

5151 元 白玉七桃纹饰
出版：《形神兼备——山水堂藏玉Ⅱ》，图42
估 价：RMB 120,000~180,000
成交价：RMB 253,000
长7.9cm 北京保利 2017-12-18

3106 明 玉山水诗文松梅纹嵌饰
估 价：RMB 20,000~30,000
成交价：RMB 34,500
宽4.4cm 中国嘉德 2017-06-19

541 清乾隆 白玉蝶恋花提携 （一对）
估 价：RMB 100,000~150,000
成交价：RMB 126,500
长5.5cm×2 北京东正 2017-12-09

265 清乾隆 白玉福寿瓦子
成交价：RMB 32,200
长12.5cm 北京保利 2017-04-16

882 明或更早 玉鸟形饰
估 价：USD 4,000~6,000
成交价：RMB 60,541
长4.2cm 纽约佳士得 2017-03-16

2866 清乾隆 白玉镂雕龙凤纹香囊
估 价：RMB 300,000~500,000
成交价：RMB 345,000
直径4cm 中国嘉德 2017-12-18

1361 17世纪 白玉云龙纹帽顶
估 价：RMB 60,000~120,000
成交价：RMB 80,500
高3.6cm 北京东正 2017-06-08

2192 清乾隆 白玉透雕荷莲纹瓜形香囊
估　价：RMB 100,000~160,000
成交价：RMB 138,000
高8.5cm 北京翰海 2017-06-04

919 清乾隆 玉雕太平有象图香囊
估　价：RMB 30,000~40,000
成交价：RMB 178,250
高6.5cm 北京诚轩 2017-06-20

357 清 白玉镂雕莲花香囊
估　价：HKD 200,000~300,000
成交价：RMB 445,200
高9cm 中濠典藏 2017-11-29

6161 清中期 白玉普巴
估　价：RMB 80,000~120,000
成交价：RMB 172,500
长17.5cm 北京保利 2017-12-19

2 清晚期 白玉交锁龙纹佩
估　价：HKD 30,000~40,000
成交价：RMB 70,912
直径6cm 香港苏富比 2017-06-01

155 清 白玉镂雕八吉祥纹佩
估　价：USD 1,500~2,500
成交价：RMB 46,757
直径6cm 纽约佳士得 2017-07-13

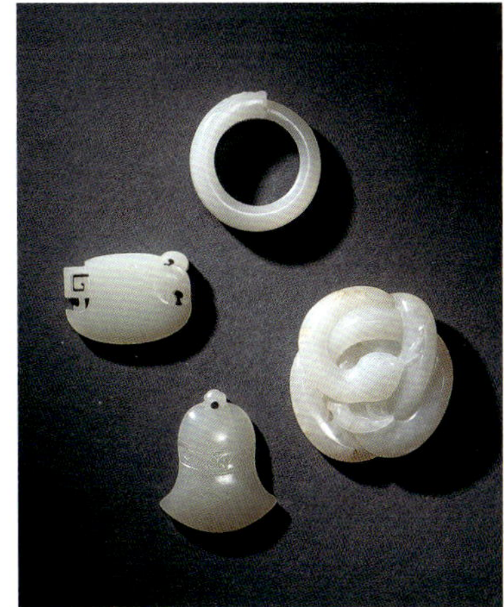

1208 清 白玉饰件 （4件）
估　价：HKD 20,000~30,000
成交价：RMB 293,065
最大的宽3.3cm 中国嘉德 2017-05-30

665 清 凤戏牡丹吉庆
估　价：RMB 35,000~45,000
成交价：RMB 57,500
长10cm 凤凰拍卖 2017-07-30

3124 清 黄玉杵
估　价：RMB 60,000~80,000
成交价：RMB 184,000
长6cm 中国嘉德 2017-12-21

1050 清 青黄玉勾形器
估　价：RMB 20,000~30,000
成交价：RMB 82,800
长10cm 古天一 2017-06-07

1532 18世纪/19世纪 青白玉镂雕祝寿齐眉纹佩
估　价：USD 5,000~7,000
成交价：RMB 51,893
纽约苏富比 2017-03-18

1168 清 兽首玉饰
来源：不言堂，坂本五郎旧藏。
估　价：RMB 100,000~150,000
成交价：RMB 1,840,000
5cm×4.5cm 古天一 2017-06-07

1207 清 玉雕莲花锦地饰件
估　价：HKD 10,000~15,000
成交价：RMB 177,932
高6.5cm 中国嘉德 2017-05-30

2018 清 玉锥形器
估　价：RMB 100,000~150,000
成交价：RMB 172,500
高5.3cm 古天一 2017-06-07

2137 清初 白玉孔雀花卉饰件
估　价：RMB 50,000~70,000
成交价：RMB 69,000
长7.5cm 北京翰海 2017-12-16

368 清或更早 玉凤形觿
估 价：HKD 10,000~20,000
成交价：RMB 10,933
长8cm 香港苏富比 2017-06-01

834 18世纪 白玉雕清玩神品金刚杵
估 价：RMB 400,000~500,000
成交价：RMB 460,000
长12cm 保利厦门 2017-06-26

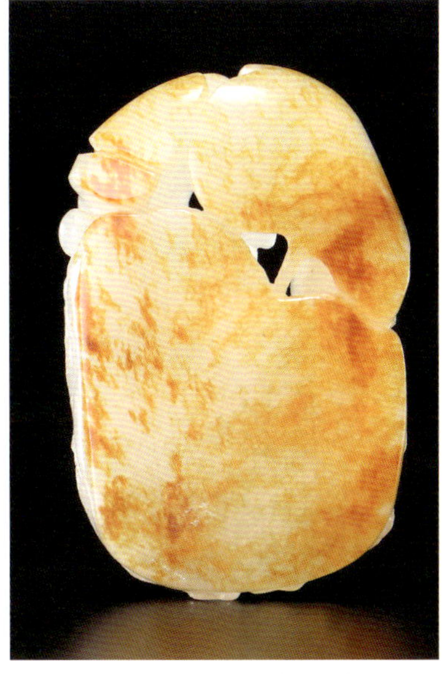

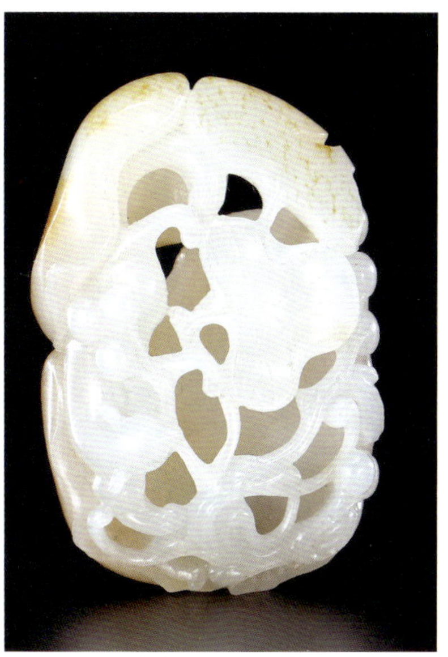

1370 18世纪 白玉留皮松鼠葡萄香囊
估 价：RMB 200,000~400,000
成交价：RMB 483,000
长5.5cm 北京东正 2017-06-08

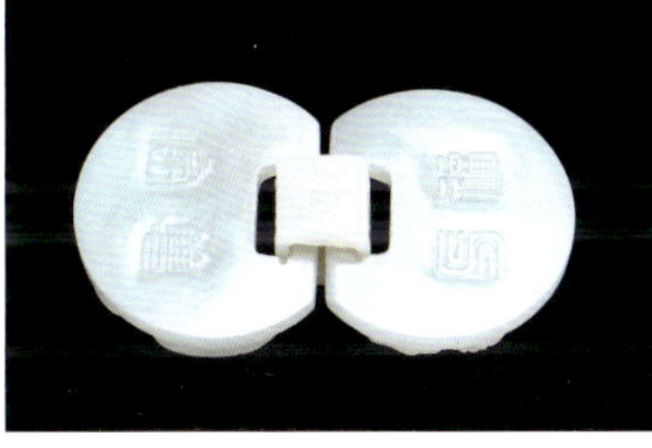

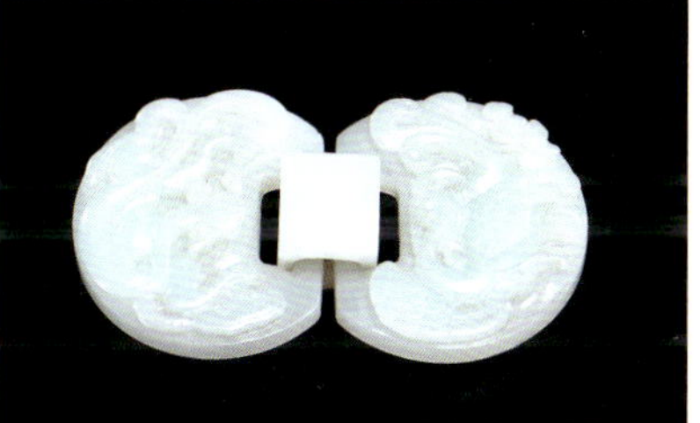

1380 18世纪 白玉龙凤纹连环佩
估 价：RMB 200,000~400,000
成交价：RMB 437,000
长10cm 北京东正 2017-06-08

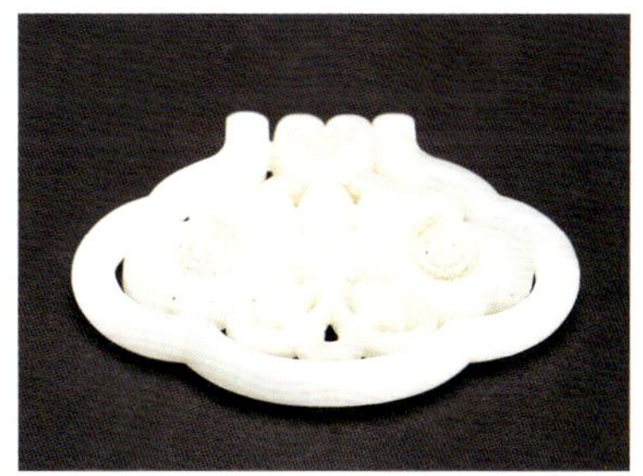

374 清 玉雕蝴蝶提携
估 价：RMB 25,000~30,000
成交价：RMB 28,750
长8.5cm 上海工美 2017-07-23

128 18世纪/19世纪 白玉镂雕吉庆有余佩饰 （1组3件）
估 价：EUR 6,000~8,000
成交价：RMB 66,853
中间宽14.3cm 巴黎苏富比 2017-06-22

16 19世纪 青白玉螭龙饰
估 价：HKD 20,000~30,000
成交价：RMB 21,819
长6.3cm 香港苏富比 2017-06-01

陈设和生活用品

玉 屏

2775 清乾隆 白玉福在眼前吉庆有余挂屏
估 价：HKD 200,000
成交价：RMB 2,469,408
总高42.4cm 万昌斯 2017-05-29

6 清乾隆 碧玉雕老子出关图插屏
来源：1.伦敦苏富比，1961年；2.Spink & Son，伦敦；3.伦敦佳士得，1969年。
估 价：EUR 150,000~250,000
成交价：RMB 8,308,895
32.3cm×25.5cm 巴黎苏富比 2017-06-22

1108 清乾隆 白玉携琴访友图砚屏
估 价：RMB 1,300,000~1,800,000
成交价：RMB 1,610,000
15cm×9.5cm 华艺国际 2017-11-25

3080 清乾隆 白玉雕羲之戏鹅插屏（带碧玉座）
估 价：HKD 450,000~550,000
成交价：RMB 607,228
直径19.4cm；高27cm 保利香港 2017-10-02

1137 清中期 白玉雕仙山访友插屏 （一对）
估 价：RMB 1,500,000~1,800,000
成交价：RMB 2,070,000
高39.5cm×2 华艺国际 2017-05-27

6170 清中期 白玉仙人鹿鹤同春圆形插屏 （一对）
估 价：RMB 700,000~900,000
成交价：RMB 862,500
直径20cm×2 北京保利 2017-12-19

5901 清 白玉高浮雕寿星童子插屏
估 价：RMB 650,000~850,000
成交价：RMB 747,500
高20.5cm 北京保利 2017-06-07

5900 清中期 白玉仙人鹿鹤圆形插屏 （一对）
估 价：RMB 750,000~950,000
成交价：RMB 920,000
直径21cm×2 北京保利 2017-06-07

1103 18世纪/19世纪 青玉刻山水楼阁图描金插屏（一对）
估 价：USD 40,000~60,000
成交价：RMB 432,438
26cm×19.7cm×2 纽约佳士得 2017-03-17

3093 19世纪 白玉雕松下高士图插屏 （一对）
估 价：HKD 300,000~500,000
成交价：RMB 391,760
直径20cm×2 保利香港 2017-10-02

1104 青白玉山水图插屏
估 价：USD 6,000~8,000
成交价：RMB 432,438
17.6cm×23.9cm 纽约佳士得 2017-03-17

玉如意

2926 清康熙 青玉镂雕灵芝纹如意
来源：香港苏富比，1990年。
估　价：HKD 350,000~550,000
成交价：RMB 744,625
长40cm 佳士得 2017-11-29

1150 清乾隆 白玉雕福寿双全如意
著录：香港佳士得1999年秋拍。
估　价：RMB 1,300,000~1,600,000
成交价：RMB 1,610,000
长40cm 华艺国际 2017-05-27

535 清乾隆 白玉雕龙纹如意
估　价：RMB 1,800,000~2,200,000
成交价：RMB 2,070,000
长43cm 大羿拍卖 2017-12-04

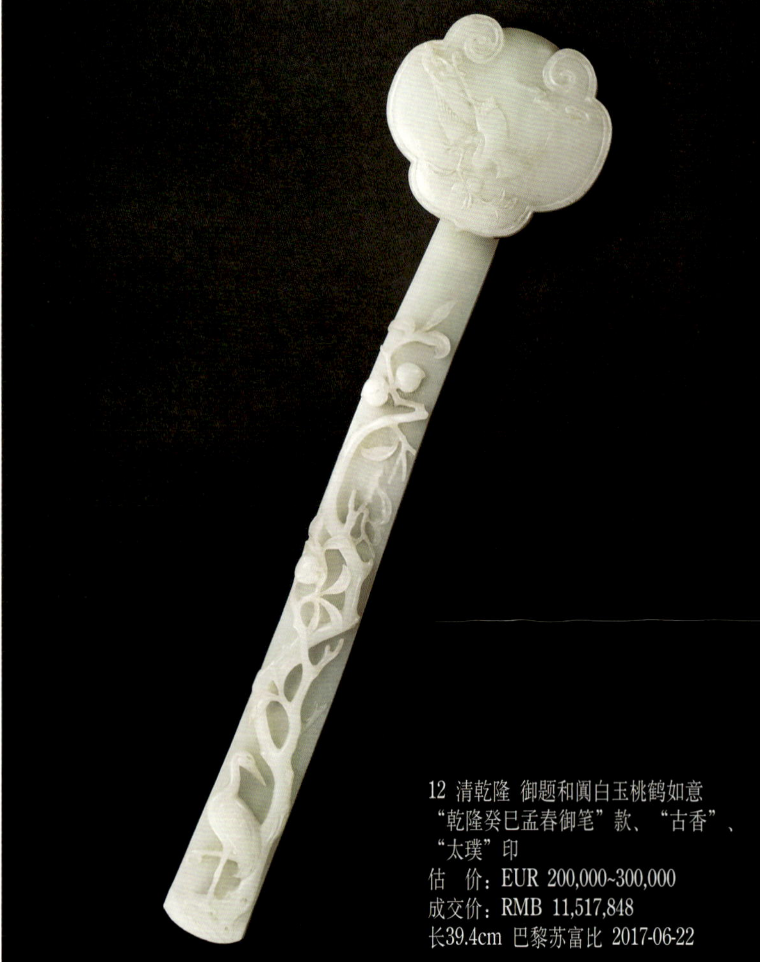

12 清乾隆 御题和阗白玉桃鹤如意
“乾隆癸巳孟春御笔”款、“古香”、“太璞”印
估　价：EUR 200,000~300,000
成交价：RMB 11,517,848
长39.4cm 巴黎苏富比 2017-06-22

1110 清乾隆 白玉云蝠纹如意
估　价：RMB 2,800,000~3,800,000
成交价：RMB 3,220,000
长49cm 华艺国际 2017-11-25

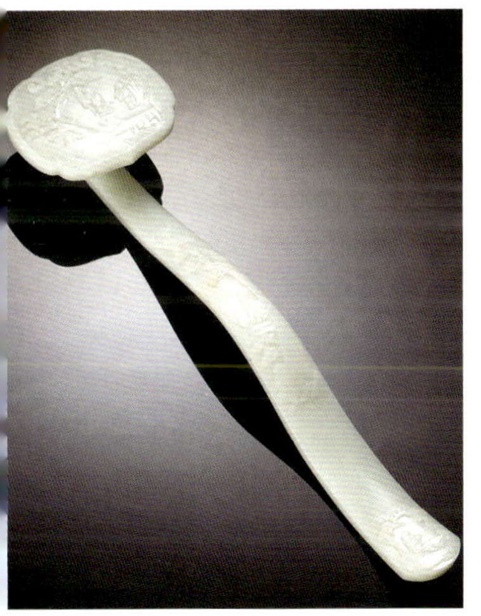

542 清乾隆 白玉浮雕福禄寿纹如意
估　价：RMB 2,000,000~2,500,000
成交价：RMB 3,450,000
长43.2cm 北京东正 2017-12-09

1151 清乾隆 珊瑚雕三多纹福寿如意
记录：香港苏富比，1996年春拍。
估　价：RMB 680,000~800,000
成交价：RMB 782,000
长42.5cm 华艺国际 2017-05-27

3606 清乾隆 白玉福寿如意
估　价：HKD 2,000,000~3,000,000
成交价：RMB 2,871,800
长38.7cm 香港苏富比 2017-10-03

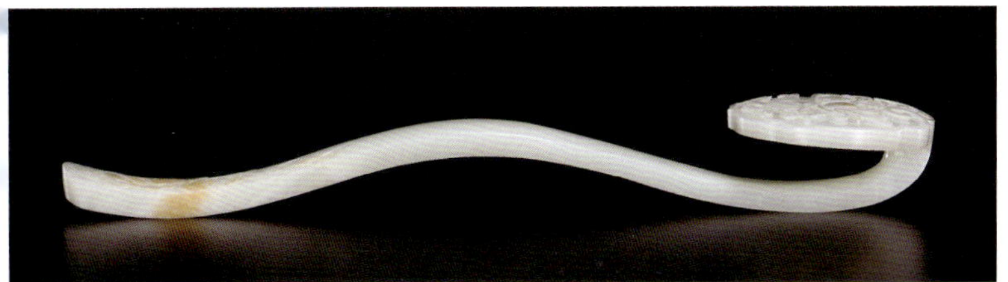

1386 清乾隆 白玉福寿如意
估　价：RMB 2,000,000~3,000,000
成交价：RMB 4,025,000
长41.6cm 北京东正 2017-06-08

3972 清道光/光绪 青白玉雕福寿纹如意
来源：何丹书第六代后人。
估　价：RMB 2,200,000~3,200,000
成交价：RMB 2,530,000
长47cm 北京匡时 2017-06-04

3200 清乾隆 碧玉龙凤富贵如意
估　价：RMB 80,000~120,000
成交价：RMB 126,500
长32cm 中国嘉德 2017-06-19

65 清 青白玉和合如意
估　价：HKD 50,000~70,000
成交价：RMB 92,731
长26.3cm 香港苏富比 2017-06-01

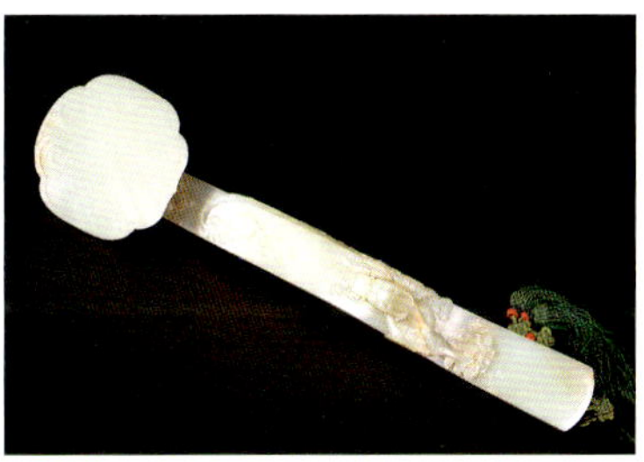

1023 清 青白玉龙纹如意
估　价：RMB 400,000~600,000
成交价：RMB 517,500
长44cm 北京保利 2017-04-17

137 18世纪/19世纪 白玉万福庆寿纹如意
来源：重要亚洲私人收藏。
估 价：GBP 40,000~60,000
成交价：RMB 4,048,943
长35cm 伦敦苏富比 2017-05-10

3662 18世纪/19世纪 水晶三星八仙纹如意
估 价：HKD 100,000~150,000
成交价：RMB 423,225
长35cm 香港苏富比 2017-04-05

3637 18世纪 白玉福寿如意
估 价：HKD 500,000~700,000
成交价：RMB 779,625
长44.3cm 香港苏富比 2017-04-05

117 19世纪初 翠玉双凤长寿如意 （两件）
成交价：RMB 347,249
长30.2cm×2 伦敦苏富比 2017-05-10

玉佛手

1561 清中期 玉雕佛手摆件
估 价：RMB 60,000~90,000
成交价：RMB 69,000
长13cm 北京保利 2017-11-05

1544 清 白玉佛手摆件
估 价：RMB 50,000~80,000
成交价：RMB 63,250
高15cm 西泠拍卖 2017-05-05

1783 清 白玉留皮佛手
成交价：RMB 32,200
长7.5cm 中贸圣佳 2017-09-04

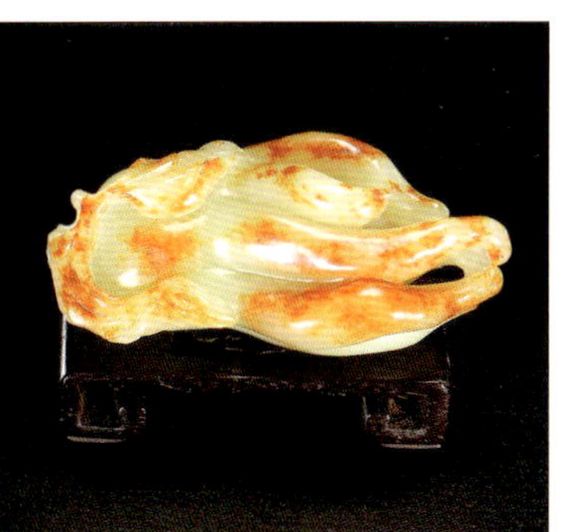

1355 清 黄玉留皮佛手
估　价：RMB 80,000~120,000
成交价：RMB 310,500
长7.6cm 北京东正 2017-06-08

1491 清 蜜蜡佛手
估　价：RMB 30,000~50,000
成交价：RMB 69,000
长9cm 北京匡时 2017-03-30

1963 清乾隆 白玉雕五福捧寿山子
估　价：RMB 150,000~200,000
成交价：RMB 195,500
14.3cm×12.5cm 北京荣宝 2017-06-02

玉山子

771 清早期 蜜蜡吕尚钓周图山子
估　价：RMB 600,000~900,000
成交价：RMB 897,000
长16cm 观唐皕榷 2017-01-12

1580 明 青玉山子
估　价：RMB 18,000~25,000
成交价：RMB 20,700
高11.5cm 北京荣宝 2017-04-02

3689 清乾隆 白玉雕山水人物纹山子
来源：伦敦苏富比，2008年。
估　价：RMB 380,000~450,000
成交价：RMB 437,000
高10cm 北京匡时 2017-06-04

3096 清乾隆 白玉雕松下高士图山子
来源：1.Spink & son 旧藏；2.Chait Galleries，纽约；3.佳士得香港，2007年；4.香港苏富比，2009年。
估　价：HKD 400,000~650,000
成交价：RMB 525,690
高20.3cm 保利香港 2017-04-04

6169 清乾隆 白玉浴马图山子摆件
估　价：RMB 700,000~900,000
成交价：RMB 828,000
长19.3cm 北京保利 2017-12-19

1503 清乾隆 白玉山子人物摆件
估　价：RMB 160,000~260,000
成交价：RMB 287,500
高19.5cm 上海匡时 2017-11-05

623 清乾隆 白玉青花御制诗罗汉山子（带座）
来源：伦敦古董商Spink & Son。
估　价：RMB 600,000~900,000
成交价：RMB 690,000
高18cm 观唐皕榷 2017-01-11

273 清乾隆 白玉松鹤长春图山子（两件）
估　价：GBP 8,000~12,000
成交价：RMB 357,720
高9.5cm × 2 伦敦苏富比 2017-05-10

1392 清乾隆 白玉御题诗达摩面壁山子（带座）
估　价：RMB 1,800,000~3,000,000
成交价：RMB 2,357,500
16cm × 15.5cm × 7cm 广东崇正 2017-12-13

3631 清乾隆 青金石雕达摩面壁山子
“乾隆壬辰夏御赞”款
估　价：HKD 600,000~800,000
成交价：RMB 835,313
山子18.2cm 香港苏富比 2017-04-05

3609 清乾隆 青金石罗汉山子
估　价：RMB 300,000~400,000
成交价：RMB 345,000
高19cm 北京匡时 2017-06-04

627 清乾隆 青白玉琴棋书画大玉山连座
估　价：HKD 2,400,000~3,000,000
成交价：RMB 2,350,560
长35.5cm 北京匡时 2017-10-02

1088 清乾隆 碧玉雕仙山胜境山子
估　价：USD 30,000~50,000
成交价：RMB 648,656
长26.4cm 纽约佳士得 2017-03-17

472 清乾隆戊戌寅年（1758） 白玉御题阿资答尊者山子
“大清乾隆年造”、“寅”、“二”款
估　价：HKD 1,200,000~1,800,000
成交价：RMB 1,175,280
高22cm 中国嘉德 2017-10-02

1120 清中期 白玉马上封侯山子（带座）
估　价：RMB 200,000~300,000
成交价：RMB 253,000
长10cm 华艺国际 2017-11-25

650 清 白玉带皮雕轻舟闲钓图山子
估　价：HKD 20,000~30,000
成交价：RMB 92,928
长15.7m 香港苏富比 2017-06-01

5899 清中期 青白玉雕罗汉诵经山子
估　价：RMB 50,000~80,000
成交价：RMB 126,500
高15cm 北京保利 2017-06-07

1126 清中期 黑白玉降龙罗汉山子
估　价：RMB 600,000~800,000
成交价：RMB 782,000
高15.5cm 华艺国际 2017-11-25

1145 清 白玉仙山访友图山子
估　价：RMB 400,000~500,000
成交价：RMB 563,500
高15.5cm 华艺国际 2017-05-27

1699 清 和田玉雕山水人物纹山子
估　价：RMB 100,000~120,000
成交价：RMB 345,000
长18cm 北京华辰 2017-12-17

3626 18世纪 青白玉山居图山子
估　价：HKD 500,000~700,000
成交价：RMB 830,000
长16.4cm 香港苏富比 2017-10-03

704 清 桃花源白玉山子
估 价：RMB 880,000~1,200,000
成交价：RMB 1,495,000
高15.5cm 凤凰拍卖 2017-07-30

3063 19世纪 青金石雕山水图山子
估 价：HKD 200,000~300,000
成交价：RMB 212,750
高25cm 佳士得 2017-11-29

4590 绿松石大山子
估 价：RMB 1,000~2,000
成交价：RMB 63,250
高138cm 中国嘉德 2017-09-04

1603 现代 玉雕五子登科摆件
估 价：RMB 180,000
成交价：RMB 207,000
长32cm 北京翰海 2017-09-10

2100 孟庆东 循溪策杖白玉山子
估 价：RMB 370,000~450,000
成交价：RMB 322,000
14.2cm × 12.5cm 西泠拍卖 2017-07-15

3064 18世纪 青白玉四海升平摆件
估 价：HKD 200,000~300,000
成交价：RMB 297,850
长8.5cm 佳士得 2017-11-29

人物摆件

2571 春秋 白玉人面
估 价：HKD 420,000
成交价：RMB 553,488
长6.5cm 万昌斯 2017-05-29

2754 春秋晚期 玉人像
来源：养德堂珍藏，台北。
估 价：HKD 80,000~120,000
成交价：RMB 340,400
高3.8cm 佳士得 2017-11-29

3323 西汉 玉人 （一对）
来源：熙墀收藏
估 价：HKD 1,000,000~1,500,000
成交价：RMB 1,113,750
高10cm；高10.7cm 香港苏富比 2017-04-05

2707 红山文化晚期 玉跽坐人像
来源：养德堂珍藏，台北。
估 价：HKD 200,000~300,000
成交价：RMB 6,722,900
高6.3cm 佳士得 2017-11-29

1296 西汉 玉跪人
出版：《汉代玉器》，震旦艺术博物馆，2005年。
估 价：HKD 800,000~1,200,000
成交价：RMB 837,328
高4cm 中国嘉德 2017-05-30

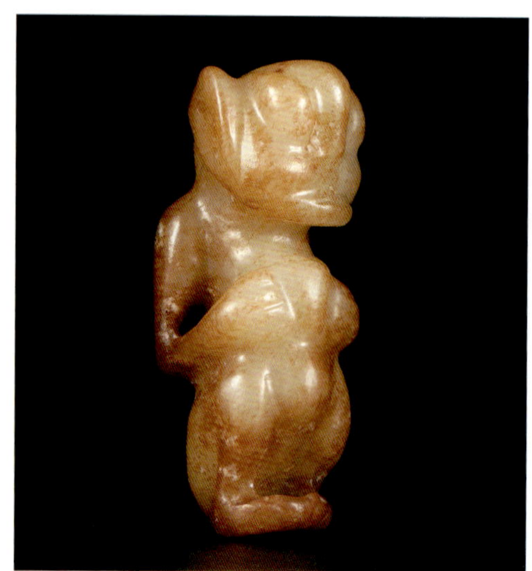

225 红山文化 神人像
估 价：HKD 3,800,000~ 4,200,000
成交价：RMB 3,567,340
高5.5cm 香港翰海 2017-10-05

1143 西汉 玉舞人
估 价：HKD 50,000~70,000
成交价：RMB 104,666
高8cm 中国嘉德 2017-05-30

603 南北朝 玉雕仙人骑兽
估 价：HKD 350,000~500,000
成交价：RMB 522,150
长5.5cm 中濠典藏 2017-05-23

460 汉 青玉俑
估 价：HKD 600,000~800,000
成交价：RMB 4,630,080
高19.5cm 中濠典藏 2017-11-29

345 汉 玉人
估 价：HKD 600,000~800,000
成交价：RMB 587,640
高16cm 中国嘉德 2017-10-02

417 唐 黄玉翁仲
估 价：HKD 40,000~60,000
成交价：RMB 60,723
高4.7cm 中国嘉德 2017-10-02

1178 唐 玉雕胡人 （3件）
估 价：HKD 10,000~15,000
成交价：RMB 54,426
最大的高6.5cm 中国嘉德 2017-05-30

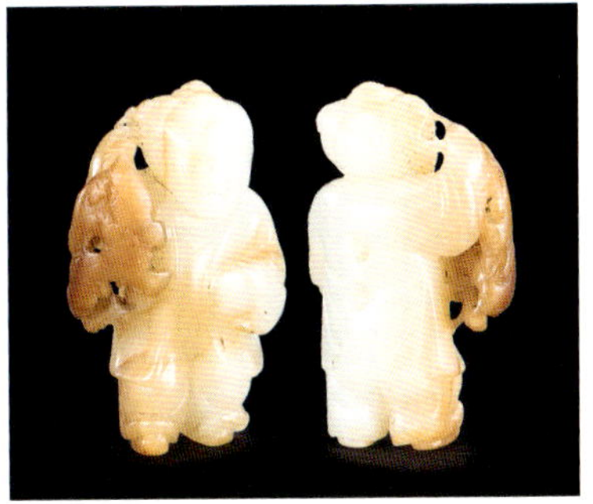

2812 宋 白玉带沁童子
估 价：HKD 250,000
成交价：RMB 266,100
高5cm 万昌斯 2017-05-29

1165 宋 白玉飞天
估 价：HKD 50,000~70,000
成交价：RMB 81,639
宽6.3cm 中国嘉德 2017-05-30

607 宋 白玉童子捧绣球
估 价：HKD 200,000~260,000
成交价：RMB 271,518
高4.3cm 中濠典藏 2017-05-23

2801 宋 白玉婴戏双童
估　价：HKD 20,000
成交价：RMB 26,610
长4.7cm 万昌斯 2017-05-29

1064 辽/金 白玉透雕飞天饰件
估　价：USD 15,000~25,000
成交价：RMB 430,156
宽6.33cm 纽约佳士得 2017-03-17

605 元 白玉雕胡人吹角
估　价：HKD 150,000~200,000
成交价：RMB 208,860
高5cm 中濠典藏 2017-05-23

2807 宋 黑白玉巧雕舞胡人
估　价：HKD 30,000
成交价：RMB 31,932
高6.6cm 万昌斯 2017-05-29

610 辽/金 玉雕飞天
估　价：HKD 30,000~60,000
成交价：RMB 104,430
长7.5cm 中濠典藏 2017-05-23

600 元 白玉胡人戏猴
估　价：HKD 240,000~300,000
成交价：RMB 313,290
高7.2cm 中濠典藏 2017-05-23

1434 宋 黄玉童子飞天
估　价：HKD 20,000~30,000
成交价：RMB 20,933
宽5.5cm 中国嘉德 2017-05-30

1167 金 白玉迦楼罗
估　价：HKD 20,000~30,000
成交价：RMB 50,240
宽4.7cm 中国嘉德 2017-05-30

5120 元 白玉立雕毛女采芝像
出版：《形神兼备——山水堂藏玉II》，图26
估　价：RMB 150,000~250,000
成交价：RMB 287,500
高4.6cm 北京保利 2017-12-18

5119 元 白玉王子像
出版：《形神兼备——山水堂藏玉Ⅱ》，图24
估　价：RMB 120,000~180,000
成交价：RMB 322,000
高6.4cm 北京保利 2017-12-18

5118 元 灰玉官人立像
出版：《形神兼备——山水堂藏玉Ⅱ》，图25
估　价：RMB 60,000~80,000
成交价：RMB 92,000
高5.3cm 北京保利 2017-12-18

1183 明 白玉带沁童子持莲
估　价：HKD 10,000~15,000
成交价：RMB 125,599
高6.7cm 中国嘉德 2017-05-30

5813 元 青玉雕水月观音坐像
估　价：RMB 150,000~200,000
成交价：RMB 276,000
高18cm 北京保利 2017-12-19

851 明 白玉雕刘海戏金蟾
估　价：RMB 120,000~220,000
成交价：RMB 207,000
高10cm 观唐皕榷 2017-01-12

3760 明 白玉雕摔跤童子
估　价：HKD 600,000~900,000
成交价：RMB 622,500
高4.4cm 香港苏富比 2017-10-03

848 明 白玉雕纨扇仕女摆件
估　价：RMB 80,000~180,000
成交价：RMB 126,500
高9.5cm 观唐皕榷 2017-01-12

3315 明 白玉连生贵子
估　价：HKD 250,000~300,000
成交价：RMB 378,675
高6.2cm 香港苏富比 2017-04-05

3580 明 白玉红沁达摩立像
估 价：RMB 80,000~100,000
成交价：RMB 92,000
高5.2cm 北京匡时 2017-06-04

1540 16世纪/17世纪 褐斑白玉雕连生贵子摆件
估 价：USD 2,500~3,500
成交价：RMB 56,217
纽约苏富比 2017-03-18

1166 明 青白玉飞天 （两件）
估 价：HKD 10,000~15,000
成交价：RMB 313,998
最大的宽5.6cm 中国嘉德 2017-05-30

1377 17世纪 白玉释迦牟尼坐像
估 价：RMB 100,000~200,000
成交价：RMB 253,000
高5.3cm 北京东正 2017-06-08

112 17世纪 青白玉童子骑牛把件
估 价：EUR 4,000~6,000
成交价：RMB 171,908
长12.2cm 巴黎苏富比 2017-06-22

1192 清早期 碧玉描金释迦牟尼
估 价：HKD 20,000~30,000
成交价：RMB 188,399
高25cm 中国嘉德 2017-05-30

5896 清乾隆 白玉童子牧牛
估 价：RMB 350,000~550,000
成交价：RMB 598,000
长12.8cm 北京保利 2017-06-07

242 清早期 琥珀雕观音
估 价：RMB 300,000~500,000
成交价：RMB 517,500
高20.5cm 保利华谊 2017-12-08

5909 清乾隆 白玉释迦佛
估 价：RMB 400,000~600,000
成交价：RMB 460,000
高16cm 北京保利 2017-06-07

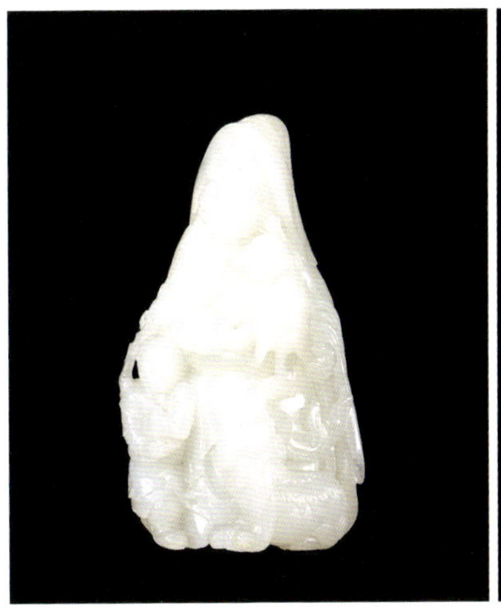

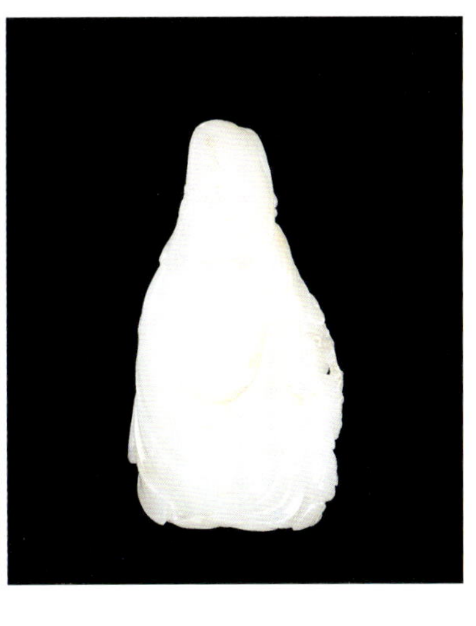

2776 清乾隆 白玉达摩戏狮
估 价：HKD 1,000,000
成交价：RMB 2,235,240
高9.5cm 万昌斯 2017-05-29

2193 清乾隆 白玉童子牧牛
估 价：RMB 100,000~160,000
成交价：RMB 138,000
高9.6cm 北京翰海 2017-06-04

2826 清乾隆 白玉兔
来源：伦敦佳士得，2016 年。
估 价：HKD 100,000
成交价：RMB 117,084
长4.2cm 万昌斯 2017-05-29

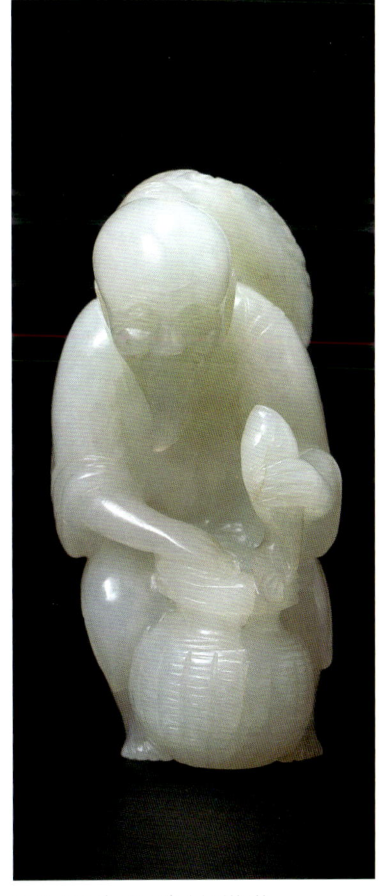

3563 清乾隆 白玉渔翁得利摆件
估 价：RMB 100,000~150,000
成交价：RMB 115,000
高6cm 北京匡时 2017-06-04

5811 清乾隆 黑白玉巧雕麒麟送子
估 价：RMB 80,000~120,000
成交价：RMB 172,500
高5cm 北京保利 2017-12-19

2113 清 白玉持笙仕女
估 价：RMB 320,000~380,000
成交价：RMB 402,500
高29cm 北京翰海 2017-06-04

424 清 白玉观音
估 价：RMB 300,000~500,000
成交价：RMB 379,500
高33cm 北京保利 2017-11-04

3079 清中期 青玉雕御题诗拔纳拔西尊者
估 价：HKD 150,000~200,000
成交价：RMB 195,880
高28.5cm 保利香港 2017-10-02

846 清 白玉佛
估 价：RMB 120,000~220,000
成交价：RMB 195,500
高11.5cm 观唐皕榷 2017-01-12

1564 清 白玉药师佛
估 价：RMB 120,000~180,000
成交价：RMB 138,000
高14cm 北京保利 2017-11-05

3701 清 白玉雕释迦牟尼佛（一对）
估 价：RMB 300,000~400,000
成交价：RMB 345,000
高4.1cm×2 北京匡时 2017-06-04

611 清 白玉婴儿戏蟠桃
估 价：HKD 200,000~250,000
成交价：RMB 195,880
长8.5cm 北京匡时 2017-10-02

726 清 白玉五谷丰登童子
估 价：RMB 160,000~220,000
成交价：RMB 264,500
高5.5cm 凤凰拍卖 2017-07-30

100 清 白玉童子戏猫
估 价：HKD 70,000~100,000
成交价：RMB 174,553
长6.5cm 香港苏富比 2017-06-01

105 清 白玉童子戏猫摆件
估 价：RMB 85,000
成交价：RMB 97,750
北京翰海 2017-09-13

42 19世纪 水晶无量寿佛坐像
“万佛楼藏”篆书刻款
估　价：GBP 8,000~12,000
成交价：RMB 3,724,551
高21.5cm 伦敦佳士得 2017-11-07

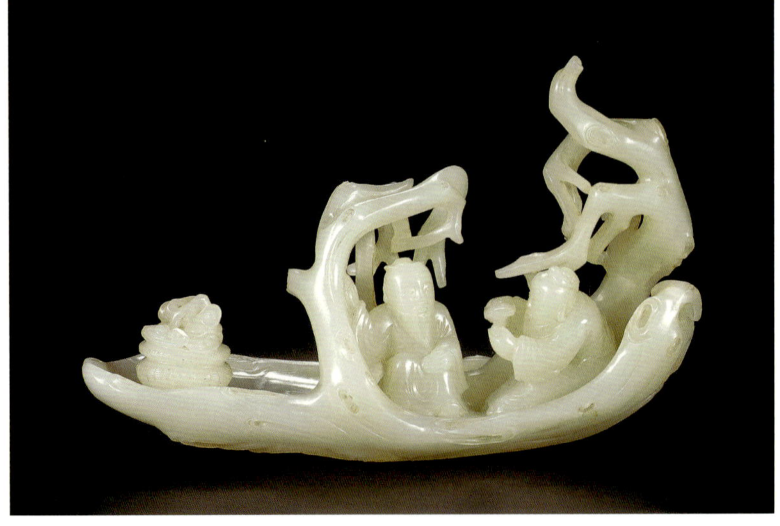

369 清 白玉雕仙人乘槎
估　价：HKD 100,000~200,000
成交价：RMB 133,560
长17.5cm 中濠典藏 2017-11-29

37 清 灰玉童子戏鹅
估　价：HKD 30,000~40,000
成交价：RMB 196,372
高5cm 香港苏富比 2017-06-01

1807 清 白玉镂雕和合二仙
估　价：RMB 80,000~150,000
成交价：RMB 172,500
长11.5cm 中贸圣佳 2017-06-18

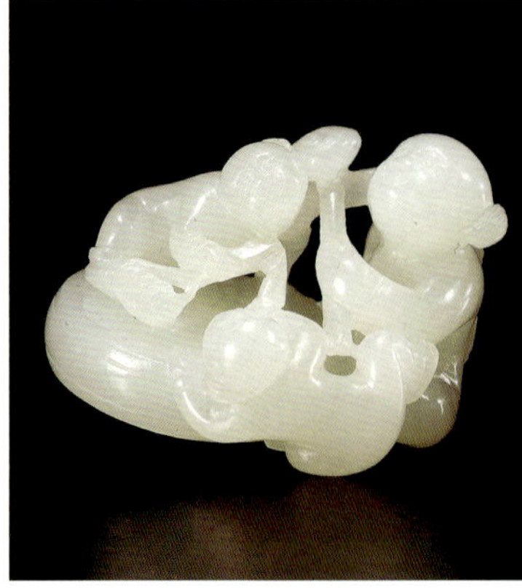

2115 清 白玉击鼓童子
估　价：RMB 80,000~120,000
成交价：RMB 149,500
长4.2cm 北京翰海 2017-12-16

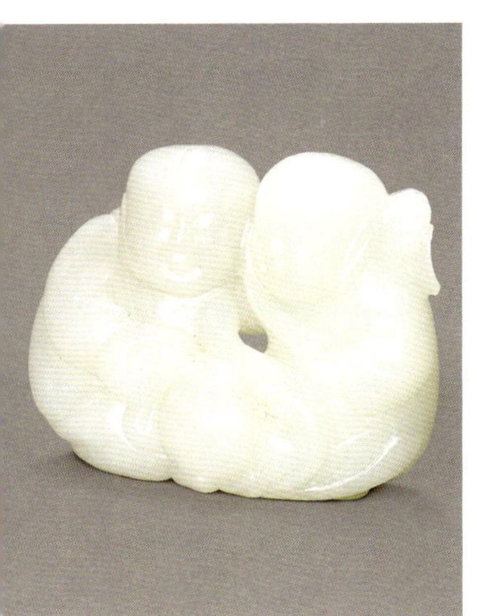

8 18世纪 白玉和合二仙
来源：纽约佳士得，1991年。
估 价：HKD 150,000~200,000
成交价：RMB 283,648
高7.3cn 香港苏富比 2017-06-01

523 18世纪 白玉弥勒坐像
估 价：RMB 500,000~600,000
成交价：RMB 713,000
高5.2cm 北京东正 2017-12-09

1087 18世纪/19世纪 青白玉雕仙姑捧寿摆件
估 价：USD 12,000~15,000
成交价：RMB 146,253
高22cm 纽约佳士得 2017-03-17

491 18世纪 青玉高士泛舟摆件配染色象牙底座
估 价：GBP 15,000~30,000
成交价：RMB 167,681
长23.5cm 伦敦佳士得 2017-05-12

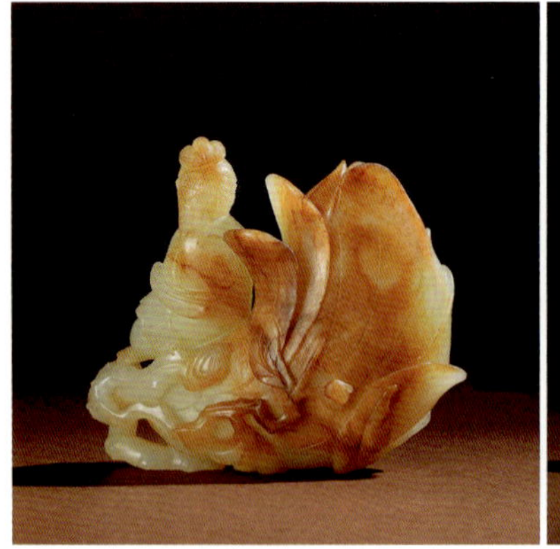

1208 清 白玉玉兰花仙女摆件
估　价：RMB 80,000~150,000
成交价：RMB 195,500
长8.5cm 广东崇正 2017-06-15

56 清 青白玉巧作郏子扮鹿
估　价：HKD 30,000~40,000
成交价：RMB 34,911
高6.3cm 香港苏富比 2017-06-01

1209 清 红珊瑚仕女
估　价：RMB 1,200,000~1,500,000
成交价：RMB 1,495,000
高32.5cm 华艺国际 2017-11-25

616 清 青玉雕仙女戏狮摆件
估　价：HKD 50,000~70,000
成交价：RMB 54,664
高14.3cm 香港苏富比 2017-06-01

7163 清 珊瑚雕持书仙女
估 价：RMB 100,000~150,000
戊交价：RMB 138,000
高19cm 北京保利 2017-06-08

3804 清 珊瑚雕仕女童子招财进宝纹摆件
估 价：RMB 880,000~1,000,000
成交价：RMB 1,012,000
高39cm 北京匡时 2017-06-04

3802 清 珊瑚雕童子弥勒摆件
估 价：RMB 100,000~120,000
戊交价：RMB 115,000
高8cm 北京匡时 2017-06-04

1043 清 玉雕神人兽面佩
估 价：RMB 40,000~60,000
戊交价：RMB 92,000
长7cm 古天一 2017-06-07

760 18世纪 白玉雕麻姑献寿摆件
估 价：USD 5,000~7,000
成交价：RMB 164,326
纽约苏富比 2017-03-14

1609 清 玉佛
估 价：RMB 450,000
成交价：RMB 517,500
高19cm 北京翰海 2017-04-30

6162 19世纪 白玉佛像
估　价：RMB 850,000~1,050,000
成交价：RMB 805,000
高15.5cm 北京保利 2017-12-19

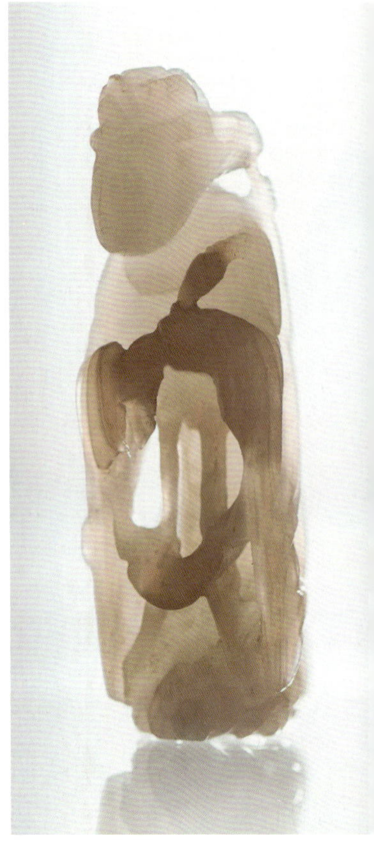

20 白玉菩萨立像
估　价：RMB 280,000~380,000
成交价：RMB 287,500
高4.6cm 中贸圣佳 2017-06-18

244 顾永骏 夜游赤壁 白玉摆件
估　价：RMB 450,000~600,000
成交价：RMB 392,000
12.3cm×7.1cm×4.2cm；重量486g
上海联合 2017-12-17

126 19世纪 青白玉佛坐像
估　价：EUR 4,000~6,000
成交价：RMB 620,780
高10.3cm 巴黎苏富比 2017-06-22

33 洪新华 钟馗 青花摆件
估　价：RMB 1,000,000~1,200,000
成交价：RMB 1,650,000
18cm×8.8cm×5.8cm；重量1258g
上海联合 2017-12-17

2043 顾铭 碧玉降龙罗汉摆件
估　价：RMB 80,000~100,000
成交价：RMB 92,000
8.8cm×5.2cm×5.2cm 华艺国际 2017-11-24

2084 林伟涛制白玉雕藏佛
估　价：RMB 250,000~300,000
成交价：RMB 287,500
96cm×77cm×41cm 北京荣宝 2017-12-02

6242 20世纪 珊瑚七财神
估　价：RMB 250,000~300,000
成交价：RMB 287,500
长44.5cm；重约2600g 北京保利 2017-12-19

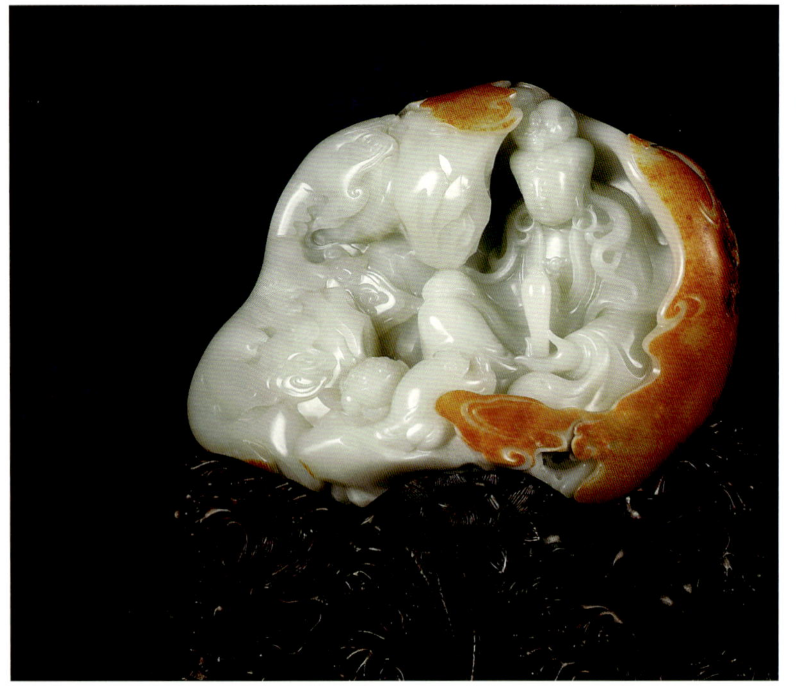

2065 王平 慈怀无量白玉摆件
估 价：RMB 5,600,000~7,000,000
成交价：RMB 7,130,000
29.5cm × 23.5cm × 10.5cm 西泠拍卖 2017-07-15

2079 林伟涛制白玉雕拈花一笑
成交价：RMB 230,000
140cm × 34cm × 24cm 北京荣宝 2017-12-02

2080 林伟涛制白玉雕千手观音
估 价：RMB 500,000~600,000
成交价：RMB 575,000
144cm × 80cm × 62cm 北京荣宝 2017-12-02

212 吴德升 妙趣横生 白玉摆件
估 价：RMB 5,000,000~6,000,000
成交价：RMB 8,580,000
12cm × 8.5cm × 5cm；重量599.3g
上海联合 2017-12-17

1305 天然维纳斯金发晶卧佛
估　价：RMB 180,000~200,000
成交价：RMB 207,000
18cm × 30cm × 8cm 凤凰拍卖 2017-07-30

922 吕德 麻姑献寿 白玉摆件
估　价：RMB 350,000~400,000
成交价：RMB 358,400
10.4cm × 5.1cm 上海联合 2017-06-18

246 崔磊 丰泰永安 白玉摆件
估　价：RMB 4,000,000~5,000,000
成交价：RMB 6,600,000
12cm × 11.5cm × 3.5cm；重量725g
上海联合 2017-12-17

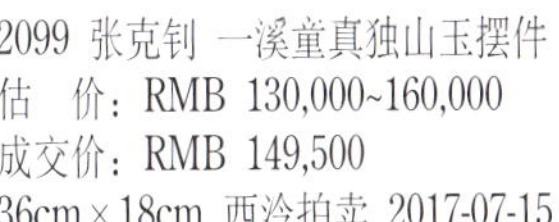

2099 张克钊 一溪童真独山玉摆件
估　价：RMB 130,000~160,000
成交价：RMB 149,500
36cm × 18cm 西泠拍卖 2017-07-15

752 渠敬鹏 龙女 白玉摆件
估　价：RMB 250,000~350,000
成交价：RMB 179,200
15cm × 8.5cm 上海联合 2017-06-18

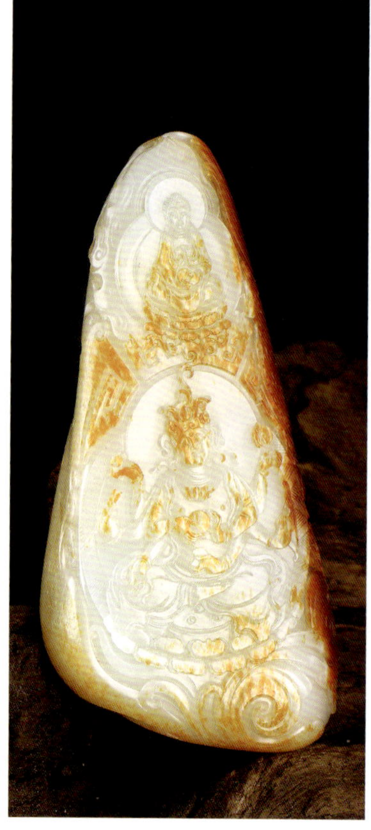

211 张胜利 尊胜佛母 白玉摆件
估　价：RMB 650,000~800,000
成交价：RMB 504,000
12.3cm × 6cm × 3.5cm；重量407.2g
上海联合 2017-12-17

755 夏立仁 济公青海烟青摆件
估　价：RMB 120,000~150,000
成交价：RMB 89,600
27cm × 14.5cm 上海联合 2017-06-18

924 颜桂明 和合二仙 白玉摆件
估　价：RMB 600,000~700,000
成交价：RMB 448,000
14cm × 9.8cm 上海联合 2017-06-18

301 颜桂明 麻姑献寿 白玉摆件
估 价：RMB 2,000,000~2,500,000
成交价：RMB 3,136,000
15.5cm×9.5cm×7.2cm；重量938g
上海联合 2017-12-17

2096 张静 沐净梵尘白玉摆件
估 价：RMB 130,000~160,000
成交价：RMB 172,500
22cm×13.5cm 西泠拍卖 2017-07-15

动物摆件

355 文化期 玉龟
估 价：HKD 350,000~450,000
成交价：RMB 342,790
宽8.6cm 中国嘉德 2017-10-02

2796 商 玉虎
估 价：HKD 170,000
成交价：RMB 180,948
长6.4cm 万昌斯 2017-05-29

2797 商 玉虎
估 价：HKD 200,000
成交价：RMB 212,880
长8.1cm 万昌斯 2017-05-29

656 商 玉羊
估　价：HKD 4,200,000~4,800,000
成交价：RMB 4,490,490
长10cm 中濠典藏 2017-05-23

2734 西周中期 玉猪
来源：养德堂珍藏，台北。
估　价：HKD 100,000~150,000
成交价：RMB 5,191,100
长4cm 佳士得 2017-11-29

659 商 玉鱼
估　价：HKD 100,000~160,000
成交价：RMB 240,189
15cm×5cm 中濠典藏 2017-05-23

1062 商晚期 玉龙 （两件）
估　价：USD 5,000~7,000
成交价：RMB 259,463
长8.3cm，长9.8cm 纽约佳士得 2017-03-17

627 西周 白玉凤鸟
估　价：HKD 60,000~100,000
成交价：RMB 104,430
长5.5cm 中濠典藏 2017-05-23

802 商晚期/西周早期 玉牛
估　价：USD 4,000~6,000
成交价：RMB 103,785
宽4.5cm 纽约佳士得 2017-03-16

2736 西周中期 青玉牛
来源：养德堂珍藏，台北。
估　价：HKD 50,000~80,000
成交价：RMB 276,575
长4.5cm 佳士得 2017-11-29

1399 战国 玉S形龙
估　价：HKD 50,000~70,000
成交价：RMB 104,666
长13.5cm 中国嘉德 2017-05-30

369 战国 白玉谷纹S龙
估 价：HKD 380,000~420,000
成交价：RMB 372,172
长19.5cm 中国嘉德 2017-10-02

631 战国 白玉红沁谷纹S型玉龙
估 价：HKD 1,400,000~1,800,000
成交价：RMB 1,879,740
长23cm；龙身长53cm 中濠典藏 2017-05-23

3333 西汉 青白玉卧熊
来源：熙墀收藏。
估 价：HKD 2,000,000~3,000,000
成交价：RMB 2,227,500
长9.3cm 香港苏富比 2017-04-05

1289 战国 玉鱼
估 价：HKD 250,000~350,000
成交价：RMB 261,665
长10.4cm 中国嘉德 2017-05-30

1242 东汉 玉雕瑞兽
估 价：HKD 100,000~150,000
成交价：RMB 439,597
宽5cm 中国嘉德 2017-05-30

1243 东汉 玉鸟
估 价：HKD 20,000~30,000
成交价：RMB 104,666
长6.4cm 中国嘉德 2017-05-30

347 汉 白玉鸠
估 价：HKD 300,000~500,000
成交价：RMB 342,790
宽7cm 中国嘉德 2017-10-02

3305 西汉 青白玉立象
来源：熙墀收藏。
估　价：HKD 5,000,000~7,000,000
成交价：RMB 6,504,300
高8.4cm 香港苏富比 2017-04-05

348 汉 白玉大辟邪
来源：1.香港奉文堂；2.Raymond and Frances Bushell 旧藏。
估　价：HKD 800,000~1,200,000
成交价：RMB 4,603,180
宽11cm 中国嘉德 2017-10-02

343 汉 白玉鸠鸟
估　价：HKD 150,000~200,000
成交价：RMB 489,700
宽5.5cm 中国嘉德 2017-10-02

474 汉 青玉龙首
估　价：HKD 60,000~80,000
成交价：RMB 115,752
长7cm 中濠典藏 2017-11-29

1158 汉 玉凤鸟
估　价：HKD 100,000~150,000
成交价：RMB 418,664
高6cm 中国嘉德 2017-05-30

346 汉 白玉卧羊
来源：1.香港奉文堂；2.Raymond and Frances Bushell 旧藏。
估　价：HKD 1,500,000~2,000,000
成交价：RMB 5,851,500
宽8cm 中国嘉德 2017-10-02

459 汉 青玉马
来源：美国堪萨斯州SMITH LEE 先生旧藏。
估　价：HKD 800,000~1,200,000
成交价：RMB 6,678,000
长13.5cm；高12cm 中濠典藏 2017-11-29

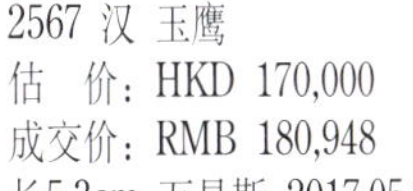

2567 汉 玉鹰
估　价：HKD 170,000
成交价：RMB 180,948
长5.3cm 万昌斯 2017-05-29

361 魏晋 受沁玉羊
估　价：RMB 6,000
成交价：RMB 16,800
长6.5cm 浙江佳宝 2017-07-23

2743 魏晋南北朝 白玉辟邪
估　价：HKD 300,000~500,000
成交价：RMB 332,625
长6.5cm 佳士得 2017-05-31

1292 南北朝 黄玉鸟
估　价：HKD 80,000~120,000
成交价：RMB 83,733
高5cm 中国嘉德 2017-05-30

1244 汉 玉辟邪
估　价：HKD 1,500,000~2,000,000
成交价：RMB 4,395,972
宽8cm 中国嘉德 2017-05-30

1162 南北朝 白玉瑞兽 （两件）
估　价：HKD 20,000~30,000
成交价：RMB 78,500
最大的宽5.2cm 中国嘉德 2017-05-30

1161 南北朝 满沁玉坐熊
估　价：HKD 50,000~70,000
成交价：RMB 102,573
高5cm 中国嘉德 2017-05-30

1159 2世纪 鄂尔多斯风格玉虎
估　价：HKD 50,000~70,000
成交价：RMB 188,399
宽6.8cm 中国嘉德 2017-05-30

1247 六朝 青白玉羊
估　价：HKD 20,000~30,000
成交价：RMB 83,733
宽3.5cm 中国嘉德 2017-05-30

415 唐 玉雕受沁骆驼
估　价：HKD 30,000~50,000
成交价：RMB 29,382
宽5.3cm 中国嘉德 2017-10-02

2602 宋 白玉带红沁象
估　价：HKD 110,000
成交价：RMB 117,084
长7cm 万昌斯 2017-05-29

.172 唐 玉雕兔 （两件）
估 价：HKD 10,000~15,000
成交价：RMB 209,332
最大的宽6.5cm 中国嘉德 2017-05-30

3321 宋 白玉三羊开泰
来源：熙墀收藏。
估 价：HKD 500,000~700,000
成交价：RMB 612,563
长7.3cm 香港苏富比 2017-04-05

385 宋 白玉提油骆驼
估 价：RMB 80,000
成交价：RMB 92,000
5.3cm×3.3cm 浙江佳宝 2017-07-23

615 宋 黄玉瑞兽
估 价：HKD 40,000~60,000
成交价：RMB 125,316
5cm×3.2cm 中濠典藏 2017-05-23

1359 宋 白玉沁色财宝鼠
估 价：HKD 30,000~50,000
成交价：RMB 156,999
宽7.2cm 中国嘉德 2017-05-30

2522 宋 白玉带沁双鹅
估 价：HKD 20,000
成交价：RMB 29,803
长3.7cm 万昌斯 2017-05-29

1247 宋 白玉红沁凤鸟摆件
估 价：RMB 80,000~120,000
成交价：RMB 149,500
高3.8cm 西泠拍卖 2017-07-15

613 宋 黄玉卧犬
估　价：HKD 30,000~50,000
成交价：RMB 125,316
长7.5cm 中濠典藏 2017-05-23

611 宋 青白玉卧马
估　价：HKD 20,000~40,000
成交价：RMB 125,316
长6.8cm 中濠典藏 2017-05-23

612 宋 熊
估　价：HKD 100,000~160,000
成交价：RMB 240,189
长5.8cm 中濠典藏 2017-05-23

283 宋 青白玉细犬
估　价：RMB 680,000~880,000
成交价：RMB 977,500
长9.8cm 上海明轩 2017-06-30

1360 宋 玉雕带沁包袱虎
估　价：HKD 30,000~50,000
成交价：RMB 31,400
宽5.2cm 中国嘉德 2017-05-30

1168 宋 玉雕猫
估　价：HKD 20,000~30,000
成交价：RMB 68,033
宽5.8cm 中国嘉德 2017-05-30

1160 宋 玉雕瑞兽
估　价：HKD 30,000~50,000
成交价：RMB 85,826
宽4.9cm 中国嘉德 2017-05-30

1164 宋 玉雕象
估　价：HKD 20,000~30,000
成交价：RMB 62,800
宽5cm 中国嘉德 2017-05-30

1170 宋 玉鹅 （3件）
估　价：HKD 10,000~15,000
成交价：RMB 397,731
最大的宽8cm 中国嘉德 2017-05-30

1195 宋 玉羊 （3件）
估　价：HKD 20,000~30,000
成交价：RMB 209,332
最大的宽4cm 中国嘉德 2017-05-30

1541 宋/元 褐斑青玉雕卧犬摆件
估　价：USD 6,000~8,000
成交价：RMB 86,488
纽约苏富比 2017-03-18

1674 宋/元 黄玉卧犬
估　价：RMB 50,000~80,000
成交价：RMB 103,500
长10.8cm 西泠拍卖 2017-07-15

226 辽 青白玉镂雕荷花仙鹭
估　价：RMB 40,000~60,000
成交价：RMB 92,000
长9.4cm 八益拍卖 2017-04-22

475 辽/金 白玉海冬青
估　价：HKD 30,000~50,000
成交价：RMB 58,764
宽5cm 中国嘉德 2017-10-02

602 宋 玉卧羊
估　价：HKD 320,000~400,000
成交价：RMB 417,720
高6.6cm 中濠典藏 2017-05-23

1254 宋/金 黄玉鱼
估　价：HKD 150,000~200,000
成交价：RMB 156,999
宽8.5cm 中国嘉德 2017-05-30

2745 宋/元 黄玉鹗
估　价：HKD 80,000~120,000
成交价：RMB 243,925
高4cm 佳士得 2017-05-31

3306 辽/金 白玉镂雕秋山双鹿
来源：熙墀收藏。
估　价：HKD 150,000~200,000
成交价：RMB 167,063
高5.5cm 香港苏富比 2017-04-05

470 辽/金 玛瑙熊首
估　价：HKD 20,000~30,000
成交价：RMB 26,712
直径4cm 中濠典藏 2017-11-29

601 辽/金 玉雕猎犬海东青
估　价：HKD 150,000~200,000
成交价：RMB 208,860
长8.2cm 中濠典藏 2017-05-23

259 元 白玉带沁卧熊摆件
估　价：RMB 1,200,000~1,500,000
成交价：RMB 1,840,000
长7cm 北京宣石 2017-12-03

5074 元 白玉骆驼
估　价：RMB 80,000~150,000
成交价：RMB 816,500
长6.3cm 北京保利 2017-12-18

538 元 青玉大兽
估 价：RMB 800,000~1,200,000
成交价：RMB 1,725,000
18cm×12.8cm 北京东正 2017-12-09

1383 元 玉雕提油鸡
估 价：HKD 20,000~30,000
成交价：RMB 282,598
宽5.5cm 中国嘉德 2017-05-30

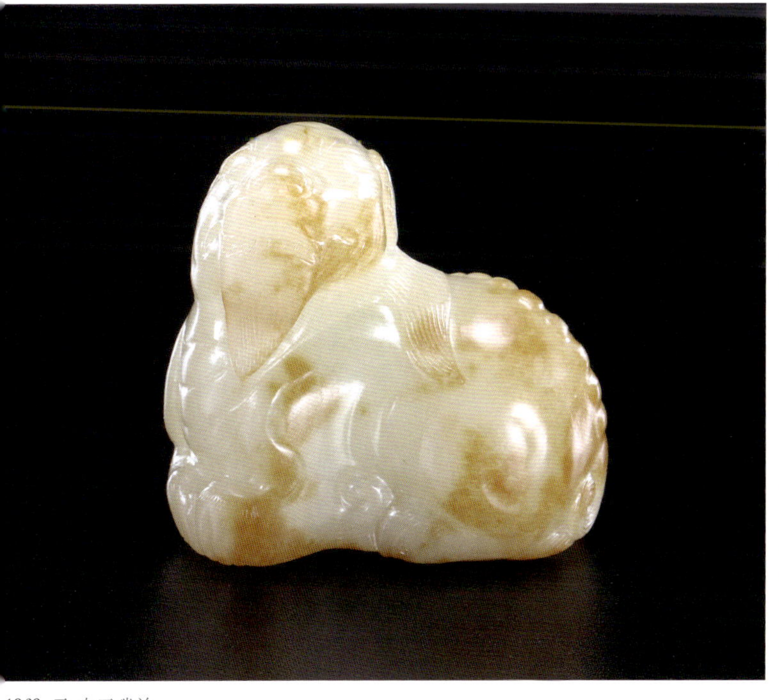

1363 元 白玉瑞兽
估 价：RMB 300,000~500,000
成交价：RMB 759,000
长4.5cm 北京东正 2017-06-08

5150 元 灰白玉雕猴戏马摆件
出版：《形神兼备——山水堂藏玉Ⅱ》，图44
估 价：RMB 100,000~150,000
成交价：RMB 172,500
长11cm 北京保利 2017-12-18

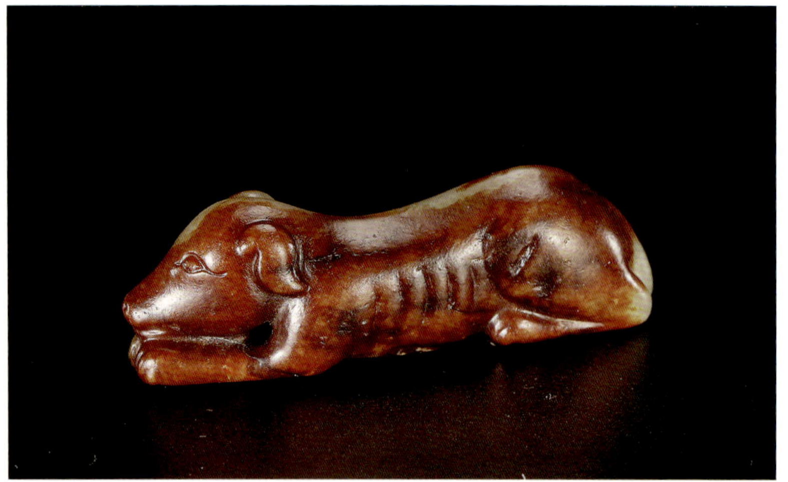

532 元 沁色玉狗
著录：香港苏富比，2016年。
估　价：RMB 350,000~450,000
成交价：RMB 460,000
长6.3cm 北京东正 2017-12-09

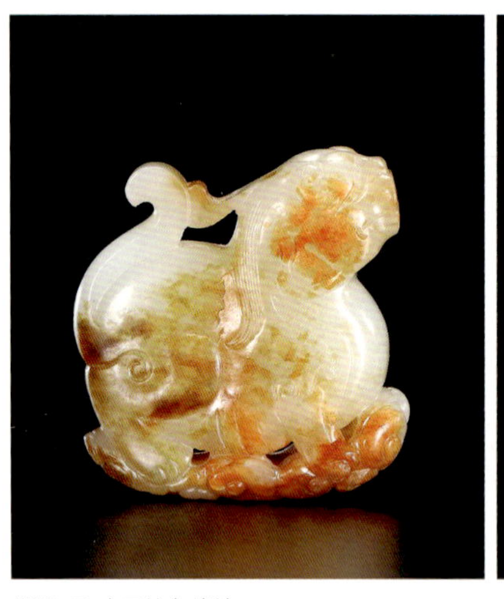

1359 元 白玉沁色瑞兽
估　价：RMB 100,000~200,000
成交价：RMB 230,000
长4.6cm 北京东正 2017-06-08

616 元 黑白巧雕鳜鱼
估　价：HKD 30,000~50,000
成交价：RMB 57,437
长5.8cm 中濠典藏 2017-05-23

521 元 黄玉鸡
估　价：RMB 40,000~60,000
成交价：RMB 109,250
长6.5cm 北京东正 2017-12-09

520 元 白玉马上封侯
估　价：RMB 150,000~200,000
成交价：RMB 195,500
4.2cm × 4.6cm 北京东正 2017-12-09

1360 元 青白玉甪端摆件
估　价：RMB 800,000~1,000,000
成交价：RMB 1,495,000
长11cm 北京东正 2017-06-08

1375 元/明 白玉沁色瑞兽
估　价：RMB 400,000~600,000
成交价：RMB 460,000
长6.8cm 北京东正 2017-06-08

682 明 白玉雕苍龙戏水
估　价：HKD 280,000~350,000
成交价：RMB 365,505
长14.8cm 中濠典藏 2017-05-23

531 元 玉行走辟邪
估　价：RMB 40,000~60,000
成交价：RMB 63,250
长9cm 北京东正 2017-12-09

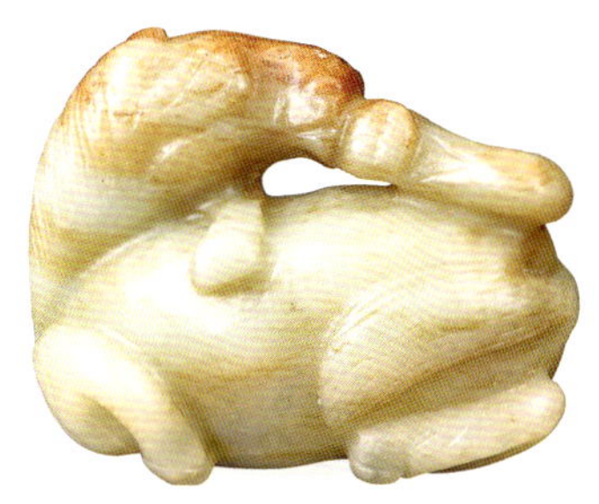

703 元以前 黄玉马上翻身
估　价：RMB 88,000~168,000
成交价：RMB 218,500
高3cm 凤凰拍卖 2017-07-30

3604 明 白玉黑沁骆驼
估　价：RMB 200,000~300,000
成交价：RMB 230,000
高2.6cm 北京匡时 2017-06-04

3053 明 褐玉卧马
估　价：HKD 150,000~250,000
成交价：RMB 180,838
宽6.5cm 佳士得 2017-11-29

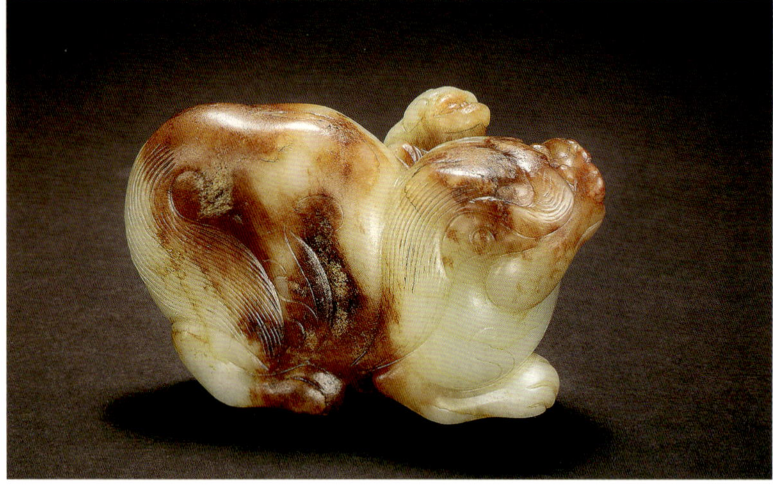

1825 明 白玉子母兽
估　价：RMB 280,000~350,000
成交价：RMB 322,000
长7.1cm 中贸圣佳 2017-06-18

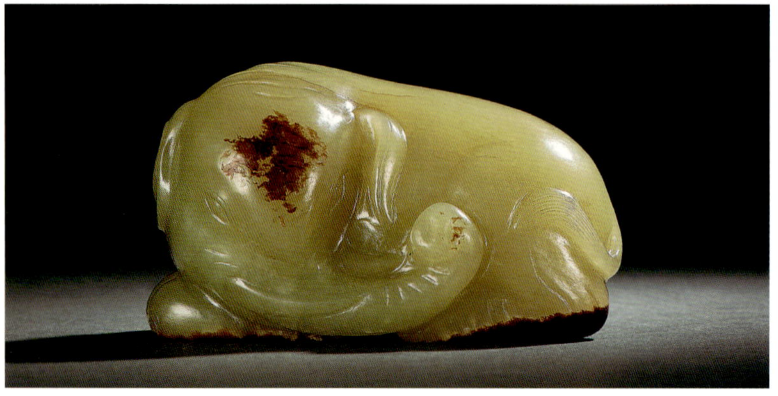

3715 明 白玉辟邪
估　价：HKD 150,000~200,000
成交价：RMB 167,063
长7cm 香港苏富比 2017-04-05

381 明 白玉趴蝮
估　价：RMB 30,000
成交价：RMB 41,400
长5.2cm 浙江佳宝 2017-07-23

2833 明 白玉太狮少狮
估　价：HKD 350,000
成交价：RMB 340,608
长12.1cm 万昌斯 2017-05-29

481 明 黄玉带皮大象
估　价：HKD 80,000~120,000
成交价：RMB 244,850
宽7.2cm 中国嘉德 2017-10-02

1222 明 白玉芭蕉双欢摆件
估　价：RMB 200,000~300,000
成交价：RMB 230,000
高15cm 广东崇正 2017-06-15

1862 明 白玉雕卧马
估　价：RMB 150,000~180,000
成交价：RMB 218,500
长5cm 中贸圣佳 2017-06-18

1497 明 白玉带沁老虎摆件
估　价：RMB 300,000~600,000
成交价：RMB 1,150,000
长约6.5cm 上海匡时 2017-11-05

1005 明 白玉鳜鱼摆件
估　价：RMB 400,000~600,000
成交价：RMB 460,000
长20cm 北京保利 2017-04-17

3582 明 白玉回首羊摆件
估　价：RMB 200,000~250,000
成交价：RMB 230,000
高4.2cm 北京匡时 2017-06-04

1140 明 白玉刻铭文虎符
估　价：RMB 30,000~50,000
成交价：RMB 92,000
3cm×4.8cm 西泠拍卖 2017-07-15

3566 明 白玉马上封侯摆件
估　价：RMB 200,000~250,000
成交价：RMB 230,000
高5.5cm 北京匡时 2017-06-04

509 明 白玉马
估　价：HKD 100,000~150,000
成交价：RMB 215,468
宽9cm 中国嘉德 2017-10-02

425 明 白玉受沁狻猊
估　价：HKD 1,000,000~1,500,000
成交价：RMB 979,400
宽10cm 中国嘉德 2017-10-02

507 明 白玉鸭首
估 价：HKD 60,000~80,000
成交价：RMB 58,764
宽7cm 中国嘉德 2017-10-02

1 明 褐玉马
估 价：HKD 80,000~120,000
成交价：RMB 89,100
长9.5cm 佳士得 2017-04-04

1762 明 白玉狻猊摆件
估 价：RMB 120,000~160,000
成交价：RMB 207,000
长7.8cm 上海匡时 2017-11-05

821 明 白玉卧马
估 价：RMB 60,000~120,000
成交价：RMB 115,000
长4.6cm 观唐皕榷 2017-01-12

3603 明 白玉提色镶宝卧犬摆件
估 价：RMB 250,000~350,000
成交价：RMB 402,500
长6cm 北京匡时 2017-06-04

3301 明 白玉瑞兽
估 价：HKD 500,000~700,000
成交价：RMB 612,563
高4.4cm 香港苏富比 2017-04-05

3308 明 黄玉瑞兽
估 价：HKD 1,000,000~1,500,000
成交价：RMB 1,113,750
长7.7cm 香港苏富比 2017-04-05

3973 明 黄玉瑞兽
估 价：RMB 700,000~800,000
成交价：RMB 805,000
长7cm 北京匡时 2017-06-04

2194 明 黄玉瑞兽
估 价：RMB 80,000~120,000
成交价：RMB 115,000
长8cm 北京翰海 2017-06-04

1221 明 黄玉骆驼
估 价：RMB 90,000~150,000
成交价：RMB 189,750
长8.5cm 广东崇正 2017-06-15

2039 明 黄玉太狮少狮摆件
估 价：RMB 2,600,000~2,900,000
成交价：RMB 4,025,000
长10.5cm 古天一 2017-06-07

3762 明 黄玉卧兽
估　价：HKD 400,000~600,000
成交价：RMB 415,000
长7.3cm 香港苏富比 2017-10-03

5897 明 旧玉骆驼摆件
估　价：RMB 300,000~500,000
成交价：RMB 345,000
长20cm 北京保利 2017-06-07

609 明 蜜蜡瑞兽摆件
估　价：RMB 80,000~120,000
成交价：RMB 115,000
长6.5cm 荣宝斋（上海） 2017-07-30

1342 明 青白玉雕赑屃摆件
估　价：RMB 20,000~30,000
成交价：RMB 32,200
长10cm 西泠拍卖 2017-07-15

1782 明 青白玉雕麒麟驮书摆件
估　价：RMB 80,000~120,000
成交价：RMB 126,500
长13.2cm 西泠拍卖 2017-07-15

364 明 青白玉牛生麒麟
估 价：HKD 400,000~600,000
成交价：RMB 525,336
长13.5cm 中濠典藏 2017-11-29

1769 明 青白玉天马摆件
估 价：RMB 400,000~600,000
成交价：RMB 460,000
8.8cm×5.2cm 北京荣宝 2017-06-02

3 明 灰玉辟邪
估 价：HKD 150,000~260,000
成交价：RMB 155,925
长8.4cm 佳士得 2017-04-04

485 明 旧玉提油蟾宫折桂
估 价：HKD 50,000~70,000
成交价：RMB 127,322
宽6.5cm 中国嘉德 2017-10-02

5080 明 火烧玉天鹿
估 价：RMB 80,000~120,000
成交价：RMB 230,000
长8.6cm 北京保利 2017-12-18

1605 明 黄玉骆驼摆件
成交价：RMB 897,000
长5.4cm 中贸圣佳 2017-06-18

843 明 青玉雕秋山摆件
估　价：RMB 180,000~280,000
成交价：RMB 241,500
高10cm 观唐皕榷 2017-01-12

197 明或更早 墨青玉卧兽
估　价：EUR 8,000~12,000
成交价：RMB 210,110
长5.2cm 巴黎苏富比 2017-06-22

3056 明 玉马摆件
来源：望琳水阁珍藏。
估　价：HKD 180,000~300,000
成交价：RMB 425,500
长9.4cm 佳士得 2017-11-29

3141 明 玉浸色蟾
估　价：RMB 80,000~120,000
成交价：RMB 92,000
长5.5cm 中国嘉德 2017-06-19

3327 明 青白玉巧作郯子扮鹿
来源：巴黎苏富比，2007年。
估　价：HKD 200,000~300,000
成交价：RMB 267,300
长6.5cm 香港苏富比 2017-04-05

1822 明 玉双狮摆件
估 价：RMB 550,000~650,000
成交价：RMB 632,500
长18cm 中贸圣佳 2017-06-18

3325 明 青白玉卧马
估 价：HKD 200,000~300,000
成交价：RMB 356,400
长6.8cm 香港苏富比 2017-04-05

1147 明或以前 黄玉雕鹿乳奉亲
估 价：RMB 300,000~400,000
成交价：RMB 345,000
高10.2cm 华艺国际 2017-05-27

158 明或以前 青白玉卧犬
估 价：HKD 100,000~150,000
成交价：RMB 134,875
长9.2cm 佳士得 2017-10-02

1256 明末清初 黄玉瑞兽
估 价：HKD 60,000~80,000
成交价：RMB 62,800
宽7cm 中国嘉德 2017-05-30

464 明 玉瑞兽
估 价：HKD 160,000~200,000
成交价：RMB 156,704
宽7.5cm 中国嘉德 2017-10-02

3062 明末/清初 白玉太狮少狮摆件
估 价：HKD 100,000~150,000
成交价：RMB 106,375
长8.5cm 佳士得 2017-11-29

1540 清早期 白玉卧牛摆件
估 价：RMB 300,000~500,000
成交价：RMB 345,000
长20.5cm 北京保利 2017-11-05

426 17世纪 碧玉卧牛
估 价：HKD 600,000~800,000
成交价：RMB 881,460
宽23cm 中国嘉德 2017-10-02

469 17世纪 黄玉育子摆件
估 价：HKD 300,000~500,000
成交价：RMB 489,700
宽16.5cm 中国嘉德 2017-10-02

286 明早期 白玉雕瑞兽
估 价：RMB 380,000~450,000
成交价：RMB 437,000
长8cm 上海明轩 2017-06-30

446 17世纪 黄玉骆驼
估 价：HKD 100,000~150,000
成交价：RMB 293,820
宽8cm 中国嘉德 2017-10-02

27 明末清初 双色玉巧雕辟邪
估 价：GBP 6,000~8,000
成交价：RMB 65,153
长8.8cm 伦敦佳士得 2017-11-07

3766 17世纪/18世纪 青白玉卧犬
估 价：HKD 60,000~80,000
成交价：RMB 83,000
长9.6cm 香港苏富比 2017-10-03

26 17世纪 青玉瑞狮
估 价：GBP 8,000~12,000
成交价：RMB 119,446
宽8.5cm 伦敦佳士得 2017-11-07

1255 17世纪 白玉羊
估 价：HKD 60,000~80,000
成交价：RMB 62,800
宽5.5cm 中国嘉德 2017-05-30

3326 17世纪/18世纪 黄玉衔芝瑞兔
估 价：HKD 600,000~800,000
成交价：RMB 1,336,500
长6.5cm 香港苏富比 2017-04-05

467 清早期 青白玉双马摆件
估 价：HKD 400,000~600,000
成交价：RMB 636,610
宽13cm 中国嘉德 2017-10-02

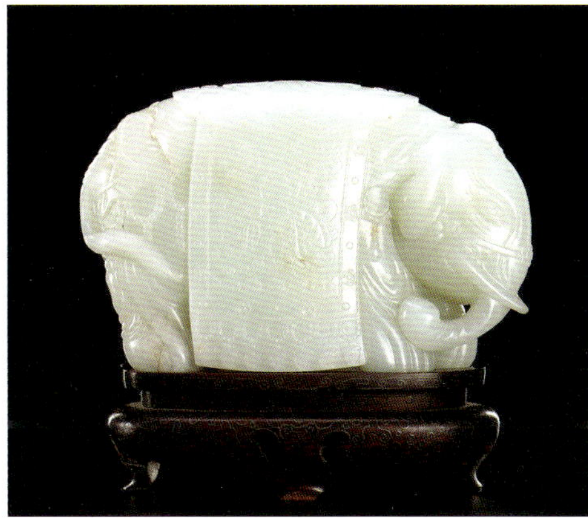

943 清乾隆 白玉雕佛莲纹太平有象
估 价：RMB 1,000,000~1,500,000
成交价：RMB 1,150,000
长17cm 保利厦门 2017-06-25

1330 清早期 黄玉龟
估 价：HKD 30,000~50,000
成交价：RMB 188,399
长5cm 中国嘉德 2017-05-30

839 清早期 青玉骆驼摆件
估 价：RMB 180,000~280,000
成交价：RMB 207,000
长11.5cm 保利厦门 2017-06-26

798 清康熙 青白玉雕太师少狮摆件
估 价：RMB 150,000~180,000
成交价：RMB 172,500
长4.5cm 北京东正 2017-12-09

277 清雍正/乾隆 青白玉卧马
来源：Vernon Wethered 收藏，自此家族收藏。
成交价：RMB 1,041,746
长12.5cn 伦敦苏富比 2017-05-10

502 清乾隆 白玉蝉
估 价：RMB 80,000~100,000
成交价：RMB 120,750
高4cm 北京东正 2017-12-09

5092 清乾隆 白玉连年有余
估 价：RMB 150,000~200,000
成交价：RMB 230,000
长12cm 北京保利 2017-12-18

1765 清乾隆 白玉留皮巧雕卧犬
估 价：RMB 400,000~600,000
成交价：RMB 460,000
长5cm 北京荣宝 2017-06-02

1376 清乾隆 白玉仿古牺尊式兽
著录：Sotheby's Hong Kong，2013。
估 价：RMB 1,600,000~2,200,000
成交价：RMB 4,715,000
长11.6cm 北京东正 2017-06-08

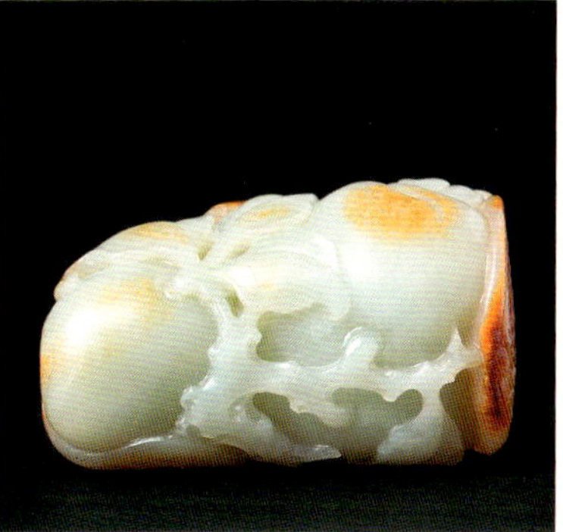

2299 清乾隆 白玉留皮凤凰摆件
估　价：RMB 60,000~80,000
成交价：RMB 92,000
长7.5cm 北京匡时 2017-12-03

1261 清乾隆 白玉鹿
估　价：HKD 160,000~200,000
成交价：RMB 962,927
宽6.3cm 中国嘉德 2017-05-30

5895 清乾隆 白玉辟邪衔灵芝
估　价：RMB 350,000~550,000
成交价：RMB 943,000
长10.5cm 北京保利 2017-06-07

3586 清乾隆 白玉耄耋摆件
估　价：RMB 300,000~400,000
成交价：RMB 402,500
长8cm 北京匡时 2017-06-04

6687 清乾隆 白玉雕卧犬
估　价：RMB 150,000~200,000
成交价：RMB 172,500
长8.5cm 北京保利 2017-06-08

3124 清乾隆 青白玉雕犀牛
估　价：HKD 180,000~300,000
成交价：RMB 244,850
高4.8cm 保利香港 2017-10-02

1079 清乾隆 白玉马上封侯摆件
估　价：RMB 2,200,000~3,200,000
成交价：RMB 3,565,000
长11cm 北京保利 2017-04-17

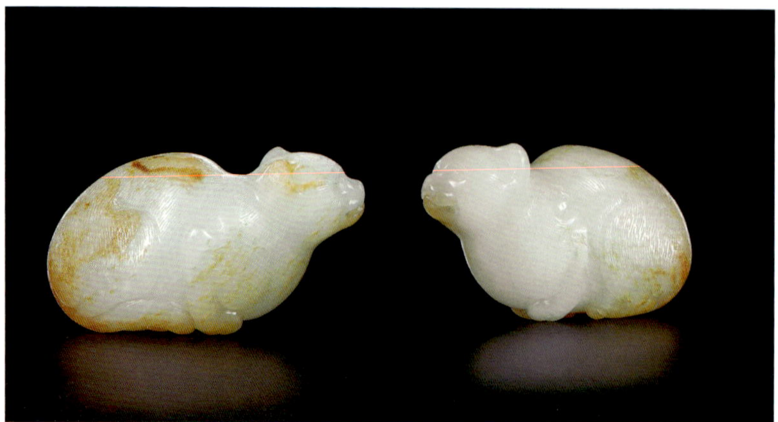

505 清乾隆 白玉沁色猫
估　价：RMB 180,000~200,000
成交价：RMB 253,000
长5.5cm 北京东正 2017-12-09

2004 清乾隆 白玉洒金鸡
估　价：RMB 28,000~36,000
成交价：RMB 36,800
长5.8cm 北京翰海 2017-06-04

2196 清乾隆 白玉三羊开泰
估　价：RMB 50,000~70,000
成交价：RMB 69,000
长5.6cm 北京翰海 2017-06-04

1074 清乾隆 白玉三阳开泰摆件
估　价：RMB 300,000~400,000
成交价：RMB 379,500
长9cm 华艺国际 2017-03-19

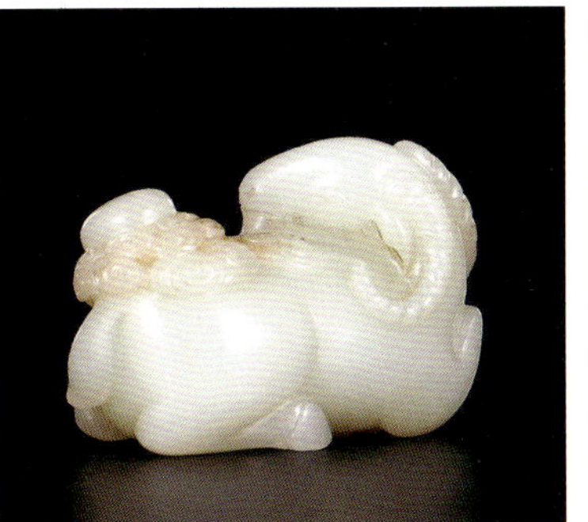

5893 清乾隆 白玉神羊吐太极
估　价：RMB 200,000~300,000
成交价：RMB 230,000
长7.5cm 北京保利 2017-06-07

5073 清乾隆 白玉狮子戏球
估　价：RMB 150,000~200,000
成交价：RMB 212,750
长6.8cm 北京保利 2017-12-18

465 清乾隆 白玉鼠
估　价：HKD 150,000~200,000
成交价：RMB 195,880
宽.5cm 中国嘉德 2017-10-02

845 清乾隆 白玉雀鸟 （一对）
来源：天和山房旧藏；香港佳士得，2005年。
估　价：RMB 300,000~600,000
成交价：RMB 460,000
长12cm×2 保利厦门 2017-06-26

1392 清乾隆 白玉太平有象
估　价：HKD 1,000,000~1,500,000
成交价：RMB 1,046,660
宽8.5cm 中国嘉德 2017-05-30

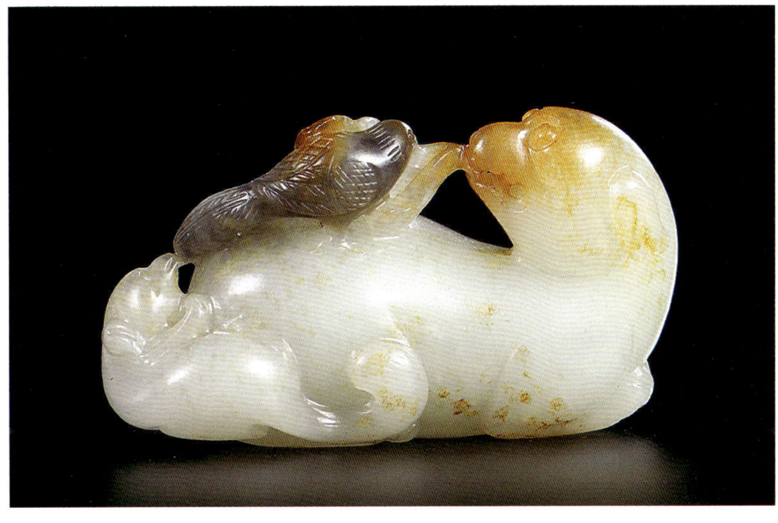

510 清乾隆 白玉巧雕欢天喜地
估　价：RMB 380,000~480,000
成交价：RMB 667,000
长5.5cm 北京东正 2017-12-09

684 清乾隆 白玉卧羊
备注：英国伦敦佳士得，2011年。
估 价：HKD 380,000~450,000
成交价：RMB 647,466
长6.7cm 中濠典藏 2017-05-23

164 清中期 白玉雕麒麟献芝摆件
估 价：HKD 100,000~150,000
成交价：RMB 178,200
长8cm 佳士得 2017-04-04

1350 清 白玉雕鳜鱼摆件
估 价：RMB 80,000~120,000
成交价：RMB 149,500
长12.5cm 西泠拍卖 2017-07-15

1858 清乾隆 烤皮玉凤竹摆件
估 价：RMB 450,000~650,000
成交价：RMB 977,500
高11cm 中贸圣佳 2017-06-18

1249 清 白玉雕连年有余摆件
估 价：RMB 120,000~160,000
成交价：RMB 172,500
高11.5cm 西泠拍卖 2017-07-15

1310 清中期 白玉三阳开泰
估 价：HKD 250,000~350,000
成交价：RMB 261,665
宽6.9cm 中国嘉德 2017-05-30

677 清 白玉鹅衔莲
估 价：HKD 140,000~220,000
成交价：RMB 229,746
长7.2cm 中濠典藏 2017-05-23

425 清中期 黑白玉巧雕双欢
估 价：RMB 25,000~40,000
成交价：RMB 63,250
长5.5cm 北京保利 2017-11-04

2869 清中期 白玉一路连科摆件
估 价：RMB 500,000~600,000
成交价：RMB 575,000
长24cm 中国嘉德 2017-06-20

2134 清中期 白玉熊
估 价：RMB 56,000~66,000
成交价：RMB 69,000
高4.3cm 北京翰海 2017-06-04

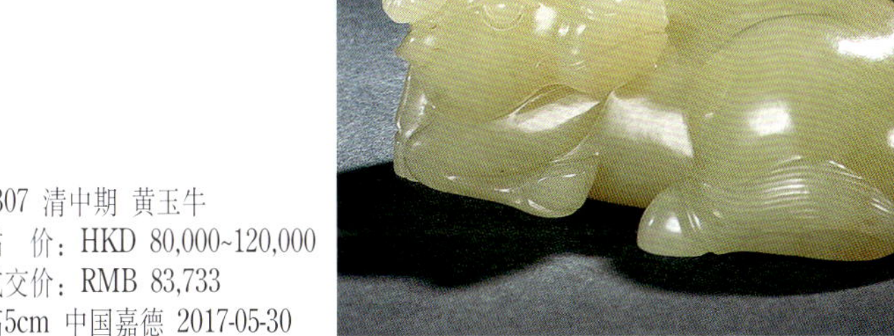

1307 清中期 黄玉牛
估 价：HKD 80,000~120,000
成交价：RMB 83,733
高5cm 中国嘉德 2017-05-30

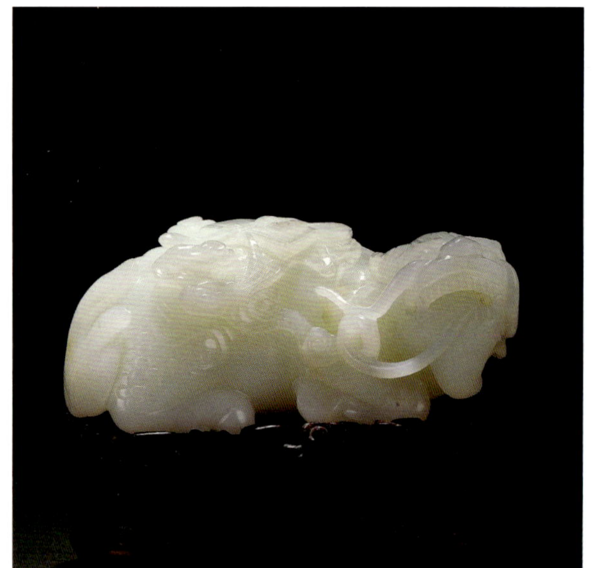

1984 清 白玉雕麒麟负书摆件
估 价：RMB 280,000~380,000
成交价：RMB 345,000
长12cm 北京华辰 2017-06-05

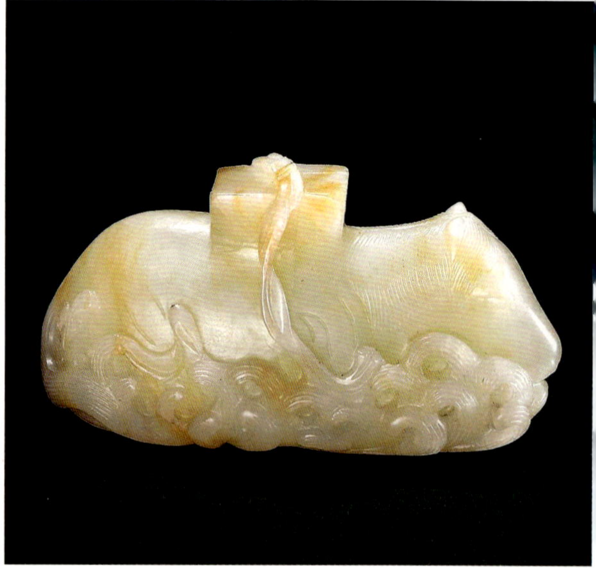

1832 清 白玉海马驮书
估 价：RMB 70,000~150,000
成交价：RMB 161,000
长6.8cm 中贸圣佳 2017-06-18

544 清 白玉留皮平安如意摆件
估 价：RMB 100,000~200,000
成交价：RMB 345,000
长7cm 北京东正 2017-12-09

1030 清 白玉瑞兽摆件
估 价：RMB 100,000~200,000
成交价：RMB 126,500
长14.5cm 北京保利 2017-04-17

7 清 白玉卧羊
估 价：HKD 60,000~80,000
成交价：RMB 122,513
长5cm 佳士得 2017-04-04

1137 清 白玉留皮凤戏牡丹纹摆件
来源：1968年购自英国著名古董商Spink & Son.
估　价：RMB 1,900,000~2,500,000
成交价：RMB 2,185,000
长12cm 上海匡时 2017-11-05

1831 清 白玉卧马
估　价：RMB 120,000~200,000
成交价：RMB 276,000
长9.6cm 中贸圣佳 2017-06-18

1008 清中期 白玉留皮摩羯鱼
估　价：RMB 10,000~20,000
成交价：RMB 36,800
长15cm 北京保利 2017-04-17

1821 清 白玉寿天百禄
估　价：RMB 70,000~150,000
成交价：RMB 149,500
长5.5cm 中贸圣佳 2017-06-18

1828 清 白玉象
估　价：RMB 70,000~90,000
成交价：RMB 80,500
长5.5cm 中贸圣佳 2017-06-18

3744 18世纪 白玉雕双卧马
“乾隆年制”款
估 价：HKD 800,000~1,200,000
成交价：RMB 830,000
长16cm 香港苏富比 2017-10-03

1257 18世纪 白玉宝鸭
估 价：HKD 150,000~200,000
成交价：RMB 680,329
宽9cm 中国嘉德 2017-05-30

286 18世纪 白玉雕凤毛麟角摆件
估 价：GBP 20,000~25,000
成交价：RMB 223,575
长12cm 伦敦苏富比 2017-05-10

3680 清 白玉留皮巧雕虎式摆件
估 价：RMB 50,000~80,000
成交价：RMB 143,750
长5.7cm 北京匡时 2017-06-04

3748 18世纪 青白玉雕天鸡
估 价：HKD 100,000~150,000
成交价：RMB 103,750
长10.2cm 香港苏富比 2017-10-03

610 清 褐斑青白玉雕三羊开泰把件
估 价：HKD 50,000~70,000
成交价：RMB 54,664
高5.4cm 香港苏富比 2017-06-01

1206 清 白玉双欢
估 价：HKD 10,000~15,000
成交价：RMB 78,500
宽5cm 中国嘉德 2017-05-30

712 清 南红玛瑙锦绣前程摆件
估 价：RMB 55,000~70,000
成交价：RMB 92,000
高12.5cm 凤凰拍卖 2017-07-30

1823 清 黄玉双鹿摆件
估 价：RMB 220,000~300,000
成交价：RMB 253,000
长11.4cm 上海匡时 2017-11-05

1806 清 黄玉衔芝玉兔
估 价：RMB 700,000~900,000
成交价：RMB 805,000
长7.7cm 上海匡时 2017-11-05

2031 清 黄玉双鹅
估 价：RMB 150,000~180,000
成交价：RMB 690,000
高3.1cm 古天一 2017-06-07

54 清 青白玉卧羊
估 价：HKD 100,000~150,000
成交价：RMB 283,648
长5cm 香港苏富比 2017-06-01

1853 清 龙纹玉拂琴
估 价：RMB 150,000~250,000
成交价：RMB 172,500
长24.5cm 中贸圣佳 2017-06-18

19 清 青白玉太狮少狮摆件
估 价：HKD 80,000~100,000
成交价：RMB 87,276
长11cm 香港苏富比 2017-06-01

1259 清 火烧玉雕太狮少狮摆件
估 价：RMB 50,000~80,000
成交价：RMB 69,000
高5cm 西泠拍卖 2017-07-15

2005 清 玉蚕
估 价：RMB 200,000~250,000
成交价：RMB 575,000
长6cm 古天一 2017-06-07

23 清初 墨灰玉卧牛
估 价：HKD 30,000~40,000
成交价：RMB 60,003
长9cm 香港苏富比 2017-06-01

2014 清 玉鸮
估 价：RMB 200,000~250,000
成交价：RMB 287,500
长6cm 古天一 2017-06-07

3199 清初 白玉留皮圆雕卧象摆件
估 价：RMB 500,000~600,000
成交价：RMB 977,500
高4.5cm 北京匡时 2017-12-03

64 清或更早 青白玉三羊开泰
估 价：HKD 200,000~300,000
成交价：RMB 305,468
长5.9cm 香港苏富比 2017-06-01

533 18世纪 白玉灵猴献寿摆件
估 价：RMB 1,000,000~1,200,000
成交价：RMB 1,840,000
12cm×7cm 北京东正 2017-12-09

3310 18世纪 白玉辟邪
估 价：HKD 500,000~700,000
成交价：RMB 556,875
长8.9cm 香港苏富比 2017-04-05

14 18世纪 白玉瑞鸡
估 价：HKD 120,000~180,000
成交价：RMB 349,106
高6.6cm 香港苏富比 2017-06-01

3058 18世纪 白玉双鹅献瑞摆件
估 价：HKD 300,000~500,000
成交价：RMB 372,313
宽13.3cm 佳士得 2017-11-29

3330 18世纪 白玉岁岁平安
估 价：HKD 150,000~200,000
成交价：RMB 167,063
长7cm 香港苏富比 2017-04-05

1258 18世纪 白玉鱼
估 价：HKD 150,000~200,000
成交价：RMB 680,329
宽11cm 中国嘉德 2017-05-30

199 18世纪 红珊瑚圆雕雉鸡牡丹摆件
来源：卢勤斋、山中商会旧藏。
估 价：RMB 600,000~700,000
成交价：RMB 747,500
10cm×33cm 上海明轩 2017-06-30

1425 20世纪初 碧玉雕绶带鸟摆件 （一对）
估 价：USD 500~700
成交价：RMB 24,217
纽约苏富比 2017-03-18

61 19世纪 黄玉辟邪
估 价：HKD 80,000~120,000
成交价：RMB 87,276
长6cm 香港苏富比 2017-06-01

849 19世纪 黄玉大吉摆件
估 价：RMB 180,000~280,000
成交价：RMB 207,000
高5cm 保利厦门 2017-06-26

1 18世纪 青白玉福禄寿摆件
估 价：EUR 8,000~10,000
成交价：RMB 152,807
长12.5cm 巴黎苏富比 2017-06-22

6715 民国 白玉雕童子洗象
估 价：RMB 45,000~65,000
成交价：RMB 109,250
长12cm 北京保利 2017-06-08

1518 19世紀 青玉雕辟邪擺件
估 价：USD 2,000~3,000
成交价：RMB 34,595
纽约苏富比 2017-03-18

525 旧玉骆驼
估 价：RMB 1,800,000~2,800,000
成交价：RMB 3,450,000
长7cm 北京东正 2017-12-09

1990 李剑 亨通 俏色玉茶宠
估 价：RMB 10,000~30,000
成交价：RMB 43,700
长5.1cm 西泠拍卖 2017-07-15

1271 绿幽灵水晶连升三级
估 价：RMB 28,000~35,000
成交价：RMB 32,200
15cm×11cm 凤凰拍卖 2017-07-30

79 20世纪 青白玉背书麒麟
估 价：HKD 150,000~200,000
成交价：RMB 163,643
长10cm 香港苏富比 2017-06-01

3057 18世纪/19世纪 白玉雕合欢摆件
来源：擘琳水阁珍藏。
估 价：HKD 180,000~280,000
成交价：RMB 202,113
宽7.5cm 佳士得 2017-11-29

684 19世纪 青玉雕并蒂莲摆件
估 价：HKD 20,000~30,000
成交价：RMB 65,596
长20.1cm 香港苏富比 2017-06-01

1520 19世紀 白玉雕驄驕飲溪擺件
估 价：USD 2,000~5,000
成交价：RMB 43,244
纽约苏富比 2017-03-18

3185 现代 南田轩制白玉仿古辟邪
估 价：RMB 160,000~220,000
成交价：RMB 184,000
长6cm 中国嘉德 2017-12-21

1970 瞿利军 驱邪纳福白玉摆件
估 价：RMB 320,000~400,000
成交价：RMB 402,500
长8.1cm 西泠拍卖 2017-07-15

923 谢麟 祥瑞雅安绿摆件
估　价：RMB 400,000~500,000
成交价：RMB 470,400
8.9cm×6cm 上海联合 2017-06-18

157 徐志浩 鱼跃龙门 白玉摆件
"浩"款
估　价：RMB 800,000~1,000,000
成交价：RMB 672,000
11.1cm×4.8cm×2.7cm；重量221.5g
上海联合 2017-12-17

453 紫晶雕事事如意摆件
估　价：RMB 3,800
成交价：RMB 10,925
长15cm 上海大众 2017-06-24

1291 天然水晶相亲相爱
估　价：RMB 95,000~100,000
成交价：RMB 109,250
30cm×28cm×14.5cm 凤凰拍卖 2017-07-30

1273 水晶路路发财
估　价：RMB 150,000~170,000
成交价：RMB 172,500
20cm×9.5cm×15cm 凤凰拍卖 2017-07-30

植物摆件

1075 清乾隆 白玉莲蓬摆件
估　价：RMB 200,000~250,000
成交价：RMB 218,500
长7cm 华艺国际 2017-03-19

1328 清中期 青白玉岁寒三友摆件
估　价：HKD 150,000~200,000
成交价：RMB 156,999
宽8.7cm 中国嘉德 2017-05-30

13 清 白玉榴开百子摆件
估　价：HKD 50,000~70,000
成交价：RMB 130,915
长6.8cm 香港苏富比 2017-06-01

1345 清 南红玛瑙巧雕福寿双全树桩摆件
估　价：RMB 50,000~80,000
成交价：RMB 92,000
高14.5cm 西泠拍卖 2017-07-15

3506 徐珝 白玉雕七星伴月香摆
估　价：RMB 280,000~420,000
成交价：RMB 322,000
12.5cm×7.8cm×6.3cm；总长48cm；496g
中国嘉德 2017-12-21

52 明治时代 水晶玉
估　价：HKD 500,000~700,000
成交价：RMB 518,750
高29.8cm 佳士得 2017-10-02

612 清中期 白玉黄皮刻灵芝摆件
估 价：HKD 200,000~300,000
成交价：RMB 195,880
长5.7cm 北京匡时 2017-10-02

47 清中期 青白玉寿桃摆件
估 价：RMB 280,000~380,000
成交价：RMB 368,000
长12cm 北京保利 2017-08-02

1293 天然铜条发晶硕果累累
估 价：RMB 150,000~160,000
成交价：RMB 172,500
20cm×8cm×20cm 凤凰拍卖 2017-07-30

71 清 青玉巧作荔枝
估 价：HKD 30,000~40,000
成交价：RMB 76,367
长5.3cm 香港苏富比 2017-06-01

5971 青玉百财摆件
估 价：RMB 1,000~2,000
成交价：RMB 13,800
长18.5cm 中国嘉德 2017-04-01

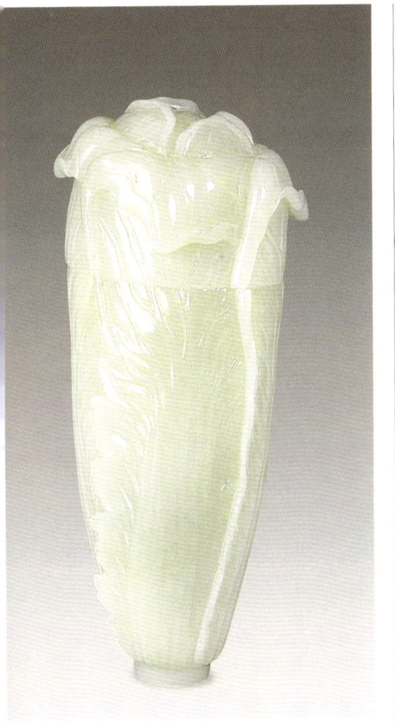

1530 清 白玉百财摆件
估　价：RMB 100,000~200,000
成交价：RMB 115,000
高20.5cm 北京保利 2017-11-05

1285 茶色发晶四季纳福
估　价：RMB 62,000~70,000
成交价：RMB 82,800
33cm×15.5cm×49cm 凤凰拍卖 2017-07-30

3060 清 黄玉蟾蜍石榴摆件
估　价：HKD 100,000~150,000
成交价：RMB 127,650
宽8cm 佳士得 2017-11-29

其他摆件

128 清 白玉棺
成交价：RMB 17,250
长7cm 北京保利 2017-11-04

45 18世纪/19世纪 青白玉巧作福寿双桃摆件
估　价：HKD 200,000~300,000
成交价：RMB 240,010
长12.7cm 香港苏富比 2017-06-01

1279 水晶大业有成
估　价：RMB 26,000~30,000
成交价：RMB 34,500
21cm×11cm×23cm 凤凰拍卖 2017-07-30

2037 顾永骏 和田玉籽料江山如画山籽雕
估 价：RMB 300,000~400,000
成交价：RMB 345,000
长20cm 华艺国际 2017-05-27

1268 水晶报春图（挂）
估 价：RMB 180,000~200,000
成交价：RMB 207,000
5cm×2.3cm 凤凰拍卖 2017-07-30

776 崔磊 和田白玉大吉大利
估 价：RMB 3,800,000~4,800,000
成交价：RMB 6,325,000
高9cm 凤凰拍卖 2017-07-30

1709 清 绿云绿松石
估 价：RMB 580,000~680,000
成交价：RMB 828,000
高111cm 北京东正 2017-06-08

3750 清乾隆 青玉药船
“丙”字款
估 价：HKD 150,000~250,000
成交价：RMB 622,500
长31cm 香港苏富比 2017-10-03

3520 倪伟滨 白玉雕锦灰堆摆件
估 价：RMB 2,600,000~5,000,000
成交价：RMB 3,220,000
20cm × 10.8cm × 8.6cm；重2499.7g
中国嘉德 2017-12-21

5057 天然玛瑙石皮蛋豆腐
估 价：RMB 300,000~500,000
成交价：RMB 1,207,500
尺寸不一 中国嘉德 2017-06-19

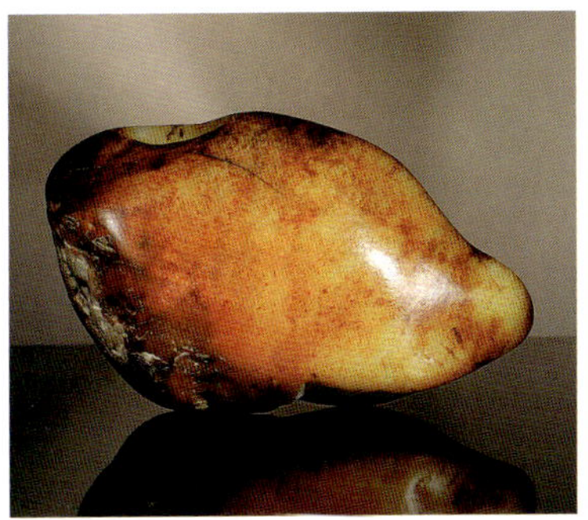

1935 洒金皮和田玉籽料原石
估 价：RMB 2,700,000~3,500,000
成交价：RMB 3,450,000
22.5cm × 13.0cm × 10.8cm 西泠拍卖 2017-07-15

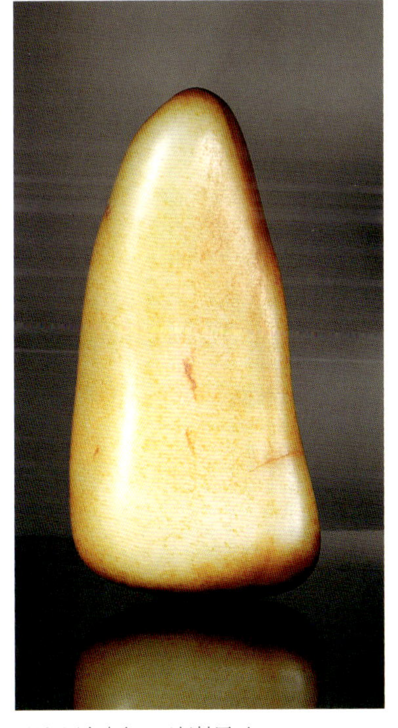

1933 洒金皮和田玉籽料原石
估 价：RMB 1,100,000~1,500,000
成交价：RMB 1,552,500
21.5cm × 10.5cm × 5.7cm 西泠拍卖 2017-07-15

1916 聚红皮和田玉籽料原石
估 价：RMB 2,600,000~3,500,000
成交价：RMB 3,450,000
15.9cm × 12.7cm × 5.0cm 西泠拍卖 2017-07-15

1932 聚红皮和田玉籽料原石
估 价：RMB 5,200,000~6,000,000
成交价：RMB 6,555,000
21.8cm × 10.6cm × 9.3cm 西泠拍卖 2017-07-15

1918 羊脂级聚红皮和田玉籽料原石
估 价：RMB 9,000,000~12,000,000
成交价：RMB 11,270,000
15.2cm × 12.7cm × 6.0cm 西泠拍卖 2017-07-15

玉 瓶

3574 明 白玉红沁回纹方盖瓶
估　价：RMB 250,000~280,000
成交价：RMB 287,500
高22.7cm 北京匡时 2017-06-04

1728 清乾隆 白玉雕兽面纹瓶
估　价：RMB 120,000~180,000
成交价：RMB 184,000
高18cm 西泠拍卖 2017-07-15

620 清乾隆 白玉九龙衔环扁瓶
“大清乾隆年制”六字楷书款
来源：北京瀚海，2001年。
估　价：RMB 2,200,000~4,200,000
成交价：RMB 3,220,000
高19cm 观唐皕榷 2017-01-11

29 清乾隆 白玉凤凰觥形盖瓶
估　价：GBP 80,000~120,000
成交价：RMB 868,700
宽21cm 伦敦佳士得 2017-11-07

7 清乾隆 碧玉痕都斯坦式缠枝莲纹四活环耳梅瓶 连盖
估 价：EUR 60,000~80,000
成交价：RMB 525,275
高18.5cm 巴黎苏富比 2017-06-22

920 清乾隆 黄玉雕双联瓶
估 价：RMB 180,000~250,000
成交价：RMB 621,000
高14.3cm 北京诚轩 2017-06-20

5905 清乾隆 黄玉兽面纹方盖瓶
估 价：RMB 450,000~650,000
成交价：RMB 517,500
高12.7cm 北京保利 2017-06-07

3598 清乾隆 黄玉饕餮纹提梁盖瓶
估 价：RMB 200,000~300,000
成交价：RMB 230,000
高13cm 北京匡时 2017-06-04

3608 清乾隆 水晶仿古蝉纹龙钮盖瓶
估 价：RMB 400,000~500,000
成交价：RMB 460,000
高19cm 北京匡时 2017-06-04

1479 清乾隆 青白玉三联抱月荷花瓶配底座
“乾隆年制”款
估　价：RMB 600,000~800,000
成交价：RMB 943,000
长37cm 上海匡时 2017-11-05

1109 清乾隆 白玉浮雕螭龙纹瓶
估　价：RMB 600,000~800,000
成交价：RMB 862,500
高9cm 华艺国际 2017-11-25

619 清乾隆 碧玉西番莲纹扁瓶
“乾隆年制”四字篆书款
估　价：RMB 350,000~550,000
成交价：RMB 483,000
高23.5cm 观唐皕榷 2017-01-11

1305 清中期 黄玉仿古铜兽耳瓶
估　价：HKD 300,000~500,000
成交价：RMB 983,860
高12cm 中国嘉德 2017-05-30

751 清乾隆 白玉雕饕餮纹兽耳活环盖瓶
估 价：USD 80,000~120,000
成交价：RMB 691,900
纽约苏富比 2017-03-14

6173 清嘉庆 碧玉雕兽面纹贯耳扁瓶
“大清嘉庆年制”款
估 价：RMB 400,000~600,000
成交价：RMB 460,000
高32.5cm 北京保利 2017-12-19

1352 清乾隆 玉兽面纹如意耳扁瓶
估 价：RMB 80,000~120,000
成交价：RMB 138,000
高12cm 西泠拍卖 2017-07-15

1355 清 白玉雕大吉葫芦瓶
估 价：RMB 80,000~120,000
成交价：RMB 149,500
高17.8cm 西泠拍卖 2017-07-15

2539 清 黄玉雕兽面纹铺首衔环瓶
估 价：RMB 400,000~500,000
成交价：RMB 460,000
高25cm 北京匡时 2017-12-03

1100 清 白玉留皮英雄双联瓶
来源：北京保利2012年秋拍；欧洲藏家旧藏。
估 价：RMB 1,800,000~2,500,000
成交价：RMB 1,955,000
长8.2cm 上海匡时 2017-11-05

7453 清 青金石加金漆龙纹环耳盖瓶
估 价：RMB 80,000~120,000
成交价：RMB 92,000
高35cm 北京保利 2017-12-20

31 清晚期 青白玉饕餮纹双龙活环耳盖瓶
估 价：HKD 250,000~300,000
成交价：RMB 349,106
高21cm 香港苏富比 2017-06-01

448 清中期 白玉八吉祥纹抱月瓶
估 价：HKD 150,000~200,000
成交价：RMB 146,910
高15.5cm 中国嘉德 2017-10-02

1072 18世纪/19世纪 白玉雕螭龙纹双联盖瓶
估 价：USD 6,000~8,000
成交价：RMB 275,300
高8.2cm 纽约佳士得 2017-03-17

3274 清晚期/民初 白玉如意活环耳方瓶
来源：日本私人珍藏。
估 价：HKD 120,000~150,000
成交价：RMB 1,219,625
高25cm 佳士得 2017-05-31

3226 清 白玉包袱锦双连瓶
估 价：RMB 280,000~320,000
成交价：RMB 322,000
高14.5cm 中国嘉德 2017-06-19

852 18世纪 火烧玉仿古饕餮纹瓶
记录：香港佳士得，2007年。
估 价：RMB 120,000~220,000
成交价：RMB 195,500
高18cm 观唐皕榷 2017-01-12

3589 18世纪 白玉芦雁图如意耳八方瓶
估 价：RMB 3,800,000~4,800,000
成交价：RMB 3,565,000
高29cm 北京荣宝 2017-12-02

4 清 青玉雕凤纹双耳盖瓶
估 价：EUR 30,000~50,000
成交价：RMB 267,413
高32cm 巴黎苏富比 2017-06-22

1419 清晚期 水晶雕凤竹牡丹图兽耳活环盖瓶
估 价：USD 6,000~8,000
成交价：RMB 77,839
纽约苏富比 2017-03-18

1107 18世纪 白玉雕象耳活环龙凤纹扁瓶（带座）
估 价：RMB 1,800,000~2,500,000
成交价：RMB 2,300,000
高30.5cm 华艺国际 2017-11-25

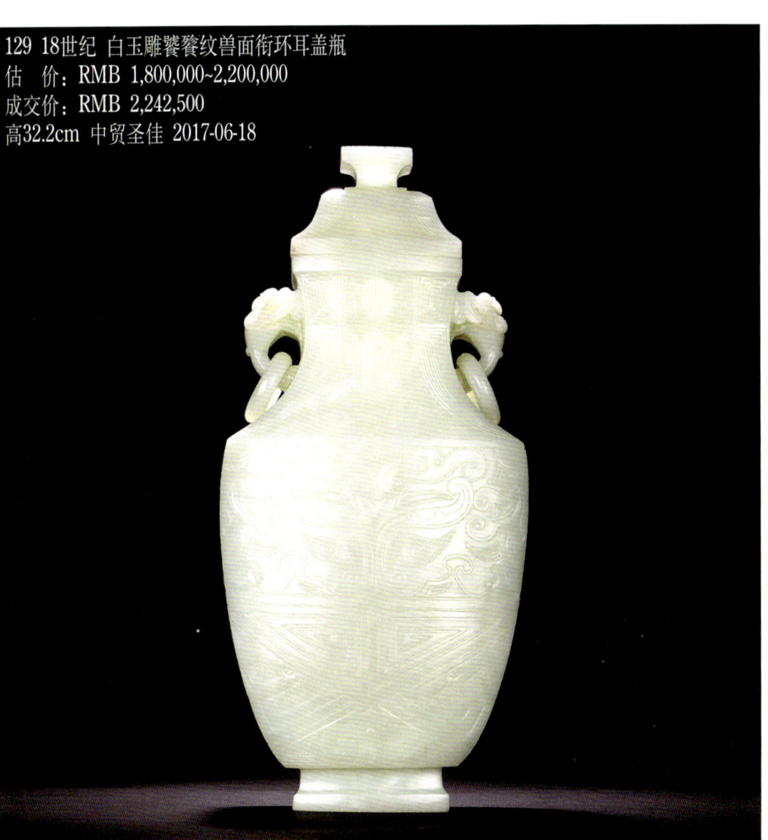

129 18世纪 白玉雕饕餮纹兽面衔环耳盖瓶
估　价：RMB 1,800,000~2,200,000
成交价：RMB 2,242,500
高32.2cm 中贸圣佳 2017-06-18

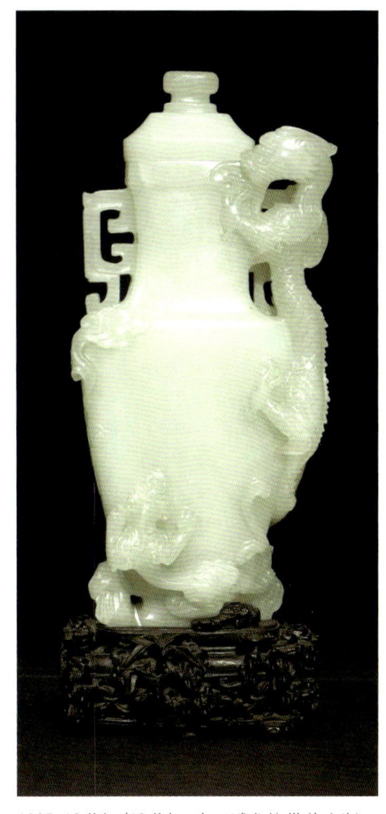

1085 18世纪/19世纪 青玉雕龙纹带盖扁瓶
估　价：USD 15,000~25,000
成交价：RMB 224,868
高17.2cm 纽约佳士得 2017-03-17

1086 18世纪/19世纪 碧玉雕番莲纹带盖扁瓶
估　价：USD 15,000~18,000
成交价：RMB 103,785
高31.8cm 纽约佳士得 2017-03-17

1090 18世纪/19世纪 青白玉雕苍龙教子图盖瓶
估　价：USD 200,000~300,000
成交价：RMB 5,172,199
高29.2cm 纽约佳士得 2017-03-17

1132 19世纪/20世纪 青玉雕饕餮纹贯耳瓶改装台灯
估　价：USD 3,000~5,000
成交价：RMB 172,975
纽约苏富比 2017-03-18

635 20世纪 痕都斯坦式白玉镂雕卷草花卉纹梅瓶 连碧玉镂雕卷草纹三足底座
估 价：HKD 40,000~60,000
成交价：RMB 45,917
高20.4cm 香港苏富比 2017-06-01

762 19世紀 青玉雕山海雲龍紋蓋瓶
估 价：USD 6,000~5,000
成交价：RMB 207,572
纽约苏富比 2017-03-14

517 白玉雕仿古饕餮纹连座盖瓶
来源：大阪藤田美术馆珍藏。
估 价：USD 40,000~60,000
成交价：RMB 2,874,845
高26.1cm 纽约佳士得 2017-03-15

921 蒋大雄 双象活耳碧玉瓶
估 价：RMB 300,000~400,000
成交价：RMB 313,600
23.5cm × 10.2cm × 9cm 上海联合 2017-06-18

266 青白玉赶珠云龙纹双灵芝活环耳海棠式盖瓶
估 价：EUR 25,000~35,000
成交价：RMB 573,027
高33cm 巴黎苏富比 2017-06-22

2040 高毅进 和田籽料缠枝纹瓶
估 价：RMB 600,000~800,000
成交价：RMB 690,000
高18.5cm 华艺国际 2017-05-27

4592 绿松石兽面纹兽耳瓶
估 价：RMB 1,000~2,000
成交价：RMB 46,000
高20.5cm 中国嘉德 2017-09-04

玉 尊

1300 汉 白玉铺首尊
估 价：HKD 3,000,000~4,000,000
成交价：RMB 3,139,980
高10cm 中国嘉德 2017-05-30

3585 清乾隆 青白玉仿古蝉纹方尊
“乾隆年制”款
估 价：RMB 700,000~800,000
成交价：RMB 943,000
高10.8cm 北京匡时 2017-06-04

519 元 白玉熊尊
估 价：RMB 2,000,000~2,500,000
成交价：RMB 3,220,000
高6.8cm 北京东正 2017-12-09

451 清乾隆 黄玉仿古牺尊
估 价：HKD 800,000~1,200,000
成交价：RMB 861,872
宽16.8cm 中国嘉德 2017-10-02

846 19世纪 黄玉兽面纹尊
估 价：RMB 1,200,000~1,800,000
成交价：RMB 1,380,000
高21.5cm 保利厦门 2017-06-26

玉 觥

1252 明 火烧玉雕螭龙鋬兽面纹觥
估 价：RMB 80,000~120,000
成交价：RMB 103,500
高16cm 西泠拍卖 2017-07-15

1067 晚明 玉饕餮纹觥
估 价：USD 8,000~12,000
成交价：RMB 82,163
宽18cm 纽约佳士得 2017-03-17

4552 青玉兽面纹觥
"大清乾隆年制"款、带座、带罩
估 价：RMB 1,000~2,000
成交价：RMB 46,000
高21.4cm 中国嘉德 2017-09-04

833 清乾隆 青白玉龙形柄兽面纹觥
估 价：RMB 500,000~800,000
成交价：RMB 828,000
高14.4cm 观唐皕榷 2017-01-12

玉 觚

5649 清早期 青白玉兽面纹方花觚
估 价：RMB 150,000~250,000
成交价：RMB 218,500
高21.6cm 中国嘉德 2017-04-01

5084 清乾隆 黄玉仿古活环觚
估 价：RMB 350,000~550,000
成交价：RMB 402,500
高11cm 北京保利 2017-12-18

261 19世纪 灰白玉万寿纹出戟方觚
估 价：EUR 3,000~4,000
成交价：RMB 114,605
高25.2cm 巴黎苏富比 2017-06-22

1706 民国 岫玉花觚
估　价：RMB 20,000
成交价：RMB 23,000
高18cm 北京翰海 2017-01-08

5790 碧玉兽面纹凤耳方花觚
估　价：RMB 1,000~2,000
成交价：RMB 36,800
高20.8cm 中国嘉德 2017-04-01

玉　鼎

32 清乾隆 白玉仿古饕餮纹双兽耳方鼎
估　价：GBP 25,000~40,000
成交价：RMB 282,328
高16cm 伦敦佳士得 2017-11-07

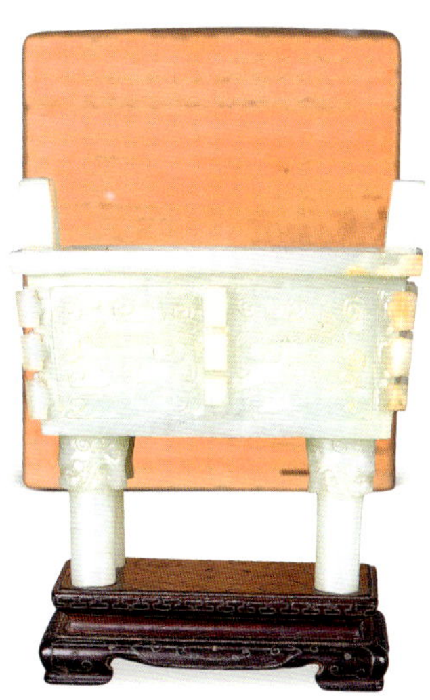

46 清中期 白玉小方鼎
估　价：RMB 80,000~120,000
成交价：RMB 138,000
高7cm 北京保利 2017-08-02

3275 清晚期/民初 白玉雕仿古纹狮钮盖方鼎
来源：日本私人珍藏。
估　价：HKD 160,000~200,000
成交价：RMB 1,436,940
高18.8cm 佳士得 2017-05-31

832 清 青白玉兽面纹方鼎
估　价：RMB 1,200,000~1,800,000
成交价：RMB 1,725,000
高25cm 观唐皕榷 2017-01-12

玉　壶

2867 明 黄玉提色螭龙执壶
估　价：RMB 1,200,000~1,800,000
成交价：RMB 1,380,000
高17.4cm 中国嘉德 2017-06-20

5175 清乾隆 白玉留皮八方壶
估　价：RMB 6,500,000~8,500,000
成交价：RMB 7,475,000
宽20.5cm 北京保利 2017-12-18

134 清乾隆 青白玉仿古铜雕龙凤呈祥纹活环耳大壶
“乾隆仿古”隶书填金刻款

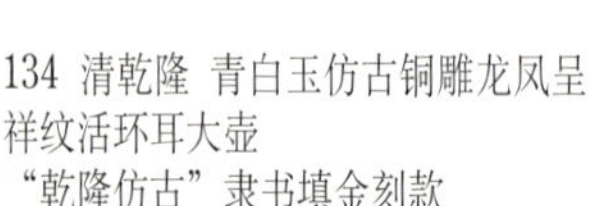
来源：英国William Cleverley Alexander珍藏；罗马宝格丽珍藏；纽约苏富比，1986年。

估　价：RMB 2,000,000~3,000,000
成交价：RMB 2,300,000
高33cm 北京中汉 2017-05-21

3613 清乾隆 御制白玉瓜棱式羊首掐丝珐琅提梁茶壶
出版：《香港佳士得二十周年回顾中国瓷器及工艺品精选》，香港，2006年，页368—369。
估 价：HKD 20,000,000~30,000,000
成交价：RMB 62,644,250
香港苏富比 2017-10-03

778 蒋大雄 墨玉玲珑壶
估 价：RMB 150,000~200,000
成交价：RMB 112,000
宽15.5cm 上海联合 2017-06-18

630 清乾隆 水晶龙柄凤首执壶
“御”、“古稀天子”
估 价：RMB 200,000~300,000
成交价：RMB 287,500
高14cm 观唐皕榷 2017-01-11

54 清 碧玉兽面纹提梁壶
估 价：RMB 100,000~200,000
成交价：RMB 115,000
高23cm 北京保利 2017-08-02

1738 清乾隆 龙柄白玉壶
估 价：RMB 350,000~450,000
成交价：RMB 437,000
高14.5cm 北京荣宝 2017-06-02

6168 18世纪 白玉兽面方壶
估　价：RMB 900,000~1,300,000
成交价：RMB 1,265,000
高23.5cm 北京保利 2017-12-19

玉　罐

30 清初至民国 青白玉双龙耳盖罐
估　价：HKD 60,000~80,000
成交价：RMB 120,005
高14cm 香港苏富比 2017-06-01

1542 16世纪/17世纪 痕都斯坦青玉雕几何纹罐
估　价：USD 2,000~3,000
成交价：RMB 51,893
纽约苏富比 2017-03-18

玉　卣

2866 清中期 白玉双夔凤纹提梁卣
估　价：RMB 1,000,000~2,000,000
成交价：RMB 1,150,000
高24.5cm 中国嘉德 2017-06-20

637 20世纪 白玉炭碧玉雕八骏图蟋蟀罐
"光绪年制"仿款
估　价：HKD 30,000~40,000
成交价：RMB 54,664
高15.6cm 香港苏富比 2017-06-01

玉　匜

116 明 玉兽柄螭纹匜
估　价：RMB 100,000
成交价：RMB 115,000
北京翰海 2017-09-13

820 清 白玉雕痕都斯坦卷草纹匜
估　价：RMB 80,000~120,000
成交价：RMB 126,500
长14.8cm 观唐皕榷 2017-01-12

1837 清乾隆 白玉龙凤纹匜
估　价：RMB 500,000~800,000
成交价：RMB 1,380,000
高7.5cm 中贸圣佳 2017-06-18

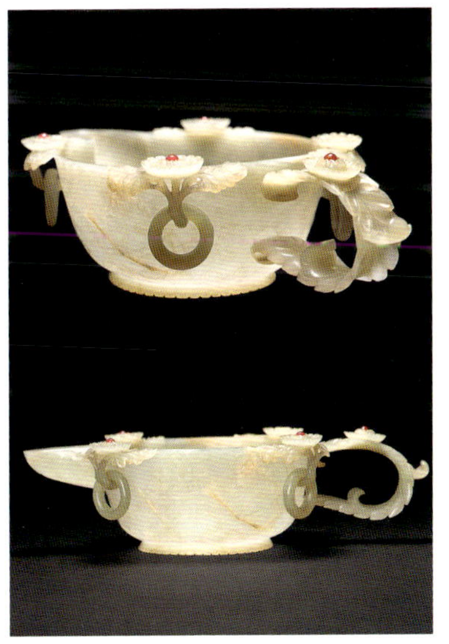

1773 清 白玉嵌宝花卉纹仿古匜
估　价：RMB 380,000~450,000
成交价：RMB 437,000
长22cm 上海匡时 2017-11-05

玉　炉

1945 清早期 白玉盖炉
估　价：RMB 50,000~100,000
成交价：RMB 109,250
高6.5cm 北京荣宝 2017-06-02

1696 清早期 青白玉雕龙凤纹双耳三足炉
估　价：RMB 150,000~200,000
成交价：RMB 253,000
直径20cm 北京华辰 2017-12-17

1124 明 黄玉螭龙纹簋式炉
估　价：RMB 450,000~500,000
成交价：RMB 1,150,000
高6cm 古天一 2017-06-07

3604 清乾隆 白玉双童子耳炉
估　价：HKD 500,000~700,000
成交价：RMB 7,254,200
长13cm 香港苏富比 2017-10-03

1209 清乾隆 白玉饕餮纹簋式炉
估　价：RMB 600,000~800,000
成交价：RMB 690,000
长15.4cm 广东崇正 2017-06-15

3081 清乾隆 碧玉雕八吉祥龙钮朝天耳炉
估　价：HKD 400,000~500,000
成交价：RMB 391,760
高24.3cm 保利香港 2017-10-02

917 清乾隆 碧玉雕兽面纹出脊盖炉
纪录：1.香港苏富比，1989年；2.纽约佳士得，1994年。
估　价：RMB 300,000~400,000
成交价：RMB 471,500
宽20.2cm 北京诚轩 2017-06-20

4364 清乾隆 白玉留皮朝冠耳兽足炉
估 价：RMB 350,000~450,000
成交价：RMB 437,000
长17.8cm 中国嘉德 2017-09-03

1859 清乾隆 痕都斯坦碧玉盖炉
估 价：RMB 280,000~350,000
成交价：RMB 460,000
高15cm（含座） 中贸圣佳 2017-06-18

740 清乾隆 青金石兽面纹双龙耳三兽足炉
估 价：RMB 200,000~300,000
成交价：RMB 345,000
高17cm；宽16cm 北京东正 2017-12-09

3095 清乾隆 白玉三羊开泰寿字纹盖炉
来源：1.甘粕（糟）正彦；2.浅野家族购得；3.日本京都藏家旧藏。
估 价：HKD 3,000,000~4,500,000
成交价：RMB 3,679,830
高14.2cm 保利香港 2017-04-04

1111 清乾隆 碧玉饕餮纹龙钮带盖熏炉
估 价：RMB 480,000~680,000
成交价：RMB 747,500
高17cm 华艺国际 2017-11-25

1042 清中期 碧玉缠枝莲三足香薰
估 价：RMB 60,000~80,000
成交价：RMB 92,000
直径19cm 北京保利 2017-04-17

856 清中期 白玉双蝶耳如意钮盖炉
记录：香港苏富比，2013年。
估 价：RMB 300,000~500,000
成交价：RMB 322,000
高7.7cm 观唐皕榷 2017-01-12

854 清中期 嵌宝白玉香炉
估 价：RMB 200,000~400,000
成交价：RMB 322,000
高10.2cm 观唐皕榷 2017-01-12

1667 清 玉雕饕餮纹双耳香盖炉
估 价：RMB 350,000~500,000
成交价：RMB 598,000
12.3cm×20.5cm×14cm 西泠拍卖 2017-07-15

31 18世纪/19世纪 碧玉八吉祥纹香盖炉
估 价：GBP 6,000~10,000
成交价：RMB 195,458
直径14cm 伦敦佳士得 2017-11-07

1750 清 青玉兽面纹双耳熏炉
估 价：RMB 150,000~250,000
成交价：RMB 172,500
宽22.5cm 北京保利 2017-11-05

1040 清中期 碧玉鼎式炉
估 价：RMB 60,000~100,000
成交价：RMB 115,000
高20cm 北京保利 2017-04-17

597 清中期 白玉饕餮纹象耳炉
估 价：RMB 180,000~280,000
成交价：RMB 207,000
高13.5cm 荣宝斋（上海） 2017-07-30

1656 清 白玉雕海棠形蝴蝶花卉纹活环鼎式熏炉
估 价：RMB 120,000~150,000
成交价：RMB 138,000
高19cm 西泠拍卖 2017-07-15

2777 清 白玉龙钮双狮耳三足炉
估 价：HKD 1,700,000
成交价：RMB 1,809,480
玉高22.1cm 万昌斯 2017-05-29

126 清 白玉炉瓶盒三式
估 价：RMB 600,000~900,000
成交价：RMB 920,000
高4.5cm；高12cm；高10.7cm
中贸圣佳 2017-06-18

656 民国 青金石雕仿古双兽耳饕餮纹盘龙钮三足盖炉
估 价：HKD 50,000~70,000
成交价：RMB 218,654
高15.7cm 香港苏富比 2017-06-01

玉 盒

1814 明 玉海屋添筹方盒
估 价：RMB 150,000~200,000
成交价：RMB 172,500
高6.2cm 中贸圣佳 2017-06-18

2865 清乾隆 白玉花蝶纹盖盒
估 价：RMB 550,000~650,000
成交价：RMB 632,500
长7.8cm 中国嘉德 2017-06-20

1143 清乾隆 白玉双龙纹魔方套盒
“乾隆年制”四字楷书刻款
估　价：RMB 120,000~150,000
成交价：RMB 253,000
长7.1cm 华艺国际 2017-05-27

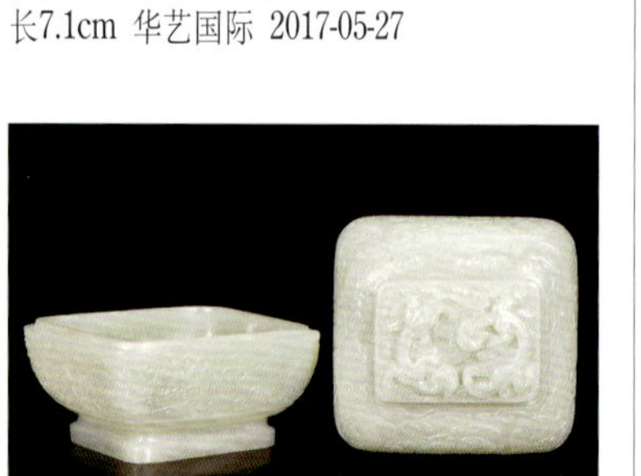

801 清乾隆 青白玉双螭龙福寿纹方盒
估　价：RMB 300,000~600,000
成交价：RMB 552,000
高8.2cm 观唐皕榷 2017-01-12

462 清乾隆 痕都斯坦累丝金镶玉嵌红蓝宝石盖盒
估　价：RMB 500,000
成交价：RMB 1,008,000
高2.3cm；直径4.9cm 浙江佳宝 2017-07-23

683 18世纪 青白玉雕叶形盖盒
“退思堂制”后加款
估　价：HKD 30,000~40,000
成交价：RMB 174,923
长8.4cm 香港苏富比 2017-06-01

4 18世纪/19世纪 青白玉描金刻蝶恋花小盖盒
估　价：HKD 30,000~40,000
成交价：RMB 32,729
直径5.2cm 香港苏富比 2017-06-01

5 18世纪/19世纪 青玉雕饕餮纹四方盖盒
来源：1.C. R. G. Maynard 收藏；2.伦敦佳士得，1969年。
估　价：EUR 20,000~30,000
成交价：RMB 773,587
6.4cm×15.9cm×15.9cm
巴黎苏富比 2017-06-22

3006 清乾隆 御制青玉刻藏文敕封八世达赖喇嘛嘎巴拉式盖盒
来源：纽约佳士得，1999年。
估　价：HKD 2,000,000~3,000,000
成交价：RMB 3,867,800
长14.6cm 香港苏富比 2017-10-03

玉　奁

112 清乾隆 青白玉花卉纹盖奁（两个）
估　价：GBP 8,000~12,000
成交价：RMB 89,430
高9.5cm×2 伦敦苏富比 2017-05-10

3740 18世纪 白玉万年有余盖攴
估　价：HKD 900,000~1,200,000
成交价：RMB 1,660,000
高14.6cm 香港苏富比 2017-10-03

3742 18世纪 青白玉饕餮纹四活环盖攴
估　价：HKD 300,000~500,000
成交价：RMB 311,250
高9.6cm 香港苏富比 2017-10-03

玉　簋

824 清中期 碧玉兽面纹双飞龙耳簋
来源：日本藤田男爵家族旧藏。
估　价：RMB 120,000~320,000
成交价：RMB 218,500
直径23cm 观唐皕榷 2017-01-12

玉盘、杯托

3141 宋 玛瑙椭圆形高足盘
估　价：HKD 120,000~180,000
成交价：RMB 133,050
长15.7cm 佳士得 2017-05-31

3606 清乾隆 白玉喜字纹八棱托
估　价：RMB 80,000~100,000
成交价：RMB 92,000
13.1cm×9.5cm×2.3cm 北京匡时 2017-06-04

3971 清乾隆 白玉西番莲御题诗文盘
"乾隆乙未孟春御题"暗刻楷书款
来源：台湾重要私人藏家藏。
估　价：RMB 800,000~1,000,000
成交价：RMB 1,058,000
直径19.5cm 北京匡时 2017-06-04

1390 清乾隆 御制白玉大盘连镂空云蝠座
记录：1.Sotheby's New York，1986；2.Sotheby's Hong Kong， 2015。
估 价：RMB 2,200,000~3,000,000
成交价：RMB 5,002,500
直径23.4cm 北京东正 2017-06-08

1818 清 乾隆御制诗文描金玉碗（带古玉椀托）
估 价：RMB 3,000,000~4,000,000
成交价：RMB 3,450,000
高5cm；口径11.2cm 上海匡时 2017-11-05

166 清嘉庆 白玉菱花式盘 （一对）
“嘉庆年制”隶书刻款
估 价：HKD 150,000~200,000
成交价：RMB 269,750
宽13cm×2 佳士得 2017-10-02

1093 18世纪 青白玉盘
估 价：USD 20,000~30,000
成交价：RMB 389,194
直径23.4cm 纽约佳士得 2017-03-17

28 18世纪/19世纪 白玉海棠式盘
估 价：HKD 150,000~200,000
成交价：RMB 545,478
长14.5cm 香港苏富比 2017-06-01

1089 清嘉庆 白玉海棠形杯托 嘉庆御用刻款
估 价：USD 40,000~60,000
成交价：RMB 864,875
宽16cm 纽约佳士得 2017-03-17

玉 碗

5174 清乾隆 御制白玉刻“三清诗”盖碗
“大清乾隆年制”款
估 价：RMB 2,600,000~3,600,000
成交价：RMB 4,370,000
直径11cm 北京保利 2017-12-18

140 清 碧玉缠枝莲大碗 （一对）
估 价：RMB 150,000~250,000
成交价：RMB 195,500
直径26.5cm×2 北京保利 2017-11-04

1119 清乾隆 白玉碗
估 价：RMB 500,000~800,000
成交价：RMB 598,000
直径12cm 华艺国际 2017-11-25

2929 清乾隆 青白玉御题诗文碗
估 价：HKD 280,000~400,000
成交价：RMB 1,702,000
直径11cm 佳士得 2017-11-29

1552 清雍正 冰糖玛瑙雕菊瓣小碗
估　价：RMB 250,000~400,000
成交价：RMB 287,500
直径6.3cm 北京东正 2017-06-08

595 清 乾隆年制款青玉描金龙纹碗
估　价：RMB 300,000~500,000
成交价：RMB 805,000
直径9.4cm 荣宝斋（上海） 2017-07-30

712 清乾隆 白玉御题诗文碗
估　价：RMB 200,000~300,000
成交价：RMB 322,000
直径12.7cm 北京银座 2017-06-07

3713 清乾隆 白玉刻三清茶诗盖碗
“大清乾隆年制”、“乾隆丙寅小春御题”款
估　价：HKD 400,000~600,000
成交价：RMB 1,893,375
直径11.2cm 香港苏富比 2017-04-05

113 清乾隆 碧玉描金缠枝莲云龙戏珠纹碗
估　价：GBP 10,000~20,000
成交价：RMB 212,396
口径17cm 伦敦苏富比 2017-05-10

621 清乾隆 羊脂白玉碗
“乾隆年制”四字双行楷书款
估　价：RMB 350,000~650,000
成交价：RMB 460,000
直径12.2cm 观唐皕榷 2017-01-11

243 清乾隆 青玉御题痕都斯坦式花耳碗
估　价：EUR 15,000~25,000
成交价：RMB 706,734
直径17cm 巴黎苏富比 2017-06-22

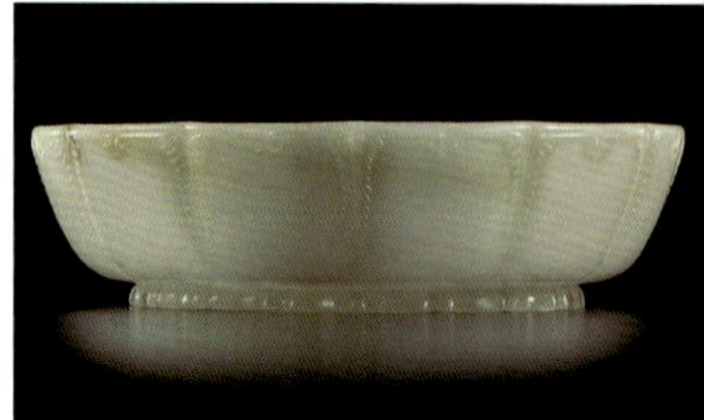

756 清乾隆 玉痕都斯坦式菊瓣纹大碗
估　价：USD 60,000~80,000
成交价：RMB 562,169
伦敦苏富比 2017-05-10

3741 清乾隆 御题和阗白玉茶碗
“大清乾隆年制”、“甲午新正月御题”款、“古香”印
估 价：HKD 500,000~700,000
成交价：RMB 518,750
直径11.9cm 香港苏富比 2017-10-03

3273 清 白玉碗
估 价：HKD 500,000~700,000
成交价：RMB 1,543,380
直径12cm 佳士得 2017-05-31

21 清 白玉碗
估 价：HKD 100,000~150,000
成交价：RMB 196,372
高5cm 香港苏富比 2017-06-01

818 清嘉庆 白玉玉堂富贵纹盖碗
“嘉庆年制”四字双行款
估 价：RMB 200,000~300,000
成交价：RMB 253,000
直径9.8cm 观唐皕榷 2017-01-12

6783 清 西藏银鎏金玛瑙碗
估 价：RMB 60,000~80,000
成交价：RMB 105,800
长17.5cm 北京保利 2017-06-08

1558 清 鱼脑冻冰糖玛瑙碗
估 价：RMB 30,000~50,000
成交价：RMB 46,000
直径13cm 北京匡时 2017-03-30

1401 18世纪 白玉镶金碗
估 价：RMB 50,000~80,000
成交价：RMB 115,000
直径12.8cm 北京东正 2017-06-08

448 19世纪 碧玉痕都斯坦式菊瓣碗
估 价：GBP 1,000~1,500
成交价：RMB 15,650
直径13.3cm 伦敦佳士得 2017-05-12

7305 清中期 花玛瑙碗
估　价：RMB 250,000~300,000
成交价：RMB 287,500
直径16.8cm 北京保利 2017-12-20

玉　杯

350 汉 白玉勾连纹甘露杯
来源：1.香港奉文堂；
2.Raymond and Frances Bushell 旧藏。
估　价：HKD 800,000~1,200,000
成交价：RMB 2,938,200
高11cm 中国嘉德 2017-10-02

2740 汉或以后 黄玉凤纹耳杯
估　价：HKD 500,000~800,000
成交价：RMB 1,053,313
长13.5cm 佳士得 2017-05-31

461 隋 青白玉粟特瓜棱形镶红宝石杯
估　价：HKD 1,800,000~2,800,000
成交价：RMB 4,452,000
高10cm 中濠典藏 2017-11-29

2779 春秋晚期 玉龙纹羽觞杯
来源：养德堂珍藏，台北。
估　价：HKD 100,000~150,000
成交价：RMB 340,400
长8cm 佳士得 2017-11-29

1250 汉 青白玉高足杯 （一对）
估　价：HKD 1,700,000~2,200,000
成交价：RMB 1,590,923
高13.3cm×2 中国嘉德 2017-05-30

1726 明 白玉雕太白醉酒双龙耳杯
估　价：RMB 60,000~80,000
成交价：RMB 86,250
宽10.5cm 西泠拍卖 2017-07-15

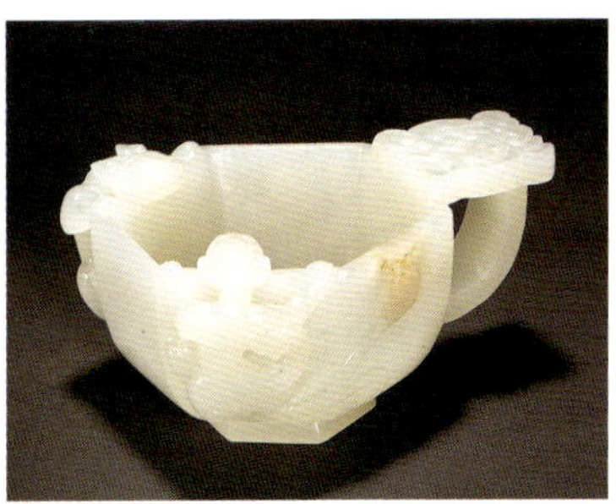

916 明末清初 白玉雕双螭六方把杯
估　价：RMB 50,000~60,000
成交价：RMB 161,000
宽7cm 北京诚轩 2017-06-20

3224 明 玉兽耳爵杯
估　价：RMB 85,000~120,000
成交价：RMB 97,750
宽14cm 中国嘉德 2017-06-19

2064 明 白玉倭角海棠式如意耳杯
估　价：RMB 180,000~300,000
成交价：RMB 230,000
长13cm 北京翰海 2017-12-16

599 明 螭龙纹双耳玉杯
估　价：RMB 30,000~50,000
成交价：RMB 71,300
高连座10cm 荣宝斋（上海） 2017-07-30

1079 明末/18世纪 青白玉雕兽面纹三足杯
估　价：USD 15,000~20,000
成交价：RMB 138,380
高14.3cm 纽约佳士得 2017-03-17

76 明末至清初 青白玉山水图耳杯
估 价：HKD 50,000~70,000
成交价：RMB 109,096
直径12cm 香港苏富比 2017-06-01

24 明以前 双螭耳杯
估 价：RMB 1,500,000~2,200,000
成交价：RMB 2,070,000
高15.5cm 中贸圣佳 2017-06-18

176 清乾隆 薄胎白玉杯 （一对）
估 价：RMB 80,000~120,000
成交价：RMB 126,500
直径7cm×2 上海明轩 2017-06-30

6701 明早期 玉雕双龙耳杯
估 价：RMB 40,000~60,000
成交价：RMB 207,000
宽11.5cm 北京保利 2017-06-08

5086 清雍正 白玉卧足杯一对连纯金暗八仙盏托
估 价：RMB 1,000,000~1,500,000
成交价：RMB 4,140,000
杯直径5.5cm；托直径6.5cm
北京保利 2017-12-18

449 清乾隆 白玉痕都斯坦式菊瓣杯
估 价：HKD 450,000~550,000
成交价：RMB 440,730
直径5.7cm 中国嘉德 2017-10-02

1551 清乾隆 碧玉痕都斯坦风格荷花式吸杯
估 价：RMB 380,000~450,000
成交价：RMB 437,000
长15cm 北京东正 2017-06-08

5150 清乾隆 青白玉仿古单耳杯
“乾隆年制”款
估 价：RMB 400,000~600,000
成交价：RMB 460,000
高10cm 北京保利 2017-06-06

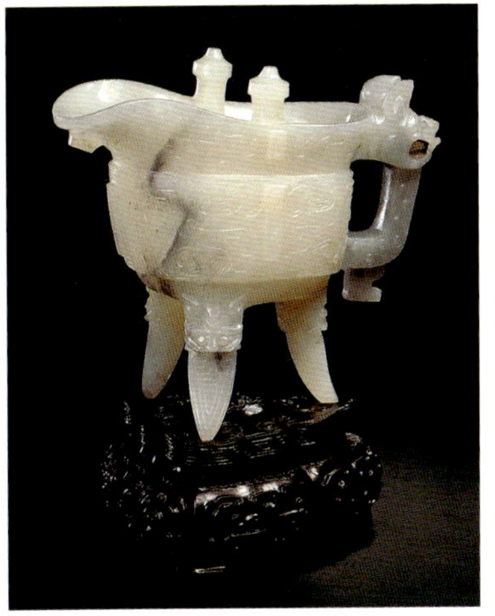

1123 清中期 白玉饕餮纹爵杯（带座）
估 价：RMB 250,000~350,000
成交价：RMB 276,000
高10.5cm 华艺国际 2017-11-25

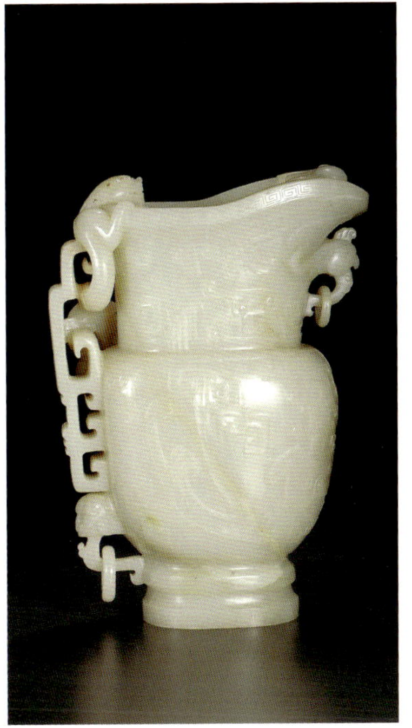

1549 清 白玉雕螭龙爵杯摆件
估 价：RMB 150,000~200,000
成交价：RMB 195,500
高22cm 西泠拍卖 2017-05-05

1081 清 白玉仿古纹角形杯
估 价：USD 80,000~120,000
成交价：RMB 1,629,425
高15.5cm 纽约佳士得 2017-03-17

1543 清 白玉籽料俏色雕荷叶杯
估 价：RMB 50,000~80,000
成交价：RMB 112,700
直径9.5cm 北京东正 2017-06-08

642 清 青玉带皮雕仿古纹角杯及盖
估 价：HKD 50,000~70,000
成交价：RMB 54,664
长11cm 香港苏富比 2017-06-01

402 18世纪 玛瑙螭龙杯
估 价：GBP 3,000~5,000
成交价：RMB 95,019
宽11cm 伦敦佳士得 2017-05-12

3268 18世纪/19世纪 碧玉仿犀角莲池鸳鸯纹杯
估 价：HKD 400,000~600,000
成交价：RMB 887,000
长18cm 佳士得 2017-05-31

1102 白玉杯 （一对）
估 价：USD 10,000~15,000
成交价：RMB 363,248
高5.7cm×2 纽约佳士得 2017-03-17

129 18世纪 青白玉螭龙纹角杯连盖
估 价：EUR 6,000~8,000
成交价：RMB 315,165
高17cm 巴黎苏富比 2017-06-22

11 19世纪 青白玉鹦鹉桃式杯
估 价：HKD 50,000~70,000
成交价：RMB 218,191
宽10.4cm 香港苏富比 2017-06-01

1357 民国 碧玉雕兽面纹觥形杯
“乾隆年制”款
估 价：RMB 30,000~50,000
成交价：RMB 138,000
高15cm 西泠拍卖 2017-07-15

玉 缸

3198 民国 黄玉小缸
估 价：RMB 20,000~50,000
成交价：RMB 23,000
直径5.5cm 中国嘉德 2017-06-19

玉盆、玉钵

3048 宋或以后 褐青玉莲花佛供钵
估 价：HKD 500,000~700,000
成交价：RMB 1,489,250
直径12.2cm 佳士得 2017-11-29

1077 清乾隆 白玉海棠形花盆
估 价：RMB 250,000~350,000
成交价：RMB 345,000
宽21cm 北京保利 2017-04-17

1146 清乾隆 白玉秋海棠御题诗海棠盆
估 价：RMB 400,000~600,000
成交价：RMB 460,000
长15cm 华艺国际 2017-05-27

玉花插

1118 明 黄玉雕湖石芭蕉纹花插
估 价：RMB 600,000~800,000
成交价：RMB 977,500
高17cm 古天一 2017-06-07

1122 清乾隆 白玉螭龙纹花插（带座）
估 价：RMB 300,000~400,000
成交价：RMB 345,000
高14cm 华艺国际 2017-11-25

1510 明 南红三色玛瑙“福寿子三多”花插
估 价：RMB 150,000~180,000
成交价：RMB 172,500
高13.8cm 上海匡时 2017-11-05

1344 清早期 白玉镂雕玉兰花插
估 价：RMB 160,000~200,000
成交价：RMB 276,000
高19cm 西泠拍卖 2017-07-15

3688 清乾隆 白玉带皮孔雀石榴花插
来源：伦敦苏富比，2008年。
估 价：RMB 180,000~220,000
成交价：RMB 207,000
高7cm 北京匡时 2017-06-04

1560 清乾隆 白玉松树灵芝花插
估　价：RMB 120,000~180,000
成交价：RMB 138,000
高10.5cm 北京保利 2017-11-05

1539 清中期 白玉三多花插
估　价：RMB 800,000~1,200,000
成交价：RMB 1,092,500
高20.5cm 北京保利 2017-11-05

2765 清 碧玉凤凰花插
估　价：HKD 80,000
成交价：RMB 85,152
高14.4cm 万昌斯 2017-05-29

7162 清 红珊瑚圆雕凤凰神仙图大花插
估　价：RMB 150,000~200,000
成交价：RMB 195,500
高25cm 北京保利 2017-06-08

6943 清 南红玛瑙花插
估　价：RMB 30,000~50,000
成交价：RMB 34,500
高9cm 北京保利 2017-06-08

39 清 青黄玉摩羯鱼花插
估　价：HKD 600,000~800,000
成交价：RMB 763,669
高15.5cm 香港苏富比 2017-06-01

749 清 青玉雕岁寒三友花插
估　价：USD 6,000~8,000
成交价：RMB 51,893
纽约苏富比 2017-03-14

428 清 水晶雕鲤鱼花插
估　价：RMB 80,000~150,000
成交价：RMB 253,000
高17.5cm 北京保利 2017-11-04

198 19世纪/20世纪 玛瑙仙鹤寿桃纹花插
估　价：USD 2,500~4,000
成交价：RMB 34,005
宽18.2cm 纽约佳士得 2017-07-13

玉香插

505 白玉清莲香插
估　价：RMB 12,000~20,000
成交价：RMB 11,200
4.4cm × 1.8cm 上海联合 2017-06-18

3583 范栋强 青玉薄胎莲花香插
估　价：RMB 22,000~32,000
成交价：RMB 25,300
5.5cm × 5.5cm 中国嘉德 2017-06-21

玉香筒

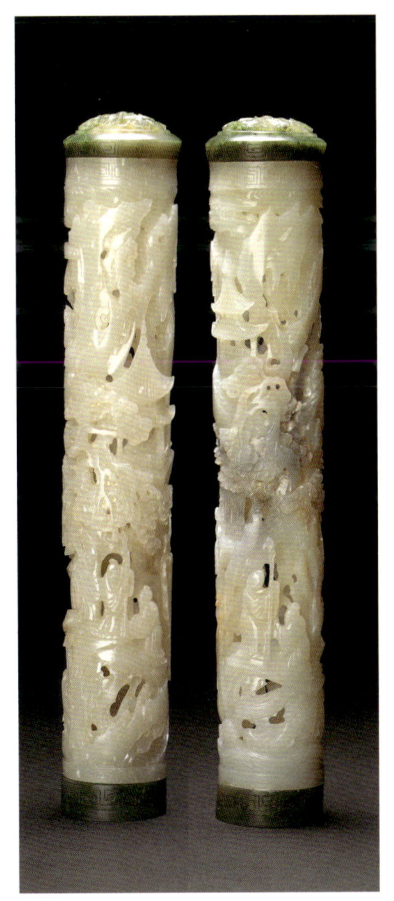

1765 清 白玉会昌九老图香筒 （一对）
估　价：RMB 1,300,000~1,800,000
成交价：RMB 1,495,000
高22.5cm × 2 上海匡时 2017-11-05

1523 清乾隆 南红玛瑙四方香筒
估　价：RMB 60,000~100,000
成交价：RMB 115,000
高9.4cm 上海匡时 2017-11-05

1816 清 碧玉山水人物纹香筒
估　价：RMB 165,000~250,000
成交价：RMB 189,750
高24cm 上海匡时 2017-11-05

125 清 紫檀盒御制白玉镂雕溪山亭阁香筒
估 价：RMB 2,800,000~3,500,000
成交价：RMB 3,795,000
高18.9cm 中贸圣佳 2017-06-18

2082 殷建国 墨虾图 青花香筒
估 价：RMB 10,000~20,000
成交价：RMB 11,500
高12.9cm 西泠拍卖 2017-07-15

612 18世纪/19世纪 青白玉透雕煮泉观鹤图香筒
来源：香港佳士得，1993年。
估 价：HKD 30,000~50,000
成交价：RMB 284,250
高24.2cm 香港苏富比 2017-06-01

5793 碧玉山水人物纹香亭
估 价：RMB 1,000~2,000
成交价：RMB 23,000
高56cm 中国嘉德 2017-04-01

玉 镜

89 明/清 玉龙纹带钩放大镜两件及玉镜
估 价：USD 2,000~3,000
成交价：RMB 42,506
长19.4cm；长19.1cm；长22.5cm
纽约佳士得 2017-07-13

3679 清 白玉镜子
估　价：RMB 9,000~20,000
成交价：RMB 29,900
长20.5cm 北京匡时 2017-06-04

玉烛台

1106 碧玉花卉纹烛台（一对）
估　价：USD 15,000~25,000
成交价：RMB 103,785
高43.8cm×2 纽约佳士得 2017-03-17

2080 白玉龙凤纹烛台
估　价：RMB 700,000~900,000
成交价：RMB 862,500
高11cm 北京翰海 2017-06-04

其他玉生活用品

5083 元 旧玉仿古卮
估　价：RMB 100,000~150,000
成交价：RMB 230,000
高8cm 北京保利 2017-12-18

287 元 葵口螭龙柄曲卮
估　价：RMB 180,000~250,000
成交价：RMB 207,000
12.6cm×6.8cm 上海明轩 2017-06-30

1854 明 旧玉鎏金嵌宝勺
估　价：RMB 150,000~200,000
成交价：RMB 172,500
长21cm 中贸圣佳 2017-06-18

文房用品

玉 笔

662 清 青玉诗文笔
“倦翁包世臣”款
估　价：RMB 10,000~20,000
成交价：RMB 11,500
长29cm 北京保利 2017-11-04

2092 清中期 白玉云龙纹笔杆
估　价：RMB 40,000~60,000
成交价：RMB 161,000
长14.5cm 北京翰海 2017-12-16

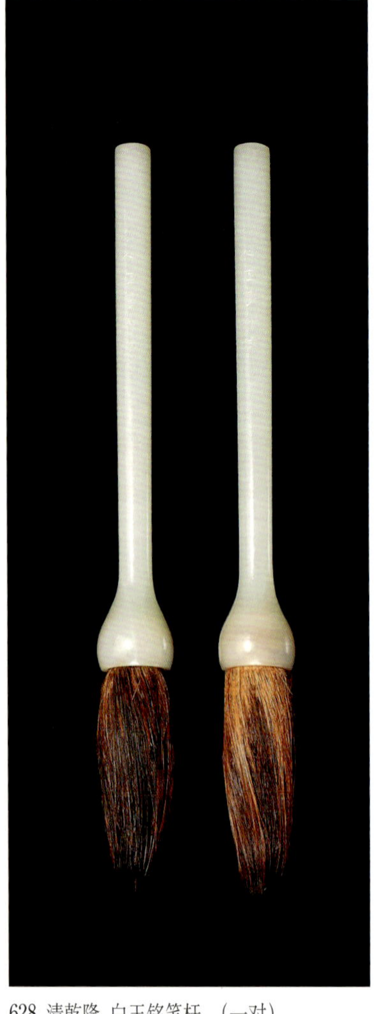

628 清乾隆 白玉铭笔杆 （一对）
估　价：RMB 450,000~850,000
成交价：RMB 632,500
长18cm×2 观唐皕榷 2017-01-11

玉笔筒

534 明 火烧玉梅枝诗文笔筒
估　价：RMB 60,000~100,000
成交价：RMB 172,500
高12.3cm 荣宝斋（上海） 2017-07-30

1078 清乾隆 白玉烤色松树纹笔筒
估　价：RMB 180,000~280,000
成交价：RMB 230,000
高14.5cm 北京保利 2017-04-17

2099 清乾隆 碧玉五老图笔筒
估　价：RMB 300,000~500,000
成交价：RMB 460,000
高16.5cm 北京翰海 2017-12-16

9 清康熙至乾隆 碧玉雕五老图笔筒
来源：1.A. Knight 先生收藏，伦敦；2.伦敦佳士得，1966年。
估 价：EUR 300,000~500,000
成交价：RMB 5,741,733
高17.8cm 巴黎苏富比 2017-06-22

2582 清 白玉整挖素身笔筒
估 价：HKD 280,000
成交价：RMB 298,032
高11cm 万昌斯 2017-05-29

123 清乾隆 青白玉山水人物图笔筒
估 价：EUR 6,000~8,000
成交价：RMB 334,266
高8.8cm 巴黎苏富比 2017-06-22

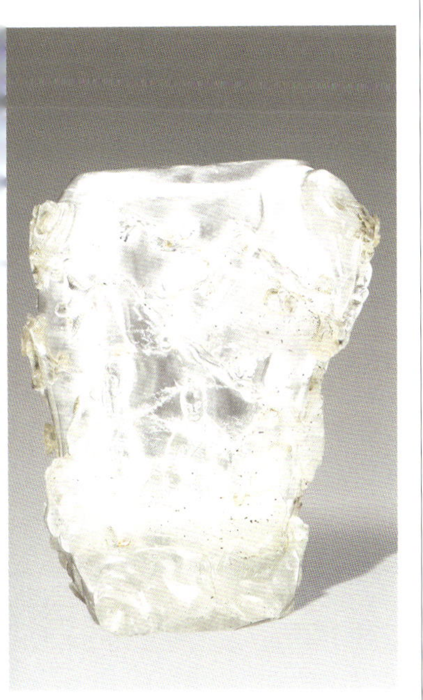

1493 清中期 水晶雕梅花高士笔筒
估 价：RMB 50,000~100,000
成交价：RMB 57,500
高13.5cm 上海敬华 2017-07-01

1329 19世纪 青白玉山水人物纹笔筒
估 价：HKD 400,000~600,000
成交价：RMB 418,664
高16.2cm 中国嘉德 2017-05-30

5151 清乾隆 碧玉雕通景山水图笔筒
备注：美国 Tgaoe Lever collection 旧藏。
估　价：RMB 1,000,000~1,500,000
成交价：RMB 1,380,000
高14cm 北京保利 2017-06-06

537 清乾隆 白玉雕梅花纹笔筒
估　价：RMB 1,000,000~1,300,000
成交价：RMB 1,150,000
高12cm 大羿拍卖 2017-12-04

1193 清晚期 碧玉人物故事笔筒
估　价：RMB 30,000~50,000
成交价：RMB 80,500
高18.8cm 北京荣宝 2017-09-24

玉笔架

1935 元 玉雕山形笔架
估　价：RMB 35,000~45,000
成交价：RMB 46,000
长9.8cm 北京荣宝 2017-06-02

239 明 白玉雕瑞兽凤凰笔架
估　价：RMB 100,000~120,000
成交价：RMB 115,000
长8cm 北京宣石 2017-12-03

1124 清 青玉螭龙纹山形笔架（带座）
估 价：RMB 180,000~250,000
成交价：RMB 172,500
长18.5cm 华艺国际 2017-11-25

44 清 向月水晶雕笔架山子
估 价：RMB 30,000~40,000
成交价：RMB 34,500
10cm × 6cm × 3.7cm 中贸圣佳 2017-06-18

5 18世纪 青白玉雕福山寿海双龙笔搁
估 价：HKD 100,000~150,000
成交价：RMB 109,096
长12cm 香港苏富比 2017-06-01

5210 明 旧玉五孔云龙纹笔插
估 价：RMB 130,000~180,000
成交价：RMB 287,500
宽12.5cm 北京保利 2017-06-06

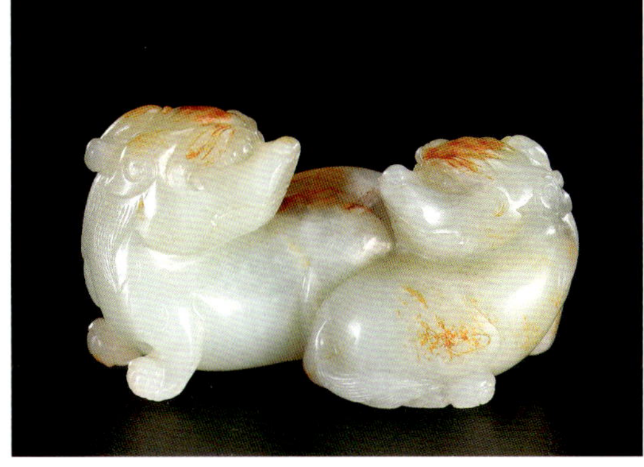

548 18世纪 白玉雕瑞兽笔搁
估 价：RMB 60,000~80,000
成交价：RMB 103,500
长7.5cm 北京东正 2017-12-09

玉印盒

1657 清乾隆 白玉雕八卦十二章纹印色池“乾隆年制”款
估 价：RMB 500,000~600,000
成交价：RMB 977,500
长10.4cm 西泠拍卖 2017-07-15

673 清乾隆 黄玉描金花蝶印盒
成交价：RMB 74,750
直径5.2cm 北京保利 2017-11-04

177 清 白玉诗文饕餮纹椭圆形印盒
估 价：HKD 100,000~150,000
成交价：RMB 111,375
宽7cm 佳士得 2017-04-04

玉墨床

2093 清中期 白玉诗文琴式墨床
估 价：RMB 30,000~50,000
成交价：RMB 48,300
长14cm 北京翰海 2017-12-16

4450 青白玉寒江独钓图墨床
估 价：RMB 1,000~2,000
成交价：RMB 13,800
长8.2cm 中国嘉德 2017-09-03

1550 清 白玉太狮少狮墨床
估 价：RMB 50,000~80,000
成交价：RMB 57,500
长14cm 北京保利 2017-11-05

289 清 白玉喜鹊登梅墨床
估 价：RMB 50,000~80,000
成交价：RMB 57,500
长9.7cm 上海明轩 2017-06-30

53 19世纪 白玉竹节式墨床
估 价：HKD 50,000~70,000
成交价：RMB 54,548
长12cm 香港苏富比 2017-06-01

玉水丞

828 明 白玉辟邪式水丞
估 价：RMB 240,000~440,000
成交价：RMB 402,500
长11.5cm 观唐皕榷 2017-01-12

5069 清康熙 白玉留皮荷花水丞
估 价：RMB 150,000~200,000
成交价：RMB 172,500
长9cm 北京保利 2017-12-18

1557 清乾隆 白玉巧雕凤穿云水呈
估 价：RMB 150,000~250,000
成交价：RMB 517,500
长13cm 北京东正 2017-06-08

1522 清乾隆 白玉瑞兽水盂
估 价：RMB 40,000~60,000
成交价：RMB 103,500
长8.5cm 上海匡时 2017-11-05

3964 清乾隆 南红玛瑙雕螭龙纹水盂
来源：台湾重要私人藏家藏。
估 价：RMB 120,000~160,000
成交价：RMB 138,000
高3.5cm 北京匡时 2017-06-04

3589 清乾隆 青白玉莲蓬水盂
估 价：RMB 300,000~400,000
成交价：RMB 402,500
高5cm 北京匡时 2017-06-04

444 清中期 琥珀水盂
估 价：RMB 20,000~30,000
成交价：RMB 43,700
长11cm 北京保利 2017-11-04

93 清晚期 青白玉松鹤长春水盂
估 价：HKD 70,000~100,000
成交价：RMB 76,367
宽12.8cm 香港苏富比 2017-06-01

29 清 白玉灵芝水盂
估 价：HKD 120,000~180,000
成交价：RMB 349,106
长8.7cm 香港苏富比 2017-06-01

2932 清 黄玛瑙凤衔灵芝水丞
估 价：HKD 350,000~550,000
成交价：RMB 585,063
宽9cm 佳士得 2017-11-29

1075 18世纪 白玉石榴形水丞
估 价：USD 5,000~7,000
成交价：RMB 129,731
宽5.7cm 纽约佳士得 2017-03-17

1392 清 白玉三螭纹水丞
估 价：RMB 120,000~150,000
成交价：RMB 230,000
高4cm 北京东正 2017-06-08

617 19世纪 青白玉带皮葫芦形水丞
估 价：HKD 20,000~30,000
成交价：RMB 21,865
高6.6cm 香港苏富比 2017-06-01

474 清/民国 黄玉三羊开泰水呈
估 价：HKD 350,000~450,000
成交价：RMB 509,288
宽9.5cm 中国嘉德 2017-10-02

玉水注

1933 明 白玉雕螭龙纹水注
估 价：RMB 50,000~80,000
成交价：RMB 74,750
长8.5cm 北京荣宝 2017-06-02

玉笔洗

374 汉 和田籽料白玉熊纹铺首洗
估 价：HKD 3,000,000~5,000,000
成交价：RMB 4,992,450
宽5.5cm 中国嘉德 2017-10-02

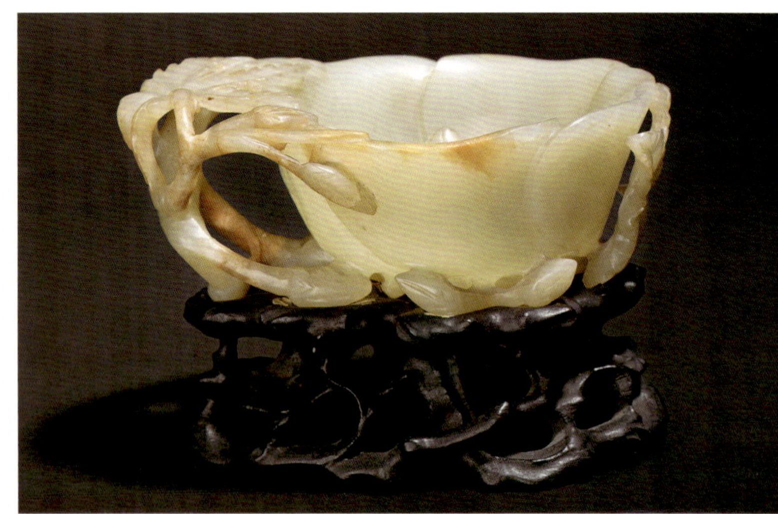

1500 明 白玉荷叶洗
估 价：RMB 300,000~600,000
成交价：RMB 1,380,000
高约14.5cm 上海匡时 2017-11-05

373 汉 和田籽料白玉洗 （一对）
估 价：HKD 900,000~1,300,000
成交价：RMB 881,460
直径8.4cm 中国嘉德 2017-10-02

41 明末清初 青白玉荷叶洗
估 价：HKD 30,000~40,000
成交价：RMB 43,638
长12.5cm 香港苏富比 2017-06-01

1524 清乾隆 白玉荷叶形笔洗
估 价：RMB 20,000~60,000
成交价：RMB 86,250
口径约8cm 上海匡时 2017-11-05

114 清乾隆 白玉花卉纹洗
估 价：GBP 20,000~30,000
成交价：RMB 469,508
直径13.4cm 伦敦苏富比 2017-05-10

622 清乾隆 白玉福寿双全桃形洗
来源：1.英国汉普郡A. R. Knatchbull-Hugessen夫人旧藏；2.英国Dreweatts 拍卖行，2010年。
估 价：RMB 1,800,000~2,800,000
成交价：RMB 2,875,000
宽25cm 观唐皕榷 2017-01-11

450 清乾隆 白玉留皮"丙"字款和谐洗
估 价：HKD 300,000~500,000
成交价：RMB 391,760
宽9.5cm 中国嘉德 2017-10-02

2927 清乾隆 白玉双鱼洗
来源：香港苏富比，1997年。
估 价：HKD 1,500,000~2,500,000
成交价：RMB 2,331,740
直径21.6cm 佳士得 2017-11-29

1301 清乾隆 黄玉洗
估 价：HKD 80,000~120,000
成交价：RMB 167,466
直径5.3cm 中国嘉德 2017-05-30

66 清乾隆 青白玉螭龙洗
估 价：GBP 10,000~15,000
成交价：RMB 434,350
宽15cm 伦敦佳士得 2017-11-07

11 清乾隆 青白玉福寿双全桃式洗
来源：伦敦佳士得，1966年。
估 价：EUR 30,000~50,000
成交价：RMB 2,441,096
宽19.2cm 巴黎苏富比 2017-06-22

804 清中期 白玉福禄万代洗
估 价：RMB 200,000~400,000
成交价：RMB 287,500
长12.5cm 观唐皕榷 2017-01-12

67 清乾隆 青白玉福寿双全洗
估 价：GBP 20,000~30,000
成交价：RMB 521,220
宽11.5cm 伦敦佳士得 2017-11-07

1121 清 白玉海八怪纹水洗（带座）
估 价：RMB 200,000~300,000
成交价：RMB 218,500
长13.5cm 华艺国际 2017-11-25

1402 清 白玉莲瓣钵形洗
估 价：RMB 100,000~180,000
成交价：RMB 414,000
直径10.5cm 北京东正 2017-06-08

666 清 白玉五福海螺笔洗
估 价：HKD 200,000~260,000
成交价：RMB 271,518
长9.5cm 中濠典藏 2017-05-23

3271 清 黄玉雕方胜形双凤耳笔洗
估 价：HKD 800,000~1,200,000
成交价：RMB 997,875
宽21.2cm 佳士得 2017-05-31

3710 18世纪 白玉雕云龙纹洗
估 价：HKD 400,000~600,000
成交价：RMB 2,116,125
长10.7cm 香港苏富比 2017-04-05

1354 清 碧玉雕福寿灵芝活环耳双联洗
估 价：RMB 60,000~80,000
成交价：RMB 86,250
口径21.5cm 西泠拍卖 2017-07-15

2474 清 玛瑙瓜瓞绵绵笔洗
估 价：RMB 20,000~25,000
成交价：RMB 25,300
长14cm 北京翰海 2017-06-04

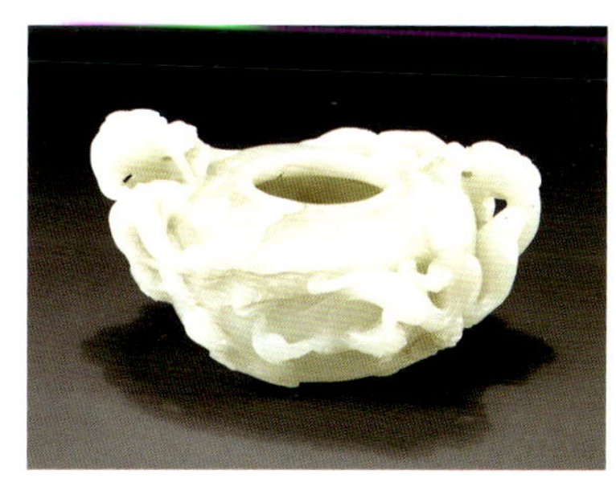

3 18世纪 青白玉龙纹洗
估 价：EUR 15,000~25,000
成交价：RMB 477,523
宽14.5cm 巴黎苏富比 2017-06-22

3605 18世纪/19世纪 白玉福寿如意活环耳洗
估　价：HKD 400,000~600,000
成交价：RMB 1,348,750
长16.5cm 香港苏富比 2017-10-03

1110 19世纪 琥珀雕龙纹海棠洗 （一对）
估　价：USD 20,000~30,000
成交价：RMB 430,156
长17.5cm×2 纽约佳士得 2017-03-17

754 18世纪/19世纪 黑白玉巧雕葫芦形洗
估　价：USD 5,000~7,000
成交价：RMB 64,866
伦敦苏富比 2017-05-10

611 18世纪/19世纪 青白玉如意式洗
估　价：HKD 40,000~60,000
成交价：RMB 103,861
直径7.3cm 香港苏富比 2017-06-01

174 18世紀 墨白玉雕童子雲龍耳海棠式洗
估　价：HKD 60,000~80,000
成交价：RMB 200,476
宽12.5cm 佳士得 2017-04-04

915 张焕庆 一路连科 白玉水洗
估　价：RMB 1,000,000~1,200,000
成交价：RMB 952,000
14.8cm×10.5cm 上海联合 2017-06-18

2029 冯铃 猫戏图 碧玉笔洗
估 价：RMB 90,000~120,000
成交价：RMB 115,000
4.6cm × 9cm × 5.4cm 西泠拍卖 2017-07-15

3712 清 白玉浮雕螃蟹蟾蜍长方笔掭
估 价：HKD 50,000~70,000
成交价：RMB 55,688
长6.5cm 香港苏富比 2017-04-05

玉笔掭

3711 17世纪 白玉瓜瓞绵绵笔掭
估 价：HKD 80,000~100,000
成交价：RMB 89,100
长9.8cm 香港苏富比 2017-04-05

133 清中期 白玉百财笔掭
估 价：RMB 100,000~200,000
成交价：RMB 161,000
长16cm 北京保利 2017-11-04

1944 清早期 白玉瑶池献寿笔掭
估 价：RMB 25,000~50,000
成交价：RMB 55,200
7.3cm × 6.2cm 北京荣宝 2017-06-02

314 清中期 白玉雕鸿福齐天笔掭
估 价：RMB 180,000~280,000
成交价：RMB 291,200
长10.3cm 上海联合 2017-06-18

玉纸镇

3569 明 黄玉鹅型纸镇
估 价：RMB 200,000~250,000
成交价：RMB 402,500
长8cm 北京匡时 2017-06-04

1149 明或更早 青白玉雕五龙穿云镇纸
估 价：RMB 1,800,000~2,300,000
成交价：RMB 2,415,000
7cm×5cm 华艺国际 2017-05-27

678 明 白玉瑞兽镇
估 价：RMB 80,000~120,000
成交价：RMB 92,000
长6cm 北京保利 2017-11-04

630 明 黄玉青蛙纸镇
估 价：HKD 250,000~350,000
成交价：RMB 293,820
长7.1cm 北京匡时 2017-10-02

27 明 青玉巧雕螭龙纹纸镇
估 价：USD 800~1,200
成交价：RMB 51,008
宽8.6cm 纽约佳士得 2017-07-13

1381 17世纪 白玉螭龙纸镇
估　价：RMB 600,000~800,000
成交价：RMB 977,500
长18cm 北京东正 2017-06-08

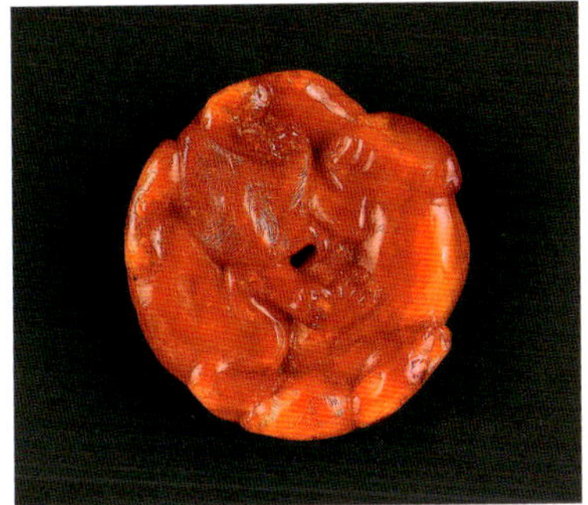

930 清早期 蜜蜡雕三瑞兽镇
估　价：RMB 130,000~180,000
成交价：RMB 184,000
宽6.5cm 北京诚轩 2017-06-20

3595 清早期 青玉瑞兽纸镇
估　价：RMB 180,000~200,000
成交价：RMB 207,000
长9.5cm 北京匡时 2017-06-04

513 清乾隆 黄玉高浮雕螭龙纸镇 （一对）
估　价：RMB 1,000,000~1,500,000
成交价：RMB 1,955,000
长13.5cm×2 北京东正 2017-12-09

5072 清乾隆 青白玉莲蓬青蛙纸镇
成交价：RMB 80,500
长6.5cm 北京保利 2017-12-18

3147 清乾隆 白玉卧象纸镇
估　价：RMB 160,000~260,000
成交价：RMB 184,000
长6.5cm 中国嘉德 2017-12-2

924 清乾隆 玉雕天禄镇
估　价：RMB 60,000~80,000
成交价：RMB 92,000
长11.2cm 北京诚轩 2017-06-20

7280 清中期 白玉辟邪镇
估　价：RMB 200,000~300,000
成交价：RMB 230,000
长10.4cm 北京保利 2017-12-20

322 清中期 黑白玉巧雕太师少师纸镇
估 价：RMB 180,000~280,000
成交价：RMB 280,000
长7.5cm 上海联合 2017-06-18

1125 清 白玉花卉纹镇纸（带座）
估 价：RMB 200,000~300,000
成交价：RMB 195,500
长16cm 华艺国际 2017-11-25

290 清 黄玉螭龙镇纸
估 价：RMB 200,000~300,000
成交价：RMB 345,000
长16cm 上海明轩 2017-06-30

97 19世纪 青白玉耄耋镇纸
估 价：HKD 10,000~15,000
成交价：RMB 10,910
长7.8cm 香港苏富比 2017-06-01

2542 清 白玉鸟形纸镇
估 价：RMB 60,000~80,000
成交价：RMB 69,000
长8.3cm 北京匡时 2017-12-03

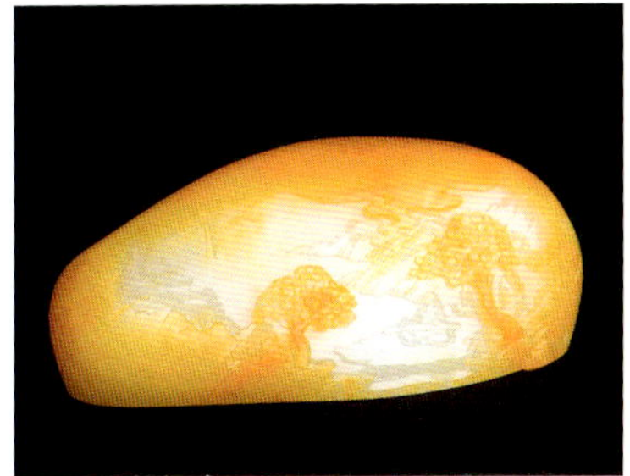

929 忠荣玉典 伯牙抚琴白玉镇纸
估 价：RMB 650,000~800,000
成交价：RMB 784,000
11.5cm×4.7cm×3.7cm 上海联合 2017-06-18

玉砚台

3605 明 青黄玉风字砚
估 价：RMB 350,000~450,000
成交价：RMB 402,500
长11.3cm 北京匡时 2017-06-04

3763 清乾隆 白玉雕兽面纹风字砚
估 价：RMB 350,000~400,000
成交价：RMB 402,500
12.2cm×8.3cm 北京匡时 2017-06-04

1151 清 白玉雕凤纹包袱形砚
估 价：RMB 30,000~50,000
成交价：RMB 57,500
长14.9cm 西泠拍卖 2017-07-15

615 清 白玉题诗琴式砚
估 价：HKD 280,000~350,000
成交价：RMB 293,820
高18.5cm 北京匡时 2017-10-02

玉 玺

3622 元 白玉卧龙钮“弘阐佛宗”方玺
估　价：HKD 800,000~1,200,000
成交价：RMB 5,859,800
长 6cm 香港苏富比 2017-10-03

5108 清乾隆 缠丝南红玛瑙朱雀钮宝玺丛云
估　价：RMB 1,800,000~2,800,000
成交价：RMB 4,370,000
高2.8cm 北京保利 2017-06-06

1138 清雍正 白玉雕螭龙钮玺
估　价：RMB 450,000~650,000
成交价：RMB 862,500
2cm×3.3cm×3.2cm 西泠拍卖 2017-07-15

3623 清乾隆 御制白玉交龙钮宝玺
印文：自强不息
估　价：HKD 4,000,000~6,000,000
成交价：RMB 11,039,000
6.5cm×4.8cm×4.8cm 香港苏富比 2017-10-03

5111 清嘉庆 白玉瑞兽钮宝玺富春楼
备注：法国重要私人旧藏。著录：《清代帝后宝玺印谱》。
估 价：RMB 3,500,000~5,500,000
成交价：RMB 5,290,000
高5.7cm 北京保利 2017-06-06

577 清道光 御制青玉瑞兽钮小玺（一套两方）
印文：道光御笔、政在养民
估 价：HKD 2,000,000~3,000,000
成交价：RMB 7,959,012
4.7cm×2.2cm×2.2cm×2 香港苏富比 2017-06-01

1855 清光绪 青白玉雕“体和殿御赏”交龙钮宝
估 价：RMB 280,000~300,000
成交价：RMB 632,500
14.4cm×6.8cm×10cm 中贸圣佳 2017-09-04

5909 清 白玉雕交龙钮“敬天勤民之宝”宝
估 价：RMB 600,000~800,000
成交价：RMB 1,322,500
14.5cm×14.5cm×14.3cm 北京保利 2017-12

130 18世纪初 青白玉双螭龙钮方玺
印文：忠孝节义百行之冠冕
估 价：EUR 50,000~70,000
成交价：RMB 764,036
5cm×5.9cm×5.7cm 巴黎苏富比 2017-06-22

玉 印

2512 当代 普天同庆九州方园国玺
估　价：RMB 1,100,000
成交价：RMB 1,265,000
北京翰海 2017-04-30

2768 战国晚期 玉勾云纹王子遏方印
印文：王子遏
来源：养德堂珍藏，台北。
估　价：HKD 180,000~280,000
成交价：RMB 425,500
宽2.2cm 佳士得 2017-11-29

2859 明 白玉龙钮印
印文：清谨堂印
估　价：HKD 600,000
成交价：RMB 638,640
长5.1cm 万昌斯 2017-05-29

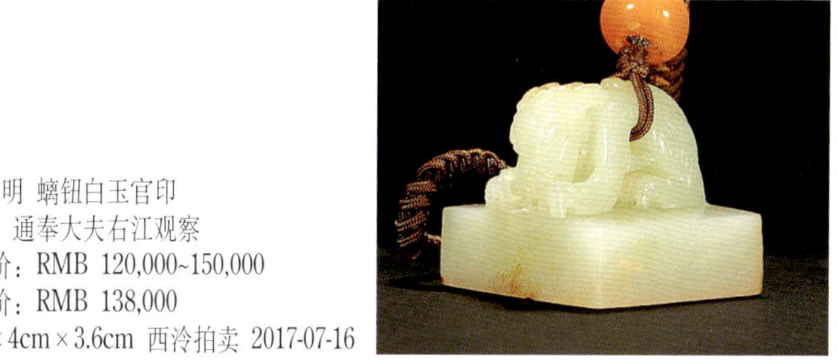

4386 明 螭钮白玉官印
印文：通奉大夫右江观察
估　价：RMB 120,000~150,000
成交价：RMB 138,000
4cm×4cm×3.6cm 西泠拍卖 2017-07-16

1388 清早期 白玉留皮云龙纹印章
来源：国有文物商店旧藏。
估　价：RMB 300,000~450,000
成交价：RMB 517,500
高2.5cm 北京东正 2017-06-08

562 白玉抑斋款乾隆方章
印文：抑斋
估　价：RMB 500,000~600,000
成交价：RMB 575,000
3.5cm×3.5cm×4.4cm
荣宝斋（上海） 2017-07-30

5050 明 青玉螭龙钮方章
估　价：RMB 50,000~80,000
成交价：RMB 178,250
直径5.5cm；高4.9cm；371g 中国嘉德 2017-

6104 明永乐 火烧玉盘螭“太子太傅陈循”
印文：太子太傅陈循
估　价：RMB 250,000~350,000
成交价：RMB 287,500
6cm×6cm×3.6cm 北京保利 2017-12-19

312 17世纪 沃日土司三方玉印
估　价：HKD 280,000~350,000
成交价：RMB 367,524
主印长9.5cm 香港翰海 2017-10-05

6205 清乾隆 南红玛瑙印
印文：欢喜园
估 价：RMB 450,000~650,000
成交价：RMB 517,500
2.2cm×2.4cm×2.2cm 北京保利 2017-12-19

629 清晚期 御赐为国藩辅水晶印章
估 价：RMB 200,000~400,000
成交价：RMB 575,000
高4.0cm 观唐皕榷 2017-01-11

2072 清 白玉蹲兽印章
印文：十春香印
来源：文物商店旧藏。
估 价：RMB 60,000~80,000
成交价：RMB 109,250
高5.3cm 古天一 2017-06-07

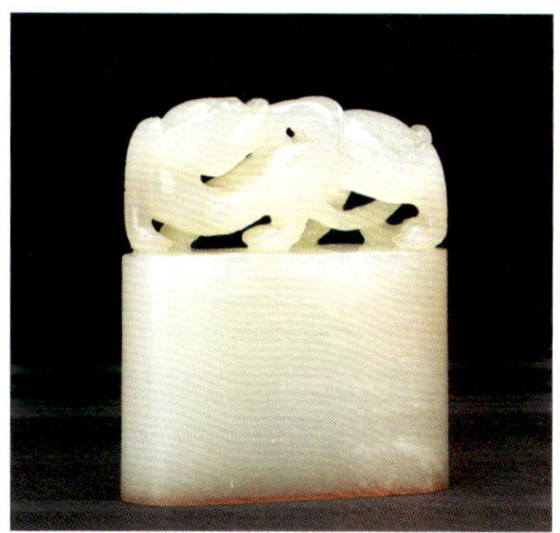

1751 清 白玉龙钮印章
印文：日镜云伸
估 价：RMB 135,000~160,000
成交价：RMB 155,250
高4.7cm 上海匡时 2017-11-05

6207 清 白玉羊钮印
印文：几席有余香
估 价：RMB 350,000~550,000
成交价：RMB 402,500
2.8cm×1.2cm×3.5cm 北京保利 2017-12-19

434 清 御制白玉活环三联印
估 价：RMB 600,000
成交价：RMB 1,035,000
1.3cm×1.6cm 浙江佳宝 2017-07-23

167 18世纪 白玉雕如意云纹活环方印
印文：能寿若此
估 价：HKD 200,000~300,000
成交价：RMB 466,875
高3cm 佳士得 2017-10-02

1076 18世纪 白玉螭龙钮葫芦形印
估 价：USD 6,000~8,000
成交价：RMB 2,542,733
长5cm 纽约佳士得 2017-03-17

403 18世纪/19世纪 发晶阴阳钮方印
估 价：GBP 2,000~4,000
成交价：RMB 167,681
高5.2cm 伦敦佳士得 2017-05-12

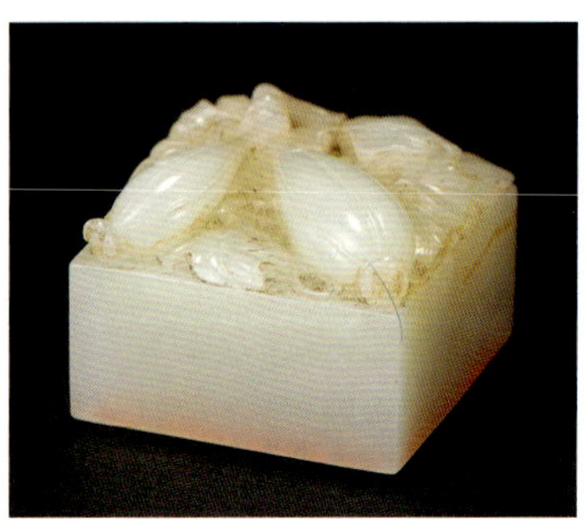

561 白玉瓜瓞绵绵钮方章
印文：水为准平
估 价：RMB 80,000~120,000
成交价：RMB 218,500
3.6cm×3.6cm×2.5cm
荣宝斋（上海） 2017-07-30

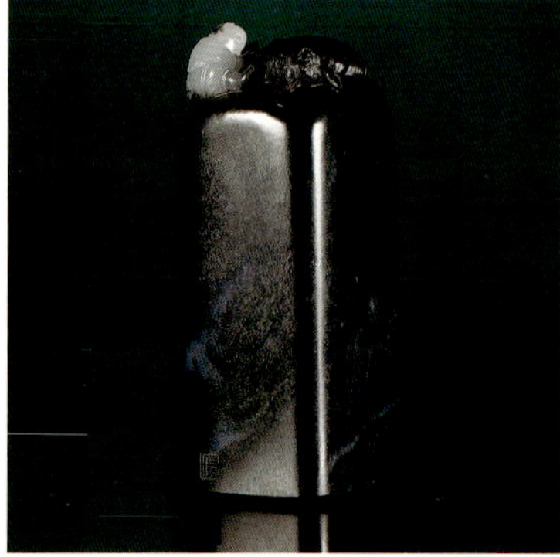

2027 冯铃 牧牛图 青花印
估 价：RMB 10,000~20,000
成交价：RMB 24,150
8.3cm×3.2cm×3.2cm 西泠拍卖 2017-07-15

玉臂搁

3765 明 子冈款碧玉雕螭龙纹臂搁
估　价：RMB 600,000~800,000
成交价：RMB 805,000
长17cm 北京匡时 2017-06-04

1379 清 白玉双螭纹镂雕臂搁
估　价：RMB 180,000~280,000
成交价：RMB 287,500
长11cm 北京东正 2017-06-08

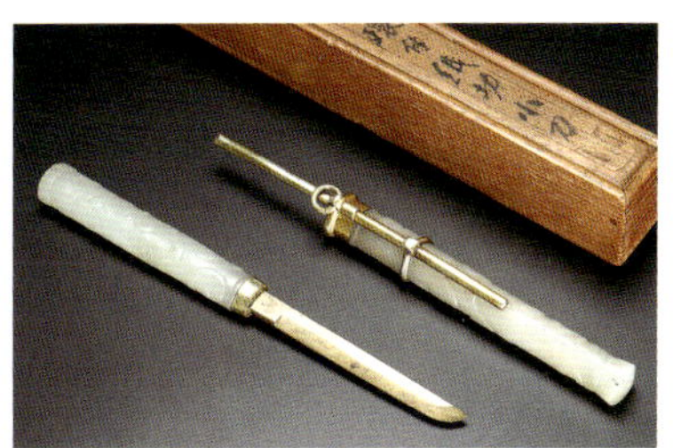

789 17世纪 白玉镀金螭龙纹裁纸刀
估　价：RMB 150,000~180,000
成交价：RMB 172,500
长22cm 北京东正 2017-12-09

兵器及刀剑饰

玉　刀

1133 文化期 玉三孔刀和青灰玉斧 （各一件）
估　价：HKD 25,000~30,000
成交价：RMB 219,799
最大的长37.5cm 中国嘉德 2017-05-30

314 新石器时代齐家文化或商 玉刀
估　价：HKD 100,000~150,000
成交价：RMB 131,193
长27cm 香港苏富比 2017-06-01

1074 18世纪 白玉柄裁纸刀及刀鞘
估　价：USD 8,000~12,000
成交价：RMB 473,172
长23.5cm 纽约佳士得 2017-03-17

玉 戈

223 红山文化 鹰首棒
来源：台湾重要私人收藏。
估　价：HKD 50,000~70,000
成交价：RMB 245,016
长17.3cm 香港翰海 2017-10-05

2720 商 玉戈
来源：养德堂珍藏，台北。
估　价：HKD 250,000~400,000
成交价：RMB 1,063,750
长34cm 佳士得 2017-11-29

648 商 玉戈
估　价：HKD 120,000~180,000
成交价：RMB 193,196
25cm×5.5cm 中濠典藏 2017-05-23

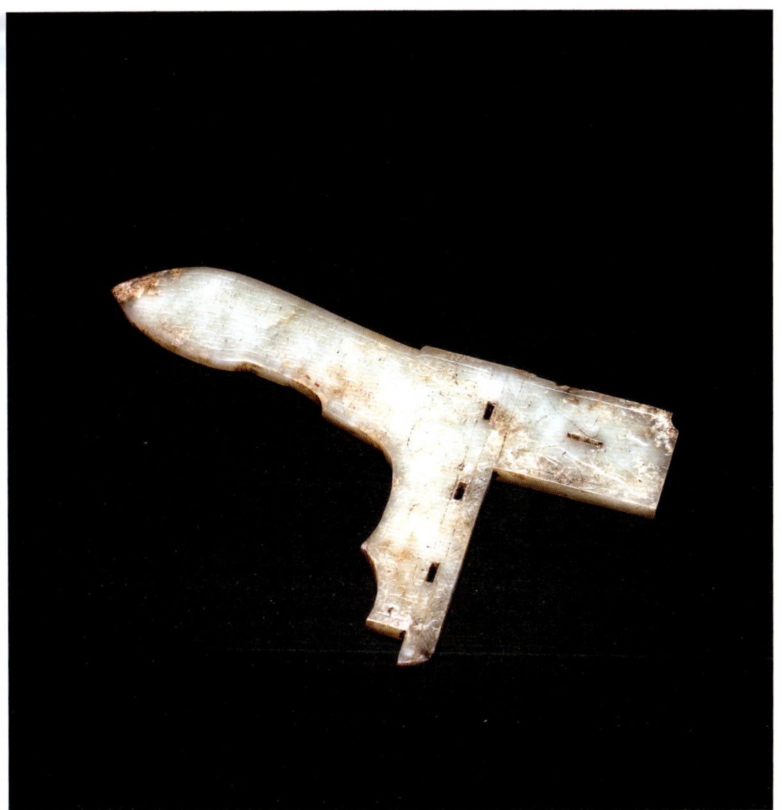

209 战国 马纹玉戈
估　价：HKD 4,200,000~5,000,000
成交价：RMB 3,959,100
18cm×10.5cm 香港翰海 2017-10-05

玉 钺

2716 龙山文化中晚期至夏时期 玉戚
来源：养德堂珍藏，台北。
估　价：HKD 180,000~280,000
成交价：RMB 797,813
长20.9cm 佳士得 2017-11-29

326 玉钺、玉兽面纹剑格及玉夔龙纹玦
成交价：RMB 207,721
香港苏富比 2017-06-01

2712 西周 黄玉戈
估　价：HKD 30,000
成交价：RMB 30,602
长16.9cm 万昌斯 2017-05-29

2718 二里头文化 约公元前1800-1600年 玉戚
来源：养德堂珍藏，台北。
估　价：HKD 160,000~240,000
成交价：RMB 2,331,740
长16.2cm 佳士得 2017-11-29

2717 新石器时代 可能为龙山文化中晚期
约公元前2100-1600年 青玉虎纹钺
来源：养德堂珍藏，台北。
估　价：HKD 80,000~120,000
成交价：RMB 4,374,140
高17.1cm 佳士得 2017-11-29

353 商 玉雕带沁钺
估　价：HKD 15,000~20,000
成交价：RMB 293,820
高23cm 中国嘉德 2017-10-02

玉 斧

331 约新石器时代 玉斧
成交价：RMB 109,327
长10cm 香港苏富比 2017-06-01

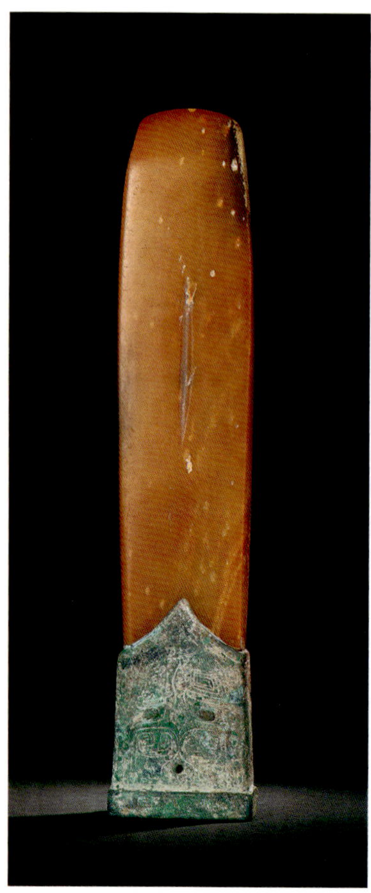

1365 商 玉嵌铜斧
估　价：HKD 80,000~120,000
成交价：RMB 261,665
高20.6cm 中国嘉德 2017-05-30

2127 清乾隆 白玉御题诗文夔龙纹斧形佩
“乾隆年制”篆书款、“云字三十八号”楷书款
估　价：RMB 500,000~700,000
成交价：RMB 690,000
高9.5cm 北京翰海 2017-12-16

1364 18世纪 白玉斧形佩
估　价：RMB 100,000~200,000
成交价：RMB 218,500
长7cm 北京东正 2017-06-08

17 清晚期 白玉双螭斧形佩
估　价：HKD 20,000~30,000
成交价：RMB 76,367
高4.6cm 香港苏富比 2017-06-01

玉　铲

358 约商 玉铲形佩
估　价：HKD 70,000~100,000
成交价：RMB 218,654
长6.7cm 香港苏富比 2017-06-01

366 清 玉铲（3件）
成交价：RMB 87,462
长20.7cm，长17.5cm，长16.8cm 香港苏富比 2017-06-01

玉剑首

652 西汉 螭龙纹玉剑首
估　价：HKD 150,000~250,000
成交价：RMB 146,910
直径4cm 北京匡时 2017-10-02

221 汉 玉剑首
估　价：HKD 50,000~60,000
成交价：RMB 56,150
直径4.5cm 香港翰海 2017-10-05

1166 清 玉剑首
来源：不言堂，坂本五郎旧藏。
估　价：RMB 15,000~20,000
成交价：RMB 149,500
直径4.8cm 古天一 2017-06-07

307 西汉及战国 玉谷纹剑首及玉兽面纹璏
成交价：RMB 327,981
直径4.2cm，宽5.8cm 香港苏富比 2017-06-01

637 汉 剑首、剑格、剑璏、剑珌
估　价：HKD 300,000~400,000
成交价：RMB 293,820
尺寸不一 北京匡时 2017-10-02

553 黄玉剑首
估　价：RMB 100,000~150,000
成交价：RMB 230,000
直径4.5cm；高1.2cm 北京东正 2017-12-09

玉剑格

1367 西汉 白玉高浮雕螭龙纹剑格
估　价：HKD 40,000~60,000
成交价：RMB 47,100
宽5.5cm 中国嘉德 2017-05-30

1115 清 饕餮纹玉剑格
估　价：RMB 30,000~50,000
成交价：RMB 55,200
长5cm 古天 2017-06-07

玉剑璏

2774 西汉 玉三灵纹剑璏
来源：1999年以前购自台北云中居。
估　价：HKD 200,000~300,000
成交价：RMB 3,352,940
长10cm 佳士得 2017-11-29

334 西汉 玉兽面纹璏
估　价：HKD 80,000~120,000
成交价：RMB 120,260
长9.5cm 香港苏富比 2017-06-01

304 东汉 玉螭虎纹璏
成交价：RMB 153,058
宽7.3cm 香港苏富比 2017-06-01

2703 汉 白玉苍龙戏熊纹剑璏
估　价：HKD 180,000~250,000
成交价：RMB 421,325
长8cm 佳士得 2017-05-31

2702 汉 白玉螭虺纹剑璏
估 价：HKD 200,000~300,000
成交价：RMB 831,563
长9.5cm 佳士得 2017-05-31

2705 汉 白玉螭虺纹剑璏
估 价：HKD 180,000~250,000
成交价：RMB 443,500
长8.5cm 佳士得 2017-05-31

315 汉 玉螭虎纹璏
估 价：HKD 50,000~70,000
成交价：RMB 218,654
长9.7cm 香港苏富比 2017-06-01

345 汉 玉兽面纹璏
估 价：HKD 50,000~70,000
成交价：RMB 142,125
长10.3cm 香港苏富比 2017-06-01

2706 汉 玉螭虺纹剑璏
估 价：HKD 200,000~300,000
成交价：RMB 776,125
长9cm 佳士得 2017-05-31

2707 汉 玉凤纹剑璏
估 价：HKD 180,000~250,000
成交价：RMB 665,250
长11.5cm 佳士得 2017-05-31

369 汉 玉兽面纹璏
估 价：HKD 40,000~60,000
成交价：RMB 109,327
长7cm 香港苏富比 2017-06-01

442 宋 白玉浸黑沁苍龙教子纹剑璏
估 价：RMB 200,000
成交价：RMB 448,000
10.4cm×2.46cm 浙江佳宝 2017-07-20

玉剑珌

2773 西汉 玉镂空螭龙灵猴纹剑珌
估 价：HKD 200,000~300,000
成交价：RMB 904,188
长7.5cm 佳士得 2017-11-29

2710 汉 白玉龙纹剑珌
估 价：HKD 300,000~500,000
成交价：RMB 332,625
宽6cm 佳士得 2017-05-31

455 汉 青玉剑珌
估 价：HKD 40,000~60,000
成交价：RMB 53,424
高5.3cm 中濠典藏 2017-11-29

335 约西汉 玉勾连纹珌
估 价：HKD 20,000~30,000
成交价：RMB 81,995
长6.3cm 香港苏富比 2017-06-01

336 战国至西汉 玉螭龙纹珌
估 价：HKD 20,000~30,000
成交价：RMB 81,995
长6.4cm 香港苏富比 2017-06-01

1164 清 玉剑珌
估　价：RMB 15,000~20,000
成交价：RMB 161,000
长6cm 古天一 2017-06-07

玉剑璏

1108 清 白玉螭龙剑璏
估　价：RMB 80,000~120,000
成交价：RMB 92,000
长9.5cm 古天一 2017-06-07

116 明 玉雕剑饰
估　价：RMB 20,000~30,000
成交价：RMB 36,800
长9cm 北京保利 2017-11-04

3 战国 褐白玉云谷纹剑璏
估　价：HKD 100,000~150,000
成交价：RMB 166,000
长9.5cm 佳士得 2017-10-02

13 汉 白玉苍龙戏熊剑璏
估　价：HKD 180,000~240,000
成交价：RMB 186,750
长10.4cm 佳士得 2017-10-02

12 汉 白玉双螭龙纹剑璏
估　价：HKD 200,000~300,000
成交价：RMB 498,000
长9.6cm 佳士得 2017-10-02

玉刀剑饰

2711 西汉 玉螭龙纹剑饰(一套3件)及玉勾云纹剑格一件
估　价：HKD 1,800,000~3,000,000
成交价：RMB 7,504,020
宽8.8cm 佳士得 2017-05-31

1680 汉 玉剑饰 （1组4件）
估 价：RMB 180,000~250,000
成交价：RMB 276,000
尺寸不一 西泠拍卖 2017-07-15

2082 旧玉虎符 （两件）
估 价：RMB 300,000~400,000
成交价：RMB 414,000
长9.5cm 北京翰海 2017-06-04

葬 玉

328 汉 玉塞
成交价：RMB 8,746
长5.8cm 香港苏富比 2017-06-01

365 约汉 玉蝉
估 价：HKD 30,000~50,000
成交价：RMB 45,917
高6.7cm 香港苏富比 2017-06-01

2781 西汉 玉握猪 （一对）
来源：养德堂珍藏，台北。
估 价：HKD 150,000~250,000
成交价：RMB 319,125
长8.9cm×2 佳士得 2017-11-29

341 汉 白玉握猪 （一对）
估 价：HKD 20,000~30,000
成交价：RMB 411,348
长11.5cm×2 中国嘉德 2017-10-02

1293 汉 青玉汉八刀猪 （一对）
估 价：HKD 150,000~200,000
成交价：RMB 261,665
长10cm×2 中国嘉德 2017-05-30

1576 明 黄玉猪握
估 价：RMB 18,000~25,000
成交价：RMB 20,700
长8cm 西泠拍卖 2017-05-05

309 西汉 玉豚 （一对）
估 价：HKD 180,000~250,000
成交价：RMB 819,953
长10.6cm×2 香港苏富比 2017-06-01

2782 东汉 玉握猪 （一对）
来源：养德堂珍藏，台北。
估 价：HKD 180,000~280,000
成交价：RMB 446,775
长11.7cm×2 佳士得 2017-11-29

2780 东汉 玉握猪
来源：养德堂珍藏，台北。
估 价：HKD 180,000~280,000
成交价：RMB 2,740,220
长11.8cm 佳士得 2017-11-29

240 汉 玉蝉
估 价：HKD 200,000~250,000
成交价：RMB 183,762
长4.2cm 香港翰海 2017-10-05

2721 汉 玉蝉
估 价：HKD 60,000~80,000
成交价：RMB 105,331
长7cm 佳士得 2017-05-31

473 汉 青白玉蝉
估 价：HKD 60,000~80,000
成交价：RMB 71,232
长6cm 中濠典藏 2017-11-29

1112 清 玉蝉
估 价：RMB 120,000~150,000
成交价：RMB 230,000
长6.5cm 古天一 2017-06-07

2017玉器拍卖成交汇总

(成交价RMB：1万元以上)

拍品名称	物品尺寸	成交价RMB	拍卖公司	拍卖日期
一 礼 玉				
玉璜				
新石器时代或齐家文化 玉三璜联环	直径13cm	81,995	香港苏富比	2017-06-01
新石器时代齐家文化 玉璜及西周 玉琮	璜长12cm；琮宽6.1cm	218,654	香港苏富比	2017-06-01
商后期 青白玉龙纹璜	宽8cm	340,400	佳士得	2017-11-29
西周 白玉双人面纹璜	长11.1cm	6,008,060	佳士得	2017-11-29
西周 黄玉人龙纹璜（一对）	最大长12.5cm	425,760	万昌斯	2017-05-29
西周 玉璜及西周以后 玉蝉、玉锥形饰		32,798	香港苏富比	2017-06-01
西周早中期青玉龙纹璜（一对）	长9.5cm	372,313	佳士得	2017-11-29
西周早中期青玉象鼻鹰身龙纹璜	长13.2cm	744,625	佳士得	2017-11-29
春秋 玉雕谷纹璜（两件）	最长11.5cm	58,764	中国嘉德	2017-10-02
战国 白玉谷纹出脊璜（一对）	最大的宽14.7cm	83,733	中国嘉德	2017-05-30
战国 青玉雕谷纹璜一对、素面璜一件	最大的宽14.5cm	10,467	中国嘉德	2017-05-30
战国 青玉龙形璜	长20.5cm	106,848	中濠典藏	2017-11-29
战国 玉雕双龙首谷纹璜（3件）	最大的宽12.7cm	52,333	中国嘉德	2017-05-30
战国 玉璜	长16.5cm	76,568	香港翰海	2017-10-05
战国早中期青黄玉楚式谷纹大璜	长26.4cm	138,288	佳士得	2017-11-29
西汉 白玉带沁蒲纹出廓双螭龙璜	宽15.6cm	104,666	中国嘉德	2017-05-30
西汉 白玉带沁双虎首璜	宽7cm	27,423	中国嘉德	2017-10-02
西汉 玉龙纹璜形佩	长9cm	887,000	佳士得	2017-05-31
汉 谷纹玉璜	长9cm	326,688	香港翰海	2017-10-05
元 古玉龙首谷纹璜	长7cm	109,250	北京保利	2017-12-19
明 黄玉龙纹璜	长10.3cm	149,500	中国嘉德	2017-06-19
明 玉卧蚕纹双龙首璜	9.8cm×1.5cm	48,300	中国嘉德	2017-12-21
17世纪 青玉双龙首璜	宽17.4cm	38,202	巴黎苏富比	2017-06-22
清 谷纹大玉璜	长17.3cm	575,000	古天一	2017-06-07
清 龙凤纹玉璜	长10cm	1,058,000	古天一	2017-06-07
清 绿松石勾云纹璜	长5cm	11,500	古天一	2017-06-07
清 蒲纹玉璜（一对）	长21cm	80,500	古天一	2017-06-07
彩沁龙凤纹玉璜	长8.6cm	69,000	中拍国际	2017-06-04
黄沁虺纹白玉璜（一对）	长9.3cm	368,000	中拍国际	2017-06-04
黄沁龙凤纹白玉璜	长13.3cm	138,000	中拍国际	2017-06-04
玉琥				
后石家河文化 约公元前2100–公元前1600年 玉虎	长9.7cm	1,063,750	佳士得	2017-11-29
商后期 青玉虎	长5.8cm	7,744,100	佳士得	2017-11-29
春秋 龙虎（一对）	长3.2cm；长2.7cm	137,116	北京匡时	2017-10-02
彩沁玉琥	长7.8cm	34,500	中拍国际	2017-06-04
旧玉琥（两件）	长11.5cm	529,000	北京翰海	2017-06-04
玉璧				
良渚文化 约公元前3300–公元前2300年 玉璧	直径19cm	957,375	佳士得	2017-11-29
龙山文化早中期 约公元前2300–公元前1900年 青黄玉牙璧	宽13.3cm	510,600	佳士得	2017-11-29
齐家文化 约公元前2300–公元前[illegible]	直径12.6cm	60,025	佳士得	2017-11-29

拍品名称	物品尺寸	成交价RMB	拍卖公司	拍卖日期
齐家文化至西周 约公元前2300–公元前771年 白玉璧	直径23cm	531,875	佳士得	2017-11-29
文化期 璧、璜、锥形器和勒子（共10件）	最大的直径11.8cm	88,966	中国嘉德	2017-05-30
文化期 玉璧虎	长8.2cm	10,467	中国嘉德	2017-05-30
新石器时代 良渚文化玉璧（两件）（两栏）	直径19cm；直径21cm	1,002,375	香港蘇富比	2017-04-04
新石器时代 龙山文化 黄玉兽面纹璧	直径4.5cm	34,061	万昌斯	2017-05-29
新石器时代 玉璧	直径16cm	218,654	香港苏富比	2017-06-01
约新石器时代 玉璧及新石器时代以后 玉钺	钺长16.5cm；璧直径21.8cm	32,798	香港苏富比	2017-06-01
商 兽面纹玉璧	直径12.8cm	83,544	中濠典藏	2017-05-23
商 玉璧	直径15.8cm	102,090	香港翰海	2017-10-05
西周 玉璧	直径17.5cm	183,762	香港翰海	2017-10-05
春秋 透空玉雕螭龙璧	直径6cm	315,414	保利香港	2017-04-04
战国 白玉出戟璧	直径4.2cm	465,675	佳士得	2017-05-31
战国 谷纹玉璧、谷纹玉勒	直径4.7cm；高4.6cm	186,086	北京匡时	2017-10-02
战国 青玉S纹璧	直径4.5cm	67,880	中濠典藏	2017-05-23
战国 玉雕谷纹璧	直径10.4cm	117,528	中国嘉德	2017-10-02
战国 玉雕谷纹璧、蒲纹环（各一件）	最大的直径15.8cm	36,633	中国嘉德	2017-05-30
战国 玉谷纹系璧	直径3.5cm	218,654	香港苏富比	2017-06-01
战国 玉双凤纹璧	长7.6cm	443,500	佳士得	2017-05-31
战国–汉 玉谷纹璧	直径7.1cm	55,200	西泠拍卖	2017-07-15
战国晚期至西汉早期玉双凤谷纹璧	宽6.5cm	2,740,220	佳士得	2017-11-29
战国早期至西汉 三层双身兽面纹饰玉璧	直径25.7cm	245,016	香港翰海	2017-10-05
战国早中期 青玉楚式谷纹璧	直径21.7cm	212,750	佳士得	2017-11-29
战国至西汉 两层双身兽面纹饰玉璧	直径23.3cm	112,299	香港翰海	2017-10-05
战国中期 玉龙纹璧	宽7.5cm	1,276,500	佳士得	2017-11-29
周 玉璧	直径14cm	86,777	香港翰海	2017-10-05
西汉 青玉带沁兽面龙凤纹大璧	直径23.3cm	80,311	中国嘉德	2017-10-02
西汉 青玉蒲纹璧	直径20.7cm	33,600	浙江佳宝	2017-07-23
西汉 玉兽面纹璧	直径21.7cm	212,750	佳士得	2017-11-29
西汉 玉透雕龙纹璧	直径8.5cm	4,843,020	佳士得	2017-05-31
汉 白玉带灰皮谷纹璧	直径8.3cm	138,372	万昌斯	2017-05-29
汉 白玉凤纹出廓璧	长4.1cm	23,000	浙江佳宝	2017-07-23
汉 白玉镂雕龙纹出廓璧	高15.5cm	783,520	中国嘉德	2017-10-02
汉 白玉透雕羽人骑龙纹璧	长13.5cm	3,459,300	佳士得	2017-05-31
汉 白玉卧蚕纹璧	直径14.5cm	56,000	浙江佳宝	2017-07-23
汉 碧玉变形谷纹璧	外径13.5cm	11,500	西泠拍卖	2017-07-15
汉 谷纹璧	直径9.1cm	193,971	香港翰海	2017-10-05
汉 蒲纹璧	直径5.8cm	78,352	北京匡时	2017-10-02
汉 青玉谷纹璧	直径13.5cm	20,886	中濠典藏	2017-05-23
汉 青玉谷纹璧	高21cm	17,629	中国嘉德	2017-10-02
汉 青玉兽面纹璧	直径19cm	389,194	纽约佳士得	2017-03-17
汉 青玉双层蒲纹璧	直径19cm	89,040	中濠典藏	2017-11-29
汉 玉螭龙纹璧	直径19.1cm	137,116	中国嘉德	2017-10-02

2017玉器拍卖成交汇总

(成交价RMB：1万元以上)

拍品名称	物品尺寸	成交价RMB	拍卖公司	拍卖日期
汉 玉雕穀纹璧	直径14cm	166,498	中国嘉德	2017-10-02
汉 玉雕镂空回龙璧	直径6.5cm	60,723	中国嘉德	2017-10-02
汉 玉雕兽面蒲纹璧	直径24.5cm	52,333	中国嘉德	2017-05-30
汉 玉蒲纹璧	直径14.5cm	43,960	中国嘉德	2017-05-30
汉 玉双凤璧	长6cm	221,750	佳士得	2017-05-31
约汉 玉蚕纹璧及清 玉琮	璧直径11.5cm，琮高5.3cm	306,116	香港苏富比	2017-06-01
唐 玉雕龙纹璧	直径8.8cm	52,333	中国嘉德	2017-05-30
宋 白玉高浮雕龙凤纹璧	直径10.2cm	578,760	中濠典藏	2017-11-29
宋 高浮雕双螭乳丁玉璧	直径13.6cm	31,400	中国嘉德	2017-05-30
宋/明 褐白玉雕夔龙纹璧	直径10.7cm	100,238	佳士得	2017-04-04
金/元 白玉镂雕花鸟纹璧	直径4.5cm	44,800	浙江佳宝	2017-07-23
元 青玉莆纹璧	直径10.5cm	92,000	北京保利	2017-12-20
明 白玉螭虎璧	直径4.5cm	28,750	凤凰拍卖	2017-07-30
明 白玉螭龙纹璧	外径5cm	29,900	西泠拍卖	2017-05-05
明 白玉带沁双龙纹椭圆璧	长8cm	127,728	万昌斯	2017-05-29
明 白玉方形倭角双螭璧	7.3cm×4.4cm	184,000	上海匡时	2017-11-05
明 白玉红沁双龙纹璧	直径12cm	230,000	北京匡时	2017-06-04
明 白玉龙璧	长8cm	161,000	凤凰拍卖	2017-07-30
明 黄玉谷纹璧	直径8.5cm	97,750	北京保利	2017-12-18
明 旧玉弦纹璧	直径14.5cm	63,250	北京保利	2017-12-20
明 青玉璧（一组两件）	最大直径14.5cm	81,441	伦敦佳士得	2017-11-07
明 青玉螭龙纹璧（一组两件）	直径7.6cm	19,004	伦敦佳士得	2017-05-12
明 青玉瑞斑蒲璧	直径10.8cm	2,070,000	北京匡时	2017-06-04
明 银鎏金镂空玉璧	直径9.5cm	5,175,000	中贸圣佳	2017-06-18
明 玉璧	直径13cm	632,500	古天一	2017-06-07
明玉苍龙教子纹璧	长6.5cm	92,000	中贸圣佳	2017-06-18
明 玉谷纹璧	直径7cm	11,500	中国嘉德	2017-06-19
明或更早 青玉雕双螭纹璧	直径12.5cm	34,500	华艺国际	2017-08-27
明或以前 白玉沁色谷纹璧	直径5.7cm	40,250	荣宝斋（上海）	2017-07-30
明或以前 黄玉沁色谷纹璧	直径7.3cm	34,500	荣宝斋（上海）	2017-07-30
明-清 青玉鱼形璧（配红木龙纹架）	高53cm	18,400	华艺国际	2017-08-27
明以前 白玉鼓纹璧	直径6.2cm	57,500	广东崇正	2017-12-13
明早期 白玉受沁螭龙纹璧	高1cm；直径4cm	32,200	浙江佳宝	2017-07-23
明早期 白玉双螭谷纹璧	直径15.4cm	115,000	中贸圣佳	2017-06-18
明早期 蒲纹璧	直径7cm	92,000	中国嘉德	2017-12-21
清早期 龙凤呈祥玉璧	直径6cm	184,000	北京东正	2017-12-09
清早期 玉璧	直径14cm	172,500	北京宣石	2017-12-03
清乾隆 白玉透雕宜子孙螭龙纹璧	高10.5cm	835,313	香港蘇富比	2017-04-05
清乾隆 和田羊脂白玉龙纹双环璧	直径5.8cm	138,000	中拍国际	2017-06-04
清乾隆 青玉圭璧	高12.2cm	31,400	中国嘉德	2017-05-30
清乾隆 透雕丹凤朝阳合璧	直径5cm	552,000	观唐皕榷	2017-01-11
清中期 白玉螭龙纹璧	直径4cm	80,500	北京翰海	2017-12-16
清中期 白玉螭龙纹璧	直径5.5cm	17,250	北京翰海	2017-06-04
清中期 白玉螭龙纹璧	直径5.8cm	36,800	北京翰海	2017-12-16
清 白玉雕螭龙纹璧	直径5.4cm	63,250	西泠拍卖	2017-07-15
清 白玉雕螭龙衔芝璧	直径5.7cm	25,300	北京保利	2017-12-20

拍品名称	物品尺寸	成交价RMB	拍卖公司	拍卖日期
清 白玉谷纹璧	直径5.6cm	28,750	凤凰拍卖	2017-07-30
清 白玉双螭出廓璧	长7.3cm	34,500	北京保利	2017-06-08
清 白玉双螭龙兽面纹璧	直径5.5cm	48,970	中国嘉德	2017-10-02
清 白玉系璧（十二件）	尺寸不一	517,500	上海匡时	2017-11-05
清 苍龙教子纹玉璧	直径5cm	48,300	荣宝斋（上海）	2017-07-30
清 黄玉兽面纹璧	直径7.2cm	253,000	古天一	2017-06-07
清 旧玉子辰璧	直径5.5cm	11,500	北京翰海	2017-06-04
清 蒲纹玉璧	直径8cm	276,000	古天一	2017-06-07
清 双龙纹小玉璧	直径5.5cm	57,500	古天一	2017-06-07
清 玉璧	直径5.8cm	74,750	北京翰海	2017-09-13
清 玉带皮螭龙小璧和旧玉虎头饰	最大，宽3.5cm	28,750	中国嘉德	2017-12-21
清 玉雕螭龙璧	直径5.8cm	34,500	北京翰海	2017-09-13
清 玉雕勾莲璧	直径4.8cm	34,500	北京翰海	2017-09-13
18世纪/19世纪 白玉璧	直径4.8cm	10,202	纽约佳士得	2017-07-13
19世纪 青白玉雕螭龙衔芝纹璧		60,541	纽约蘇富比	2017-03-18
彩沁凤鸟纹双璜合璧	直径13.5cm	977,500	中拍国际	2017-06-04
彩沁谷纹璧	直径8.1cm	115,000	中拍国际	2017-06-04
红玛瑙彩沁凤鸟纹双环璧	长7.5cm	230,000	中拍国际	2017-06-04
灰玉璧（两件）	尺寸不一	161,000	中贸圣佳	2017-06-18
镂空羽人戏龙纹璧	长7.6cm	345,000	中拍国际	2017-06-04
铜绿沁凤鸟纹白玉璧	直径7cm	1,840,000	中拍国际	2017-06-04
熊明星 珠联璧合 白玉挂件	5.2cm×2.3cm	44,800	上海联合	2017-06-18
玉琮				
公元前2000-公元前1000年 玉琮	宽6.3cm	276,760	纽约佳士得	2017-03-16
良渚文化 约公元前3300-公元前2300年 玉人面纹琮	宽8cm	2,021,125	佳士得	2017-11-29
良渚文化晚期 约公元前2600-公元前2300年 玉神人纹九节琮	高23.5cm	7,233,500	佳士得	2017-11-29
齐家文化晚期 约公元前1900-公元前1500年 玉琮	高13.6cm	797,813	佳士得	2017-11-29
文化期 玉琮	高6cm	52,333	中国嘉德	2017-05-30
文化期 玉琮两件和玉勒子一串	最大的长26.5cm	94,199	中国嘉德	2017-05-30
新石器时代或良渚文化 玉琮	长6.4cm	120,260	香港苏富比	2017-06-01
新石器时代或齐家文化 玉琮	高12.7cm	306,116	香港苏富比	2017-06-01
商 白玉琮	宽5.8cm	52,333	中国嘉德	2017-05-30
商 玉琮	6.2cm×4.4cm	240,189	中濠典藏	2017-05-23
商 玉琮	高8.9cm	167,063	佳士得	2017-04-04
商/周 玉琮	宽13cm	195,880	中国嘉德	2017-10-02
西周 白玉四羊首琮	5cm×4.9cm	92,000	浙江佳宝	2017-07-23
西周 神人兽面纹玉琮	长5.7cm	80,500	西泠拍卖	2017-07-15
西周 玉琮	宽7cm	62,800	中国嘉德	2017-05-30
西周 玉琮	高7.5cm	44,073	中国嘉德	2017-10-02
约西周 玉琮及明或更早 玉龙首珩	琮高4cm，珩长9.3cm	153,058	香港苏富比	2017-06-01
春秋 玉琮	长4.7cm	36,800	西泠拍卖	2017-07-15
战国 玉兽面云纹八方式琮	宽5.2cm	425,500	佳士得	2017-11-29
宋 玉琮	宽3.6cm；高2cm	287,500	浙江佳宝	2017-07-23
明 仿古玉琮	高18.5cm	316,250	上海匡时	2017-11-05

拍品名称	物品尺寸	成交价RMB	拍卖公司	拍卖日期
明 青玉仿古纹琮、剑首及瑞兽（一组三件）	高5.4cm	32,576	伦敦佳士得	2017-11-07
明 玉琮	宽5.3cm	92,000	北京保利	2017-11-04
明以前 玉琮	长6cm；高4.5cm	92,000	广东崇正	2017-06-15
明早期 青玉琮与青玉凤纹剑首	直径5cm；高2cm；直径5cm；高1.7cm	11,500	中国嘉德	2017-06-19
清 白玉琮	高7.3cm	322,000	古天一	2017-06-07
清 玉琮	高26.5cm	2,875,000	古天一	2017-06-07
清 玉琮	高8.5cm	109,327	香港苏富比	2017-06-01
清 玉琮	高3.5cm	13,800	北京翰海	2017-09-13
彩沁神兽纹玉琮	高7.1cm	1,725,000	中拍国际	2017-06-04
灰青玉琮（两件）		242,165	纽约蘇富比	2017-03-18
旧玉琮	高3.2cm	322,000	北京翰海	2017-12-16
旧玉琮	高7cm	149,500	北京翰海	2017-12-16
良渚文化 三节神人兽面纹玉琮	高6.5cm	109,250	西泠拍卖	2017-07-15
青玉琮	高6cm；宽7.5cm	11,500	西泠拍卖	2017-05-05
玉圭				
龙山文化晚期至夏朝 约公元前1800–公元前1600年 玉圭	长22.4cm	3,352,940	佳士得	2017-11-29
元 玉凤撵圭璧	长8.5cm	287,500	北京东正	2017-06-08
明 谷纹玉圭	高16.2cm	17,298	纽约佳士得	2017-03-16
清乾隆 白玉雕五谷丰登圭璧摆件	高15cm	80,500	北京匡时	2017-12-03
清乾隆 黄玉圭璧	长14.5cm	4,025,000	北京东正	2017-12-09
清乾隆 玉雕十二章纹圭璧	长12.2cm	138,000	古天一	2017-06-07
清 白玉龙纹圭璧	高17.7cm	460,000	上海匡时	2017-11-05
清 白玉上下千古龙纹圭	长11.5cm	17,250	北京保利	2017-11-05
清 青白玉雕十二章圭璧	长15.3cm	54,548	香港苏富比	2017-06-01
清 吴才鼎款佐岳珪璋	高65cm	11,500	中鸿信	2017-04-30
玉璋				
文化期 青玉牙璋	长40.5cm	20,933	中国嘉德	2017-05-30
文化期 青玉璋	长37.5cm	20,933	中国嘉德	2017-05-30
玉册				
清乾隆 "臣袁守侗敬书"并"臣"、"侗"二印御制十六罗汉赞玉册	玉片长9cm×6cm	17,250,000	北京保利	2017-12-18
清乾隆 碧玉金粉诗文玉册（两页）	23.3cm×11.2cm；21cm×12.4cm	43,700	北京保利	2017-12-19
清乾隆十年 青玉描金御制冰嬉赋册页	高28.7cm	779,625	香港蘇富比	2017-04-05
二 佩玩件				
玉玦				
西周 玉勾云纹玦	长2.3cm	51,091	万昌斯	2017-05-29
春秋 龙纹柱形玉玦（一对）	高2.3cm×2	58,764	北京匡时	2017-10-02
约战国 玉龙形佩及玉夔龙纹玦(两件)	佩长10.5cm	26,239	香港苏富比	2017-06-01
东周 玉玦3件、玉虎两件、玉鸮和玉鱼各一件	最大的宽7.1cm	54,426	中国嘉德	2017-05-30
周 玛瑙玦、石质和玉饰件（共9件）	最大的长2.8cm	20,933	中国嘉德	2017-05-30
清 博古纹玉璧 玉玦	直径4cm	43,700	古天一	2017-06-07

拍品名称	物品尺寸	成交价RMB	拍卖公司	拍卖日期
清 素玉玦 方形玉勒（1组3件）	直径6cm；长3.3cm；长2.7cm	23,000	古天一	2017-06-07
葛洪 和田玉籽料玉玦	5.6cm×5.4cm	48,300	尚品润博	2017-04-23
西周早期 玉龙纹玦	宽4.3cm	9,275,900	佳士得	2017-11-29
兴隆洼文化晚期至红山文化早期 约公元前5500–公元前4000年 玉耳饰玦（一对）	宽3.3cm	170,200	佳士得	2017-11-29
玉璇玑				
文化期 玉璇玑	宽10.8cm	81,639	中国嘉德	2017-05-30
二里头 玉璇玑	直径9.1cm	215,468	北京匡时	2017-10-02
玉环、玉瑗				
公元前2000–公元前1000年 青玉环（两件）	直径9.8cm；直径8.5cm	43,244	纽约佳士得	2017-03-16
文化期 黄玉受沁环	宽8.2cm	219,799	中国嘉德	2017-05-30
文化期 玉环3件、玉璜一件和玉饰件3件	最大的直径8.4cm	85,826	中国嘉德	2017-05-30
文化期 玉环3件、玉勒子3件	最大的直径3.5cm	10,467	中国嘉德	2017-05-30
文化期 玉环两件、玉玦和玉饰件（共四件）	最大的宽8.4cm	177,932	中国嘉德	2017-05-30
新石器时代 良渚文化 玉龙首环饰	直径4.6cm	929,280	香港苏富比	2017-06-01
约商 玉环	直径13.3cm	142,125	香港苏富比	2017-06-01
商晚期至西周早期 玉雕龙凤纹环形饰	直径6.7cm	47,100	中国嘉德	2017-05-30
春秋 白玉勾连云纹瑗	直径7cm	197,125	佳士得	2017-10-02
春秋 褐白玉龙耳瑗	宽8cm	421,325	佳士得	2017-05-31
春秋 玉雕蟠虺纹环	直径12cm	198,865	中国嘉德	2017-05-30
春秋 玉雕蟠虺纹环	直径7.2cm	73,266	中国嘉德	2017-05-30
春秋 玉雕三角云纹环	直径6.7cm	48,970	中国嘉德	2017-10-02
春秋 玉夔龙纹环、汉 玉蚕纹璏	环直径3.8cm，璏长4.2cm	306,116	香港苏富比	2017-06-01
战国 白玉带沁勾云纹瑗	直径5.1cm	34,061	万昌斯	2017-05-29
战国 白玉勾连纹环	直径6.2cm	195,880	中国嘉德	2017-10-02
战国 白玉环（一对）	直径3.2cm	50,240	中国嘉德	2017-05-30
战国 玛瑙环	直径9cm	76,568	香港翰海	2017-10-05
战国 青玉绞丝环	直径3.5cm	26,108	中濠典藏	2017-05-23
战国 玉蚕纹长方璏及明或更早玉蚕纹环	璏长6cm，环直径4.3cm	109,327	香港苏富比	2017-06-01
战国 玉雕谷纹环	直径8cm	71,173	中国嘉德	2017-05-30
战国 玉雕谷纹环（两件）	最大的直径7.5cm	104,666	中国嘉德	2017-05-30
战国 玉谷纹环	直径10.7cm	459,174	香港苏富比	2017-06-01
战国 玉谷纹瑗	直径6.5cm	149,016	万昌斯	2017-05-29
战国 玉绞丝纹环	直径5cm	94,244	佳士得	2017-05-31
战国或西汉 玉勾连谷纹璏及玉蚕纹环	环6.9cm，璏4.2cm	153,058	香港苏富比	2017-06-01
战国末至西汉初 玉勾连云纹环	直径9.5cm	284,250	香港苏富比	2017-06-01
东周 青灰玉谷纹出廓环一对和黄玉镂雕龙纹璜一件	最大的宽12cm	26,167	中国嘉德	2017-05-30
约东周 玉谷纹环	直径14.5cm	92,928	香港苏富比	2017-06-01
西汉 白玉受沁龙纹环	直径3.1cm	28,750	浙江佳宝	2017-07-23
西汉 玉蚕纹环	直径7.8cm	349,847	香港苏富比	2017-06-01

2017玉器拍卖成交汇总

(成交价RMB：1万元以上)

拍品名称	物品尺寸	成交价RMB	拍卖公司	拍卖日期
西汉 玉谷纹环	直径9.4cm	929,280	香港苏富比	2017-06-01
西汉 玉谷纹环	直径8cm	240,520	香港苏富比	2017-06-01
西汉 玉谷纹环	直径3.8cm	109,327	香港苏富比	2017-06-01
汉 白玉涡纹环	直径5cm	207,500	佳士得	2017-10-02
汉 白玉涡纹瑗	直径6.5cm	145,250	佳士得	2017-10-02
汉 青白玉受沁谷纹环	直径17.5cm	52,333	中国嘉德	2017-05-30
汉 青褐玉涡纹瑗	直径6cm	134,875	佳士得	2017-10-02
汉 青玉镂雕蟠螭环	直径11cm	195,888	中濠典藏	2017-11-29
汉 玉雕谷纹环	直径4.7cm	29,382	保利香港	2017-10-02
六朝 白玉螭纹环形佩	长4.5cm	13,800	浙江佳宝	2017-07-23
宋 褐玉环	直径6cm	243,925	佳士得	2017-05-31
宋 玉环	直径13cm	244,850	北京匡时	2017-10-02
宋/明 黄玉螭龙纹瑗	直径11.6cm	720,688	佳士得	2017-05-31
宋/明 玉绞丝纹环	直径6cm	51,875	佳士得	2017-10-02
辽/金 白玉带沁海东青啄大雁环形饰	宽4.8cm	41,866	中国嘉德	2017-05-30
明 旧玉雕瑞兽、龙环等（4件）	尺寸不一	48,300	北京保利	2017-06-08
明 雷纹玉环	直径10.7cm	23,000	朵云轩	2017-09-17
约明 玉夔龙纹环及玉勾连云纹环	直径7cm，直径6.5cm	207,721	香港苏富比	2017-06-01
清乾隆 白玉花卉套环	高8.5cm	11,500	北京翰海	2017-06-04
清中期 白玉螭龙纹环	直径7.5cm	17,250	北京翰海	2017-06-04
清中期 白玉仿汉螭龙纹环	宽7.5cm	11,500	北京保利	2017-12-20
清晚期 白玉螭龙纹环	长5cm	16,364	香港苏富比	2017-06-01
清 白玉双龙纹环	直径8.3cm	17,250	北京翰海	2017-12-16
清 碧玉观音扣针及童子耳环（一对）	最大长4.5cm	11,221	万昌斯	2017-05-29
清 汉白玉雕诗文环形摆件	直径22.5cm	13,800	北京保利	2017-12-20
清 玉环 勒子等（5件）	直径5.5cm×2；长4.7cm；高1.7cm；宽2cm	32,200	中国嘉德	2017-06-19
清初 青白玉透雕云龙童子环	直径6.1cm	21,865	香港苏富比	2017-06-01
谷纹玉瑗	直径6.2cm	11,500	中拍国际	2017-06-04
黄沁龙纹玉环	直径17.3cm	345,000	中拍国际	2017-06-04
黄玉螭龙环	长6.4cm	34,500	中国嘉德	2017-04-01
旧玉环	直径11cm	46,000	北京翰海	2017-12-16
玉勾云纹环	直径6.4cm	34,500	北京翰海	2017-06-04
玉绞丝纹瑗	外直径10.5cm	517,500	北京东正	2017-12-09
玉管、玉勒				
文化期 玉勒子	高6cm	50,240	中国嘉德	2017-05-30
文化期 玉勒子（一对）	长9.7cm	195,880	中国嘉德	2017-10-02
新石器时代 良渚文化 红沁玉勒	长2.8cm	26,610	万昌斯	2017-05-29
约新石器时代良渚文化 玉琮形管及玉环	琮长7.6cm，环直径10.6cm	710,626	香港苏富比	2017-06-01
商 白玉带沁虎形勒子	高5.6cm	39,773	中国嘉德	2017-05-30
商或更晚 玉勒子三件、玉鱼一件	最长7.5cm	90,105	中国嘉德	2017-10-02
西周 白玉龙纹管	长7.5cm	234,025	佳士得	2017-11-29
春秋 玉雕蟠虺绳纹勒子	最大的高5cm	26,167	中国嘉德	2017-05-30
春秋 玉龙纹勒	长7.9cm	138,372	万昌斯	2017-05-29
春秋 玉兽头勒子	长5.2cm	156,704	中国嘉德	2017-10-02
春秋晚期 白玉龙纹管	长15.5cm	404,225	佳士得	2017-11-29
约战国 玉夔龙纹管	长10.4cm	306,116	香港苏富比	2017-06-01
战国 白玉蟠虺纹勒子	高4.8cm	57,566	中国嘉德	2017-05-30
战国 谷纹玉扁勒（一对）	长10cm	31,329	中濠典藏	2017-05-23
战国 玉雕绳纹勒子	高3.2cm	21,547	保利香港	2017-10-02
战国 玉谷纹管形饰	长6.5cm	665,250	佳士得	2017-05-31
战国 玉剑饰三件、玉勒子一件	最长6cm	58,764	中国嘉德	2017-10-02
战国 玉勒（一对）	高5.4cm；高5.5cm	195,880	北京匡时	2017-10-02
西汉 玉带沁谷纹勒子	长4.8cm	95,981	中国嘉德	2017-10-02
元 黄玉罗汉头勒子	高4cm	368,000	北京东正	2017-12-09
宋 白玉带沁螭龙纹勒子	长6.9cm	63,864	万昌斯	2017-05-29
宋 白玉云龙纹勒子	宽2.8cm	20,933	中国嘉德	2017-05-30
宋 玉雕提油高浮雕螭龙穿云纹勒	长9cm	24,485	中国嘉德	2017-10-02
元 旧玉勒	高4cm	40,250	北京翰海	2017-12-16
元 修内司制白玉诗文管	长6cm	402,500	北京保利	2017-12-18
元 玉合欢童子勒子	高3cm	23,000	中拍国际	2017-06-04
明以前 黄玉琮形勒子	高6.5cm	46,000	广东崇正	2017-12-13
清早期白玉般若波罗密多心经勒子	长5cm	89,700	八益拍卖	2017-04-22
清乾隆 白玉福寿纹管形饰	长9.5cm	172,500	北京东正	2017-12-09
清乾隆 螭龙纹方形玉勒	长5cm	517,500	古天一	2017-06-07
清中期 白玉带皮无双谱勒子	高3cm	632,500	北京东正	2017-12-09
清中期 白玉雕五子登科图勒子	长7.5cm	218,500	观唐皕榷	2017-01-12
清中期 白玉云龙纹勒	高3.7cm	10,925	北京翰海	2017-06-04
清中期 旧玉勒、白玉龙凤纹环（两件）	高4cm；直径5.5cm	17,250	北京翰海	2017-06-04
清中期 旧玉文字勒、白玉双龙纹环（二件）	高3cm；直径5cm	13,800	北京翰海	2017-12-16
清 白玉翎管	高7.5cm	34,500	古天一	2017-06-07
清 博古纹玉勒 玉觿（一组）	长5cm；长5cm；长3.2cm	71,300	古天一	2017-06-07
清 翠玉翎管（两件）	高7.6cm；高3.6cm	11,500	北京中汉	2017-06-17
清 方形 三角形玉勒（一组）	高4.3cm；高4.8cm	25,300	古天一	2017-06-07
清 青黄玉饕餮管	高5.5cm	4,715,000	古天一	2017-06-07
清 青玉留皮翎管	长7cm	13,800	中国嘉德	2017-04-01
清 素玉勒子	长6.8cm	36,800	古天一	2017-06-07
清 素玉勒子	高2cm	23,000	古天一	2017-06-07
清 弦纹玉勒	高3.5cm	63,250	古天一	2017-06-07
清 玉浸色勒子、佛手（两件）	长6cm；长4.3cm	13,800	中国嘉德	2017-06-19
清 玉勒子、龟贝壳（3件一组）	长6cm；长2.2cm；长5cm	20,700	中国嘉德	2017-06-19
清 玉翎管	高7.4cm	32,200	北京翰海	2017-09-13
清 玉翎管	高6cm	20,700	北京翰海	2017-09-13
清 玉翎管	高6.8cm	20,700	北京翰海	2017-09-13
18世纪 子冈款诗文白玉圆勒子	高2.8cm	345,000	上海明轩	2017-06-30
白玉福寿如意佩、旧玉文字方勒（两件）	高4.5cm；高3cm	10,350	北京翰海	2017-06-04
白玉勾云纹方勒	高4.8cm	184,000	北京翰海	2017-06-04

拍品名称	物品尺寸	成交价RMB	拍卖公司	拍卖日期
红沁饕餮纹勒子	高6cm	23,000	中拍国际	2017-06-04
良渚文化三节神人兽面纹琮式玉管	高5.2cm	36,800	西泠拍卖	2017-07-15
水银沁饕餮纹勒子	3.2cm×2.6cm	34,500	中拍国际	2017-06-04
张焕庆 弥勒	长4.2cm	32,200	凤凰拍卖	2017-07-30
玉扳指				
明 白玉红沁螭龙纹扳指	高3.1cm	29,306	中国嘉德	2017-05-30
清早期 白玉镂空雕螭龙纹扳指	直径3.2cm	172,500	中国嘉德	2017-12-18
清乾隆 白玉带皮欢天喜地扳指	直径3.3cm	103,500	北京保利	2017-12-20
清乾隆 白玉沁色御题诗扳指	直径2.5cm	184,000	北京东正	2017-06-08
清乾隆 白玉洒金御题诗文扳指	内直径1.6cm	46,000	北京翰海	2017-06-04
清乾隆 白玉狩猎图扳指	高3cm	64,893	中国嘉德	2017-05-30
清乾隆 白玉阴刻御题诗文扳指	高2.3cm；直径2.8cm	184,000	中鸿信	2017-04-30
清乾隆 白玉御题诗扳指	直径3cm	201,250	观唐皕榷	2017-01-11
清乾隆 白玉御题诗扳指	直径2cm	517,500	北京东正	2017-12-09
清乾隆 白玉御题诗扳指	直径3cm	149,500	观唐皕榷	2017-01-11
清乾隆 白玉御题诗文扳指	内直径2cm	51,750	北京翰海	2017-06-04
清乾隆 白玉御题诗文扳指	高2.5cm	92,000	北京匡时	2017-12-03
清乾隆 黄玉龙凤纹扳指	直径2.9cm	310,500	古天一	2017-06-07
清乾隆 黄玉御题《玉韘诗》扳指	直径2.8cm	402,500	观唐皕榷	2017-01-11
清乾隆 御制梅花诗扳指（三乾款）	高2.5cm	172,500	中贸圣佳	2017-06-18
清中期 "独立朝纲"玉扳指	直径3cm	40,250	北京保利	2017-12-19
清中期 白玉海水龙纹扳指	内径2.3cm	28,750	北京翰海	2017-12-16
清中期 白玉花蝶扳指	内径1.9cm	132,250	北京翰海	2017-12-16
清中期 白玉锦地双骏扳指	内径2cm	138,000	北京翰海	2017-12-16
清中期 白玉留皮扳指	宽3.3cm	43,700	北京保利	2017-12-20
清中期 白玉人物扳指	直径3.2cm	46,000	中国嘉德	2017-12-21
清中期 白玉狩猎图扳指	内径2cm	115,000	北京翰海	2017-12-16
清中期 白玉双骏扳指	内径2.1cm	92,000	北京翰海	2017-12-16
清中期 缠丝玛瑙包金扳指	直径3.5cm	17,250	北京匡时	2017-06-04
清中期 各式玉扳指三只	尺寸不一	103,500	中鸿信	2017-04-30
清中期 珊瑚弥勒小摆件	宽4.5cm	13,800	浙江佳宝	2017-07-23
清晚期 白玉扳指	直径3.5cm	185,462	香港苏富比	2017-06-01
清 白玉、翡翠等扳指（十四件）	尺寸不一	34,500	北京保利	2017-12-20
清 白玉扳指	3.3cm×3.3cm	13,000	上海驰翰	2017-11-03
清 白玉扳指（两件）	最大的高3.5cm	29,306	中国嘉德	2017-05-30
清 白玉扳指（两件）	直径3cm；直径3.3cm	13,800	北京保利	2017-06-08
清 白玉扳指（两件）	直径3cm	70,517	中国嘉德	2017-10-02
清 白玉扳指（两件）	直径2.9cm	58,764	中国嘉德	2017-10-02
清 白玉扳指（两件）	直径3.1cm	47,011	中国嘉德	2017-10-02
清 白玉扳指（两件）	直径3cm	47,011	中国嘉德	2017-10-02
清 白玉扳指（两件）	直径3.2cm	44,073	中国嘉德	2017-10-02
清 白玉扳指（三件）	直径3.1cm	78,352	中国嘉德	2017-10-02
清 白玉扳指（三件）	直径3.3cm	73,455	中国嘉德	2017-10-02
清 白玉扳指（三件）	直径3.3cm	34,279	中国嘉德	2017-10-02
清 白玉赤壁赋扳指	直径2.8cm	48,300	北京保利	2017-04-17
清 白玉带红沁如意云纹扳指	直径2.9cm	10,644	万昌斯	2017-05-29
清 白玉雕夔龙纹扳指		25,946	纽约蘇富比	2017-03-18
清 白玉雕御题诗扳指	高2.5cm	74,750	西泠拍卖	2017-07-15

拍品名称	物品尺寸	成交价RMB	拍卖公司	拍卖日期
清 白玉贵妃镯、仿琥珀料扳指各一件	内径5.8cm；内径2.1cm	43,700	中国嘉德	2017-04-01
清 白玉锦地夔龙扳指	直径3cm	23,000	北京保利	2017-12-20
清 白玉留皮扳指	直径2.3cm	36,800	北京保利	2017-04-17
清 白玉留皮扳指	直径3cm	23,000	北京保利	2017-04-17
清 白玉留皮扳指	直径3.1cm	13,800	北京保利	2017-04-17
清 白玉三羊开泰扳指	直径3cm	32,200	北京保利	2017-04-17
清 白玉狩猎图扳指	直径3.8cm	43,700	中国嘉德	2017-12-21
清 白玉素身扳指	直径3.1cm	23,417	万昌斯	2017-05-29
清 白玉渔家乐扳指	直径2.7cm	32,200	北京保利	2017-04-17
清 白玉云雷纹扳指	直径3cm	23,000	北京保利	2017-04-17
清 缠丝玛瑙套金扳指	高3cm	20,700	北京匡时	2017-12-03
清 各式扳指（6件）	尺寸不一	28,750	北京保利	2017-06-08
清 黄玉扳指	直径3.2cm	67,438	佳士得	2017-10-04
清 黄玉素扳指	直径2.8cm	25,300	北京保利	2017-06-08
清 玛瑙扳指 白玉扳指（两件）	直径2.8cm	17,250	中国嘉德	2017-06-19
清 木刻诗文扳指		17,298	纽约蘇富比	2017-03-18
清 青金石、玛瑙等扳指（三件）	直径3.4cm	11,500	北京保利	2017-12-20
清 虬角包金随喜扳指	直径3.4cm	17,250	北京保利	2017-06-08
清 玉扳指（两件）	直径3cm	14,691	中国嘉德	2017-10-02
清 玉扳指（三件）	直径3.3cm	23,000	中国嘉德	2017-12-21
清 玉扳指（三件）	直径3cm	11,753	中国嘉德	2017-10-02
清 玉扳指（三件）	直径3.1cm	11,753	中国嘉德	2017-10-02
清 玉扳指（四件）	直径3.1cm	31,341	中国嘉德	2017-10-02
清 玉扳指五件及翠玉扳指一件	直径3.5cm×6	3,659,300	佳士得	2017-11-29
清初 黄玉雕"溪山行旅图"扳指	直径3.5cm	115,000	北京宣石	2017-12-03
19-20世纪 玉石扳指（4件）		12,973	纽约蘇富比	2017-03-18
19世纪 扳指3件		20,757	纽约蘇富比	2017-03-18
民国 袁世凯洗心亭主人款白玉扳指、附旧银套座	内径2.1cm 外径3.3cm	126,500	中鸿信	2017-04-30
白玉巧雕鹿纹、诗文扳指各一件	内径2cm；内径1.9cm	23,000	中国嘉德	2017-09-04
白玉羲之爱鹅图扳指	内径2.2cm	23,000	中国嘉德	2017-04-01
扳指（六只）	尺寸不一	11,500	中国嘉德	2017-04-01
冯钤 猿声 碧玉扳指	直径3.7cm	36,800	西泠拍卖	2017-07-15
葛洪 和田玉籽料辟邪扳指	3.3cm×3.3cm	126,500	尚品润博	2017-04-23
吴金星 和田玉籽料龙辰天尊扳指（一套）	4.1cm×3.5cm	287,500	尚品润博	2017-01-02
笑容弥勒佛	17.5cm×10.5cm	55,200	凤凰拍卖	2017-07-30
杨建发 韬光养晦 白玉扳指	长5.6cm，重127.2g；长3cm，重25.8g	896,000	上海联合	2017-12-17
玉带板				
唐玉雕舞人带板、铊尾（各一件）	最大的高9.8cm	83,733	中国嘉德	2017-05-30
唐至明 玉雕舞人带板（3件）	最大的高5.3cm	41,866	中国嘉德	2017-05-30
金元 白玉红沁熊神纹带板	长5.7cm	20,160	浙江佳宝	2017-07-23
元白玉镂雕胡人戏狮带板（一套）	最长9cm	1,958,800	中国嘉德	2017-10-02
元 白玉鱼化龙带板	长6.5cm	18,095	万昌斯	2017-05-29
元 和田白玉雕穿花龙纹带板	8.3cm×7.1cm	34,500	中拍国际	2017-06-04
明 白玉带板（一组）	尺寸不一	2,070,000	北京东正	2017-12-09
明 白玉龙穿莲花带板	长15.3cm	92,000	北京保利	2017-04-17

2017玉器拍卖成交汇总

(成交价RMB：1万元以上)

拍品名称	物品尺寸	成交价RMB	拍卖公司	拍卖日期
明 白玉龙纹带板	尺寸不一	103,500	中贸圣佳	2017-06-18
明 白玉龙纹带板	长6cm	18,095	万昌斯	2017-05-29
明 白玉龙纹带板	长7.1cm	34,500	浙江佳宝	2017-07-23
明 白玉龙纹带板连铜配饰	玉长6.1cm	15,966	万昌斯	2017-05-29
明 白玉镂雕龙纹带板（9件）	最大的宽6.4cm	177,932	中国嘉德	2017-05-30
明 白玉镂雕英雄纹带板	长6.6cm	34,500	上海匡时	2017-11-05
明 白玉鹿衔灵芝带板	长7cm	43,700	北京保利	2017-04-17
明 白玉透雕龙纹带板（3块）	20.3cm×6.5cm	69,000	古天一	2017-06-07
明 白玉透雕麒麟带板	长6.8cm	23,000	北京保利	2017-06-08
明 白玉透雕万字云龙纹带板	长9cm	69,000	北京翰海	2017-09-13
明 和田白玉绶带纹带板	6.8cm×5.6cm	34,500	中拍国际	2017-06-04
明 青白玉镂雕穿芝龙纹带板(1套18块)	最大9.7cm	191,009	巴黎苏富比	2017-06-22
明 寿字纹带板	7.1cm×2.8cm	23,000	凤凰拍卖	2017-07-30
明或以前 春水纹玉带板（1套20片）	尺寸不一	575,000	荣宝斋（上海）	2017-07-30
明晚期 白玉雕龙纹带板	长7.6cm	13,800	北京保利	2017-12-20
清 白玉镂雕太狮少狮带板	长7.5cm	57,500	中鸿信	2017-04-30
白玉胡人带板	3.6cm×3.6cm	34,500	中拍国际	2017-06-04
玉带饰（铊尾）				
唐 青玉胡腾舞纹铊尾带板	长9.8cm	35,616	中濠典藏	2017-11-29
唐 玉雕舞人铊尾（3件）	最大的高7.5cm	104,666	中国嘉德	2017-05-30
元 白玉受沁云龙纹带饰	宽9cm	34,500	浙江佳宝	2017-07-23
元 灰玉海东青击雁图带饰	长6cm	161,000	北京保利	2017-12-18
明 白玉带沁龙纹带饰	长3.5cm	23,417	万昌斯	2017-05-29
明 白玉林荫明月带饰	长3.7cm	15,966	万昌斯	2017-05-29
明 玛瑙熊带饰	长7cm	13,800	中国嘉德	2017-06-19
明 玉龙纹带饰板	长7.4cm	51,750	八益拍卖	2017 04 22
明或更早 青玉雕赶珠龙纹玉带（一套）		546,635	香港苏富比	2017-06-01
清 白玉题字圆带饰	直径5.3cm	31,932	万昌斯	2017-05-29
清 白玉凌霄花带饰	长6cm	20,700	中贸圣佳	2017-09-04
玉带钩				
战国 九节铁芯玉带钩	长19cm	1,608,540	香港翰海	2017-10-05
战国玉雕带钩两件和白色琉璃带钩	最大的长10.5cm	18,840	中国嘉德	2017-05-30
战国 玉勾连云纹双龙带钩	长12.5cm	1,276,500	佳士得	2017-11-29
战国 玉龙首带钩	长13.5cm	531,875	佳士得	2017-11-29
汉 白玉虎纹龙首带钩	长2.9cm	10,644	万昌斯	2017-05-29
汉 白玉龙形带钩	宽4cm	144,138	佳士得	2017-05-31
汉 螭龙纹高浮雕兽面纹带钩	长12.5cm	3,341,760	中濠典藏	2017-05-23
汉 玉螭龙纹带钩	长14cm	465,675	佳士得	2017-05-31
汉 玉虎纹龙首带钩	长10.6cm	29,803	万昌斯	2017-05-29
元 白玉带钩	长8.2cm	17,250	北京保利	2017-12-18
元 青白玉龙首带钩	长14.5cm	17,030	万昌斯	2017-05-29
明 白玉苍龙教子带钩	长13cm	46,000	北京荣宝	2017-09-24
明 白玉琵琶形龙带钩	长7.5cm	17,250	凤凰拍卖	2017-07-30
明 龙型玉带钩（6件）	尺寸不一	460,000	北京匡时	2017-06-04
明/清 玉鸟形带钩	长4.1cm	34,595	纽约佳士得	2017-03-16
明晚期 黄玉雕龙凤带钩（一对）	长6.5cm×2	58,764	保利香港	2017-10-02
明早期 黄玉雕勾云纹龙钩		92,000	上海敬华	2017-07-01

拍品名称	物品尺寸	成交价RMB	拍卖公司	拍卖日期
清乾隆 白玉望子成龙大带钩	长16.5cm	287,500	北京保利	2017-08-02
清乾隆 白玉羊首钩	长9cm	92,000	北京东正	2017-12-09
清中期 白玉螭龙纹带钩	长14cm	63,250	北京翰海	2017-12-16
清中期 白玉螭龙纹带钩	长13.5cm	46,000	北京翰海	2017-12-16
清中期 白玉螭龙纹带钩	长12.4cm	25,300	北京翰海	2017-12-16
清中期 白玉带皮苍龙教子小龙钩	长8cm	36,800	北京保利	2017-06-08
清中期 白玉雕苍龙教子带钩	长12.3cm	13,800	北京保利	2017-12-20
清中期 和田白玉龙形带钩	长7.8cm	11,500	北京华辰	2017-06-05
清中期 青白玉龙钩（两件）	长9cm；长12.5cm	20,700	北京保利	2017-06-08
清中期 水晶螭龙纹带钩	长10.5cm	13,800	北京翰海	2017-12-16
清中期 玉龙钩（十件）	尺寸不一	483,000	北京翰海	2017-12-16
清晚期 青玉、白玉带钩，镇（共3件）	尺寸不一	17,250	北京保利	2017-06-08
清 白玉雕苍龙教子带钩	长13.5cm	34,500	西泠拍卖	2017-07-15
清 白玉雕九灵芝如意纹龙首带钩	长8cm	86,250	观唐皕榷	2017-01-12
清 白玉雕望子成龙纹带钩	长11.2cm	42,560	上海联合	2017-06-18
清 白玉雕羊首带钩	长20.8cm	43,700	古天一	2017-06-07
清 白玉龙勾	长11.8cm	17,250	中贸圣佳	2017-09-04
清 白玉龙钩	长12.5cm	20,700	北京保利	2017-11-05
清 带钩（一组四件）	最长8.6cm	21,547	中国嘉德	2017-10-02
清 黑白玉龙纹带钩	长9.2cm	11,902	纽约佳士得	2017-07-13
清 黄玉龙钩	长8cm	253,000	观唐皕榷	2017-01-12
清 龙铺首带钩	长5cm	333,500	古天一	2017-06-07
清 龙型玉带钩（5件）	尺寸不一	345,000	北京匡时	2017-06-04
清 青玉龙首带钩	长13.4cm	89,100	佳士得	2017-04-04
清 望子成龙龙钩	长8cm	23,000	凤凰拍卖	2017-07-30
清 玉带钩（一组四件）	最长7.5cm	27,423	中国嘉德	2017-10-02
18世纪/19世纪 白玉带钩（两件）	长9cm	44,550	佳士得	2017-04-04
18世纪/19世纪 玉带钩（3件）		11,243	纽约蘇富比	2017-03-18
18世纪/19世纪 玉带钩（5件）	largest 长7.6cm	23,804	纽约佳士得	2017-07-13
18世纪/19世纪玉带钩（一组两件）	长12.1cm	16,768	伦敦佳士得	2017-05-12
18世纪/19世纪初 青白玉龙纹带钩	长13cm	24,593	伦敦佳士得	2017-05-12
19世纪 青白玉龙纹带钩及白玉蝴蝶纹佩	Belt hook 长6.4cm；Plaque 宽7cm	11,052	纽约佳士得	2017-07-13
白玉人物、带钩、方印（3件）	高3.5cm；长3.5cm；高1.7cm	34,500	北京翰海	2017-06-04
玉带扣				
唐 白玉带扣（两件）	最大长6.1cm	31,932	万昌斯	2017-05-29
金/元 白玉云鹤纹将军扣	长3.8cm	13,800	浙江佳宝	2017-07-23
明 金镶玉双螭纹带扣	长5.9cm	41,400	浙江佳宝	2017-07-23
明末清初 汉式玉螭龙纹带扣	长5cm	284,250	香港苏富比	2017-06-01
清 白玉螭龙带扣	宽10cm	51,750	中国嘉德	2017-12-21
清 白玉螭龙带扣(一副)	长9.5cm；宽4cm	34,500	上海工美	2017-07-23
清 白玉螭纹带扣	长8.8cm	20,700	中贸圣佳	2017-09-04
清 白玉带灰皮喜报三元将军扣	长5.7cm	37,254	万昌斯	2017-05-29
清 白玉龙纹带扣	长10cm	80,500	北京保利	2017-06-08
清 白玉狮子带扣	长5.8cm	13,800	北京保利	2017-04-17
清 白玉太狮少狮带扣	长8.5cm	43,700	中贸圣佳	2017-09-04
清 白玉籽料带扣	宽7cm	27,204	纽约佳士得	2017-07-13
清 青白玉太极八卦纹带扣	长11.6cm	28,750	中国嘉德	2017-04-01

拍品名称	物品尺寸	成交价RMB	拍卖公司	拍卖日期
清 青玉马形带扣	宽8.9cm	22,103	纽约佳士得	2017-07-13
清 双龙带扣	5cm×3.5cm×2cm	86,250	凤凰拍卖	2017-07-30
18世纪 白玉留皮花鸟大带扣	长9.5cm	80,500	北京保利	2017-12-18
18世纪/19世纪 白玉雕龙纹带扣	宽9.5cm	12,752	纽约佳士得	2017-07-13
18世纪/19世纪 白玉蝴蝶形带扣（一对）	宽4.7cm×2	199,575	佳士得	2017-05-31
18世纪/19世纪 白玉仙人玉扣（一对）	高5cm	44,550	佳士得	2017-04-04
19世纪 白玉镂雕龙纹带扣	宽9.5cm	11,902	纽约佳士得	2017-07-13
黄玉素身带扣及白玉镂雕龙纹佩	白玉镂雕龙纹珮长6.1cm；黄玉素身带扣长5.8cm	36,313	佳士得	2017-10-04
杨建发 护佑 白玉带扣	5.5cm×3.3cm×2cm	87,360	上海联合	2017-06-18
玉锁				
清中期 白玉透雕万年如意锁	长11cm	25,300	北京保利	2017-04-17
清 青白玉玉堂富贵锁	长12.2cm	51,750	八益拍卖	2017-04-22
清 玉雕花卉锁	长9cm	34,500	北京翰海	2017-09-13
清 玉雕梅花锁	长7cm	20,700	北京翰海	2017-09-13
清 玉雕人物锁	长7.5cm	32,200	北京翰海	2017-09-13
清 玉雕人物锁	长9cm	25,300	北京翰海	2017-09-13
玉磬				
明/清 磬	长26cm	115,000	北京保利	2017-06-08
清乾隆 碧玉描金云龙纹编磬	宽38.3cm	517,500	中鸿信	2017-04-29
清 白玉双龙纹磬	长13.8cm	29,120	浙江佳宝	2017-07-23
清 碧玉描金龙纹磬	长42.5cm	44,850	太平洋	2017-03-30
清 碧玉描金云龙纹磬	长42.5cm	195,500	太平洋	2017-09-10
清 玉石磬配如意形虎皮楠磬架	磬架座高75.5cm	69,000	北京银座	2017-06-07
当代 龙凤回纹玉磬摆件	长35cm	46,000	上海嘉禾	2017-07-01
玉雕磬（一对）	高53cm	10,350	北京保利	2017-11-05
玉刚卯 严卯				
汉 白玉刚卯	长2.6cm	21,288	万昌斯	2017-05-29
汉 白玉严卯	长2.4cm	10,644	万昌斯	2017-05-29
汉 白玉长形刚卯	长4.6cm	21,288	万昌斯	2017-05-29
汉 玉刚卯	高2.3cm	60,723	中国嘉德	2017-10-02
汉 玉刚卯	长2.5cm	10,644	万昌斯	2017-05-29
清乾隆 1793年 碧玉严卯	高5.2cm	178,200	佳士得	2017-04-04
玉柄形器				
西周 青白玉龙凤纹柄形器	长10.5cm	2,021,125	佳士得	2017-11-29
西周中期 青白玉凤纹两节柄形器	长11.5cm	191,475	佳士得	2017-11-29
清 白玉蝉纹柄形器	长10.8cm	172,500	古天一	2017-06-07
玉炉顶				
宋 玉鸳鸯炉顶	长2.1cm	23,417	万昌斯	2017-05-29
金 白玉荷塘鹭鸶炉顶	高4.5cm	125,599	中国嘉德	2017-05-30
金/元 青白玉镂雕鹭鸶荷塘炉顶	高3.5cm	48,970	中国嘉德	2017-10-02
元 白玉大鹏金翅鸟炉顶	高5cm	34,500	北京翰海	2017-06-04
元 旧玉螭龙纹炉顶	高3.8cm	25,300	北京翰海	2017-12-16
元 明 青白玉雕“秋山高仕图”炉顶	高9cm	517,500	北京宣石	2017-12-03
元 玉镂雕荷塘鹭鸶炉顶（两件）	最大的高5.8cm	41,866	中国嘉德	2017-05-30
明 白玉[illegible]纹炉顶	长6.3cm	126,500	中国嘉德	2017-06-19

拍品名称	物品尺寸	成交价RMB	拍卖公司	拍卖日期
明白玉镂雕穿花龙纹炉顶（两件）	高10cm×2	95,019	伦敦苏富比	2017-05-10
明 黄玉带红皮盘龙纹炉顶	直径4cm	161,000	古天一	2017-06-07
明或以前 白玉透雕龙首花卉炉顶	长6.8cm	115,000	荣宝斋（上海）	2017-07-30
玉珠串				
西周 玉项饰（主珠19粒）	单长0.9-1.56cm	89,600	浙江佳宝	2017-07-23
五代 白玉莲花珠串饰（100粒）	单径1.3cm	324,800	浙江佳宝	2017-07-23
明 南红玛瑙十八籽手串	长20cm	57,500	北京匡时	2017-06-04
明-清 玉雕各式串饰等（五件)	尺寸不一	63,250	北京保利	2017-12-20
明-清 玉雕各式多宝串十串	尺寸不一	172,500	北京保利	2017-12-20
清 包袱形白玉手串16粒	每颗长约1.4cm；宽约1.2cm	23,000	荣宝斋（上海）	2017-07-30
清 琥珀串饰	总重71.2g	34,500	中国嘉德	2017-12-19
清 琥珀手串、项链（两件）	珠径1.6cm	11,200	上海联合	2017-12-17
清 老蜜蜡念珠		207,000	观唐皕槯	2017-01-12
清 松香蜜蜡九籽手串	长27cm	32,200	北京匡时	2017-06-04
清 松香蜜蜡九籽手串	长27cm	32,200	北京匡时	2017-06-04
清 松香蜜蜡十二籽	长12cm；重48.5g	23,000	北京保利	2017-12-20
清 松香蜜蜡圆珠十二籽手串	长19.6cm；重27.4g	11,500	北京匡时	2017-12-03
清 松香蜜蜡圆珠手串	长25cm；重80.2g	20,700	北京匡时	2017-12-03
清 珍珠十八籽手串	长30cm	57,500	北京匡时	2017-12-03
20世纪 琥珀、蜜蜡手串（10串）	尺寸不一	13,800	中国嘉德	2017-04-01
白玉珠串	直径0.7cm	13,440	上海联合	2017-06-18
白玉珠串	直径0.8cm	13,440	上海联合	2017-12-17
老玛瑙 佩珠串	尺寸不一	14,950	上海泛华	2017-07-02
玛瑙串	尺寸不一	230,000	中拍国际	2017-06-04
山楂红蜜蜡手串	直径1.5cm	13,800	北京荣宝	2017-06-02
珊瑚手串（两串）	长54cm	10,350	中国嘉德	2017-04-01
珊瑚手链	长17cm	11,500	广东崇正	2017-03-24
珊瑚手饰（1套5件）	尺寸不一	11,500	广东崇正	2017-03-24
孙鹏 和田玉籽料原石手串		103,500	尚品润博	2017-07-16
西亚蚀花玛瑙串	尺寸不一	57,500	中拍国际	2017-06-04
西亚蚀花玛瑙串	尺寸不一	57,500	中拍国际	2017-06-04
新疆天然和田玉籽料手串		25,300	十竹斋	2017-01-01
玉雕十二生肖珠串		152,734	香港苏富比	2017-06-01
玉雕徐凯作品 新疆天然和田白玉手串		11,500	十竹斋	2017-01-01
琥珀手串	直径10cm	13,800	北京保利	2017-11-05
项链				
清乾隆 琥珀朝珠带朝珠盒	盒直径约20cm	207,000	上海匡时	2017-11-05
清中期 琥珀朝珠	直径1.0cm	57,500	北京荣宝	2017-06-02
清 白玉项链	长44cm	21,850	北京保利	2017-04-17
清 红珊瑚捻珠	直径1.6cm	287,500	北京宣石	2017-12-03
清 蜜蜡一百零八子朝珠	珠径1.5cm	126,500	西泠拍卖	2017-07-15
清 珊瑚团寿项链	长40cm	36,800	北京匡时	2017-12-03
清 珊瑚项链		126,500	北京翰海	2017-09-13
清 紫晶朝珠	直径1cm	23,000	北京宣石	2017-12-03
18世纪 蜜蜡朝珠	长119cm	31,400	中国嘉德	2017-05-30
19世纪 琥珀、蜜蜡坠连项链（十四件）		[illegible]	中国嘉德	2017-04-01

2017玉器拍卖成交汇总

(成交价RMB：1万元以上)

拍品名称	物品尺寸	成交价RMB	拍卖公司	拍卖日期
19世纪 琥珀翡翠朝珠		155,678	纽约蘇富比	2017-03-18
民国 珊瑚朝珠	长75cm	40,250	北京保利	2017-06-08
玻璃项链		17,020	佳士得	2017-11-28
红珊瑚项链	长28cm	25,300	北京保利	2017-11-05
红珊瑚项链 约8.00mm	珊瑚珠径约为8.00mm；项链长度约为46.10cm	32,200	北京保利	2017-12-18
侯晓锋 接喜纳福 南红项链	珠径09-1.5cm；2.2cm×2.1cm	13,800	西泠拍卖	2017-07-15
侯晓锋 平安喜乐 南红项链	珠径0.8cm；佛头2.2cm×2.1cm	11,500	西泠拍卖	2017-07-15
琥珀项链		24,509	天成国际	2017-12-03
蓝珀佛珠（五串）	尺寸不一	11,500	中国嘉德	2017-04-01
绿松石龙凤纹璎珞	尺寸不一	1,150,000	中拍国际	2017.06.04
青玉项链	长38cm	44,550	佳士得	2017-04-04
唐奇伟 和田玉籽料佛珠	直径0.75cm；重80g	51,750	尚品润博	2017-04-23
现代 玉项链（两件）		32,200	北京翰海	2017-09-10
新疆天然和田玉籽料项琏		12,650	十竹斋	2017-01-01
意大利沙丁珊瑚项链		34,500	北京匡时	2017-06-03
玉镯				
文化期 黄玉带沁镯	直径8.5cm	83,733	中国嘉德	2017-05-30
新石器时代 红山文化 黄玉手镯	外直径8.1cm；内直径5.7cm	79,830	万昌斯	2017-05-29
新石器时代 红山文化 黄玉手镯	外直径8.3cm；内直径6.5cm	63,864	万昌斯	2017-05-29
新石器时代 青褐玉镯	直径8.3cm	110,875	佳士得	2017-05-31
新石器时代至商 玉镯形器及玉环	镯直径5.9cm，环直径12cm	60,130	香港苏富比	2017-06-01
汉 青玉手镯	外径7.5cm	13,800	西泠拍卖	2017-05-05
宋 黄玉带沁神兽纹手镯	外直径8.4cm	90,474	万昌斯	2017-05-29
宋 战国式玉索纹镯	直径7.9cm	437,308	香港苏富比	2017-06-01
明 白玉洒金沁手镯	直径8.5cm	149,500	古天一	2017-06-07
明 白玉手镯	外径8cm；内径5.8cm	18,400	西泠拍卖	2017-05-05
明 黄玉博古龙纹手镯	直径8.5cm	48,300	古天一	2017-06-07
明 题字玉镯	外直径6cm；内直径5.1cm	20,224	万昌斯	2017-05-29
明 玉浸色双龙镯	直径8.6cm	218,500	中国嘉德	2017-06-19
明 玉镯（一对）	直径8cm	161,000	凤凰拍卖	2017-07-30
明末 白玉双龙衔珠手镯	直径8cm	43,700	中国嘉德	2017-06-19
17世纪 黄玉留皮手镯	直径6.5cm	172,500	北京东正	2017-06-08
清中期 白玉雕双龙手镯	直径5.7cm	46,000	八益拍卖	2017-04-22
清中期 白玉竹节手镯		17,250	上海敬华	2017-07-01
清中期 白玉籽料二龙戏珠手镯（一对）	直径6.0cm	80,500	浙江佳宝	2017-07-23
清中期 一级白玉籽料手镯	直径5.62cm	23,000	浙江佳宝	2017-07-23
清晚期 白玉手镯	直径5.6cm	11,500	北京荣宝	2017-09-24
清 白玉雕龙纹手镯（一对）	直径7.4cm×2	92,000	北京匡时	2017-12-03
清 白玉雕藕节纹手镯（一对）	直径8cm×2	46,000	大羿拍卖	2017-12-04

拍品名称	物品尺寸	成交价RMB	拍卖公司	拍卖日期
清 白玉绞丝镯（一对）	直径7cm×2	207,000	中国嘉德	2017-12-21
清 白玉连珠纹镯	直径15.8cm	253,000	中贸圣佳	2017-06-18
清 白玉龙纹手镯（一对）	最大外径7.6cm	106,440	万昌斯	2017-05-29
清 白玉龙珠镯	直径8cm	107,734	中国嘉德	2017-10-02
清 白玉手镯	内直径5.6cm	20,700	北京翰海	2017-06-04
清 白玉手镯	直径7.5cm	23,000	保利厦门	2017-06-26
清 白玉手镯	内径6.8cm；外径8cm	29,900	西泠拍卖	2017-07-15
清 白玉手镯	直径8cm	23,000	北京匡时	2017-12-03
清 白玉手镯（两件）	直径5.8cm	69,000	北京翰海	2017-01-08
清 白玉手镯（一对）	内径5.8cm×2	25,300	北京荣宝	2017-06-02
清 白玉手镯（一对）	直径9cm	17,250	北京宣石	2017-12-03
清 白玉双龙纹手镯	外直径8.2cm；内直径6.2cm	117,084	万昌斯	2017-05-29
清 白玉竹节手镯	外直径8cm；内直径6cm；厚1.1cm	22,441	万昌斯	2017-05-29
清 白玉竹节纹贵妃镯	外径7.8cm×6cm；内径6cm×4cm	20,700	西泠拍卖	2017-05-05
清 白玉镯	内径5.5cm	11,500	中国嘉德	2017-09-03
清 白玉籽料红沁手镯	直径5.5cm	17,250	浙江佳宝	2017-07-23
清 和田白玉镶金手镯	内径5.7cm	20,700	中拍国际	2017-06-04
清 黄玉手镯	外径8cm；内径5.7cm	13,800	十竹斋	2017-01-01
清 灰皮玉手镯	直径7.2cm	48,300	古天一	2017-06-07
清 青白玉绞丝镯（一对）	内径6cm	25,300	中国嘉德	2017-04-01
清 双龙戏珠镯	直径7.5cm	92,000	凤凰拍卖	2017-07-30
清 玉扁手镯	直径6cm	201,250	古天一	2017-06-07
清 玉龙首戏珠镯	直径8cm	34,500	中国嘉德	2017-06-19
清 玉手镯	内径5.8cm	23,000	北京翰海	2017-12-16
清 玉手镯	直径8cm	64,400	北京翰海	2017-09-13
清 玉手镯	直径6cm	36,800	北京翰海	2017-09-13
清 玉手镯	直径7.5cm	28,750	北京翰海	2017-09-13
清 玉手镯	直径6.5cm	20,700	北京翰海	2017-09-13
清 玉手镯	直径8.5cm	17,250	北京翰海	2017-09-13
清　玉手镯	直径8cm	23,000	北京翰海	2017-04-30
18世纪 黄玉吉象手镯	直径8.7cm	240,010	香港苏富比	2017-06-01
18世纪/19世纪 青白玉扭绳纹手镯	直径7.9cm	29,065	伦敦佳士得	2017-05-12
19世纪 青白玉双龙戏珠手镯	直径7.3cm	65,457	香港苏富比	2017-06-01
民国 黄玉留皮螭龙灵芝纹镯	内径6.2cm	11,500	中国嘉德	2017-04-01
白玉、青玉镯各一只	内径5.9cm；内径5.8cm	13,800	中国嘉德	2017-04-01
白玉龙首手镯（一对）	直径8cm	17,250	北京保利	2017-04-17
白玉龙镯	直径7.5cm	51,008	纽约佳士得	2017-07-13
白玉手镯	直径1.7cm；内径5.7cm	280,000	上海联合	2017-06-18
白玉手镯	内径56.5cm；宽2cm；重量95.6g	179,200	上海联合	2017-12-17
白玉手镯	宽1.5cm；内径56cm；重量64.6g	112,000	上海联合	2017-12-17
白玉手镯（3件）	直径7.5cm	11,500	北京保利	2017-04-17

拍品名称	物品尺寸	成交价RMB	拍卖公司	拍卖日期
白玉手镯（两件）	尺寸不一	10,350	上海嘉禾	2017-10-14
白玉手镯（一对）	直径7.9cm	13,800	中贸圣佳	2017-09-04
白玉镯、碧玉镯各一对	内径5.6cm；内径5.5cm	20,700	中国嘉德	2017-04-01
碧玉镯一对、项链一串	长25cm；内径5.7cm	17,250	中国嘉德	2017-09-04
翠玉手镯（1组3件）	直径9cm	14,532	伦敦佳士得	2017-05-12
和田玉手镯		32,320	北京匡时	2017-10-02
黄玉云纹镯、白玉龙珠镯各一只	内径5.8cm；内径5.7cm	23,000	中国嘉德	2017-04-01
鸡骨白玉镯	直径7cm	172,500	中贸圣佳	2017-06-18
蒋喜作品 和田白玉手镯		126,500	十竹斋	2017-01-01
旧玉镯	直径8.5cm	11,500	朵云轩	2017-12-15
李俊杰 和田玉籽料守护手镯	直径5.7cm；重74.9g	184,000	尚品润博	2017-04-23
李俊杰 和田玉籽料圆满手镯	直径5.4cm	207,000	尚品润博	2017-07-16
玛瑙镶金手镯	外径9.3cm	345,000	中拍国际	2017-06-04
青白玉绞丝镯（一对）	内径6cm	17,250	中国嘉德	2017-09-04
青白玉绞丝镯、龙珠镯各一只	内径5.7cm；内径5.5cm	10,350	中国嘉德	2017-09-04
青白玉龙珠镯（一对）	内径5.8cm	23,000	中国嘉德	2017-04-01
青白玉龙珠镯（一对）	内径5.8cm；内径5.6cm	11,500	中国嘉德	2017-09-04
青白玉龙镯（一对）	内径5.9cm	11,500	中国嘉德	2017-09-04
青白玉马蹄形龙珠镯（一对）	内径5.9cm	28,750	中国嘉德	2017-04-01
青白玉镯（一对）	内径6cm	13,800	中国嘉德	2017-04-01
青花手镯	宽1.7cm；内径5.7cm	12,960	上海联合	2017-06-18
珊瑚手镯	内径4.2cm	11,500	广东崇正	2017-03-24
唐奇伟 和田玉籽料乾坤团圆套镯	7.3cm×7.3cm；重265.9g	115,000	尚品润博	2017-01-02
天然和田玉翠青手镯		20,700	十竹斋	2017-01-01
玉镯（三只）	内径5.8cm；内径5.8cm；内径5.7cm	17,250	中国嘉德	2017-04-01
玉髮器				
后石家河文化 约公元前2100-公元前1600年 青玉鸟纹笄	长10cm	3,352,940	佳士得	2017-11-29
商 玉雕弦纹箍	直径5.5cm	36,633	中国嘉德	2017-05-30
约商 玉鹰形笄	长5.5cm	491,972	香港苏富比	2017-06-01
西周玉龙形梳、玉饰件（共6件）	最大的宽9.5cm	29,306	中国嘉德	2017-05-30
春秋 玉龙纹梳	高5.5cm	117,013	佳士得	2017-11-29
春秋晚期 玉兽面纹梳	高5.7cm	63,825	佳士得	2017-11-29
春秋至明 白玉簪两件、青玉锥和璜各一件	最大的长10.3cm	115,133	中国嘉德	2017-05-30
西汉中期 青黄玉凤首发笄	长21.4cm	404,225	佳士得	2017-11-29
唐 白玉凤鸟纹梳背	长4.1cm；宽2cm	42,550	浙江佳宝	2017-07-23
明 白玉如意头簪（一组两件）	长12.9cm；长9.1cm	27,600	浙江佳宝	2017-07-23
明 白玉五梁冠	高4cm	23,000	北京匡时	2017-06-04

拍品名称	物品尺寸	成交价RMB	拍卖公司	拍卖日期
明 白玉喜上眉梢纹银簪	长16.4cm	11,200	浙江佳宝	2017-07-23
17世纪 痕都斯坦花卉纹白玉王冠饰	长12.5cm	138,000	中拍国际	2017-06-04
17世纪/18世纪 灰白玉雕螭龙纹发冠		51,893	纽约蘇富比	2017-03-14
清中期 白玉螭首发簪	长15cm	23,000	北京保利	2017-06-08
清晚期 白玉嵌宝扁方	长33.5cm	74,750	北京中汉	2017-12-19
清 白玉如意簪子	长14.5cm	20,700	中国嘉德	2017-12-21
清 碧玉簪子	长14cm	34,279	中国嘉德	2017-10-02
清 玉笄	长15cm	76,529	香港苏富比	2017-06-01
清 簪金丝玉嵌饰	直径8cm	13,800	北京翰海	2017-01-08
清 子冈款白玉螭龙纹簪	长13.2cm	115,000	西泠拍卖	2017-07-15
清 子冈款白玉簪	长10.5cm	126,500	上海明轩	2017-06-30
18世纪 白玉雕螭龙纹发簪	长17.8cm	155,625	佳士得	2017-10-02
19世纪末青白玉石榴纹梳（一对）	长12cm	33,536	伦敦佳士得	2017-05-12
彩沁龙首玉簪	18cm×2.3cm	69,000	中拍国际	2017-06-04
玉韘形佩(鸡心佩)				
战国末至西汉初 玉韘	高5.5cm	43,731	香港苏富比	2017-06-01
战国晚期 青白玉螺纹韘	长5.7cm	255,300	佳士得	2017-11-29
汉 白玉带沁凤鸟纹韘形佩	长7.7cm	10,644	万昌斯	2017-05-29
汉 龙凤纹玉韘	宽4.5cm	163,344	香港翰海	2017-10-05
汉 龙纹韘形玉佩	长7.3cm	326,688	香港翰海	2017-10-05
汉或以后 白玉双螭韘形佩	长6.5cm	539,500	佳士得	2017-10-02
宋 玉瑞兽纹韘形佩	长7.2cm	1,862,700	佳士得	2017-05-31
明 玉双螭龙鸡心佩	长5.5cm	23,000	中国嘉德	2017-06-19
清乾隆 白玉博古螭龙纹韘形佩	高6.5cm	253,000	古天一	2017-06-07
清中期 白玉镂雕鸡心佩	长7.7cm	221,750	佳士得	2017-05-31
清中期 白玉双欢鸡心佩	高7cm	13,800	北京翰海	2017-06-04
清 白玉螭龙纹鸡心佩	长5.3cm；宽3cm	10,350	浙江佳宝	2017-07-23
清 白玉子冈款鸡心佩及佩饰	最大：高3.5cm	138,000	中国嘉德	2017-12-21
清 红珊瑚鸡心佩两件和金刚杵（一对）	最大的高4.8cm	73,266	中国嘉德	2017-05-30
清 黄玉仿古鸡心佩	长4.8cm	10,350	北京保利	2017-06-08
清 双龙鸡心佩	长6.5cm	32,200	凤凰拍卖	2017-07-30
18世纪 白玉透雕双凤纹韘式佩	高6.5cm	437,308	香港苏富比	2017-06-01
凤鸟形黄玉韘	4.9cm×3.7cm	34,500	中拍国际	2017-06-04
鸡心佩、出廓璧、玉觿和玉人（各一件）	最大的长6cm	1,465,324	中国嘉德	2017-05-30
玉镂雕龙凤纹鸡心佩（一对）	长10.7cm	138,000	中拍国际	2017-06-04
玉司南佩(工字佩)				
元 旧玉工字佩	长2cm	51,750	北京翰海	2017-12-16
明 官造工字佩 带板 玉簪	尺寸不一	115,000	凤凰拍卖	2017-07-30
清中期 旧玉工字佩、白玉龙纹环（二件）	高3cm；直径5.5cm	11,500	北京翰海	2017-12-16
玉牌				
王金忠 灵猴弥勒 白玉挂件	3.6cm×4.1cm	184,800	上海联合	2017-12-17
红山文化晚期 约公元前3500-公元前3000年 玉鸟纹令牌	长24.9cm	3,352,940	佳士得	2017-11-29
汉 青玉韘形佩	6cm×4cm	75,684	中濠典藏	2017-11-29
金 灰青玉雕瑶池金母纹牌饰	宽8.5cm	744,625	佳士得	2017-11-29
金 青白玉龟鹤齐寿镂雕玉牌	宽9cm	372,313	佳士得	2017-11-29
元/明 青白玉花牌	宽6.4cm	29,754	纽约佳士得	2017-07-13

2017玉器拍卖成交汇总

(成交价RMB：1万元以上)

拍品名称	物品尺寸	成交价RMB	拍卖公司	拍卖日期
元/明 青白玉花牌（二十四件）	largest 宽5.7cm	27,204	纽约佳士得	2017-07-13
元末明初 白玉沁色风云际会牌	长5.6cm	943,000	北京东正	2017-06-08
明 白玉春江渔钓图桥头牌	长3.8cm	20,700	浙江佳宝	2017-07-23
明 白玉雕灵芝童子牌	高6.7cm	17,250	西泠拍卖	2017-07-15
明 白玉鹭鸶纹牌	长5.5cm	13,800	中国嘉德	2017-03-31
明 白玉山水诗文双凤首牌	高6.5cm	70,517	中国嘉德	2017-10-02
明 白玉子冈牌	高5.1cm	99,433	中国嘉德	2017-05-30
明 青白玉带皮人物诗文牌	高5.9cm	36,633	中国嘉德	2017-05-30
明 青白玉镂雕龙纹牌	宽20.4cm	31,301	伦敦佳士得	2017-05-12
明 玉螭龙纹牌（3件）	长8.7cm；7.3cm；5.5cm	34,595	纽约佳士得	2017-03-16
明/清白玉榴开百子牌、螭龙工字佩	最大的高5.5cm	10,467	中国嘉德	2017-05-30
明以前 白玉风云际会牌子	高3.7cm	51,750	广东崇正	2017-12-13
晚明 青玉镂雕荷塘鹭鸶牌	宽8.3cm	29,754	纽约佳士得	2017-07-13
17世纪 青玉埃及纹饰腰牌	长4.7cm	42,576	万昌斯	2017-05-29
17世纪/18世纪青白玉透雕花卉纹牌		77,839	纽约蘇富比	2017-03-14
17世纪/18世纪 青灰玉雕螭龙纹牌	长9.2cm	12,752	纽约佳士得	2017-07-13
清早期 白玉雕仕女牌	4.8cm×3.2cm	287,500	古天一	2017-06-07
清早期 白玉雕仕女诗文子冈牌	5.9cm×4cm	230,000	大羿拍卖	2017-12-04
清早期 白玉福寿竹节牌	高6.8cm	172,500	八益拍卖	2017-04-22
清早期 白玉红沁一品当朝文玩牌	长6.8cm	207,000	浙江佳宝	2017-07-23
清早期 白玉山水诗文牌	高7cm	244,850	中国嘉德	2017-10-02
清早期 白玉松鹤诗文牌	长6.8cm	172,500	中贸圣佳	2017-06-18
清早期 蜜蜡雕阿拉伯文经牌	6.2cm×4.5cm	25,300	北京匡时	2017-12-03
清康熙 白玉雕和合二仙纹牌饰	直径9.5cm	26,730	佳士得	2017-04-04
清乾隆 白玉“连珠合璧”牌	长6cm	402,500	北京保利	2017-12-19
清乾隆 白玉雕“无双谱”牌子	高4.5cm	230,000	北京宣石	2017-12-03
清乾隆 白玉雕高士诗文牌	长5.4cm	172,500	大羿拍卖	2017-12-04
清乾隆 白玉雕花卉纹福寿康宁长命如意牌	宽9cm	149,500	中鸿信	2017-04-30
清乾隆 白玉雕龙纹斋戒牌	高6.8cm	17,250	大羿拍卖	2017-12-04
清乾隆 白玉雕松下高士图诗文牌	高4.2cm	20,700	大羿拍卖	2017-12-04
清乾隆 白玉雕太平有象牌	5.3cm×3.3cm	230,000	北京匡时	2017-06-04
清乾隆 白玉雕竹节灵芝纹竹报平安牌	长5.5cm	575,000	观唐皕榷	2017-01-12
清乾隆 白玉高士仙游牌	高6cm	34,500	中鸿信	2017-04-30
清乾隆 白玉镂雕双凤比翼同心牌	高7cm	57,500	中鸿信	2017-04-30
清乾隆 白玉卯兔牌	长7.3cm	1,035,000	北京保利	2017-06-06
清乾隆 白玉扑萤图子冈牌	7.2cm×4.6cm	336,000	浙江佳宝	2017-07-23
清乾隆 白玉山水人物诗文子冈牌	长5.5cm	632,500	北京东正	2017-06-08
清乾隆 白玉仕女诗文子冈牌	长3.9cm	437,000	北京东正	2017-06-08
清乾隆 白玉仕女诗文子冈牌	6cm×4.2cm	322,000	北京匡时	2017-12-03
清乾隆 白玉双面阴刻罗汉诗文小插牌	高11cm	57,500	保利厦门	2017-06-26
清乾隆 白玉踏春图诗文牌	长5.3cm	207,000	浙江佳宝	2017-07-23
清乾隆 白玉喜得连科牌	高6cm	34,500	中鸿信	2017-04-30
清乾隆 白玉酉鸡牌	长7.3cm	1,035,000	北京保利	2017-06-06
清乾隆 白玉云龙纹牌	长6.2cm	747,500	北京保利	2017-12-19
清乾隆 白玉子冈款人物诗文牌	高6cm	517,500	中国嘉德	2017-06-20
清乾隆 白玉子孙万代牌	长8.5cm	218,500	中贸圣佳	2017-06-18
清乾隆 风云际会文玩款诗文牌	长6.1cm	368,000	中贸圣佳	2017-06-18
清乾隆 抚琴图玉牌	长5cm	517,500	中贸圣佳	2017-06-18
清乾隆 玛瑙苏作雕二十四孝图牌	高4.8cm	207,000	中国嘉德	2017-12-18
清乾隆 子冈款白玉雕松下老者诗文牌	6.2cm×4.2cm	402,500	西泠拍卖	2017-07-15
清中期 “诸仙祝寿”白玉牌	长5.3cm	57,500	北京保利	2017-12-20
清中期 白料兰花纹螭龙牌	直径12.5cm	11,500	华艺国际	2017-08-27
清中期 白玉“比翼同心”牌	高6.2cm	264,500	北京东正	2017-12-09
清中期白玉博古图圆形牌（一对）	直径5.4cm	241,500	北京保利	2017-12-19
清中期 白玉持戟童子牌	长5.5cm	74,750	北京保利	2017-04-17
清中期 白玉雕夔龙开光观菊图子冈牌	长6cm	575,000	中贸圣佳	2017-06-18
清中期 白玉雕人物圆牌	长5.8cm	69,000	上海工美	2017-07-23
清中期 白玉刻狩福寿字牌	高5.7cm	244,850	北京匡时	2017-10-02
清中期 白玉兰草图子冈牌	长6cm	92,000	华艺国际	2017-05-27
清中期 白玉连连报喜童子牌	长5.2cm	149,500	北京保利	2017-11-05
清中期 白玉埋桃祝寿图双龙首文玩牌	长6.2cm；宽3.9cm	17,250	浙江佳宝	2017-07-23
清中期 白玉樵云图牌	高5.8cm	92,000	中鸿信	2017-04-30
清中期 白玉俏色访友图诗文牌	高5.9cm	13,800	中鸿信	2017-04-30
清中期 白玉人物诗文子冈牌	高5.8cm	207,000	中国嘉德	2017-12-21
清中期 白玉瑞兽纹随形牌	长6.35cm	17,250	浙江佳宝	2017-07-23
清中期 白玉三多九如图双龙首牌	长5.4cm	40,250	浙江佳宝	2017-07-23
清中期 白玉仕女诗文夔龙纹牌	高4.1cm	34,279	中国嘉德	2017-10-02
清中期 白玉松下高士牌	长6.2cm	34,500	十竹斋	2017-01-01
清中期 白玉透雕云龙纹阴刻诗文子冈牌	高6.1cm	51,750	中鸿信	2017-04-30
清中期 白玉月下吹笙图子冈牌	长6cm；宽4cm	207,000	浙江佳宝	2017-07-23
清中期 翡翠冰种雕刘海戏金蟾纹牌	高6.9cm	92,000	中鸿信	2017-04-30
清中期 黄玉马上封侯牌	长7cm	460,000	保利厦门	2017-06-26
清中期 珊瑚螭龙太平牌	高4.5cm	115,000	中国嘉德	2017-06-20
清中期 玉雕降龙伏虎罗汉图牌	高6cm	690,000	北京诚轩	2017-06-20
清中期 芝亭款白玉洗桐图双龙首牌	长7.3cm；宽4.8cm	36,800	浙江佳宝	2017-07-23
清晚期 白玉童子诗文牌	长6.5cm	11,500	中国嘉德	2017-04-01
清晚期 白玉子冈牌、螭纹小摆件（两件）	长5cm；长6cm	23,000	北京保利	2017-06-08
清 白玉“玉堂锦绣”牌	高6cm	51,750	北京荣宝	2017-09-24
清 白玉“芝亭”款猛虎诗文牌	长6cm	540,500	上海匡时	2017-11-05
清 白玉百事如意牌	长5.3cm	207,000	中贸圣佳	2017-06-18
清 白玉比翼同心牌	长7cm	17,250	北京保利	2017-11-05
清 白玉螭龙纹嘉福永锡牌	高6.5cm	517,500	中国嘉德	2017-12-18
清 白玉雕江村送别图诗文牌	高6cm	103,861	香港苏富比	2017-06-01
清 白玉雕君马黄诗文牌	高5.4cm	163,991	香港苏富比	2017-06-01
清 白玉雕太平丰乐图牌	5.7cm×3.8cm	39,200	上海联合	2017-06-18
清 白玉雕饕餮纹牌	长8.3cm	195,500	华艺国际	2017-05-27
清 白玉访友图子冈牌	长6cm；宽4cm	11,500	浙江佳宝	2017-07-23
清 白玉福寿齐眉牌	高5.5cm	69,000	中国嘉德	2017-06-19
清 白玉吉庆有余挂牌	5.5cm×4cm	32,200	北京荣宝	2017-06-02

拍品名称	物品尺寸	成交价RMB	拍卖公司	拍卖日期
清 白玉吉庆有余牌	长5.4cm	40,250	中国嘉德	2017-09-03
清 白玉兰花牌	高5.9cm	34,500	中国嘉德	2017-06-19
清 白玉老子出关纹牌	长6.4cm	14,560	浙江佳宝	2017-07-23
清 白玉灵芝仙草福寿牌	高6cm	74,750	中国嘉德	2017-06-19
清 白玉龙凤诗文牌	长6.1cm	11,200	浙江佳宝	2017-07-23
清 白玉龙纹牌	长6.3cm	63,250	北京保利	2017-04-17
清 白玉镂雕螭龙纹牌	长7.6cm	103,158	伦敦佳士得	2017-11-07
清 白玉镂空“岁岁平安”牌	6cm×4cm	241,500	北京东正	2017-12-09
清 白玉麻姑献寿纹牌	高6.8cm	126,500	广东崇正	2017-06-15
清 白玉人物牌	长5.5cm	36,800	中贸圣佳	2017-09-04
清 白玉人物诗文牌	长5.5cm	28,750	北京保利	2017-12-20
清 白玉人物子冈牌	长6.5cm	11,500	北京保利	2017-11-05
清 白玉日月同辉牌	半径4.4cm	69,000	中贸圣佳	2017-06-18
清 白玉山水珍玩牌	长5.4cm	166,750	中贸圣佳	2017-06-18
清 白玉诗文牌	长7.5cm	97,750	西泠拍卖	2017-05-05
清 白玉仕女诗文牌	高4.7cm	92,000	上海匡时	2017-11-05
清 白玉仕女诗文牌	长4.7cm	34,500	北京保利	2017-04-17
清 白玉双蝠寿牌、青玉留皮鸡等（四件）	尺寸不一	28,750	北京保利	2017-12-20
清 白玉思君牌	高5cm	460,000	中贸圣佳	2017-06-18
清 白玉童子双喜牌	长5.4cm	34,500	北京保利	2017-06-08
清 白玉文玩小牌	长3cm；厚0.4cm	11,221	万昌斯	2017-05-29
清 白玉无双谱狄仁杰子冈牌	长5.5cm；厚0.8cm	319,320	万昌斯	2017-05-29
清 白玉五福平安牌	长6cm	20,700	北京保利	2017-06-08
清 白玉喜字牌	高9.5cm	23,000	北京保利	2017-11-05
清 白玉携琴访友图子冈牌	长6cm；宽4.3cm	13,440	浙江佳宝	2017-07-23
清 白玉一路连科螭龙纹牌	长5.5cm	17,250	中国嘉德	2017-04-01
清 白玉一路连升平安无事牌	长6cm；厚0.7cm	340,608	万昌斯	2017-05-29
清 白玉一品清廉牌	长6.2cm；厚0.8cm	266,100	万昌斯	2017-05-29
清 白玉宜尔子孙牌	长5.8cm	276,000	中贸圣佳	2017-06-18
清 白玉张骞乘槎牌	长6cm	345,000	北京保利	2017-04-17
清 白玉竹纹牌	高4.8cm	89,700	中贸圣佳	2017-06-18
清 白玉子冈款山水诗文牌	长7.8cm	10,350	北京荣宝	2017-09-24
清 翠玉山水诗文牌（一对）	高5cm	293,820	北京匡时	2017-10-02
清 福寿白玉牌	长3.8cm；宽0.7cm；高6cm	57,500	荣宝斋（上海）	2017-07-30
清 和田玉雕福寿如意牌	5cm×4cm	10,350	中拍国际	2017-06-04
清 花卉灯笼牌	长6cm	40,250	凤凰拍卖	2017-07-30
清 黄玉琴形子冈牌		11,500	中国嘉德	2017-12-21
清 蜜蜡透雕博古纹牌	宽15.5cm	245,025	佳士得	2017-04-04
清 巧色玛瑙渔樵牌	长5.1cm	414,000	中贸圣佳	2017-06-18
清 青白玉雕佛像牌（两件）	高14.1cm	174,923	香港苏富比	2017-06-01
清 青白玉浅刻填金观音心经牌	长6.3cm	72,450	北京保利	2017-06-08
清 青白玉太极八卦牌	直径8.5cm	42,550	中国嘉德	2017-09-03
清 珊瑚雕米芾拜石纹牌	长5.5cm	23,000	北京匡时	2017-12-03
清 寿天百禄白玉牌	长4cm；宽0.6cm；高5.8cm	92,000	荣宝斋（上海）	2017-07-30
清 玉浸色芝亭款人物诗文牌	高5.7cm	276,000	中国嘉德	2017-06-20
清 子冈款白玉牌	长4.6cm	1,782,500	中贸圣佳	2017-06-18
清 [illegible]	尺寸不一	113,000	北京东正	2017-12-09

拍品名称	物品尺寸	成交价RMB	拍卖公司	拍卖日期
清或更早 青白玉勾纹牌	高8.4cm	32,798	香港苏富比	2017-06-01
王一卜 清境 白玉牌	6.5cm×4.1cm；珠径0.6cm×10.8cm	92,000	西泠拍卖	2017-07-15
周立祥 双清 河磨玉对牌	6.8cm×3.4cm	112,000	上海联合	2017-12-17
18世纪 白玉雕梅花玉牌	高6cm	191,475	佳士得	2017-11-29
18世纪 白玉龙吟虎啸图牌	高6cm	112,016	伦敦苏富比	2017-05-10
18世纪 白玉龙吟虎啸图牌	6cm	111,788	伦敦蘇富比	2017-05-10
18世纪 白玉牵牛图诗文牌	高5.8cm	195,880	中国嘉德	2017-10-02
18世纪 白玉透雕雏鸡梅花纹牌	长5.4cm	443,500	佳士得	2017-05-31
18世纪 黄玉镂雕斋戒牌	长6cm	531,875	佳士得	2017-11-29
18世纪/19世纪 白玉雕杂宝纹牌	宽9.2cm	14,452	纽约佳士得	2017-07-13
18世纪/19世纪 白玉老子出关图牌	长5.7cm	304,045	伦敦佳士得	2017-11-07
18世纪/19世纪 青白玉镂雕花卉纹牌（一组两件）	长13.9cm	19,004	伦敦佳士得	2017-05-12
19世纪 青白玉山水图牌	高5.4cm	26,829	伦敦佳士得	2017-05-12
19世纪 青玉马上封侯牌	长5.7cm	15,302	纽约佳士得	2017-07-13
19世纪 鱼跃龙门纹牌	长5.1cm	15,302	纽约佳士得	2017-07-13
19世纪/20世纪 青白玉双龙璧纹牌	长13.7cm	167,681	伦敦佳士得	2017-05-12
20世纪 白玉花木兰诗文牌	高5cm	195,880	中国嘉德	2017-10-02
民国 白玉灵仙人物牌	长5.9cm	34,500	北京保利	2017-06-08
民国 白玉仕女诗文牌、龙纹牌（两件）	长5.6cm；长4.9cm	19,550	北京保利	2017-12-20
民国 青玉石榴诗文牌	长5.4cm	11,500	中国嘉德	2017-04-01
白玉观音牌	长8.2cm	13,800	北京保利	2017-11-05
白玉欢天喜地牌	长5.5cm	20,700	中国嘉德	2017-09-03
白玉龙纹牌	高8cm	200,475	佳士得	2017-04-04
白玉四美图诗文牌	长6cm	105,800	中国嘉德	2017-04-01
白玉一心向佛手牌	4.3cm×3cm×0.9cm	20,160	上海联合	2017-06-18
曹扬 万丈洪泉白玉牌	9.1cm×4.2cm	1,322,500	西泠拍卖	2017-07-15
陈春荣 马上有福 白玉挂牌	5cm×3.1cm	56,000	上海联合	2017-12-17
陈冠军 观自在 墨玉牌	8cm×4.6cm	97,750	西泠拍卖	2017-07-15
陈玉永 诗意山水玉牌	6.3cm×2.1cm	46,000	凤凰拍卖	2017-07-30
持莲观音 白玉挂牌	5.4cm×3cm	22,400	上海联合	2017-06-18
慈航 白玉挂牌	4.7cm×2.5cm	17,920	上海联合	2017-06-18
崔磊 声威远震白玉牌	9.3cm×5cm	1,437,500	西泠拍卖	2017-07-15
代胜坤 白玉籽料云头纹平安牌	长6cm；宽3.84cm	89,600	浙江佳宝	2017-07-23
范同生 白玉雕平安无事牌	7.2cm×2.7cm；51g	103,500	中国嘉德	2017-06-21
范仲杰作品 仿古龙牌		23,000	十竹斋	2017-01-01
范仲杰作品 和田玉无字牌		23,000	十竹斋	2017-01-01
方小伟 和田玉籽料国色天香牌	4.5cm×3.4cm×1.6cm独籽；重38g	115,000	尚品润博	2017-01-02
方小伟 和田玉籽料自由自在牌	6.1cm×4.2cm独籽；重50g	402,500	尚品润博	2017-01-02
葛洪 白玉雕瓦当牌	3.9cm×2.5cm	40,250	中国嘉德	2017-12-21
葛洪 白玉雕祝福牌	4cm×2.9cm	71,300	中国嘉德	2017-12-21
葛洪 慈心 白玉牌	5.7cm×3.6cm	172,500	西泠拍卖	2017-07-15
葛洪 辅首 白玉牌	高8.1cm	392,000	上海联合	2017-12-17
葛洪 和田玉籽料马到成功牌	直径5.4cm；重46g	92,000	尚品润博	2017-01-02
葛洪 花开见佛 白玉牌	4.4cm×3.4cm	34,500	西泠拍卖	2017-07-15
葛洪 恋蝶 白玉牌	5.4cm×2.9cm	34,500	西泠拍卖	2017-07-15

2017玉器拍卖成交汇总

(成交价RMB：1万元以上)

拍品名称	物品尺寸	成交价RMB	拍卖公司	拍卖日期
葛洪 龙行天下白玉牌	7.5cm×4.3cm	322,000	西泠拍卖	2017-07-15
顾铭 碧玉守护牌		25,300	华艺国际	2017-05-27
顾铭 和田籽料富贵有余牌		57,500	华艺国际	2017-05-27
顾铭 和田籽料节节高升牌		74,750	华艺国际	2017-05-27
顾铭 和田籽料莲莲有余牌		32,200	华艺国际	2017-11-24
顾铭 和田籽料平安无事牌		195,500	华艺国际	2017-11-24
顾铭 和田籽料山水牌		57,500	华艺国际	2017-05-27
顾铭 平安如意 白玉牌	7.8cm×4.3cm	63,250	西泠拍卖	2017-07-15
顾铭 平安无事 白玉牌	5.3cm×3.5cm	57,500	西泠拍卖	2017-07-15
郭万龙 和和美美 白玉牌	5cm×3.1cm	32,200	西泠拍卖	2017-07-15
郭万龙 龙吟九霄白玉牌	高9.5cm	207,000	西泠拍卖	2017-07-15
郭万龙 三羊开泰 白玉牌	4.8cm×2.9cm	28,750	西泠拍卖	2017-07-15
郭万龙 升龙 白玉牌	6.5cm×3.3cm	57,500	西泠拍卖	2017-07-15
郭万龙 喜相逢白玉牌	高6cm	402,500	西泠拍卖	2017-07-15
和田羊脂白玉文殊菩萨牌	5.8cm×4cm	23,000	中拍国际	2017-06-04
侯晓锋 白玉雕弥勒佛牌	6.9cm×3.7cm	230,000	中国嘉德	2017-06-21
侯晓锋 佛引福至白玉牌	8cm×3.6cm	172,500	西泠拍卖	2017-07-15
侯晓锋 引福白玉牌	5.6cm×3cm	97,750	西泠拍卖	2017-07-15
胡玮 鸭蛋青西园雅集图套牌	6.4cm×4.1cm；6.4cm×4.1cm；6.5cm×5.2cm	126,500	尚品润博	2017-04-23
黄罕勇 平安无事白玉牌	高6.6cm	230,000	西泠拍卖	2017-07-15
黄玉山水纹、人物纹牌（3件）	长6.2cm；长5.5cm；长5.4cm	20,700	中国嘉德	2017-04-01
姜丙雷 古尊宿语录 白玉挂牌	5.3cm×3.4cm	22,400	上海联合	2017-06-18
姜丙雷 了凡四训 白玉挂牌	5.9cm×3.9cm	42,560	上海联合	2017-06-18
姜丙雷 山木自寇 鸭蛋青碧玉挂牌	6.1cm×3.9cm	11,200	上海联合	2017-06-18
姜丙雷 鸭蛋青觉悟自归依对牌	5.2cm×3.4cm；5.2cm×3.4cm	63,250	尚品润博	2017-07-16
李剑 白玉雕鹿牌	4.4cm×3.9cm；20g	46,000	中国嘉德	2017-06-21
李剑 一马当先 白玉牌	4.6cm×3.3cm	57,500	西泠拍卖	2017-07-15
林金波 相濡以沫 白玉牌	4.7cm×1.8cm	11,500	西泠拍卖	2017-07-15
林金波 真如自在 白玉牌	6.6cm×3.5cm	23,000	西泠拍卖	2017-07-15
陆宜南 和田玉籽料恪勤朝夕牌	6.3cm×4.5cm；重55g	74,750	尚品润博	2017-04-23
孟庆东 白玉雕观音牌	5.9cm×3cm；35g	20,700	中国嘉德	2017-06-21
穆宇静 佛会 白玉挂牌	高10.1cm；重量191g	649,600	上海联合	2017-12-17
穆宇静 花开见佛 白玉挂牌	5.3cm×2.6cm；重量34.3g	39,200	上海联合	2017-12-17
穆宇静 千手观音 白玉牌	5.5cm×3.9cm	56,000	上海联合	2017-12-17
庞然 白财神 白玉牌	5.3cm×3.1cm	57,500	西泠拍卖	2017-07-15
庞然 从兰图 墨玉牌	5.6cm×2.8cm	46,000	西泠拍卖	2017-07-15
庞然 心经白玉牌	9.5cm×4.3cm	483,000	西泠拍卖	2017-07-15
庞然 渔舟唱晚 墨玉牌	12.5cm×5.1cm	230,000	西泠拍卖	2017-07-15
钱建锋 赤焰金龙 白玉牌	5.6cm×2.8cm	74,750	西泠拍卖	2017-07-15
钱建锋 守护 白玉牌	6.4cm×3.8cm	32,200	西泠拍卖	2017-07-15
青白玉高士诗文牌	长5.2cm	13,800	中国嘉德	2017-09-03
青白玉牌（二十3件）	尺寸不一	13,800	中国嘉德	2017-04-01
瞿利军 白玉雕兰花牌	4.1cm×2.2cm；19g	13,800	中国嘉德	2017-06-21
瞿利军 和田玉籽料秋韵牌	5.2cm×3.3cm(独籽)	64,400	尚品润博	2017-07-16
邵军《游春》和田玉牌	6.4cm×3.5cm	67,200	蓝天国拍	2017-08-31
宋瑶 天马 白玉挂牌	5.9cm×3.5cm	89,600	上海联合	2017-06-18

拍品名称	物品尺寸	成交价RMB	拍卖公司	拍卖日期
万德旭 和田玉三色籽料花好月圆牌	5.4cm×2.7cm；重34g	74,750	尚品润博	2017-04-23
王金忠 弥勒 白玉挂牌	4.2cm×3cm；重量25.7g	24,640	上海联合	2017-12-17
王金忠 情投意合白玉挂牌	5.5cm×4cm×2cm	672,000	上海联合	2017-06-18
王一卜 佛影白玉牌	高8.5cm	287,500	西泠拍卖	2017-07-15
文玩款白玉牌	高6cm	40,250	荣宝斋（上海）	2017-07-30
吴金星 丹凤朝阳白玉牌	6.7cm×4cm	460,000	西泠拍卖	2017-07-15
吴金星 仿古 白玉挂牌	长5.8cm	224,000	上海联合	2017-06-18
吴金星 虎虎生威 白玉挂牌	高5.9cm；重量62g	448,000	上海联合	2017-12-17
吴金星 龙凤呈祥 白玉挂牌	6.8cm×3.5cm	201,600	上海联合	2017-12-17
吴灶发 观音 白玉牌	高6.8cm；重量64.5g	224,000	上海联合	2017-12-17
杨大钊 荷花双鸭图 墨碧牌	9.7cm×4.2cm	100,800	上海联合	2017-12-17
杨大钊 积财 墨玉挂牌	7.4cm×2.5cm	16,800	上海联合	2017-06-18
杨大钊 莲溪渔隐图 墨玉挂牌	8.5cm×3.5cm	28,000	上海联合	2017-06-18
杨大钊 喜上眉梢 墨碧牌	10.3cm×3cm；重量113g	33,600	上海联合	2017-12-17
杨曦 和田玉籽料荷花牌	4.5cm×2.8cm	92,000	尚品润博	2017-07-16
杨曦 和田玉籽料锦灰堆牌	5.9cm×3.7cm；重57g	207,000	尚品润博	2017-01-02
杨曦 和田玉籽料龙凤对牌	5.0cm×2.7cm；4.7cm×2.2cm；重35.5g	126,500	尚品润博	2017-01-02
杨曦 和田玉籽料守护牌	5.8cm×2.9cm；重26.2g	126,500	尚品润博	2017-04-23
杨曦 花开富贵 白玉牌	4.6cm×2.1cm	80,500	西泠拍卖	2017-07-15
杨曦 莲花观音白玉牌	高6.4cm	345,000	西泠拍卖	2017-07-15
杨曦 龙凤呈祥 白玉对牌	4.9cm×3.1cm；5.3cm×3cm	149,500	西泠拍卖	2017-07-15
杨中伟 河磨玉裸女牌	6.4cm×3.1cm；重57g	43,700	尚品润博	2017-04-23
姚圣国 和田玉青花籽料上善若水牌	6.7cm×3.2cm；重60g	86,250	尚品润博	2017-04-23
姚圣国 和田玉青花籽料智者乐水仁者乐山对牌	7.9cm×3.6cm×2；重165g	575,000	尚品润博	2017-01-02
殷小金 翠青自有春风消息牌	6.7cm×3.1cm	287,500	尚品润博	2017-01-02
翟倚卫 齐梅祝寿 白玉牌	高6.7cm	220,000	上海联合	2017-12-17
张海 观音 白玉挂牌	5.3cm×2.9cm；重量31.4g	34,560	上海联合	2017-12-17
张建時 鸭蛋青八大名画套牌	尺寸不一	207,000	尚品润博	2017-07-16
张静 黄财神 黄玉牌	4.8cm×4cm	25,300	西泠拍卖	2017-07-15
张静 静心涤尘 黄玉牌	6.8cm×3.3cm	32,200	西泠拍卖	2017-07-15
张良 白玉籽料灵芝表头平安方牌	长3.26cm	13,440	浙江佳宝	2017-07-23
张良 白玉籽料平安牌	长5cm；宽2.2cm	13,800	浙江佳宝	2017-07-23
赵琦 大行白玉牌	5cm×4cm×1.1cm	92,000	西泠拍卖	2017-07-15
赵琦 如愿 白玉牌	4.2cm×3.8cm	40,250	西泠拍卖	2017-07-15
赵琦 一竹一菊一石白玉牌	6.8cm×2.6cm	57,500	西泠拍卖	2017-07-15
郑升帅 寿星 琥珀圆牌	直径5.5cm	61,600	上海联合	2017-12-17

拍品名称	物品尺寸	成交价RMB	拍卖公司	拍卖日期
忠荣玉典 蝶恋花 碧玉手牌	2.7cm×1.8cm	11,200	上海联合	2017-06-18
忠荣玉典 观音碧玉挂牌	3.2cm×2.1cm	11,200	上海联合	2017-06-18
忠荣玉典 山水碧玉挂牌	3.2cm×2.3cm	22,400	上海联合	2017-06-18
忠荣玉典 山水碧玉椭圆牌	5.4cm×3cm	20,160	上海联合	2017-06-18
周立祥 兰竹图白玉对牌	7.1cm×3.8cm；7.1cm×3.7cm	918,400	上海联合	2017-06-18
周立祥 三友图 白玉牌	6.7cm×3.7cm	280,000	上海联合	2017-12-17
佩挂件				
公元前2000–公元前1500年或内蒙古夏家店文化 玉勾云纹佩	长8cm	131,193	香港苏富比	2017-06-01
红山文化 玉蝉玉鸟	玉蝉 长12cm；玉鸟 长2cm	204,180	香港翰海	2017-10-05
红山文化 玉勾云形佩	21.5cm×7.8cm	1,780,800	中濠典藏	2017-11-29
红山文化 玉鸮	宽3cm；高2.9cm	23,000	浙江佳宝	2017-07-23
红山文化 玉猪龙	长7.2cm	2,088,600	中濠典藏	2017-05-23
红山文化 玉猪龙	长4cm	574,365	中濠典藏	2017-05-23
红山文化晚期 约公元前3500–3000年 青玉鸟形佩	长5cm	1,276,500	佳士得	2017-11-29
红山文化晚期 约公元前3500–3000年 玉蚕蛹（一对）	宽4.4cm	1,170,125	佳士得	2017-11-29
红山文化晚期 约公元前3500–3000年 玉龙	长11.3cm	2,331,740	佳士得	2017-11-29
文化期 黄玉勾云佩	宽9cm	104,666	中国嘉德	2017-05-30
文化期 玉猪龙（七件）	最大的宽7.1cm	648,929	中国嘉德	2017-05-30
新石器时代 红山文化 黄玉猪龙	长11.4cm	957,960	万昌斯	2017-05-29
新石器时代 良渚文化 玉龙胎	长4.4cm	69,186	万昌斯	2017-05-29
新石器时代 玉爪形佩	长6cm	30,271	纽约佳士得	2017-03-16
商青玉受沁虎头鱼形玉佩（一对）	最大的长8.9cm	115,133	中国嘉德	2017-05-30
商–汉 各式古玉（一组5件）	玉剑首高2.6cm；玉璧高3.5cm；玉带钩长9cm；玉圭璧高10.5cm；玉凤鸟长7.8cm	34,500	西泠拍卖	2017-07-15
商末至西周早期 玉蜂形佩	长5.6cm	63,825	佳士得	2017-11-29
商晚期 青玉花冠鸮	长6.8cm	340,400	佳士得	2017-11-29
商晚期 青玉雁	宽7cm	531,875	佳士得	2017-11-29
西周 白玉包金龙首饰（1组4件）	长1.8cm	94,400	浙江佳宝	2017-07-23
西周 白玉带灰皮朱砂沁勾连纹组佩（两件）	最大长3.6cm	69,186	万昌斯	2017-05-29
西周 白玉凤鸟佩	长7.5cm	26,610	万昌斯	2017-05-29
西周 白玉凤鸟人纹佩	高7.8cm	78,500	中国嘉德	2017-05-30
西周 黄玉人龙佩	长7.2cm	21,288	万昌斯	2017-05-29
西周 青黄玉束绢形玉佩（一对）	长2.8cm	50,400	浙江佳宝	2017-07-23
西周 人龙玉佩	高5.9cm	195,880	北京匡时	2017-10-02
西周 西周人龙玉佩	10cm×2cm	267,120	中濠典藏	2017-11-29
西周 玉蚕佩	长7.3cm	170,200	佳士得	2017-11-29
西周 玉鸟	长9.1cm	11,708	万昌斯	2017-05-29
西周 玉鸟形佩	高5.6cm	53,188	佳士得	2017-11-29
西周 玉鱼	长9.1cm	13,837	万昌斯	2017-05-29
西周 玉鱼形佩（一对）	长11.4cm	372,313	佳士得	2017-11-29
西周 玉组佩	长44.5cm	522,150	中濠典藏	2017-05-23
西周或更早 玉鱼形	长11.6cm	1,170,125	佳士得	2017-11-29

拍品名称	物品尺寸	成交价RMB	拍卖公司	拍卖日期
西周或以后 白玉兽面纹佩（一组三件）	长3cm	228,250	佳士得	2017-10-02
西周晚期 玉人龙纹佩	高6.5cm	797,813	佳士得	2017-11-29
西周早中期 青白玉龙纹佩	宽4.5cm	425,500	佳士得	2017-11-29
西周早中期 青玉龙纹佩	长6.3cm	744,625	佳士得	2017-11-29
西周中期 高冠玉人	高11cm	319,125	佳士得	2017-11-29
西周中期 玉鹿形佩	高4.6cm	446,775	佳士得	2017-11-29
西周中期 玉鸟形佩	宽10cm	90,419	佳士得	2017-11-29
春秋 S龙	长26.7cm	195,880	北京匡时	2017-10-02
春秋 褐玉云谷纹组佩	长4.5cm	643,250	佳士得	2017-10-02
春秋 镂空龙纹玉佩（一对）	长20.5cm	1,670,880	中濠典藏	2017-05-23
春秋 透雕龙纹玉佩	长4.3cm×4	293,820	北京匡时	2017-10-02
春秋 玉虎形佩（一对）	长9.1cm	159,563	佳士得	2017-11-29
春秋 玉龙形佩（一对）	长16.9cm	638,250	佳士得	2017-11-29
春秋末 玉双龙首珩	长7.6cm	109,327	香港苏富比	2017-06-01
春秋晚期 青白玉秦式镂空双龙佩	宽5cm	1,595,625	佳士得	2017-11-29
春秋早期 秦氏云雷纹佩饰	长3.2cm	11,200	浙江佳宝	2017-07-23
战国 S形玉龙（一对）	长18.8cm	183,762	香港翰海	2017-10-05
战国 白玉龙佩	长7.3cm	340,608	万昌斯	2017-05-29
战国 白玉龙纹冲牙	长5cm	421,325	佳士得	2017-05-31
战国 白玉龙纹佩	长13cm	1,649,820	佳士得	2017-05-31
战国 白玉双龙凤佩	长7cm	354,800	佳士得	2017-05-31
战国 白玉透雕龙凤虺纹佩	宽7cm	443,500	佳士得	2017-05-31
战国 绿松石佩蝉	长2.13cm	23,520	浙江佳宝	2017-07-23
战国 绿松石蜷体龙形坠	高2.15cm	13,800	浙江佳宝	2017-07-23
战国 青玉瑞兽佩（1组5件）	高3.5cm	1,756,260	佳士得	2017-05-31
战国 玉螭虺纹佩	宽6cm	465,675	佳士得	2017-05-31
战国 玉玦组佩	尺寸不一	24,931	中濠典藏	2017-11-29
战国 玉龙形佩（两件）	长14.8cm，长16.5cm	71,063	香港苏富比	2017-06-01
战国 玉双凤纹佩	高7cm	48,970	中国嘉德	2017-10-02
战国 玉云纹佩	长9cm	26,167	中国嘉德	2017-05-30
战国晚期至西汉早期 白玉双凤纹佩及白玉龙纹觿（一对）	长7.5cm；长11cm	510,600	佳士得	2017-11-29
战国晚期至西汉早期 玉人	高5.6cm	744,625	佳士得	2017-11-29
战国早期 玉龙形佩（一对）	长10.7cm	404,225	佳士得	2017-11-29
战国早中期 白玉镂雕龙凤纹佩	长9cm	1,063,750	佳士得	2017-11-29
战国早中期 玉镂空龙凤纹佩	宽15.5cm	851,000	佳士得	2017-11-29
战国中期 青白玉镂空龙凤佩	长4.2cm	1,595,625	佳士得	2017-11-29
东周 白玉龙形佩	高6.1cm	356,400	香港蘇富比	2017-04-04
东周 孔雀石饰件两件、玉饰件9件	最大的高3.7cm	57,566	中国嘉德	2017-05-30
西汉 白玉卧蚕纹S形龙佩	宽11cm	293,820	中国嘉德	2017-10-02
西汉 玉谷纹珩	长17cm	120,260	香港苏富比	2017-06-01
西汉 玉蒲纹珩	长16.3cm	71,063	香港苏富比	2017-06-01
东汉 白玉水银沁双螭佩	长5.5cm	170,304	万昌斯	2017-05-29
汉 白玉带沁兽头佩	高6.5cm	83,733	中国嘉德	2017-05-30
汉 白玉龙形佩	长6.5cm	133,050	佳士得	2017-05-31
汉 白玉镂雕龙纹鸡心佩	高6.3cm	117,528	中国嘉德	2017-10-02
汉 玉龙纹佩	长10cm	243,925	佳士得	2017-05-31
汉 玉龙形佩	长9.5cm	1,053,313	佳士得	2017-05-31

2017玉器拍卖成交汇总

(成交价RMB：1万元以上)

拍品名称	物品尺寸	成交价RMB	拍卖公司	拍卖日期
汉 玉饰（5件）	最大的高4.5cm	62,800	中国嘉德	2017-05-30
宋 白玉带沁龙猴坠	长2.5cm	51,003	万昌斯	2017-05-29
宋 白玉带沁犬	长4.7cm	21,288	万昌斯	2017-05-29
宋 白玉带沁双雁佩	长4.6cm	69,186	万昌斯	2017-05-29
宋 白玉鸡	长3.7cm	21,288	万昌斯	2017-05-29
宋 白玉镂雕双龙戏珠佩	高6.6cm	501,188	香港蘇富比	2017-04-05
宋 白玉镂雕童子佩饰	直径6.5cm	54,426	中国嘉德	2017-05-30
宋 白玉巧作卧鸡	长5.8cm	289,575	香港蘇富比	2017-04-05
宋 白玉双童游戏坠	高4cm	55,200	西泠拍卖	2017-07-15
宋 褐玉瑗及蝉形佩（一组两件）	长4cm	186,750	佳士得	2017-10-02
宋 黄玉多宝串（玉兔及玉犬）	最大长4.1cm	15,966	万昌斯	2017-05-29
宋 黄玉鸡	高4.2cm	207,000	八益拍卖	2017-04-22
宋 青玉镂雕连生贵子纹佩		30,271	纽约蘇富比	2017-03-18
宋/明 玉饰（4件）	宽1.8-5.7cm	27,676	纽约佳士得	2017-03-16
宋/清火烧玉童子、玉饰件（4件）	最大的高4.2cm	54,426	中国嘉德	2017-05-30
宋鸣放 一把壶 青花挂件	最大1.9cm×2.7cm	10,080	上海联合	2017-06-18
辽 白玉花鸟佩	宽6.6cm	52,333	中国嘉德	2017-05-30
辽/金 白玉蜻蜓蝴蝶佩	长5.6cm	115,000	八益拍卖	2017-04-22
辽金 白玉宝相花佩（一组两件）	长4.5cm	39,200	浙江佳宝	2017-07-23
金/元 龟游佩	长7.2cm	208,860	中濠典藏	2017-05-23
金代 玉雕秋山虎纹佩	高4.2cm	161,000	古天一	2017-06-07
元 白玉带灰皮观音佩	长3.7cm	23,417	万昌斯	2017-05-29
元 白玉雕红沁卧马挂件	长7.7cm	23,000	西泠拍卖	2017-07-15
元 白玉锦地麋鹿纹佩	直径4.8cm	20,160	浙江佳宝	2017-07-23
元 白玉留皮交颈雁佩	长5.3cm	207,000	北京保利	2017-12-18
元 白玉扭绳纹结交八方佩	长8.5cm	161,000	北京保利	2017-12-18
元 白玉巧雕秋山虎纹佩	长5cm	11,500	保利厦门	2017-06-26
元 白玉巧色鳜鱼衔莲叶佩	长5cm	161,000	北京保利	2017-12-18
元 白玉双卧鹿佩	长4cm	92,000	北京保利	2017-12-18
元 白玉卧犬佩	长4.5cm	92,000	北京保利	2017-12-18
元 白玉卧羊	长5.3cm；高4cm	23,000	浙江佳宝	2017-07-23
元 白玉云鹤纹佩	长5cm	126,500	北京保利	2017-12-18
元 灰玉卧山猪佩	长4.5cm	57,500	北京保利	2017-12-18
元 金镶玉荔枝	8.5cm×6cm	172,500	凤凰拍卖	2017-07-30
元 旧玉兽面纹佩	高7.5cm	34,500	北京翰海	2017-12-16
元 青白玉镂空雕荷塘芦雁带佩	长9.4cm	11,500	大羿拍卖	2017-12-04
元 玉雕龟荷佩	宽6cm	104,666	中国嘉德	2017-05-30
元 玉雕云龙纹佩	长6cm	155,250	北京诚轩	2017-06-20
元/明 蜜蜡随形雕瑞兽及花卉纹挂件（一组两件）	瑞兽纹挂件长7cm；花卉纹挂件长7.8cm	43,700	西泠拍卖	2017-07-15
元以前 鸡形挂件	长5.38cm	747,500	凤凰拍卖	2017-07-30
明 白玉苍龙教子佩	高6.3cm	322,000	古天一	2017-06-07
明 白玉雕螭纹龙形佩	长8cm	115,000	观唐皕榷	2017-01-12
明 白玉多宝串（5件）	最大长3.5cm	15,966	万昌斯	2017-05-29
明 白玉仿古凤佩	长9.5cm	29,382	保利香港	2017-10-02
明 白玉佛吊坠	高4cm	46,000	北京宣石	2017-12-03
明 白玉红沁虎	长5.5cm	20,160	浙江佳宝	2017-07-23
明 白玉花卉蝴蝶坠	高5cm	34,500	北京翰海	2017-12-16
明 白玉花卉佩	直径5.5cm	16,100	北京保利	2017-11-05
明 白玉欢天喜地桃形饰带	4.1cm×4.2cm	74,750	凤凰拍卖	2017-07-30

拍品名称	物品尺寸	成交价RMB	拍卖公司	拍卖日期
明 白玉卧鹿	长5cm	18,095	万昌斯	2017-05-29
明 白玉戏兽童子佩	长4.4cm	66,700	上海匡时	2017-11-05
明 白玉熊形佩	高3.5cm；长4cm	14,950	上海匡时	2017-11-05
明 白玉鱼莲挂件		115,000	北京翰海	2017-09-13
明 白玉猪形佩	长7cm	138,000	北京保利	2017-04-17
明 白玉子辰佩	长7.2cm	43,700	八益拍卖	2017-04-22
明 白玉子辰佩	高7.6cm	34,500	广东崇正	2017-12-13
明 和田玉雕螭龙佩	长7.5cm	92,000	北京华辰	2017-12-17
明 荷花挂件	直径6.3cm	23,000	凤凰拍卖	2017-07-30
明 黄玉带灰皮翁仲	高7.4cm	21,288	万昌斯	2017-05-29
明 黄玉沁色济公佩	高7.5cm	25,300	北京翰海	2017-01-08
明 金镶蜜蜡鹿纹、螭龙纹片饰（两件）	长5.6cm	51,750	古天一	2017-06-07
明 旧玉多宝串（九件）		51,750	北京翰海	2017-12-16
明 旧玉鸡翅佩	高5.8cm	36,800	北京翰海	2017-12-16
明 蜜蜡龙凤纹片饰（两件）	长5.8cm；长6.8cm	46,000	古天一	2017-06-07
明 蜜蜡瑞兽纹片饰（两件）	长5.6cm	63,250	古天一	2017-06-07
明 三鱼挂件	高4cm	32,200	凤凰拍卖	2017-07-30
明 玉雕福在眼前佩	长5cm	34,500	古天一	2017-06-07
明 玉雕人物佩	长6cm	34,500	北京保利	2017-11-04
明 玉雕双鱼坠	长5.5cm	138,000	北京保利	2017-11-04
明 玉雕雄鸡坠	高3.4cm	48,300	北京诚轩	2017-06-20
明 玉多宝串（三组）	长22cm	25,300	北京保利	2017-12-20
明 玉烤皮双鱼挂件	长10.8cm	345,000	中贸圣佳	2017-06-18
明或以後 黄玉雕高士像	高8.4cm	66,825	佳士得	2017-04-04
明末/18世纪 青玉螭龙佩	宽5.5cm	475,681	纽约佳士得	2017-03-17
17世纪 白玉沁色刘海福禄坠	长6cm	253,000	北京东正	2017-12-09
17世纪 褐斑白玉虎形佩	长4cm	43,575	佳士得	2017-10-02
17世纪 痕都斯坦玉嵌宝石挂件	长6.2cm	69,000	中拍国际	2017-06-04
清早期 白玉雕君子遐龄佩	高3.8cm	63,250	北京诚轩	2017-06-20
清早期 白玉沁色鹦鹉佩	长5.5cm	92,000	北京东正	2017-12-09
清早期 白玉双鱼佩	高9cm	125,599	中国嘉德	2017-05-30
清早期 白玉坠（3件）	长3.2cm；长2.8cm；长2.8cm	13,800	中国嘉德	2017-04-01
清早期 白玉子辰佩	高5.8cm	17,629	中国嘉德	2017-10-02
清康熙 白玉雕九龙钺形佩	长12cm	230,000	北京保利	2017-12-19
清乾隆 白玉蝉	高4.2cm	276,000	北京东正	2017-06-08
清乾隆 白玉螭龙纹佩	高9.5cm	17,250	北京翰海	2017-06-04
清乾隆 白玉代代封候坠	长6cm	287,500	北京东正	2017-12-09
清乾隆 白玉带皮瓜纹挂件	长4.5cm	172,500	观唐皕榷	2017-01-12
清乾隆 白玉雕代代封侯佩		80,500	上海敬华	2017-07-01
清乾隆 白玉雕鹅佩	4.5cm×3.3cm	55,200	北京诚轩	2017-06-20
清乾隆 白玉雕欢天喜地佩	长6cm	437,000	北京东正	2017-12-09
清乾隆 白玉雕龙纹佩	长7.9cm	28,750	西泠拍卖	2017-07-15
清乾隆 白玉雕琴棋书画佩	高6.4cm	207,000	西泠拍卖	2017-07-15
清乾隆 白玉雕喜上眉梢挂件	长5cm	172,500	大羿拍卖	2017-12-04
清乾隆 白玉雕玉兰花挂件	长7.5cm	105,800	观唐皕榷	2017-01-12
清乾隆 白玉仿汉二龙一凤佩	宽6.5cm	156,704	中国嘉德	2017-10-02
清乾隆 白玉海屋添筹大吉葫芦诗文佩	高10cm	172,500	北京翰海	2017-12-16

拍品名称	物品尺寸	成交价RMB	拍卖公司	拍卖日期
清乾隆 白玉留皮巧色雕双童子持如意戏金蟾佩	高7cm	1,127,000	北京匡时	2017-06-04
清乾隆 白玉龙纹钟形佩	长6cm	80,500	北京保利	2017-11-04
清乾隆 白玉龙象佩	高7.8cm	333,500	北京东正	2017-06-08
清乾隆 白玉平安如意佩	高4.8cm	34,500	北京翰海	2017-06-04
清乾隆 白玉麒麟送子佩	高6cm	71,300	北京翰海	2017-06-04
清乾隆 白玉麒麟送子佩	直径5.3cm	17,250	浙江佳宝	2017-07-23
清乾隆 白玉琴棋书画佩（两件）	高5.5cm	92,000	北京翰海	2017-06-04
清乾隆 白玉洒金松鼠葡萄坠	高5.2cm	28,750	北京翰海	2017-12-16
清乾隆 白玉双螭龙纹佩	长6cm	120,750	观唐皕榷	2017-01-12
清乾隆 白玉松下人物诗文佩	高5cm	34,500	北京翰海	2017-06-04
清乾隆 白玉透雕夔凤纹“长宜子孙”佩	长12.8cm	1,035,000	北京匡时	2017-12-03
清乾隆 白玉喜庆有余佩	高6.4cm	345,000	北京翰海	2017-12-16
清乾隆 白玉喜鹊登梅佩	高5.5cm	28,750	北京翰海	2017-06-04
清乾隆 白玉仙人乘槎诗文佩	高5.8cm	92,000	北京翰海	2017-06-04
清乾隆 白玉鱼化龙纹佩	宽11.6cm	345,950	纽约佳士得	2017-03-17
清乾隆 白玉御题诗文山水人物佩	高7cm	402,500	北京翰海	2017-12-16
清乾隆 白玉制海晏河清挂饰	长8cm	230,000	北京东正	2017-06-08
清乾隆 和田黄玉太平有象珮	10cm×8.5cm	92,000	中拍国际	2017-06-04
清乾隆 琥珀雕事事如意挂坠	高5.1cm	287,500	北京荣宝	2017-12-02
清乾隆 黄玉雕“英雄斗志”挂件	长6.5cm	172,500	北京宣石	2017-12-03
清乾隆 黄玉雕龙纹佩	长7.5cm	402,500	北京保利	2017-06-06
清乾隆 黄玉龙凤纹璧形佩	高5.4cm	92,000	北京翰海	2017-06-04
清乾隆 黄玉人物故事佩	高6.5cm	345,000	北京翰海	2017-12-16
清乾隆 黄玉透雕龙凤纹佩	直径5.3cm	920,000	古天一	2017-06-07
清乾隆 南红玛瑙雕云蝠纹挂珠	直径3cm	172,500	中国嘉德	2017-12-18
清乾隆1751年 碧玉观音像佩	高3.7cm	43,435	伦敦佳士得	2017-11-07
清中期 白玉百事如意佩	高6cm	149,500	北京翰海	2017-12-16
清中期 白玉财源滚滚转心佩	高6.5cm	58,764	中国嘉德	2017-10-02
清中期 白玉采药图诗文佩	高5.5cm	172,500	北京翰海	2017-12-16
清中期 白玉蝉	长5.8cm	92,000	古天一	2017-06-07
清中期 白玉螭龙“忠信孝弟”佩	高6.6cm	146,910	中国嘉德	2017-10-02
清中期 白玉螭龙纹出廓佩	高5.3cm	11,500	北京翰海	2017-06-04
清中期 白玉螭龙纹斧形佩	高7cm	32,200	北京翰海	2017-12-16
清中期 白玉螭龙纹佩	高5.3cm	25,300	北京翰海	2017-12-16
清中期 白玉螭龙志虑忠纯佩	高5.5cm	51,750	北京翰海	2017-12-16
清中期 白玉雕福山寿海佩	长6.4cm	34,500	大羿拍卖	2017-12-04
清中期 白玉雕童子抱猫佩	长5.5cm	80,500	北京诚轩	2017-06-20
清中期 白玉多子多福坠	高7.3cm	69,000	北京翰海	2017-12-16
清中期 白玉福禄寿佩	高6cm	94,300	北京翰海	2017-12-16
清中期 白玉福寿齐眉佩	高6cm	23,000	北京翰海	2017-06-04
清中期 白玉福寿齐天、子孙万代佩	高6.6cm	402,500	中鸿信	2017-04-30
清中期 白玉福至心灵佩	高5.5cm	46,000	北京翰海	2017-12-16
清中期 白玉瓜蝶绵绵坠	长6.5cm	23,000	北京翰海	2017-12-16
清中期 白玉瓜果坠	高4.8cm	57,500	北京翰海	2017-12-16
清中期 白玉红沁福禄万代坠	长5.1cm	12,320	浙江佳宝	2017-07-23
清中期 白玉葫芦诗文挂件	长7cm；宽4.8cm	11,500	西泠拍卖	2017-05-05
清中期 白玉吉庆有余佩	高7.8cm	149,500	北京翰海	2017-12-16

拍品名称	物品尺寸	成交价RMB	拍卖公司	拍卖日期
清中期 白玉吉祥如意佩	高5.5cm	36,800	北京翰海	2017-12-16
清中期 白玉刻鹤桃挂件	长6.4cm	117,528	北京匡时	2017-10-02
清中期 白玉榴开百子龙纹佩	高6cm	57,500	北京翰海	2017-12-16
清中期 白玉龙凤呈祥佩	高6.5cm	23,000	北京翰海	2017-06-04
清中期 白玉龙凤佩	直径6cm	13,800	北京翰海	2017-06-04
清中期 白玉龙凤佩	高7cm	25,300	北京翰海	2017-12-16
清中期 白玉龙虎佩	高5.3cm	31,400	中国嘉德	2017-05-30
清中期 白玉龙纹佩	高5.5cm	17,250	北京翰海	2017-12-16
清中期 白玉年年有余坠	长5.8cm	69,000	北京翰海	2017-12-16
清中期 白玉平安如意佩	高7.5cm	57,500	北京翰海	2017-12-16
清中期 白玉瑞荷清丽佩	高6cm	23,000	北京翰海	2017-06-04
清中期 白玉洒金风云际会佩	高6.7cm	11,500	北京翰海	2017-06-04
清中期 白玉洒金仙人乘槎佩	高6cm	28,750	北京翰海	2017-06-04
清中期 白玉洒金一路连科坠	高7.5cm	92,000	北京翰海	2017-12-16
清中期 白玉三羊开泰佩	高5.3cm	23,000	北京翰海	2017-06-04
清中期 白玉双龙佩	高7cm	23,000	北京翰海	2017-06-04
清中期 白玉岁寒三友佩	高5.7cm	17,250	北京翰海	2017-06-04
清中期 白玉岁岁平安佩	高6.5cm	34,500	北京翰海	2017-06-04
清中期 白玉透雕和合吉庆如意吉祥佩	长9.3cm	34,500	中鸿信	2017-04-30
清中期 白玉羲之爱鹅诗文佩	高6.5cm	46,000	北京翰海	2017-12-16
清中期 白玉一品当朝佩	高6.4cm	23,000	北京翰海	2017-06-04
清中期 白玉渔桥耕读佩	高6.5cm	34,500	北京翰海	2017-06-04
清中期 白玉玉兔捣药佩	直径5.4cm	18,400	北京翰海	2017-06-04
清中期 白玉云龙纹佩	高4.7cm	28,750	北京翰海	2017-12-16
清中期 白玉长宜子孙佩	高5.2cm	13,800	北京翰海	2017-06-04
清中期 白玉转心佩	直径5.5cm	46,000	北京保利	2017-12-18
清中期 白玉子辰佩	高6.2cm	20,700	北京翰海	2017-12-16
清中期 黄玉凤形佩	长6.6cm	17,250	北京翰海	2017-06-04
清中期 黄玉镂雕龙纹佩	长5.5cm	23,000	保利厦门	2017-06-26
清中期 青白玉雕“福开”双凤捧寿佩	长6.3cm	23,000	北京保利	2017-12-20
清中期 枣红皮白玉镂雕福禄佩	高5.6cm	115,000	中鸿信	2017-04-30
清中期 转心玉佩（一对）	高8cm	26,450	华艺国际	2017-08-27
清晚期 白玉雕山水人物图佩	高5.1cm	130,915	香港苏富比	2017-06-01
清晚期 白玉平升弍级佩	高7cm	152,734	香港苏富比	2017-06-01
清晚期 白玉题诗渔归图佩	高5.3cm	163,643	香港苏富比	2017-06-01
清晚期 青白玉雕龙鼠	直径3.5cm	34,911	香港苏富比	2017-06-01
清 “福禄万代”白玉坠	长5cm	25,300	北京宣石	2017-12-03
清 白玉 “福禄寿”佩	长5.5cm	20,700	中贸圣佳	2017-09-04
清 白玉 “一路太平”佩	高5.3cm	55,200	北京荣宝	2017-09-24
清 白玉八骏图佩	高5cm	28,750	北京翰海	2017-06-04
清 白玉苍龙教子佩	高9.5cm	53,424	中濠典藏	2017-11-29
清 白玉蝉形玉佩	高6cm	109,250	上海明轩	2017-06-30
清 白玉螭龙佩	长6.1cm	34,500	西泠拍卖	2017-05-05
清 白玉螭龙佩	长6.5cm	17,250	中国嘉德	2017-09-03
清 白玉螭龙纹佩	直径6cm	13,800	北京翰海	2017-06-04
清 白玉传留百子佩	玉长5.2cm	26,610	万昌斯	2017-05-29
清 白玉春华秋实坠	高18cm（含架）	13,800	中国嘉德	2017-04-01
清 白玉雕“多福多子”挂坠	高5cm	13,800	北京宣石	2017-12-03

拍品名称	物品尺寸	成交价RMB	拍卖公司	拍卖日期
清 白玉雕螭龙纹佩	长4.6cm	43,731	香港苏富比	2017-06-01
清 白玉雕府上有龙佩	长7.1cm	26,450	西泠拍卖	2017-07-15
清 白玉雕葫芦坠	长5.3cm	11,500	中贸圣佳	2017-09-04
清 白玉雕刘海戏蟾佩及白玉雕福寿封侯佩	高7.3cm	62,250	佳士得	2017-10-04
清 白玉雕龙凤纹佩	长8cm	20,700	北京保利	2017-12-20
清 白玉雕龙纹佩	长4.6cm	63,250	西泠拍卖	2017-07-15
清 白玉雕葡萄佩	5.5cm×5cm	138,000	西泠拍卖	2017-07-15
清 白玉雕双童嬉戏佩	长5.5cm	184,000	观唐皕榷	2017-01-12
清 白玉雕喜上梅梢佩	长6cm；宽4.4cm	55,200	西泠拍卖	2017-07-15
清 白玉雕玉堂富贵佩及三多九如佩（一组两件）	尺寸不一	34,500	西泠拍卖	2017-07-15
清 白玉雕转心佩	直径5.8cm	43,700	北京保利	2017-06-08
清 白玉独占鳌头纹挂件	高5.2cm；长8cm	46,000	广东崇正	2017-06-15
清 白玉福寿齐眉佩	长5.5cm	24,931	中濠典藏	2017-11-29
清 白玉福寿坠	长5.5cm	25,300	中贸圣佳	2017-09-04
清 白玉福在眼前佩	长4.5cm	11,500	中贸圣佳	2017-09-04
清 白玉斧形螭纹佩	长11.5cm	20,700	太平洋	2017-03-30
清 白玉府上有龙件	高13.2cm	34,500	上海匡时	2017-11-05
清 白玉府上有龙佩	长7cm	82,800	中国嘉德	2017-04-01
清 白玉瓜果坠	长5cm	32,200	北京翰海	2017-09-13
清 白玉荷花仕女佩	直径5.5cm	57,500	中国嘉德	2017-12-21
清 白玉红皮瓜果坠	长5cm	28,750	北京保利	2017-08-02
清 白玉蝴蝶佩 白玉转心子辰佩（两件）	宽8.7cm；直径6cm	17,250	中国嘉德	2017-06-19
清 白玉虎	长14.5cm	18,400	北京翰海	2017-01-08
清 白玉花蓝佩	宽8.5cm	27,423	中国嘉德	2017-10-02
清 白玉鸡形坠	长5.5cm	28,750	中国嘉德	2017-06-19
清 白玉吉祥如意佩	长6.2cm	10,644	万昌斯	2017-05-29
清 白玉夔龙佩	长7cm	23,000	中国嘉德	2017-04-01
清 白玉灵芝挂坠	长4.5cm	48,300	北京保利	2017-04-17
清 白玉灵芝童子坠	长5.5cm	10,350	中国嘉德	2017-09-03
清 白玉留皮多宝串（福在眼前及灵芝佩）	最大长4.2cm	26,610	万昌斯	2017-05-29
清 白玉留皮福禄绵长佩	长5cm	8,904	中濠典藏	2017-11-29
清 白玉留皮瓜瓞绵绵佩	高6.2cm	126,500	上海匡时	2017-11-05
清 白玉留皮松鼠葡萄佩	长5.5cm	86,250	中国嘉德	2017-04-01
清 白玉留皮天禄佩	高3cm	24,931	中濠典藏	2017-11-29
清 白玉留皮童子坠	长5.2cm	253,000	北京东正	2017-06-08
清 白玉榴开百子佩	长6cm	92,000	北京保利	2017-12-18
清 白玉龙纹佩	长7cm	230,000	北京保利	2017-04-17
清 白玉龙纹佩	长6.5cm	36,800	北京保利	2017-04-17
清 白玉龙纹佩	长6.2cm	11,500	广东崇正	2017-12-13
清 白玉龙纹钟形佩	高6.8cm	51,750	北京翰海	2017-12-16
清 白玉镂雕“路路通”佩	长7.5cm	115,000	北京匡时	2017-12-03
清 白玉镂雕夔龙纹佩	4.2cm×2.2cm	63,250	古天一	2017-06-07
清 白玉鹿衔灵芝坠	长5.8cm	17,250	北京保利	2017-11-05
清 白玉马上封侯坠	长5.2cm	25,300	中贸圣佳	2017-09-04
清 白玉耄耋佩	高6.5cm	21,547	中国嘉德	2017-10-02
清 白玉蘑菇坠	长5.5cm	20,700	北京翰海	2017-09-13

拍品名称	物品尺寸	成交价RMB	拍卖公司	拍卖日期
清 白玉年年有余佩	长7.2cm	20,700	北京保利	2017-11-05
清 白玉年年有余坠	长5cm	20,700	中贸圣佳	2017-09-04
清 白玉巧雕葫芦佩	长6.3cm	106,440	万昌斯	2017-05-29
清 白玉琴棋书画坠	长5cm	17,250	北京保利	2017-04-17
清 白玉蜻蜓灵芝坠	长6cm	23,000	中国嘉德	2017-09-03
清 白玉如意童子坠	长4cm	34,500	北京保利	2017-04-17
清 白玉瑞果坠（两件）	长6.9cm；长4.1cm	11,500	中国嘉德	2017-04-01
清 白玉洒金瓜蝶绵绵坠	高5.6cm	40,250	北京翰海	2017-06-04
清 白玉双螭佩	长4.7cm	53,220	万昌斯	2017-05-29
清 白玉双欢坠	高3.5cm	25,300	中贸圣佳	2017-09-04
清 白玉双龙戏珠镯	直径7.7cm	40,860	上海工美	2017-07-23
清 白玉双鱼佩	高6.2cm	13,800	北京翰海	2017-01-08
清 白玉四臂观音佩	高5.5cm	20,933	中国嘉德	2017-05-30
清 白玉松鼠葡萄坠	长5cm	40,250	北京保利	2017-04-17
清 白玉童子击鼓佩	长5.5cm	74,750	北京保利	2017-04-17
清 白玉童子献宝佩	长4.9cm	57,500	中贸圣佳	2017-06-18
清 白玉透雕鹦鹉纹佩	直径5.6cm	22,400	上海联合	2017-12-17
清 白玉喜字佩	高9cm	15,700	中国嘉德	2017-05-30
清 白玉绣球坠	高4.2cm	24,485	中国嘉德	2017-10-02
清 白玉一羊启泰佩	高6cm	17,250	北京翰海	2017-12-16
清 白玉英雄多宝串	长3.5cm	94,300	古天一	2017-06-07
清 白玉婴戏佩	高6.5cm	19,588	中国嘉德	2017-10-02
清 白玉鹰蛇佩	高5.2cm	29,306	中国嘉德	2017-05-30
清 碧玺福寿坠	长4.3cm	36,800	中国嘉德	2017-09-04
清 碧玺双色福寿纹佩	长5cm	32,200	广东崇正	2017-12-13
清 碧玉雕绳佩	长7cm；宽4.3cm；高1.3cm	34,500	荣宝斋（上海）	2017-07-30
清 二乔玉佩	高5.7cm	20,700	十竹斋	2017-01-01
清 凤戏牡丹吉庆佩	长8.7cm	10,350	凤凰拍卖	2017-07-30
清 各式白玉雕动物（9件）	尺寸不一	63,250	北京保利	2017-06-08
清 各式玉饰（3件）	尺寸不一	24,150	北京保利	2017-06-08
清 海蓝宝竹节坠	高6.7cm	23,000	中国嘉德	2017-09-04
清 和田白玉龙凤纹佩	9cm×3.8cm	43,700	中拍国际	2017-06-04
清 和田黄玉雕结交四方珮	径6cm	24,970	印千山	2017-07-09
清 和田玉吉庆有余玉组配	长13cm；长7cm	51,750	凤凰拍卖	2017-07-30
清 和田玉龙凤佩	长6cm	115,000	凤凰拍卖	2017-07-30
清 黑白玉巧雕蝴蝶福寿绵绵佩	长5.5cm	418,664	中国嘉德	2017-05-30
清 黑白玉双欢挂坠	长4cm	28,750	上海工美	2017-07-23
清 琥珀雕凤凰纹佩	宽8.3cm	55,258	纽约佳士得	2017-07-13
清 琥珀松下高士图佩	直径4.6cm	11,500	中国嘉德	2017-04-01
清 琥珀桃蝠佩	长4cm	11,500	北京保利	2017-06-08
清 花鸟玉饰片（一组）	尺寸不一	17,250	北京中汉	2017-06-17
清 黄玉博古龙纹多宝串	高5cm	57,500	古天一	2017-06-07
清 黄玉长宜子孙佩	高6.8cm	25,300	朵云轩	2017-06-26
清 灰玉“长宜子孙”佩	长6.4cm	20,403	纽约佳士得	2017-07-13
清 火烧玉瓜瓞连绵坠	长5cm	13,800	中国嘉德	2017-09-03
清 鸡骨白玉书卷佩	长5.7cm	23,417	万昌斯	2017-05-29
清 旧玉瑞兽	长8cm	34,500	北京翰海	2017-01-08
清 龙凤开光佩	长5.5cm	103,500	凤凰拍卖	2017-07-30

拍品名称	物品尺寸	成交价RMB	拍卖公司	拍卖日期
清 玛瑙福寿佩	高5cm	32,200	中国嘉德	2017-06-19
清 玛瑙巧雕荷塘清趣小坠	高3cm	13,800	中国嘉德	2017-12-21
清 玛瑙巧雕灵猴献瑞佩、玛瑙刘海戏蟾佩	玛瑙巧雕灵猴献瑞珮长4.8cm	57,063	佳士得	2017-10-04
清 玛瑙巧作节节高升佩	高5cm	120,750	古天一	2017-06-07
清 梅花纹玉佩	长7.5cm	55,200	十竹斋	2017-01-01
清 蜜蜡串饰	长60cm	11,500	中国嘉德	2017-09-03
清 蜜蜡雕双鱼佩	长7.5cm	63,250	古天一	2017-06-07
清 蜜蜡挂珠	直径3.5cm	10,350	中贸圣佳	2017-09-04
清 南红荔枝坠	长3.6cm	23,000	中贸圣佳	2017-09-04
清 南红玛瑙船形坠	长5cm	28,750	北京保利	2017-04-17
清 青白玉报喜荔枝玉珮	高6cm	109,250	上海明轩	2017-06-30
清 青白玉蝉 (两件)		87,462	香港苏富比	2017-06-01
清 青白玉雕“榴开童子”坠	长4.5cm	17,250	北京保利	2017-12-20
清 青白玉雕癞瓜坠	长6cm	18,400	北京保利	2017-06-08
清 青白玉雕瑞鸡佩	长4.8cm	54,664	香港苏富比	2017-06-01
清 青白玉猫戏蜻蜓纹佩	长6.3cm	43,244	纽约佳士得	2017-03-17
清 青白玉沁色瓜瓞连绵坠	长4.4cm	11,500	中国嘉德	2017-09-04
清 青白玉洒金皮葫芦坠、青白玉留皮松鼠葡萄坠	长3.7cm；长4.5cm	32,200	北京保利	2017-06-08
清 青白玉印式佩	长4.9cm	11,708	万昌斯	2017-05-29
清 青玉雕螭龙纹佩	直径5.1cm	49,197	香港苏富比	2017-06-01
清 双猴献寿玉佩	长4cm	55,200	十竹斋	2017-01-01
清 双鸟纹玉佩	长3.5cm	92,000	古天一	2017-06-07
清 玉扁豆坠	高6cm	11,500	北京翰海	2017-09-13
清 玉扁豆坠	长9cm	10,350	北京翰海	2017-09-13
清 玉雕多宝串		34,500	上海工美	2017-07-23
清 玉雕葫芦转心佩	高6.5cm	20,700	北京翰海	2017-09-13
清 玉雕蝴蝶佩（五件）		11,500	北京翰海	2017-09-10
清 玉雕蝴蝶喜字佩	高7cm	13,800	北京翰海	2017-09-13
清 玉雕花篮佩	高6cm	29,900	北京翰海	2017-09-13
清 玉雕花篮佩	高4cm	13,800	北京翰海	2017-09-13
清 玉雕龙胎	长3.8cm	253,000	古天一	2017-06-07
清 玉雕鲶鱼、龙形佩（两件）	宽4.1cm；宽4.3cm	43,700	中国嘉德	2017-06-19
清 玉雕寿字佩	高5.5cm	20,700	北京翰海	2017-01-08
清 玉雕松下人物佩	长6cm	34,500	北京翰海	2017-01-08
清 玉雕太子玩莲佩	高5.6cm	17,250	北京翰海	2017-09-13
清 玉雕童子牧牛坠	高3.5cm	11,500	北京翰海	2017-09-13
清 玉雕竹节佩	高6cm	23,000	北京翰海	2017-09-13
清 玉雕子孙万代坠	长5.3cm	17,250	北京保利	2017-11-05
清 玉福寿坠	长4.3cm	13,800	北京翰海	2017-09-13
清 玉瓜果坠	长5cm	17,250	北京翰海	2017-09-13
清 玉瓜果坠	高5.6cm	17,250	北京翰海	2017-09-13
清 玉瓜果坠	高3.2cm	17,250	北京翰海	2017-09-13
清 玉瓜果坠	高5.8cm	13,800	北京翰海	2017-09-13
清 玉瓜果坠	长5.2cm	11,500	北京翰海	2017-09-13
清 玉荷塘清趣佩两件、玉虎和玉童子转心佩各一件	最大的宽9cm	41,866	中国嘉德	2017-05-30
清 玉葫芦坠	长[illegible]	10,000	北京翰海	2017-09-13

拍品名称	物品尺寸	成交价RMB	拍卖公司	拍卖日期
清 玉花卉佩	高6.5cm	36,800	北京翰海	2017-09-13
清 玉花卉佩	高5.5cm	25,300	北京翰海	2017-09-13
清 玉勒子挂件（一组）		667,000	古天一	2017-06-07
清 玉莲蓬坠	长4.3cm	28,750	北京翰海	2017-09-13
清 玉莲蓬坠	长5.8cm	11,500	北京翰海	2017-09-13
清 玉留皮巧雕挂件（两件）	长4.5cm；长5.5cm	97,750	北京保利	2017-12-20
清 玉龙形佩	长7.4cm	20,728	香港苏富比	2017-06-01
清 玉平安无事佩	高5cm	32,200	北京翰海	2017-09-13
清 玉平安无事佩	高4.5cm	11,500	北京翰海	2017-09-13
清 玉人及玉人面佩（1组3件）	高7.3cm	552,000	古天一	2017-06-07
清 玉人物佩	高4cm	11,500	北京翰海	2017-09-13
清 玉诗文佩	高4cm	20,700	北京翰海	2017-09-13
清 玉兽纹佩	高5.5cm	41,400	北京翰海	2017-09-13
清 玉兽纹佩	高5.5cm	11,500	北京翰海	2017-09-13
清 玉双螭佩	长5.8cm	17,250	中国嘉德	2017-06-19
清 玉双寿坠	长5cm	11,500	北京翰海	2017-09-13
清 玉双喜佩	高4.5cm	11,500	北京翰海	2017-09-13
清 玉喜字佩	高6cm	43,700	北京翰海	2017-09-13
清 玉喜字佩	高7.2cm	20,700	北京翰海	2017-09-13
清 玉喜字佩	高6.5cm	13,800	北京翰海	2017-09-13
清 玉喜字佩	高6.5cm	13,800	北京翰海	2017-09-13
清 玉钟型龙纹佩	高7.8cm	23,000	北京翰海	2017-09-13
清 玉钟型佩	高6.5cm	11,500	北京翰海	2017-09-13
清初 白玉雕刘海戏金蟾挂坠	高4.5cm	46,000	北京宣石	2017-12-03
清莲 白玉挂件	4.3cm × 1.8cm	12,320	上海联合	2017-06-18
18世纪 白玉红皮“一本万利”坠	长3.5cm	86,250	北京东正	2017-12-09
18世纪 白玉蝴蝶纹佩（一对）	宽8.6cm，宽8cm	112,434	纽约佳士得	2017-03-17
18世纪 白玉留皮瓜果坠	高6cm	299,000	北京东正	2017-06-08
18世纪 白玉留皮松鼠葡萄坠	长6cm	207,000	北京东正	2017-06-08
18世纪 白玉留皮螳螂捕蝉坠	长5cm	115,000	北京东正	2017-06-08
18世纪 白玉巧雕松鼠葡萄坠（加环）	尺寸不一	149,500	北京东正	2017-06-08
18世纪 白玉如意童子纹佩	高5.7cm	189,269	纽约佳士得	2017-03-17
18世纪 白玉诗文竹节佩	高5.9cm	78,352	中国嘉德	2017-10-02
18世纪 白玉松鼠葡萄坠	长5.2cm	299,000	北京东正	2017-06-08
18世纪 白玉洋洋得意坠	宽4.2cm	55,688	佳士得	2017-04-04
18世纪 白玉籽料带皮渔翁婴戏图佩	高5cm	156,999	中国嘉德	2017-05-30
18世纪 黑白玉巧雕狮象挂坠	5cm × 3.5cm	218,500	北京东正	2017-12-09
18世纪 黄玉竹节佩	长5.5cm	230,000	北京东正	2017-12-09
18世纪 灰白玉桃形佩	宽7.6cm	22,103	纽约佳士得	2017-07-13
18世纪 青白玉雕（1组4件）	宽7.7cm	29,065	伦敦佳士得	2017-05-12
18世纪 青玉带皮连花佩	宽5.9cm	16,768	伦敦佳士得	2017-05-12
18世纪 苏作白玉美人奏萧图佩	高5.7cm	222,750	香港蘇富比	2017-04-05
18世纪/19世纪 白玉百年好合佩	高4.5cm	188,488	佳士得	2017-05-31
18世纪/19世纪 白玉连生贵子坠	长3.8cm	88,700	佳士得	2017-05-31
18世纪/19世纪 白玉镂雕双螭佩	长6.4cm	76,367	香港苏富比	2017-06-01
18世纪/19世纪 白玉人物纹佩	直径5.7cm	64,866	纽约佳士得	2017-03-16
18世纪/19世纪 白玉双欢	长6.8cm	130,915	香港苏富比	2017-06-01

2017玉器拍卖成交汇总

(成交价RMB：1万元以上)

拍品名称	物品尺寸	成交价RMB	拍卖公司	拍卖日期
18世纪/19世纪 绿松石雕松鼠葡萄纹佩		15,568	纽约蘇富比	2017-03-18
18世纪/19世纪 青白玉蝉（两件）	长6cm，长5.5cm	81,995	香港苏富比	2017-06-01
19世纪 白玉蝉佩	长5.7cm	17,003	纽约佳士得	2017-07-13
19世纪 青白玉瑞兽佩	高4.5cm	65,457	香港苏富比	2017-06-01
19世纪 玉雕（1组3件）	长6.4cm	16,768	伦敦佳士得	2017-05-12
19世纪/20世纪 青白玉雕（1组3件）	长12.9cm	42,479	伦敦佳士得	2017-05-12
19世纪/20世纪 玉雕（一组10件）	直径10.1cm	24,593	伦敦佳士得	2017-05-12
19世纪/20世纪 玉及翠玉雕（1组5件）	长6.7cm	22,358	伦敦佳士得	2017-05-12
民国 玛瑙巧雕松鼠葡萄坠	长6.2cm	13,800	中国嘉德	2017-04-01
民国 玉雕螭龙佩	长7.5cm	28,750	北京翰海	2017-09-10
民国 玉雕斋戒佩	高7.4cm	13,800	北京翰海	2017-01-08
清-民国 玛瑙巧雕挂件（五件）	尺寸不一	23,000	北京保利	2017-12-20
白玉鸿运当头佩	长6.3cm	20,700	中国嘉德	2017-09-04
白玉花鸟佩	长5.9cm	80,500	中国嘉德	2017-04-01
白玉镂空朱雀螭龙珩	长9.5cm	2,012,500	北京东正	2017-06-08
财在眼前 白玉挂件	3cm×2.1cm	11,200	上海联合	2017-06-18
彩沁龙凤白玉佩	长17.6cm；厚1cm	575,000	中拍国际	2017-06-04
彩沁双龙首玉珩	长13.8cm	69,000	中拍国际	2017-06-04
彩沁羽人戏龙白玉佩	高5.2cm	92,000	中拍国际	2017-06-04
彩沁玉猪龙	4.3cm×3.4cm	322,000	中拍国际	2017-06-04
曹国斌 和田白玉籽料祝福	高14cm	1,035,000	凤凰拍卖	2017-07-30
曹伟 和田玉籽料貔貅	3.5cm×3.2cm	46,000	尚品润博	2017-04-23
陈春荣 马上有福 白玉挂件	5.4cm×3.9cm	112,000	上海联合	2017-06-18
程四海 禅意 白玉挂件	9.1cm×2.8cm	61,600	上海联合	2017-12-17
程四海 涅盘 白玉挂件	4.9cm×3.3cm	140,000	上海联合	2017-12-17
楚式透雕龙凤形玉佩	长10.2cm	215,468	北京匡时	2017-10-02
崔磊 万事丰足白玉挂件	5.5cm×3.4cm	313,600	上海联合	2017-06-18
代胜坤 白玉籽料宝相花形佩	长4cm；宽4cm	22,400	浙江佳宝	2017-07-23
代胜坤 白玉籽料云头纹平安佩	长4.67cm	32,200	浙江佳宝	2017-07-23
当代 白玉螭龙佩	长6.5cm	11,500	北京翰海	2017-01-08
当代 白玉观音佩	长6.8cm	17,250	北京翰海	2017-01-08
樊军民 如意童子白玉把件	9.5cm×5.2cm	126,500	西泠拍卖	2017-07-15
范民广 白玉籽料扭转乾坤	6.7cm×4cm	287,500	浙江佳宝	2017-07-23
范民广 白玉籽料貔貅	长5.5cm	207,000	浙江佳宝	2017-07-23
范民广 白玉籽料辟邪	7.3cm×5.2cm	336,000	浙江佳宝	2017-07-23
范民广 白云籽料发财猪	长4.74cm	230,000	浙江佳宝	2017-07-23
房军建 有财气 白玉挂件	3.5cm×2.5cm	84,000	上海联合	2017-06-18
冯涛 和田玉籽料大业有成	4.3cm×3.4cm	74,750	尚品润博	2017-04-23
葛洪 白玉雕必定辉煌挂坠	3.4cm×2.9cm	10,350	中国嘉德	2017-06-21
葛洪 白玉雕荷韵挂坠	3.8cm×2.9cm	13,800	中国嘉德	2017-06-21
葛洪 步步生莲 白玉挂件	4.5cm×2.6cm	11,500	西泠拍卖	2017-07-15
葛洪 和田玉籽料福寿双全	7.3cm×2.5cm	80,500	尚品润博	2017-04-23
葛洪 和田玉籽料喜上眉梢	6.2cm×2.1cm	43,700	尚品润博	2017-04-23
龚克勤 福豆 白玉挂件	2.4cm×3.4cm	28,000	上海联合	2017-12-17
龚克勤 连年精彩 白玉挂件	3.8cm×3.3cm	89,600	上海联合	2017-12-17
龚克勤 龙凤 白玉挂件	4.3cm×2cm	20,160	上海联合	2017-12-17

拍品名称	物品尺寸	成交价RMB	拍卖公司	拍卖日期
龚克勤 如意 白玉挂件	2.4cm×3.5cm	15,456	上海联合	2017-12-17
龚克勤 一夜成名 白玉挂件	3.5cm×5.8cm	67,200	上海联合	2017-12-17
龚克勤 有凤来仪 白玉挂件	4.1cm×2.5cm	16,800	上海联合	2017-12-17
顾织强制、姜丙雷刻 清香 墨碧印笼	5.9cm×4.1cm	56,000	上海联合	2017-06-18
郭万龙 福寿双全 白玉挂件	4.1cm×3.9cm	97,750	西泠拍卖	2017-07-15
郭万龙 灵猴献瑞 白玉挂件	4.4cm×2.2cm	86,250	西泠拍卖	2017-07-15
郭万龙 喜报连年 白玉挂件	3cm×2.4cm	61,600	上海联合	2017-12-17
和田玉挂件	直径7.5cm	28,750	广东保利	2017-11-26
和田玉籽料鱼化龙佩	长8cm；重39g	18,400	北京保利	2017-12-20
黑白玉松鼠葡萄佩	长6.8cm	11,500	中国嘉德	2017-09-03
洪新华 福在眼前 白玉挂件	4.6cm×2.6cm	168,000	上海联合	2017-12-17
洪新华 路路连发 白玉挂件	5cm×3.6cm	168,000	上海联合	2017-12-17
侯晓锋 乐得自在 白玉挂件	4.7cm×2.8cm	80,500	西泠拍卖	2017-07-15
侯晓锋 乐逍遥 南红挂件	4.3cm×2.6cm	57,500	西泠拍卖	2017-07-15
胡锡涛 白玉雕红衣罗汉挂件	5.7cm×2.5cm	46,000	中国嘉德	2017-12-21
黄罕勇 丹凤朝阳 白玉挂件	直径5.1cm	55,200	西泠拍卖	2017-07-15
黄罕勇 龙腾四海 白玉挂件	4.2cm×2.1cm	92,000	西泠拍卖	2017-07-15
黄罕勇 有凤来仪 白玉挂件	4.2cm×2.7cm	103,500	西泠拍卖	2017-07-15
黄沁龙凤白玉佩（一对）	长7.5cm	460,000	中拍国际	2017-06-04
黄杨洪 富贵长寿白玉挂件	3.7cm×2.7cm	322,000	西泠拍卖	2017-07-15
黄杨洪 金莲开法界白玉挂件	6.6cm×2.5cm	368,000	西泠拍卖	2017-07-15
黄杨洪 路路通 白玉挂件	5.7cm×4.5cm	190,400	上海联合	2017-12-17
黄玉双凤纹佩（一对）	9.6cm×6.3cm	207,000	中拍国际	2017-06-04
黄玉水沁三龙纹佩	长9.2cm	92,000	中拍国际	2017-06-04
黄玉猪龙	高6.2cm	920,000	中拍国际	2017-06-04
甲天下 白玉挂件	6.8cm×4.4cm	56,000	上海联合	2017-06-18
蒋平 招财纳福 白玉挂件	4.5cm×2.6cm	44,800	上海联合	2017-12-17
李剑 白玉雕蝶恋花挂坠	3.2cm×3cm	11,500	中国嘉德	2017-06-21
李剑 白玉雕双鱼佩	4.9cm×3cm	10,350	中国嘉德	2017-06-21
李剑 白玉雕翁仲挂件	4.4cm×2.1cm	28,750	中国嘉德	2017-06-21
李剑 白玉雕喜庆挂坠	3.5cm×2.8cm	11,500	中国嘉德	2017-06-21
李剑 猪先生的春天 白玉挂件	5.8cm×3.4cm	138,000	西泠拍卖	2017-07-15
林金波 福寿双全 白玉挂件	3.4cm×2.2cm	11,500	西泠拍卖	2017-07-15
灵猴献寿 白玉挂件	4.7cm×3.4cm	41,040	上海联合	2017-06-18
刘海 人生如意 白玉挂件	3.5cm×2.1cm	56,000	上海联合	2017-12-17
刘海 一鸣惊人 翠青挂件	3.8cm×1.9cm	67,200	上海联合	2017-12-17
刘海港 龙头 白玉挂件	3.8cm×3.6cm	17,920	上海联合	2017-12-17
龙龟 白玉挂件	4cm×3.2cm	20,160	上海联合	2017-12-17
龙牙 白玉挂件	6cm×1.7cm	13,440	上海联合	2017-06-18
镂雕龙凤纹未字白玉佩	5.1cm×5.1cm	69,000	中拍国际	2017-06-04
卢开飞 金鸡报晓 白玉挂件	3.5cm×2.5cm	27,000	上海联合	2017-06-18
吕德 观音 白玉挂件	高5.2cm	168,000	上海联合	2017-06-18
绿松石雕饕餮纹佩饰	2.8cm×3.3cm	34,500	中拍国际	2017-06-04
绿松石凤鸟饕餮纹佩饰	3.7cm×3.2cm	34,500	中拍国际	2017-06-04
绿松石玉兔	长1.8cm；宽1cm	11,500	十竹斋	2017-01-01
玛瑙雕童子佩两件及碧玺雕荷塘蟾蜍佩	长3.4cm	88,188	佳士得	2017-10-04
玛瑙荔枝	长4.5cm	10,350	朵云轩	2017-04-21
玛瑙小件（五件）	尺寸不一	25,300	中国嘉德	2017-09-04

拍品名称	物品尺寸	成交价RMB	拍卖公司	拍卖日期
孟庆东 白玉雕观音挂坠	5.5cm×1.9cm	34,500	中国嘉德	2017-06-21
孟庆东 白玉雕清香挂坠	6.7cm×1.8cm	20,700	中国嘉德	2017-06-21
弥勒 白玉挂件	2.5cm×2.4cm	20,160	上海联合	2017-06-18
弥勒 白玉挂件	3.6cm×3cm	17,920	上海联合	2017-12-17
穆宇静 霸王别姬白玉挂件	6.4cm×3.2cm	67,200	上海联合	2017-06-18
穆宇静 福寿 南红挂件	4.1cm×1.9cm	63,800	上海联合	2017-06-18
穆宇静 吉祥 白玉挂件	4.6cm×3.4cm	43,555	上海联合	2017-12-17
穆宇静 年年有余 白玉挂件	1.9cm×1.8cm	16,800	上海联合	2017-06-18
穆宇静 钟馗 南红玛瑙挂件	4.8cm×2.7cm	89,600	上海联合	2017-12-17
倪清泉 普渡 白玉挂件	6.3cm×3.6cm	33,600	上海联合	2017-06-18
倪展勇 佛在心中 白玉挂件	5.7cm×3.2cm	112,000	上海联合	2017-12-17
貔貅 白玉挂件	3.4cm×2.8cm	17,920	上海联合	2017-06-18
渠敬鹏 美女与野兽 白玉挂件	5.4cm×3.5cm	31,360	上海联合	2017-12-17
瞿利军 白玉雕蕉叶美人挂坠	6cm×2.4cm	25,300	中国嘉德	2017-12-21
瞿利军 福寿双全 白玉挂件	3.1cm×3cm	34,500	西泠拍卖	2017-07-15
瞿利军 府上有龙 白玉挂件	3.6cm×3cm	23,000	西泠拍卖	2017-07-15
瞿利军 和田玉籽料红红火火挂件	4.9cm×2.6cm	57,500	尚品润博	2017-01-02
瞿利军 和田玉籽料喜事连连把件	5.4cm×2.9cm	92,000	尚品润博	2017-04-23
瞿利军 守护 白玉挂件	6.6cm×1.4cm	25,300	西泠拍卖	2017-07-15
瞿利军 偕寻诗意 白玉挂件	3.3cm×2.8cm	80,500	西泠拍卖	2017-07-15
沈水富 事事如意 白玉挂件	4.3cm×2.8cm	95,200	上海联合	2017-06-18
事业有成 白玉挂件、戒指	3.1cm×1.6cm；3cm×1.2cm	29,120	上海联合	2017-06-18
守护 白玉挂件	4.5cm×2.9cm	25,760	上海联合	2017-12-17
水沁龙凤纹玉佩	长9cm	92,000	中拍国际	2017-06-04
水银沁白玉龙	长3.8cm	92,000	中拍国际	2017-06-04
水银沁螭龙纹佩	5.3cm×5.2cm	36,800	中拍国际	2017-06-04
水银沁玉龙	长8cm	69,000	中拍国际	2017-06-04
苏然 白玉雕一路连科挂件	5.2cm×2.6cm	71,300	中国嘉德	2017-12-21
苏然 瑞狮如意	高3cm	92,000	凤凰拍卖	2017-07-30
孙永 灵猴献寿 白玉挂件	4.8cm×3.5cm	89,600	上海联合	2017-12-17
汪洋 观音 白玉挂件	4.2cm×4cm	56,000	上海联合	2017-12-17
王建伟 罗汉 青花挂件	5.8cm×3.8cm	31,320	上海联合	2017-06-18
王金忠 虎啸云涌黄玉挂件	4.3cm×2.6cm	126,500	西泠拍卖	2017-07-15
王金忠 花开富贵 白玉挂件	3.6cm×2.9cm	35,840	上海联合	2017-12-17
王金忠 金玉满堂 白玉挂件	5.2cm×1.6cm	30,240	上海联合	2017-12-17
王金忠 琼姿玉秀 白玉挂件	4.3cm×2.5cm	43,700	西泠拍卖	2017-07-15
王金忠 如意弥勒 白玉挂件	2.9cm×24cm	16,800	上海联合	2017-06-18
王鹏 熊猫吊坠	高4.4cm	201,600	蓝天国拍	2017-08-31
王平 荷花仙子 白玉挂件	4.8cm×2.6cm×	89,600	上海联合	2017-12-17
王一卜 一叶一菩提 白玉挂件	3.5cm×3.1cm；2.7cm×1.6cm	57,500	西泠拍卖	2017-07-15
魏帅 三面罗汉 白玉挂件	3.6cm×3.1cm	56,000	上海联合	2017-12-17
吴灶发 两小无猜 白玉挂件	3.6cm×2.8cm	29,120	上海联合	2017-12-17
喜事连连 白玉挂件	3.6cm×2.3cm	53,760	上海联合	2017-12-17
现代 白玉籽料莲纹随形佩	长4.5cm	16,800	浙江佳宝	2017-07-23
现代 代代封侯玉佩	长4cm	10,350	十竹斋	2017-01-01
现代 玉雕貔貅	长9.5cm	40,250	北京翰海	2017-09-10
熊明星 和田玉籽料诸事如意	5.3cm×3.5cm	230,000	尚品润博	2017-04-23
徐志浩 悬怀白玉挂件	6.3cm×2.7cm	184,000	西泠拍卖	2017-07-15

拍品名称	物品尺寸	成交价RMB	拍卖公司	拍卖日期
徐志浩 带子上朝 白玉挂件	5cm×2.5cm	44,800	上海联合	2017-12-17
徐志浩 福在眼前 白玉挂件	3.3cm×2.2cm	13,440	上海联合	2017-12-17
徐志浩 有余 白玉挂件	4.7cm×2.9cm	80,500	西泠拍卖	2017-07-15
颜桂明 观音 白玉挂件	6.4cm×3.6cm	27,500	上海联合	2017-12-17
羊头 白玉挂件	2.3cm×1.9cm	13,440	上海联合	2017-12-17
杨建发 观自在 白玉挂件	5.1cm×3.2cm	172,800	上海联合	2017-12-17
杨建发 鸿运当头 白玉挂件	4.1cm×2.6cm	56,000	上海联合	2017-06-18
杨建发 虎虎生威 白玉挂件	2.5cm×2.3cm	33,600	上海联合	2017-06-18
杨建发 金玉满堂 白玉挂件	4.7cm×3.4cm	224,000	上海联合	2017-12-17
杨建发 貔貅 白玉挂件	3.2cm×2.6cm	42,560	上海联合	2017-12-17
杨建发 人生如意 白玉挂件	6cm×2.9cm	112,000	上海联合	2017-06-18
杨建发 一鸣惊人 白玉挂件	5.1cm×2cm	35,840	上海联合	2017-12-17
杨建发 一夜成名白玉挂件	5.3cm×2.6cm	64,960	上海联合	2017-06-18
杨建发 玉兔白玉挂件	6.2cm×3.3cm	246,400	上海联合	2017-06-18
杨建发 玉猪龙 白玉挂件	4cm×2.5cm	33,600	上海联合	2017-06-18
杨建发 遇福白玉挂件	6.9cm×3.2cm	173,600	上海联合	2017-06-18
杨菊青 貔貅 白玉挂件	4.8cm×3.3cm	134,400	上海联合	2017-12-17
杨菊青 一马当先 白玉挂件	5.8cm×4cm	29,120	上海联合	2017-12-17
叶清 一马当先 白玉挂件	3.5cm×3cm	22,400	上海联合	2017-12-17
一鸣惊人 白玉挂件	4cm×1.5cm	20,160	上海联合	2017-06-18
一品清莲 白玉挂件	4cm×2.4cm	23,760	上海联合	2017-06-18
俞巍巍 观音 白玉挂件	7.2cm×2.6cm	100,800	上海联合	2017-12-17
俞巍巍 灵猴献寿 白玉挂件	3.5cm×4.1cm	22,400	上海联合	2017-12-17
玉雕熊	高4.3cm	862,500	中贸圣佳	2017-06-18
张大江 普渡 白玉挂件	6.6cm×3.3cm	78,400	上海联合	2017-12-17
张海 一鸣惊人黄沁挂件	6.2cm×3.4cm	112,000	上海联合	2017-06-18
张海 招财进宝 白玉挂件	6.1cm×3.5cm	72,800	上海联合	2017-12-17
张焕庆 比翼双飞	长5cm	28,750	凤凰拍卖	2017-07-30
张焕庆 多子多福	长4.5cm	25,300	凤凰拍卖	2017-07-30
张焕庆 飞黄腾达 碧玉挂件	3.2cm×1.7cm	11,200	上海联合	2017-06-18
张焕庆 吉象 白玉挂件	3.5cm×3.5cm	13,440	上海联合	2017-06-18
张克山 和田玉籽料地藏王菩萨挂件	5.5cm×1.9cm 独籽；重24.3g	57,500	尚品润博	2017-01-02
张克山 蒸蒸日上 白玉挂件	4.5cm×3.2cm×1.9cm	50,400	上海联合	2017-06-18
张胜利 白玉佛祖挂件	5.3cm×2.5cm×1cm	31,360	上海联合	2017-06-18
张胜利 财神 白玉挂件	5.8cm×3.4cm×1.7cm	58,240	上海联合	2017-06-18
张胜利 常胜将军 白玉挂件	8cm×2.8cm	61,600	上海联合	2017-12-17
张胜利 封金挂印 白玉把件	8.1cm×2.7cm	95,200	上海联合	2017-06-18
张胜利 老寿星 白玉挂件	5.3cm×3.7cm	67,200	上海联合	2017-12-17
张胜利 六臂观音 白玉挂件	4.2cm×2.9cm	56,000	上海联合	2017-12-17
张逊作品 新疆天然和田玉挂件古韵一风		11,500	十竹斋	2017-01-01
张逊作品 新疆天然和田玉挂件悟*禅		13,800	十竹斋	2017-01-01
赵琦 不动明王南红挂件	4.9cm×3.1cm	20,700	西泠拍卖	2017-07-15
赵琦 蝶恋花 南红挂件	3.9cm×3.3cm	13,800	西泠拍卖	2017-07-15
赵琦 福象白玉挂件	5.9cm×4.1cm	218,500	西泠拍卖	2017-07-15
赵琦 马上赢白玉挂件	4.8cm×3.3cm	36,800	西泠拍卖	2017-07-15
赵琦 侵晓梳翎惯南红挂件	4.6cm×3.3cm	21,850	西泠拍卖	2017-07-15
赵琦 一马当先白玉挂件	6.8cm×3.9cm	91,840	上海联合	2017-06-18

2017玉器拍卖成交汇总

(成交价RMB：1万元以上)

拍品名称	物品尺寸	成交价RMB	拍卖公司	拍卖日期
赵文金 南红瑞兽	2.9cm×2.0cm	40,250	尚品润博	2017-07-16
赵显志 和田玉籽料马到成功	3.2cm×2.9cm	86,250	尚品润博	2017-04-23
赵显志 横空出世白玉挂件	4.8cm×2.9cm	57,500	西泠拍卖	2017-07-15
赵显志 灵猴献寿白玉挂件	6.6cm×3cm	172,500	西泠拍卖	2017-07-15
赵显志 如意灵猴白玉挂件	6.6cm×2.8cm	63,250	西泠拍卖	2017-07-15
真玉汇 白玉雕子辰佩	6.2cm×3.3cm	57,500	中国嘉德	2017-06-21
真玉汇 黄玉雕仿古花鸟挂坠	5.9cm×3.8cm	10,350	中国嘉德	2017-06-21
忠荣玉典 护佑 白玉挂件	4.4cm×2.6cm	100,800	上海联合	2017-12-17
钟馗 白玉挂件	2.6cm×2.5cm	16,800	上海联合	2017-12-17
周春龙 辈辈封侯白玉挂件	3.7cm×3.8cm	13,440	上海联合	2017-06-18
朱跃真 不动明王白玉挂件	6.2cm×3.6cm	39,200	上海联合	2017-06-18
朱跃真 蝶恋花 白玉挂件	5.5cm×3.6cm	50,400	上海联合	2017-12-17
朱跃真 样样如意白玉挂件	1.8cm×2.2cm	24,640	上海联合	2017-06-18
朱跃真 玉兔白玉挂件	6.5cm×3.3cm	56,000	上海联合	2017-06-18
朱跃真 鸳鸯戏水永相随白玉挂件	4.9cm×3.3cm	95,200	上海联合	2017-12-17
邹小东 爱白玉挂件	5.3cm×2.9cm	22,400	上海联合	2017-06-18
把玩件				
宋 白玉黄沁鳌龙把件	长4.5cm	103,500	西泠拍卖	2017-07-15
宋 白玉童子戏马	长4.2cm	74,508	万昌斯	2017-05-29
宋 白玉羊把件	长4.5cm	234,025	佳士得	2017-11-29
宋 玉羊形把件	长5.7cm	166,313	佳士得	2017-05-31
宋/明 黄玉雕瑞獸把件		276,763	纽约蘇富比	2017-03-14
宋/元 黄玉瑞兽把件	长6.5cm	69,000	西泠拍卖	2017-07-15
元 白玉雕瑞兽把件	长7.5cm	86,250	保利厦门	2017-06-26
元 白玉莲藕	长6.7cm	13,800	浙江佳宝	2017-07-23
元/明 青褐玉双鸟把件	宽7.2cm	134,875	佳士得	2017-10-02
元/明 青玉雕童子戏象把件	长8cm	622,500	香港蘇富比	2017-10-03
明 白玉留皮卧牛形把件	长5.7cm	46,000	上海匡时	2017-11-05
明 白玉年年有余把件	长6cm	34,500	八益拍卖	2017-04-22
明 白玉双欢把件	长4.5cm	11,500	上海匡时	2017-11-05
明 黑白玉牧马把件、黄玉马（各一件）	最大的宽7.2cm	75,360	中国嘉德	2017-05-30
明 墨白玉婴戲把件	高5.5cm	510,600	佳士得	2017-11-29
明 青玉带皮童子抚猫把件	宽6cm	104,666	中国嘉德	2017-05-30
明或以前 白玉圆雕童子嬉戏我捉住你了把件	高5.5cm	241,500	荣宝斋（上海）	2017-07-30
明末清初 蜜蜡雕瓜瓞绵绵把件	高8cm	109,250	西泠拍卖	2017-07-15
17世纪 褐斑青玉雕卧马把件		38,919	纽约蘇富比	2017-03-18
17世纪/18世纪 白玉太狮少狮把件	宽7cm	26,829	伦敦佳士得	2017-05-12
17世纪/18世纪 褐黑玉巧雕鸳鸯把件	长5.7cm	27,204	纽约佳士得	2017-07-13
17世纪/18世纪 黄玉巧雕卧鹿把件	长7cm	1,639,906	香港苏富比	2017-06-01
清早期 白玉双欢把件	长5.5cm	11,500	西泠拍卖	2017-05-05
清乾隆 白玉雕卧马把件	高3.3cm	80,500	西泠拍卖	2017-07-15
清中期 白玉带皮灵猴献寿把件	长4.5cm	23,000	北京保利	2017-11-05
清中期 白玉镂雕荷塘清趣纹把件	高6.5cm	92,000	大羿拍卖	2017-12-04
清中期 玛瑙巧雕松鼠葡萄纹把件	高2.4cm	34,500	西泠拍卖	2017-07-15
清晚期 白玉雕福寿灵芝把件	长5.1cm	60,003	香港苏富比	2017-06-01
清晚期 青白玉书卷梅花把件	长6.5cm	87,276	香港苏富比	2017-06-01
白玉留皮荷塘清趣把件	长6.5cm	17,250	中国嘉德	2017-04-01
刘海港 清莲 白玉把件	6.3cm×5.1cm	95,200	上海联合	2017-06-18
清 白玉雕福禄蜻蜓把件	长6.5cm	11,500	北京匡时	2017-12-03
清 白玉雕红沁卧牛把件	长7.2cm	80,500	西泠拍卖	2017-07-15
清 白玉雕莲蓬坠	4.6cm×4cm	40,320	上海联合	2017-06-18
清 白玉雕盘蛇把件	高2.9cm	142,125	香港苏富比	2017-06-01
清 白玉雕琴棋书画把件	长8cm	23,000	北京华辰	2017-12-17
清 白玉雕瑞兽把件	高4cm；长7.2cm	36,800	西泠拍卖	2017-07-15
清 白玉雕瑞兽衔灵芝把件	高3cm；长6.8cm	28,750	西泠拍卖	2017-07-15
清 白玉雕三阳开泰把件	高5cm	195,500	西泠拍卖	2017-07-15
清 白玉雕双欢把件及青白玉雕马上封侯把件		43,244	纽约蘇富比	2017-03-18
清 白玉雕太平有象把件	6cm×4.5cm	34,500	朵云轩	2017-06-26
清 白玉雕卧羊把件	长5.7cm	142,125	香港苏富比	2017-06-01
清 白玉雕仙人及浏海戏蟾把件（各一）	高7cm	55,688	佳士得	2017-04-04
清 白玉红沁金蟾把件	高6.2cm	34,500	西泠拍卖	2017-07-15
清 白玉灵猴献寿把件	长5.9cm	40,250	上海匡时	2017-11-05
清 白玉猕猴献桃把件	高4.5cm	122,513	佳士得	2017-04-04
清 白玉巧雕老少同乐把件	高3.3cm	34,500	上海匡时	2017-11-05
清 白玉巧雕瑞兽戏龟把件	长6.5cm	32,200	西泠拍卖	2017-05-05
清 白玉书形把件	宽4.5cm	103,158	伦敦佳士得	2017-11-07
清 白玉双欢	长4.4cm	126,500	北京东正	2017-06-08
清 白玉童子爱鹅把件	宽5.5cm	73,266	中国嘉德	2017-05-30
清 白玉兔把件	宽4.4cm	76,511	纽约佳士得	2017-07-13
清 白玉卧马形把件	长5.5cm	17,250	上海匡时	2017-11-05
清 白玉鸳鸯衔麦穗把件	宽7cm	41,866	中国嘉德	2017-05-30
清 福禄寿俏色把件	长6cm	13,800	凤凰拍卖	2017-07-30
清 灰白玉镂雕蛇形把件	宽5.1cm	14,452	纽约佳士得	2017-07-13
清 玛瑙巧雕福至心灵	长5.5cm	15,966	万昌斯	2017-05-29
清 青白玉鸳鸯把件	宽5.9cm	11,179	伦敦佳士得	2017-05-12
清 青玉雕盘竹把件		24,217	纽约蘇富比	2017-03-18
清 青玉雕人物图把件（诗文为后刻）	长8.3cm	22,103	纽约佳士得	2017-07-13
约清 红玛瑙雕瑞兽把件	长6.5cm	87,462	香港苏富比	2017-06-01
张敏涛 朱耀真 山水清音图	6.9cm×2cm	57,500	凤凰拍卖	2017-07-30
18世纪 白玉雕松荫高士图把件	长6.5cm	249,000	佳士得	2017-10-02
18世纪 白玉瓜瓞锦锦把件	长8.6cm	11,179	伦敦佳士得	2017-05-12
18世纪 白玉巧雕灵芝把件	宽4.8cm	13,602	纽约佳士得	2017-07-13
18世纪 白玉瑞鸡把件	长7cm	297,850	佳士得	2017-11-29
18世纪 白玉松鼠葡萄把件	宽4.4cm	33,536	伦敦佳士得	2017-05-12
18世纪 黄玉褐斑卧鹿把件	宽6.5cm	86,870	伦敦佳士得	2017-11-07
18世纪 黄玉神鹿把件	长5.4cm	425,500	佳士得	2017-11-29
18世纪 墨白玉巧雕卧犬迎春把件	长3.8cm	39,425	佳士得	2017-10-02
18世纪 青白玉巧作榴开百子把件	长5.8cm	81,179	巴黎苏富比	2017-06-22
18世纪 青白玉瑞兽把件	宽9cm	78,251	伦敦佳士得	2017-05-12
18世纪 青白玉三阳开泰把件	宽6.5cm	31,301	伦敦佳士得	2017-05-12
18世纪 青白玉双猫把件	长6cm	22,358	伦敦佳士得	2017-05-12
18世纪 青白玉双卧牛把件	宽6cm	29,050	佳士得	2017-10-02
18世纪/19世纪 白玉雕瓜虫把件		38,919	纽约蘇富比	2017-03-18
18世纪/19世纪 白玉雕双龙戏珠把件及白玉雕事事如意把件		86,488	纽约蘇富比	2017-03-18

拍品名称	物品尺寸	成交价RMB	拍卖公司	拍卖日期
18世纪/19世纪 白玉籽料刻诗文把件	高5.4cm	51,008	纽约佳士得	2017-07-13
18世纪/19世纪 黄玉水牛把件	长9.5cm	67,073	伦敦佳士得	2017-05-12
18世纪/19世纪 玛瑙鹤鹿同春把件	高6.8cm	26,829	伦敦佳士得	2017-05-12
18世纪/19世纪 玛瑙巧雕灵猴献寿把件	高4.8cm	60,130	香港苏富比	2017-06-01
18世纪/19世纪 青白玉刘海把件	长5.3cm	65,457	香港苏富比	2017-06-01
18世纪及更晚 青玉福寿把件及松鼠葡萄把件（一组两件）	宽6cm	24,593	伦敦佳士得	2017-05-12
19世纪 白玉雕竹笋把件		25,946	纽约蘇富比	2017-03-18
19世纪 琥珀雕太狮少狮把件	长7cm	65,596	香港苏富比	2017-06-01
陈祖雄 和田玉籽料灵猴献寿把件	4.5cm×3.9cm	80,500	尚品润博	2017-07-16
程四海 童子纳福 白玉把件	5cm×3.7cm	280,000	上海联合	2017-12-17
崔磊 承天之祜白玉把件	高8cm	460,000	西泠拍卖	2017-07-15
崔磊 和合二仙 白玉把件	6.7cm×4.2cm	504,000	上海联合	2017-12-17
多子多福 把件	9.1cm×6cm	57,500	凤凰拍卖	2017-07-30
冯铃 和田玉青花籽料护花使者把件	4.9cm×4.0cm	40,250	尚品润博	2017-07-16
福寿康宁 把件	10.2cm×3.4cm	17,250	凤凰拍卖	2017-07-30
高俊华 煮茶图 青花把件	7cm×4cm	50,400	上海联合	2017-12-17
高毅进 和田玉籽料马上封侯手把件		80,500	华艺国际	2017-11-24
葛洪 和田玉籽料吉庆富贵把件	7.5cm×4.7cm	80,500	尚品润博	2017-04-23
葛洪 马到成功 白玉把件	5.4cm×5.4cm	149,500	西泠拍卖	2017-07-15
葛洪 一马当先白玉把件	7.7cm×5.7cm	207,000	西泠拍卖	2017-07-15
郭万龙 和田玉籽料喜从天降	3.2cm×1.8cm	43,700	尚品润博	2017-04-23
郭万龙 灵猴献寿白玉把件	高4.4cm	230,000	西泠拍卖	2017-07-15
和田白玉雕天禄把件	长7.5cm	575,000	北京华辰	2017-12-17
胡玮 前后赤壁赋（一对）	8.0cm×7.5cm×2	92,000	尚品润博	2017-01-02
胡玮 鸭蛋青心经	4.7cm×3.7cm	51,750	尚品润博	2017-07-16
胡玮 鸭蛋青心经	4.9cm×3.6cm	46,000	尚品润博	2017-04-23
黄杨洪 鸿运当头 白玉把件	6.9cm×3.9cm	728,000	上海联合	2017-12-17
黄杨洪 鸿运当头白玉把件	5.4cm×4.1cm	402,500	西泠拍卖	2017-07-15
吉庆瑞兽 白玉把件	5.2cm×5cm	112,000	上海联合	2017-12-17
李剑 富贵缠身 白玉把件	4cm×4cm×3cm	103,500	西泠拍卖	2017-07-15
李剑 和田玉籽料金玉满堂	4.9cm×2.4cm	74,750	尚品润博	2017-04-23
李剑 貔貅 白玉把件	长8cm	287,500	西泠拍卖	2017-07-15
李剑 旗开得胜 白玉把件	6.1cm×3.3cm	80,500	西泠拍卖	2017-07-15
林国华 禅 白玉把件	6.3cm×3cm	784,000	上海联合	2017-06-18
林金波 福禄寿喜财白玉把件	6.5cm×3.8cm	345,000	西泠拍卖	2017-07-15
卢伟 佛语 白玉把件	7.5cm×4.8cm	179,200	上海联合	2017-12-17
路路连科 白玉把件	5.6cm×4.2cm	89,600	上海联合	2017-12-17
吕德 和田玉籽料渔翁把件	6.7cm×2.8cm	92,000	尚品润博	2017-04-23
马上封侯 白玉把件	6.5cm×3.7cm	44,800	上海联合	2017-12-17
欧彦恩 将军洞芙蓉把件	高6.8cm	32,200	中贸圣佳	2017-06-19
荣归 白玉把件	4.6cm×3.6cm	48,600	上海联合	2017-12-17
沈水富 狮子狗 白玉把件	5.7cm×4.2cm	280,000	上海联合	2017-12-17
宋瑶 和田玉籽料一夜封侯	3.7cm×2.0cm	57,500	尚品润博	2017-04-23
孙光海 和田玉籽料神算	3.8cm×3.3cm	69,000	尚品润博	2017-07-16
孙鹏 和田玉籽料连年有余	4.2cm×3.5cm	43,700	尚品润博	2017-04-23
孙鹏 和田玉籽料威	4.9cm×3.1cm	92,000	尚品润博	2017-04-23
孙澎 杜红东 和田玉籽料喜上眉梢	5.0cm×2.1cm	51,750	尚品润博	2017-04-23
唐奇伟 和田玉籽料喜登连科	5.5cm×3.6cm	57,500	尚品润博	2017-04-23
唐奇伟 和田玉籽料钟馗把件	7.2cm×4.0cm	55,200	尚品润博	2017-04-23
万伟 白玉福在眼前	长3.2cm	13,800	凤凰拍卖	2017-07-30
万伟 白玉连年有余	长3.5cm	13,800	凤凰拍卖	2017-07-30
万伟 白玉双宿双飞	长3.5cm	17,250	凤凰拍卖	2017-07-30
万伟 和田玉籽料关公把件	7.5cm×3.4cm	49,450	尚品润博	2017-07-16
王永芳 和田玉籽料钟馗	5.5cm×3.1cm	86,250	尚品润博	2017-04-23
吴金星 和田玉籽料龙凤呈祥把件	4.7cm×3.2cm	126,500	尚品润博	2017-04-23
吴金星 寿上加寿 白玉把件	5.4cm×2.8cm	61,600	上海联合	2017-12-17
吴金星 招财瑞兽白玉把件	5.3cm×2.7cm	218,500	西泠拍卖	2017-07-15
吴灶发 福寿双全白玉把件	7.1cm×5.7cm	402,500	西泠拍卖	2017-07-15
吴灶发 和田玉籽料我如意	5.1cm×3.9cm	86,250	尚品润博	2017-04-23
吴灶发 连年有余白玉把件	4.9cm×3.8cm	287,500	西泠拍卖	2017-07-15
吴灶发 喜上枝头 白玉挂件	4.9cm×3.6cm	20,700	西泠拍卖	2017-07-15
夏立仁 欢天喜地 白玉把件	6cm×4.5cm	39,200	上海联合	2017-06-18
杨建发 灵龟 白玉把件	8.4cm×5.7cm	396,000	上海联合	2017-06-18
杨曦 和田玉籽料代代封候	4.4cm×2.5cm	46,000	尚品润博	2017-04-23
杨曦 马上封侯白玉把件	高6.1cm	230,000	西泠拍卖	2017-07-15
于雪涛 有福有禄 白玉把件	7.2cm×4.5cm	100,800	上海联合	2017-12-17
于雪涛 籽料沙枣青瓜瓞绵绵把件	5.8cm×4.2cm	55,200	尚品润博	2017-04-23
俞巍巍 鸿运当头 白玉把件	5.2cm×3.9cm	16,800	上海联合	2017-06-18
俞巍巍 事事如意 白玉挂件	4.1cm×2.5cm	11,200	上海联合	2017-06-18
俞巍巍 招福瑞兽 白玉把件	6.5cm×4.7cm	280,000	上海联合	2017-06-18
玉蚕	长2.8cm	23,000	十竹斋	2017-01-01
鸳鸯戏水 白玉把件	5.7cm×5.2cm	39,200	上海联合	2017-12-17
张成西 和田玉籽料兽把件	5.1cm×3.8cm	51,750	尚品润博	2017-04-23
张焕庆 和田玉籽料富甲一方	7.2cm×5.0cm	43,700	尚品润博	2017-04-23
张焕庆 马上赢 白玉把件	5.4cm×3cm	78,400	上海联合	2017-12-17
张焕庆 喜事连连	5cm×2.5cm	12,650	凤凰拍卖	2017-07-30
张家栋 绿松石绿度母	5.1cm×2.8cm	48,300	尚品润博	2017-04-23
张克山 和田玉籽料富贵连连把件	4.8cm×4.0cm	57,500	尚品润博	2017-01-02
张克山 和田玉籽料三不	4.8cm×3.2cm	57,500	尚品润博	2017-07-16
张克山 和田玉籽料天外之音把件	7.4cm×2.6cm	345,000	尚品润博	2017-01-02
赵琦 金玉满堂白玉把件	4.5cm×4.3cm	74,750	西泠拍卖	2017-07-15
赵显志 和田玉籽料守护	4.5cm×3.3cm	92,000	尚品润博	2017-04-23
真玉汇 白玉雕玄把件	5cm×4.1cm	13,800	中国嘉德	2017-12-21
忠荣玉典 太湖秋色	9.3cm×6cm	92,000	凤凰拍卖	2017-07-30
周春龙 相濡以沫青花把件	6.1cm×5.5cm	14,560	上海联合	2017-06-18
周春龙 英明神武白玉把件	5.9cm×3.1cm	87,360	上海联合	2017-06-18
周朋举 貔貅 白玉把件	5cm×4.4cm	44,800	上海联合	2017-12-17
朱跃真 呱呱来财白玉把件	4.5cm×4.1cm	224,000	上海联合	2017-06-18
朱跃真 金蟾戏珠白玉把件	5.1cm×5.4cm	224,000	上海联合	2017-06-18
朱跃真 牛气冲天白玉把件	7cm×5.2cm	117,600	上海联合	2017-06-18
朱跃真 招财金蟾 白玉把件	6.3cm×6.6cm	194,400	上海联合	2017-12-17
朱跃真 招财金蟾白玉把件	6.3cm×4.5cm	358,400	上海联合	2017-06-18
其他佩饰件				
红山文化晚期 约公元前3500–公元前3000年 青玉带齿动物面纹饰	宽15.0cm	9,273,900	佳士得	2017-11-29

2017玉器拍卖成交汇总

(成交价RMB：1万元以上)

拍品名称	物品尺寸	成交价RMB	拍卖公司	拍卖日期
红山文化晚期 约公元前3500-公元前3000年 玉兽面纹杖顶	宽6.8cm	1,595,625	佳士得	2017-11-29
后石家河文化 约公元前2100-公元前1600年 青玉神祖面饰	宽9.5cm	8,765,300	佳士得	2017-11-29
文化期 黄玉鸮两件和鸡骨白玉饰件一件	最大的宽4.5cm	188,399	中国嘉德	2017-05-30
文化期 青玉人面饰	高4cm	31,400	中国嘉德	2017-05-30
文化期 玉、石饰件（9件）	最大的长9.5cm	15,700	中国嘉德	2017-05-30
文化期 玉雕饰件（8件）	最大的长7.3cm	136,066	中国嘉德	2017-05-30
文化期 玉雕兽面纹冠状饰	宽4.4cm	52,333	中国嘉德	2017-05-30
文化期 玉饰（7件）	最大的长4cm	115,133	中国嘉德	2017-05-30
文化期 玉饰件（11件）	最大的长6.7cm	156,999	中国嘉德	2017-05-30
文化期 玉饰件（5件）	最大的长8.5cm	18,840	中国嘉德	2017-05-30
文化期 玉饰件（6件）	最大的长7.5cm	10,467	中国嘉德	2017-05-30
文化期 玉饰件（二十一件）	最大的长31cm	64,893	中国嘉德	2017-05-30
文化期 玉锥形器、玉饰件（共33件）	最大的长5.8cm	64,893	中国嘉德	2017-05-30
商 玉器（四件）	直径4.5cm；长3cm；4.6cm；4.6cm	127,322	北京匡时	2017-10-02
商晚期/西周早期 玉动物形佩（3件）	宽4.3cm；宽6.2cm；宽3.9cm	82,163	纽约佳士得	2017-03-16
西周 玉符节（一对）	长21cm	85,100	佳士得	2017-11-29
西周早期 青玉兽面饰	长2.7cm	90,419	佳士得	2017-11-29
春秋 玉觿（一对）	长6.7cm；长6.1cm	146,910	北京匡时	2017-10-02
战国 玉雕螭龙纹饰件	宽6.3cm	261,665	中国嘉德	2017-05-30
战国 玉凤纹饰	长12.8cm	744,625	佳士得	2017-11-29
战国 玉夔龙纹饰	4.3cm×3.8cm	92,928	香港苏富比	2017-06-01
战国 玉龙凤纹觿	高7cm	532,200	佳士得	2017-05-31
战国 玉兽面饰	长3.5cm	1,170,125	佳士得	2017-11-29
战国 杖形器	长33.5cm	561,495	香港翰海	2017-10-05
战国晚期至西汉早期 玉龙纹觿（一对）	高13.5cm	180,838	佳士得	2017-11-29
西汉 青玉觿	长12cm	44,520	中濠典藏	2017-11-29
约西汉 玉龙形觿	长9.1cm	32,798	香港苏富比	2017-06-01
宋 玉迦楼罗杵	长6.5cm	34,061	万昌斯	2017-05-29
宋/汉 古玉鹰杖首	长8.1cm	293,820	北京匡时	2017-10-02
宋/明 白玉镂雕寿字岁寒三友纹饰	直径7.3cm	63,825	佳士得	2017-11-29
宋/元 白玉镂雕四瓣菱形出廓如意云龙纹饰	长7.5cm	289,575	香港蘇富比	2017-04-05
宋/元 白玉镂雕仙宫图嵌饰	宽10.2cm	366,331	中国嘉德	2017-05-30
宋/元 青白玉镂雕赏菊图饰	长8.7cm	1,336,500	香港蘇富比	2017-04-05
辽金 白玉带皮海东青饰件	长8cm	149,500	八益拍卖	2017-04-22
元 白玉花卉饰件	高5.5cm	23,000	北京翰海	2017-12-16
元 白玉迦楼罗神鸟饰	长3.2cm	138,000	北京保利	2017-12-18
元 白玉莲鹭纹嵌饰	长5.7cm	34,500	浙江佳宝	2017-07-23
元 白玉七桃纹饰	长7.9cm	253,000	北京保利	2017-12-18
元 黑白玛瑙龙首杖头	长12cm	207,000	北京保利	2017-12-18
元 黑白玉镂雕龙纹饰	宽6.4cm	20,933	中国嘉德	2017-05-30
明 白玉带灰皮天官赐福嵌饰	长7.4cm	29,803	万昌斯	2017-05-29
明 白玉镂雕锦地龙纹嵌饰	长8cm；宽6.8cm	20,160	浙江佳宝	2017-07-23
明 白玉三思嵌饰	长7.1cm	21,288	万昌斯	2017-05-29
明 白玉喜报和合纹嵌饰	长5.8cm	20,700	浙江佳宝	2017-07-23
明 穿花龙绦环	长8.5cm	322,000	凤凰拍卖	2017-07-30
明 和田白玉金刚杵	高12cm	28,750	中拍国际	2017-06-04
明 和田白玉夔龙纹香囊	7.6cm×5cm	57,500	中拍国际	2017-06-04
明 灰白玉透雕螭龙板	长5.4cm	11,500	北京保利	2017-06-08
明 鸡骨玉镂雕帽顶	高3.8cm	59,509	纽约佳士得	2017-07-13
明 蜜蜡花卉纹片饰（3件）	长6.5cm；长6.cm；长7cm	57,500	古天一	2017-06-07
明 青白玉幻方	长5.5cm	69,000	中拍国际	2017-06-04
明 青玉龟鹤竹纹带穿	长4.9cm	10,644	万昌斯	2017-05-29
明 银镶蜜蜡花卉纹片饰（两件）	长6.8cm；长7.2cm	36,800	古天一	2017-06-07
明 玉拐	长3.5cm	11,500	北京翰海	2017-12-16
明 玉山水诗文松梅纹嵌饰	宽4.4cm	34,500	中国嘉德	2017-06-19
明 紫檀嵌白玉仙人图五峰冠饰	宽9.3cm	66,700	浙江佳宝	2017-07-23
明/清 玉螭龙纹饰	长7.7cm	34,595	纽约佳士得	2017-03-16
明或更早 玉鸟形饰	长4.2cm	60,541	纽约佳士得	2017-03-16
明-清 白玉玉饰（5件）	尺寸不一	13,800	北京保利	2017-06-08
明至19世纪 青玉雕（1组7件）	高4.5cm	20,122	伦敦佳士得	2017-05-12
17世纪 白玉云龙纹帽顶	高3.6cm	80,500	北京东正	2017-06-08
17世纪 痕都斯坦长方形玉配饰	长6.5cm	69,000	中拍国际	2017-06-04
清乾隆 白玉雕"内府书画"画别	长7.1cm	67,850	大羿拍卖	2017-12-04
清乾隆 白玉蝶恋花提携（一对）	长5.5cm×2	126,500	北京东正	2017-12-09
清乾隆 白玉福寿瓦子	长12.5cm	32,200	北京保利	2017-04-16
清乾隆 白玉镂雕龙凤纹香囊	直径4cm	345,000	中国嘉德	2017-12-18
清乾隆 白玉透雕荷莲纹瓜形香囊	高8.5cm	138,000	北京翰海	2017-06-04
清乾隆 玉雕太平有象图香囊	高6.5cm	178,250	北京诚轩	2017-06-20
清乾隆 御制玉 料器别子（一组四件）	尺寸不一	207,000	北京匡时	2017-12-03
清中期 白玉镂雕婴戏纹香囊	直径5.5cm	36,800	西泠拍卖	2017-07-15
清中期 白玉普巴	长17.5cm	172,500	北京保利	2017-12-19
清晚期 白玉交锁龙纹佩	直径6cm	70,912	香港苏富比	2017-06-01
清 白玉雕法器	长15cm	34,500	中鸿信	2017-04-30
清 白玉雕凤纹觿	长10.8cm	23,000	古天一	2017-06-07
清 白玉雕如意云头大画别子	长12.5cm	17,250	北京荣宝	2017-06-02
清 白玉雕瑞兽摆件及花卉纹提携（一组两件）	1.长5.5cm；2.高5.8cm；长6.5cm	18,400	西泠拍卖	2017-05-05
清 白玉福寿三多纹镂空香囊	直径5.3cm	10,080	浙江佳宝	2017-07-23
清 白玉金座帽顶	高6.5cm	13,800	北京翰海	2017-01-08
清 白玉镂雕八吉祥纹佩	直径6cm	46,757	纽约佳士得	2017-07-13
清 白玉镂雕莲花香囊	高9cm	445,200	中濠典藏	2017-11-29
清 白玉饰件（4件）	最大的宽3.3cm	293,065	中国嘉德	2017-05-30
清 白玉寿字透雕花件	长7.6cm	23,000	广东崇正	2017-12-13
清 白玉香囊	高6.5cm	20,700	北京荣宝	2017-09-24
清 凤戏牡丹吉庆	长10cm	57,500	凤凰拍卖	2017-07-30
清 黄玉杵	长6cm	184,000	中国嘉德	2017-12-21
清 蜜蜡雕件（九件）	尺寸不一	207,000	北京保利	2017-12-20
清 青白玉金刚杵	长18.5cm	10,467	中国嘉德	2017-05-30

拍品名称	物品尺寸	成交价RMB	拍卖公司	拍卖日期
清 青黄玉勾形器	长10cm	82,800	古天一	2017-06-07
清 兽首玉饰	5cm×4.5cm	1,840,000	古天一	2017-06-07
清 松石佩饰	长8.5cm	12,650	北京保利	2017-04-17
清 玉螭龙嵌饰（两件）	长4.7cm；长4cm	40,250	中国嘉德	2017-06-19
清 玉雕蝴蝶提携	长8.5cm	28,750	上海工美	2017-07-23
清 玉雕莲花锦地饰件	高6.5cm	177,932	中国嘉德	2017-05-30
清 玉鹰佩饰（两件）	长2.2cm；长4.8cm	92,000	古天一	2017-06-07
清 玉锥形器	高5.3cm	172,500	古天一	2017-06-07
清 玉锥形器	长12cm	29,900	古天一	2017-06-07
清初 白玉孔雀花卉饰件	长7.5cm	69,000	北京翰海	2017-12-16
清或更早 玉凤形觿	长8cm	10,933	香港苏富比	2017-06-01
18世纪 白玉雕清玩神品金刚杵	长12cm	460,000	保利厦门	2017-06-26
18世纪 白玉留皮松鼠葡萄香囊	长5.5cm	483,000	北京东正	2017-06-08
18世纪 白玉龙凤纹连环佩	长10cm	437,000	北京东正	2017-06-08
18世纪/19世纪 白玉镂雕花鸟纹扁方	长29.3cm	31,301	伦敦佳士得	2017-05-12
18世纪/19世纪 白玉镂雕吉庆有余佩饰（1组3件）	中间宽14.3cm	66,853	巴黎苏富比	2017-06-22
18世纪/19世纪 青白玉镂雕祝寿齐眉纹佩		51,893	纽约蘇富比	2017-03-18
19世纪 青白玉螭龙饰	长6.3cm	21,819	香港苏富比	2017-06-01
20世纪 玉饰件（一组十件）	直径6.8cm	11,753	中国嘉德	2017-10-02
民国 各式仿古玉（7件）	尺寸不一	17,250	北京保利	2017-06-08
白玉金刚杵（两件）	长9.4cm；长5.8cm	13,800	中国嘉德	2017-04-01
古玉器（一组四件）	尺寸不一	10,350	中贸圣佳	2017-09-04
和田白玉春水纹瓦子	9.3cm×6.9cm	34,500	中拍国际	2017-06-04
和田白玉春水纹瓦子	8.3cm×5.5cm	34,500	中拍国际	2017-06-04
和田白玉雕高士图瓦子	9.5cm×6.7cm	46,000	中拍国际	2017-06-04
和田白玉雕松鹤延年图瓦子	7.5cm×6.4cm	34,500	中拍国际	2017-06-04
和田白玉雕松下仕女图瓦子	8.4cm×6cm	46,000	中拍国际	2017-06-04
黄玉勾云形器	长6.6cm	138,000	中拍国际	2017-06-04
良渚文化 玉饰（四件）	高3.1 to 5.5cm	88,146	北京匡时	2017-10-02
饕餮纹玉配饰	5.6cm×5.2cm	34,500	中拍国际	2017-06-04
王金高 和田玉籽料香囊	直径5.2cm；重15.5g	103,500	尚品润博	2017-04-23
玉喇叭形器	高1.5cm	34,500	十竹斋	2017-01-01
玉小件（五件）	尺寸不一	11,500	中国嘉德	2017-09-03
三 陈设和生活用品				
玉屏				
清康熙 御制白玉描金西湖十五景插屏	高36.5cm 宽14cm(带座)	1,725,000	中鸿信	2017-04-29
清乾隆 白玉雕羲之戏鹅插屏（带碧玉座）	直径19.4cm；高27cm	607,228	保利香港	2017-10-02
清乾隆白玉福在眼前吉庆有余挂屏	总高42.4cm	2,469,408	万昌斯	2017-05-29
清乾隆 白玉携琴访友图砚屏	15cm×9.5cm	1,610,000	华艺国际	2017-11-25
清乾隆 白玉御题诗砚屏	高15cm	218,500	华艺国际	2017-05-27
清乾隆 白玉御制学诗堂记砚屏（两只）	高17.5cm×2	207,000	北京东正	2017-06-08
清乾隆 碧玉雕老子出关图插屏	32.3cm×25.5cm	8,308,895	巴黎苏富比	2017-06-22

拍品名称	物品尺寸	成交价RMB	拍卖公司	拍卖日期
清乾隆 青白玉刻御制苏堤春晓诗文玉砚屏	高15.4cm	115,000	北京中汉	2017-05-21
清中期 白玉雕仙山访友插屏（一对）	高39.5cm	2,070,000	华艺国际	2017-05-27
清中期 白玉仙人鹿鹤同春圆形插屏（一对）	直径20cm	862,500	北京保利	2017-12-19
清中期 白玉仙人鹿鹤圆形插屏（一对）	直径21cm	920,000	北京保利	2017-06-07
清 白玉高浮雕寿星童子插屏	高20.5cm	747,500	北京保利	2017-06-07
清 白玉麒麟砚屏	14cm×16cm	13,800	上海大众	2017-06-24
清碧玉雕人物故事背御题诗文插屏	42cm×40cm	57,500	中鸿信	2017-04-30
清 碧玉描金大吉座屏	高31.5cm	32,200	北京保利	2017-11-05
清 碧玉山水人物诗文屏	高58cm	69,000	北京保利	2017-11-04
清 花梨嵌白玉寿字八宝百子插屏	高22.2cm	13,800	北京保利	2017-11-05
清 青金石山水人物插屏	高47cm	17,250	北京保利	2017-11-05
18世纪 玉雕风雪夜归图插屏	高17.1cm	86,488	纽约佳士得	2017-03-17
18世纪/19世纪 青玉刻山水楼阁图描金插屏（一对）	26cm×19.7cm	432,438	纽约佳士得	2017-03-17
19世纪 白玉雕松下高士图插屏（一对）	直径20cm	391,760	保利香港	2017-10-02
白玉山水人物诗文插屏	高30cm	36,800	北京保利	2017-04-17
白玉山水诗文插屏	高21cm	13,800	北京保利	2017-04-17
白玉转心紫檀插屏	高19.5cm	10,350	北京保利	2017-04-17
龙凤插屏	高41cm	46,000	广东保利	2017-11-26
青白玉放鹤图插屏	高16.6cm	13,800	中国嘉德	2017-09-04
青白玉山水图插屏	17.6cm×23.9cm	432,438	纽约佳士得	2017-03-17
青金石山水人物诗文插屏	高46cm	17,250	北京保利	2017-04-17
颜桂明 锦上添花 白玉插屏	白玉高7.6cm	179,200	上海联合	2017-12-17
玉如意				
元/明初 青玉三镶如意	长47cm	77,839	纽约佳士得	2017-03-17
清早期 艾叶绿灵芝如意	长37.5cm	23,000	北京匡时	2017-12-03
清早期 白玉花卉纹如意	长43cm	207,000	北京保利	2017-04-17
清康熙 青玉镂雕灵芝纹如意	长40cm	744,625	佳士得	2017-11-29
清乾隆 白玉雕福寿双全如意	长40cm	1,610,000	华艺国际	2017-05-27
清乾隆 白玉雕龙纹如意	长43cm	2,070,000	大羿拍卖	2017-12-04
清乾隆 白玉浮雕福禄寿纹如意	长43.2cm	3,450,000	北京东正	2017-12-09
清乾隆 白玉福寿如意	长41.6cm	4,025,000	北京东正	2017-06-08
清乾隆 白玉福寿如意	长38.7cm	2,871,800	香港蘇富比	2017-10-03
清乾隆 白玉岁岁平安如意头	长12.5cm	11,500	北京保利	2017-11-05
清乾隆 白玉云蝠纹如意	长49cm	3,220,000	华艺国际	2017-11-25
清乾隆 碧玉龙凤富贵如意	长32cm	126,500	中国嘉德	2017-06-19
清乾隆 各式如意(5柄)	尺寸不一	1,322,500	上海敬华	2017-07-01
清乾隆 珊瑚雕三多纹福寿如意	长42.5cm	782,000	华艺国际	2017-05-27
清乾隆 玉雕喜鹊登梅图如意	长34.1cm	253,000	北京诚轩	2017-06-20
清道光/光绪 青白玉雕福寿纹如意	长47cm	2,530,000	北京匡时	2017-06-04
清中期 白玉吉庆双喜纹如意	长18.5cm	172,500	广东崇正	2017-12-13
清中期 白玉灵芝如意	长19cm	552,000	中鸿信	2017-04-30
清中期 琥珀雕三多如意	长35cm	103,500	北京保利	2017-11-04
清中期 黄玉雕如意摆件	长37.2cm	92,000	西泠拍卖	2017-07-15
清 白玉雕福寿双全如意	长32cm	57,500	华艺国际	2017-03-19

2017玉器拍卖成交汇总

（成交价RMB：1万元以上）

拍品名称	物品尺寸	成交价RMB	拍卖公司	拍卖日期
清 白玉如意	长26.5cm	34,500	荣宝斋（上海）	2017-07-30
清 白玉三镶如意	长72cm	460,000	北京匡时	2017-06-04
清 和田白玉玉兰如意	长23.5cm	55,200	中拍国际	2017-06-04
清 墨绿如意	高31cm	34,500	北京宣石	2017-12-03
清 墨玉灵芝如意	长34cm	17,250	北京保利	2017-11-04
清 楠木三镶玉如意	长52cm	28,750	西泠拍卖	2017-05-05
清 青白玉和合如意	长26.3cm	92,731	香港苏富比	2017-06-01
清 青白玉龙纹如意	长44cm	517,500	北京保利	2017-04-17
清 水晶如意	长19.5cm	34,500	广东崇正	2017-06-15
清 玉灵芝如意	长41cm	34,500	北京翰海	2017-01-08
清十八至十九世纪 白玉小如意	16.6cm	155,625	香港蘇富比	2017-10-03
18世纪 白玉福寿如意	长44.3cm	779,625	香港蘇富比	2017-04-05
18世纪 白玉事事如意	宽10cm	705,819	伦敦佳士得	2017-11-07
18世纪 黄玉福寿吉庆如意	长18cm	665,250	佳士得	2017-05-31
18世纪 珊瑚雕三多如意	41.8cm	200,475	香港蘇富比	2017-04-05
18世纪/19世纪 白玉万福庆寿纹如意	长35cm	4,048,943	伦敦蘇富比	2017-05-10
18世纪/19世纪 水晶三星八仙纹如意	长35cm	423,225	香港蘇富比	2017-04-05
19世纪初 翠玉双凤长寿如意（两件）	长30.2cm×2	347,249	伦敦苏富比	2017-05-10
民国 白玉龙纹如意	长31.2cm	37,254	万昌斯	2017-05-29
民国 白玉镂雕灵芝纹如意摆件	长22cm	80,500	西泠拍卖	2017-07-15
白玉灵芝如意	长36cm	25,300	北京保利	2017-04-17
白玉灵芝如意	长30.5cm	11,500	北京保利	2017-04-17
白玉望子成龙如意	长31.5cm	32,200	中国嘉德	2017-04-01
黄玉如意	长33cm	51,750	北京保利	2017-04-17
青白玉八宝纹如意	长33cm	23,000	中国嘉德	2017-04-01
青白玉嵌百宝灵芝如意	长33.7cm	13,800	中国嘉德	2017-09-04
青玉福寿八宝纹如意	长33cm	40,250	中国嘉德	2017-09-04
青玉太平有象如意	长37.2cm	48,300	中国嘉德	2017-04-01
青玉云龙和合二仙图如意	长43cm	32,200	中国嘉德	2017-09-04
张焕庆 人生如意 白玉摆件	14cm×3.9cm	201,600	上海联合	2017-12-17
紫檀三镶白玉花鸟纹如意	长43cm	11,500	中国嘉德	2017-04-01
玉佛手				
清乾隆 白玉佛手	长5.5cm	34,500	浙江佳宝	2017-07-23
清中期 白玉佛手	长7.5cm	36,800	北京保利	2017-04-17
清中期 玉雕佛手摆件	长13cm	69,000	北京保利	2017-11-05
清 白玉佛手	长6.3cm	13,800	中贸圣佳	2017-09-04
清 白玉佛手	长7cm	11,500	中贸圣佳	2017-09-04
清白玉佛手、瑞兽、手镜（三件）	尺寸不一	13,800	北京保利	2017-12-20
清 白玉佛手摆件	高15cm	63,250	西泠拍卖	2017-05-05
清 白玉留皮佛手	长7.5cm	32,200	中贸圣佳	2017-09-04
清 白玉留皮佛手	长6.9cm	17,250	中贸圣佳	2017-09-04
清 黄玉留皮佛手	长7.6cm	310,500	北京东正	2017-06-08
清 蜜蜡佛手	长9cm	69,000	北京匡时	2017-03-30
青白玉佛手	高11cm	13,800	中国嘉德	2017-04-01
玉山子				
清乾隆 白玉雕五福捧寿山子	14.3cm×12.5cm	195,500	北京荣宝	2017-06-02

拍品名称	物品尺寸	成交价RMB	拍卖公司	拍卖日期
明 青白玉鹤鹿同春小山子	长12.5cm	11,500	中国嘉德	2017-09-03
明 青白玉山子摆件	长11cm	46,000	北京荣宝	2017-06-02
明 青玉山子	高11.5cm	20,700	北京荣宝	2017-04-02
明 玉子山	高15.5cm	26,400	羅芙奧	2017-12-02
清早期 蜜蜡吕尚钓周图山子	长16cm	897,000	观唐皕榷	2017-01-12
清早期 青白玉雕松下对弈纹山子	长12cm	23,000	大羿拍卖	2017-12-04
清乾隆 白玉雕山水人物纹山子	高10cm	437,000	北京匡时	2017-06-04
清乾隆 白玉雕松下高士图山子	高20.3cm	525,690	保利香港	2017-04-04
清乾隆 白玉雕张骞乘槎小山子	长8cm	57,500	北京保利	2017-12-19
清乾隆 白玉青花御制诗罗汉山子（带座）	高18cm	690,000	观唐皕榷	2017-01-11
清乾隆 白玉山子人物摆件	高19.5cm	287,500	上海匡时	2017-11-05
清乾隆白玉松鹤长春图山子(两件)	高9.5cm×2	357,720	伦敦苏富比	2017-05-10
清乾隆 白玉浴马图山子摆件	长19.3cm	828,000	北京保利	2017-12-19
清乾隆 白玉御题诗达摩面壁山子（带座）	16cm×15.5cm	2,357,500	广东崇正	2017-12-13
清乾隆 碧玉雕仙山胜境山子	长26.4cm	648,656	纽约佳士得	2017-03-17
清乾隆 碧玉雕仙山胜境山子	宽26.4cm	645,234	纽约佳士得	2017-03-17
清乾隆 碧玉山水人物山子	高10cm	207,000	北京匡时	2017-06-04
清乾隆青白玉琴棋书画大玉山连座	长35.5cm	2,350,560	北京匡时	2017-10-02
清乾隆 青金石雕达摩面壁山子	山子18.2cm	835,313	香港蘇富比	2017-04-05
清乾隆 青金石罗汉山子	高19cm	345,000	北京匡时	2017-06-04
清乾隆戊戌寅年（1758）白玉御题阿资答尊者山子	高22cm	1,175,280	中国嘉德	2017-10-02
清中期白玉马上封侯山子（带座）	长10cm	253,000	华艺国际	2017-11-25
清中期 白玉携琴仿友图山子配碧玉底座	长18cm；宽12cm；高24.5cm	126,500	北京银座	2017-06-07
清中期 黑白玉降龙罗汉山子	高15.5cm	782,000	华艺国际	2017-11-25
清中期 黄玛瑙山子	5.1cm×3cm×7.3cm	34,500	中国嘉德	2017-06-19
清中期 青白玉雕罗汉诵经山子	高15cm	126,500	北京保利	2017-06-07
清中期 青白玉人物山子	高11cm	37,217	中国嘉德	2017-10-02
清晚期 青玉山水人物纹小山子	长11cm	20,700	中国嘉德	2017-04-01
清晚期 青玉深山访友山子	长30.5cm	109,250	中国嘉德	2017-04-01
清 白玉带皮雕轻舟闲钓图山子	长15.7m	92,928	香港苏富比	2017-06-01
清 白玉雕白鹭山子摆件	连座高6.3cm	36,320	上海工美	2017-07-23
清 白玉雕仿太湖石诗文山子把件	带座高8.2cm；高7cm	69,000	西泠拍卖	2017-07-15
清 白玉雕山水诗文山子	高14cm	13,800	北京保利	2017-11-05
清 白玉雕松下高士山子	高9cm；长12.6cm	166,750	西泠拍卖	2017-05-05
清 白玉雕松下贤者山子	高7cm；带座高10.5cm	43,700	西泠拍卖	2017-05-05
清 白玉雕携琴访友图山子	长16.5cm	253,000	北京东正	2017-06-08
清 白玉高士山子	长12cm	11,500	北京保利	2017-11-05
清 白玉鹤鹿同春山子	高13cm	23,000	北京荣宝	2017-09-24
清 白玉三羊开泰山子	高6.8cm	32,200	中国嘉德	2017-06-19
清 白玉山水山子	长14.5cm；宽4cm；高8.3cm	69,000	八益拍卖	2017-04-22
清 白玉仙山访友图山子	高15.5cm	563,500	华艺国际	2017-05-27
清 白玉携琴访友图山子	宽8cm；高15.4cm	17,250	浙江佳宝	2017-07-23
清 白玉籽料御题诗山子	长20cm	560,000	上海联合	2017-12-17

拍品名称	物品尺寸	成交价RMB	拍卖公司	拍卖日期
清 和田白玉白娘子盗仙草救许仙山子	高17.5cm	138,000	中拍国际	2017-06-04
清 和田白玉访友图山子	长22cm	69,000	中拍国际	2017-06-04
清 和田白玉山居图山子	宽10cm	69,000	中拍国际	2017-06-04
清 和田玉雕山水人物纹山子	长18cm	345,000	北京华辰	2017-12-17
清 和田籽料玉山子深山访友双面雕件	重1001.1g	470,000	古韵佳拍	2017-03-12
清 琥珀雕松下人物纹山子	长10cm	16,100	北京华辰	2017-12-17
清 绿松石雕八仙山子	高23cm	34,500	北京匡时	2017-12-03
清 青白玉罗汉山子	高19cm	17,250	中国嘉德	2017-04-01
清 桃花源白玉山子	高15.5cm	1,495,000	凤凰拍卖	2017-07-30
清 玉雕老子出关山子	宽15cm	20,700	北京保利	2017-11-05
18世纪 白玉雕老子出关图山子	高17cm	322,000	华艺国际	2017-03-19
18世纪 青白玉带皮婴戏图山子	高9cm	33,536	伦敦佳士得	2017-05-12
18世纪 青白玉雕一苇渡江山子	长12cm；高9cm	57,500	北京东正	2017-12-09
18世纪 青白玉山居图山子	长16.4cm	830,000	香港蘇富比	2017-10-03
18世纪 青白玉四海升平摆件	长8.5cm	297,850	佳士得	2017-11-29
18世纪 青玉雕山子	宽16.9cm	51,893	纽约佳士得	2017-03-17
18世纪 玉雕老子出关图山子	宽19.5cm	52,333	中国嘉德	2017-05-30
19世纪 青白玉雕高士图山子	长13.5cm	72,394	佳士得	2017-04-04
19世纪 青金石雕山水图山子	高25cm	212,750	佳士得	2017-11-29
20世纪 绿松石雕深山古寺山子	高12cm	10,350	北京保利	2017-04-17
白玉达摩小山子	高9.4cm	11,500	中国嘉德	2017-09-03
白玉雕人物山子摆件	带座高14.3cm；高11.7cm	71,300	西泠拍卖	2017-07-15
白玉人物山子	高7cm	28,750	广东保利	2017-11-26
白玉人物诗文山子	高12cm	17,250	北京保利	2017-04-17
白玉山水人物山子	长21cm	20,700	北京保利	2017-04-17
白玉山水诗文山子	长21cm	23,000	北京保利	2017-04-17
白玉深山访友御题诗文山子	长15cm	10,350	中国嘉德	2017-09-03
碧玉嫦娥奔月山子	高37cm	20,700	中国嘉德	2017-04-01
碧玉高士山子	高37cm	55,200	中国嘉德	2017-09-04
碧玉山水人物纹山子	长16.5cm	10,350	中国嘉德	2017-04-01
碧玉松下高士山子	长20cm	17,250	中国嘉德	2017-09-04
绿松石大山子	高138cm	63,250	中国嘉德	2017-09-04
绿松石山子	高33.5cm	36,800	中国嘉德	2017-09-04
孟庆东 循溪策杖白玉山子	14.2cm×12.5cm	322,000	西泠拍卖	2017-07-15
青白玉罗汉山子	高15.2cm	11,500	中国嘉德	2017-04-01
青白玉罗汉御题诗文山子	高15cm	17,250	中国嘉德	2017-04-01
青白玉松鹿延年御题诗文山子	长17.5cm	13,800	中国嘉德	2017-04-01
青金石路路通山子	高69cm	17,250	北京保利	2017-11-05
青金石描金山水图山子	高65cm	17,250	北京保利	2017-04-17
青金石诗文山子	高36cm	10,350	北京保利	2017-04-17
孙有庚 和田玉青花籽料翠为屏山子摆件	13cm×9.5cm；重891g	43,700	尚品润博	2017-04-23
人物摆件				
现代 玉雕五子登科摆件	长32cm	207,000	北京翰海	2017-09-10
红山文化 神人像	高5.5cm	3,567,340	香港翰海	2017-10-05
红山文化晚期 约公元前3500-3000年 玉跽坐人像	高6.9cm	6,722,900	佳士得	2017-11-29

拍品名称	物品尺寸	成交价RMB	拍卖公司	拍卖日期
春秋 白玉人面	长6.5cm	553,488	万昌斯	2017-05-29
春秋晚期 玉人像	高3.8cm	340,400	佳士得	2017-11-29
西汉 玉跪人	高4cm	837,328	中国嘉德	2017-05-30
西汉 玉人（一对）	高10cm；高10.7cm	1,113,750	香港蘇富比	2017-04-05
西汉 玉舞人	高8cm	104,666	中国嘉德	2017-05-30
汉 青玉俑	高19.5cm	4,630,080	中濠典藏	2017-11-29
汉 玉人	高16cm	587,640	中国嘉德	2017-10-02
南北朝 玉雕仙人骑兽	长5.5cm	522,150	中濠典藏	2017-05-23
唐 黄玉翁仲	高4.7cm	60,723	中国嘉德	2017-10-02
唐 玉雕胡人（3件）	最大的高6.5cm	54,426	中国嘉德	2017-05-30
唐至明 白玉舞人、青玉龙神（各一件）	最大的高7.5cm	85,826	中国嘉德	2017-05-30
宋 白玉带沁童子	高5cm	266,100	万昌斯	2017-05-29
宋 白玉飞天	宽6.3cm	81,639	中国嘉德	2017-05-30
宋 白玉童子持莲	长5.3cm	10,644	万昌斯	2017-05-29
宋 白玉童子捧绣球	高4.3cm	271,518	中濠典藏	2017-05-23
宋 白玉婴戏双童	长4.7cm	26,610	万昌斯	2017-05-29
宋 黑白玉巧雕舞胡人	高6.6cm	31,932	万昌斯	2017-05-29
宋 黄玉带沁双连童子	宽4cm	52,333	中国嘉德	2017-05-30
宋 黄玉击鼓童子	长4.3cm	29,803	万昌斯	2017-05-29
宋 黄玉童子飞天	宽5.5cm	20,933	中国嘉德	2017-05-30
宋 玉神农像	长4.3cm	13,837	万昌斯	2017-05-29
辽/金 白玉透雕飞天饰件	宽6.33cm	430,156	纽约佳士得	2017-03-17
辽/金 玉雕飞天	长7.5cm	104,430	中濠典藏	2017-05-23
金 白玉迦楼罗	宽4.7cm	50,240	中国嘉德	2017-05-30
元 白玉雕胡人吹角	高5cm	208,860	中濠典藏	2017-05-23
元 白玉胡人戏猴	高7.2cm	313,290	中濠典藏	2017-05-23
元 白玉立雕毛女采芝像	高4.6cm	287,500	北京保利	2017-12-18
元 白玉王子像	高6.4cm	322,000	北京保利	2017-12-18
元 灰玉官人立像	高5.3cm	92,000	北京保利	2017-12-18
元 青玉雕水月观音坐像	高18cm	276,000	北京保利	2017-12-19
明 白玉带沁飞天	长7.2cm	21,288	万昌斯	2017-05-29
明 白玉带沁童子持莲	高6.7cm	125,599	中国嘉德	2017-05-30
明 白玉雕刘海戏金蟾	高10cm	207,000	观唐皕榷	2017-01-12
明 白玉雕捧跤童子	高4.4cm	622,500	香港蘇富比	2017-10-03
明 白玉雕纨扇仕女摆件	高9.5cm	126,500	观唐皕榷	2017-01-12
明 白玉飞天	长5.9cm；厚1cm	13,837	万昌斯	2017-05-29
明 白玉红沁达摩立像	高5.2cm	92,000	北京匡时	2017-06-04
明 白玉红沁观音立像	高5.3cm	34,500	北京匡时	2017-06-04
明 白玉连生贵子	高6.2cm	378,675	香港蘇富比	2017-04-05
明 白玉刘海戏金蟾	高6.5cm	52,900	古天一	2017-06-07
明 白玉留皮童子持莲摆件	高10.3cm	48,300	西泠拍卖	2017-07-15
明 白玉巧雕仙人骑鹿	高5.9cm	62,658	中濠典藏	2017-05-23
明 白玉沁色寿星	高14.5cm	23,000	北京保利	2017-08-02
明 白玉童子抱兽	高6.8cm	21,288	万昌斯	2017-05-29
明 白玉翁仲	高6.1cm	31,932	万昌斯	2017-05-29
明 和田白玉瑞兽童子把件	6.5cm×3.8cm	13,800	中拍国际	2017-06-04
明 黄玉牧牛童子摆件	长8cm；宽5cm	50,600	西泠拍卖	2017-07-15
明 黄玉巧雕辟邪摆件	长9cm	136,200	中鸿信	2017-04-30

2017玉器拍卖成交汇总

(成交价RMB：1万元以上)

拍品名称	物品尺寸	成交价RMB	拍卖公司	拍卖日期
明 黄玉童子牧牛	宽4.5cm	36,633	中国嘉德	2017-05-30
明 青白玉飞天（两件）	最大的宽5.6cm	313,998	中国嘉德	2017-05-30
明 玉雕童子	高7.7cm	19,588	中国嘉德	2017-10-02
明 玉老背少	长8.3cm	11,708	万昌斯	2017-05-29
明 玉翁仲	高5.7cm	32,200	古天一	2017-06-07
明或以后 黄玉雕高士像	高8.4cm	66,825	佳士得	2017-04-04
明或以前 白玉雕佛像	长2.1cm；宽1cm；高3.5cm	63,250	荣宝斋（上海）	2017-07-30
明或以前 白玉透雕飞天	长6.4cm；宽0.8cm；高3.8cm	34,500	荣宝斋（上海）	2017-07-30
16世纪/17世纪 褐斑白玉雕连生贵子摆件		56,217	纽约蘇富比	2017-03-18
17世纪 白玉释迦牟尼坐像	高5.3cm	253,000	北京东正	2017-06-08
17世纪 青白玉童子骑牛把件	长12.2cm	171,908	巴黎苏富比	2017-06-22
清早期 白玉雕介子推背母摆件	高6cm；高7.1cm	34,279	保利香港	2017-10-02
清早期 碧玉描金释迦牟尼	高25cm	188,399	中国嘉德	2017-05-30
清早期 和田白玉渔舟乐摆件	长18cm	36,800	中拍国际	2017-06-04
清早期 黑白玉巧雕童子戏乐	高6.8cm	68,558	中国嘉德	2017-10-02
清早期 琥珀雕观音	高20.5cm	517,500	保利华谊	2017-12-08
清康熙 白玉雕无量寿随身佛配银嘎屋盒	高4.4cm	97,750	大羿拍卖	2017-12-04
清乾隆 白玉持荷童子	高6.3cm	20,700	北京翰海	2017-06-04
清乾隆 白玉达摩戏狮	高9.5cm	2,235,240	万昌斯	2017-05-29
清乾隆 白玉雕诵经罗汉像	高5.4cm	11,500	大羿拍卖	2017-12-04
清乾隆 白玉高仕摆件	长8.5cm	80,500	北京匡时	2017-06-04
清乾隆 白玉刘海戏蟾	长3.8cm	34,500	北京翰海	2017-06-04
清乾隆 白玉仕女诗文摆件	高7cm	48,300	北京翰海	2017-06-04
清乾隆 白玉释迦佛	高16cm	460,000	北京保利	2017-06-07
清乾隆 白玉童子牧牛	长12.8cm	598,000	北京保利	2017-06-07
清乾隆 白玉童子牧牛	高9.6cm	138,000	北京翰海	2017-06-04
清乾隆 白玉兔	长4.2cm	117,084	万昌斯	2017-05-29
清乾隆 白玉洗象童子	高7cm	48,300	中鸿信	2017-04-30
清乾隆 白玉渔翁得利摆件	高6cm	115,000	北京匡时	2017-06-04
清乾隆 白玉圆雕灵猴献寿摆件	长9.3cm	46,000	中鸿信	2017-04-30
清乾隆 白玉圆雕鸭衔荷莲摆件	高9.8cm	138,000	中鸿信	2017-04-29
清乾隆 黑白玉巧雕麒麟送子	高5cm	172,500	北京保利	2017-12-19
清乾隆 黑白玉童子牧牛	长4.8cm	36,800	北京翰海	2017-06-04
清乾隆 玛瑙巧色福禄寿童子摆件	高4.5cm	13,800	中贸圣佳	2017-09-04
清乾隆 青白玉十二辰牛像	高4.1cm	32,576	伦敦佳士得	2017-11-07
清乾隆 青白玉仙女立像	高15.7cm	48,864	伦敦佳士得	2017-11-07
清中期 白玉持荷童子	高4.5cm	63,250	北京翰海	2017-12-16
清中期 白玉击鼓童子	长3.5cm	92,000	北京翰海	2017-12-16
清中期 白玉击鼓童子	高3.3cm	32,200	北京翰海	2017-12-16
清中期 白玉刘海戏蟾	高4.3cm	11,500	北京翰海	2017-06-04
清中期 白玉洒金胡人献寿	高7cm	184,000	北京翰海	2017-12-16
清中期 白玉受沁刘海戏金蟾	高6.2cm	34,500	浙江佳宝	2017-07-23
清中期 白玉摔跤人物	高4cm	23,000	北京翰海	2017-12-16
清中期 白玉童子献寿	高4cm	112,700	北京翰海	2017-12-16
清中期 白玉童子献寿	长5.8cm	48,300	北京翰海	2017-12-16
清中期 白玉执扇人物	长6cm	34,500	北京翰海	2017-12-16

拍品名称	物品尺寸	成交价RMB	拍卖公司	拍卖日期
清中期 黄玉童子	高3.6cm	82,800	古天一	2017-06-07
清中期 金珀达摩	高7cm	115,000	北京翰海	2017-12-16
清中期 青白玉童子戏鹅双鱼扣	长6.4cm	17,250	北京保利	2017-12-20
清中期 青玉雕御题诗拔纳拔西尊者	高28.5cm	195,880	保利香港	2017-10-02
清 白玉持笙仕女	高29cm	402,500	北京翰海	2017-06-04
清 白玉雕伏虎罗汉像及青玉红沁戏狮罗汉像（一组两件）	带座高4.3cm；高3.3cm；高4.3cm	57,500	西泠拍卖	2017-07-15
清 白玉雕伏虎罗汉坐像	高6.4cm	69,000	西泠拍卖	2017-07-15
清 白玉雕观音立像	高12.5cm	32,200	西泠拍卖	2017-07-15
清 白玉雕力士摆件	带座高7.7cm；高5.8cm	63,250	西泠拍卖	2017-07-15
清 白玉雕留皮牧牛童子摆件		57,500	上海敬华	2017-07-01
清 白玉雕释迦牟尼佛（一对）	高4.1cm×2	345,000	北京匡时	2017-06-04
清 白玉雕释迦牟尼坐像	高12cm	115,000	中鸿信	2017-04-30
清 白玉雕四喜童子	长4.4cm	92,000	观唐皕榷	2017-01-12
清 白玉雕庭院人物摆件	带座高6.6cm；高5.7cm；长12cm	44,850	西泠拍卖	2017-07-15
清 白玉雕童子、人物（4件）	尺寸不一	34,500	北京保利	2017-06-08
清 白玉雕仙人乘槎	长17.5cm	133,560	中濠典藏	2017-11-29
清 白玉雕雪山大士摆件	高17cm	63,250	北京荣宝	2017-06-02
清 白玉雕渔家乐	长7cm	25,300	北京保利	2017-06-08
清 白玉佛	高11.5cm	195,500	观唐皕榷	2017-01-12
清 白玉福禄寿人物摆件	高9cm	103,500	中贸圣佳	2017-06-18
清 白玉福寿水盂、童子（两件）	宽5cm；高4.5cm	71,300	北京保利	2017-12-20
清 白玉观音	高33cm	379,500	北京保利	2017-11-04
清 白玉和合二仙	长8cm	46,000	北京保利	2017-04-17
清 白玉和合二仙小像	长3.9cm	20,700	中国嘉德	2017-04-01
清 白玉击鼓童子	长4.2cm	149,500	北京翰海	2017-12-16
清 白玉刘海戏金蟾	长5.5cm	126,500	北京保利	2017-04-17
清 白玉留皮持旗童子	长9.5cm	20,700	北京保利	2017-04-17
清 白玉留皮寿星	高3.8cm	14,950	北京保利	2017-04-16
清 白玉镂雕和合二仙	长11.5cm	172,500	中贸圣佳	2017-06-18
清 白玉罗汉	宽18cm	34,500	北京保利	2017-11-05
清 白玉牧童戏牛	长7.5cm	10,080	浙江佳宝	2017-07-23
清 白玉巧雕童子戏鹅	长5cm	48,300	北京保利	2017-04-17
清 白玉仕女	长8cm	13,800	北京保利	2017-11-05
清 白玉双童戏要摆件	长7cm	32,200	北京翰海	2017-01-08
清 白玉太子玩莲摆件		51,750	北京翰海	2017-09-13
清 白玉童子	高4.8cm	62,658	中濠典藏	2017-05-23
清 白玉童子	宽4cm	85,826	中国嘉德	2017-05-30
清 白玉童子	长5cm	10,350	北京保利	2017-11-04
清 白玉童子摆件	高6cm	28,750	北京保利	2017-11-05
清 白玉童子骑马	长6cm	55,200	北京保利	2017-04-17
清 白玉童子戏鹅	长3.9cm	10,350	北京保利	2017-11-05
清 白玉童子戏猫	长6.5cm	174,553	香港苏富比	2017-06-01
清 白玉童子戏猫摆件		97,750	北京翰海	2017-09-13
清 白玉童子戏象摆件	长10；高8.5cm	13,800	上海大众	2017-06-24
清 白玉童子献宝	长5.5cm	83,544	中濠典藏	2017-05-23
清 白玉玩偶童子	高4.1cm	11,500	北京翰海	2017-06-04

拍品名称	物品尺寸	成交价RMB	拍卖公司	拍卖日期
清 白玉五谷丰登童子	高5.5cm	264,500	凤凰拍卖	2017-07-30
清 白玉舞人	长27.5cm	195,500	华艺国际	2017-08-27
清 白玉嬉戏童子（两件）	最大的宽5cm	60,706	中国嘉德	2017-05-30
清 白玉携琴访友图	高5.5cm	57,500	北京保利	2017-12-16
清 白玉药师佛	高14cm	138,000	北京保利	2017-11-05
清 白玉婴儿戏蟠桃	长8.5cm	195,880	北京匡时	2017-10-02
清 白玉鱼篓童子	高3.5cm	17,250	北京保利	2017-04-17
清 白玉玉兰花仙女摆件	长8.5cm	195,500	广东崇正	2017-06-15
清 抱鹅童子	高5.2cm	62,658	中濠典藏	2017-05-23
清 碧玉卧羊摆件	长11cm	63,250	中鸿信	2017-04-30
清 和田白玉独占鳌头摆件	10cm×7cm	16,100	中拍国际	2017-06-04
清 和田白玉释迦牟尼	高7.5cm	36,800	中拍国际	2017-06-04
清 和田白玉童子牧牛摆件	长7.5cm	23,000	中拍国际	2017-06-04
清 和田玉雕渔家乐摆件	10.3cm×3.1cm	57,500	中拍国际	2017-06-04
清 和田玉雕执莲观音像	高21.5cm	43,700	中拍国际	2017-06-04
清 和田玉观音	高19cm	57,500	上海嘉禾	2017-07-01
清 黑白玉带皮俏色降龙罗汉摆件	长10.3cm	20,700	浙江佳宝	2017-07-23
清 黑白玉巧雕刘海戏金蟾	宽4.1cm	57,500	浙江佳宝	2017-07-23
清 红珊瑚仕女	高32.5cm	1,495,000	华艺国际	2017-11-25
清 琥珀雕八仙人物摆件	高8.5cm	69,000	北京匡时	2017-12-03
清 琥珀雕观音像	高14.5cm	28,750	北京保利	2017-06-08
清 灰玉童子戏鹅	高5cm	196,372	香港苏富比	2017-06-01
清 旧玉雕瑞兽一组	尺寸不一	11,350	中鸿信	2017-04-30
清 绿松石雕仕女摆件二件	尺寸不一	34,500	北京匡时	2017-12-03
清 玛瑙雕刘海戏蟾	高5.2cm	43,700	华艺国际	2017-03-19
清 玛瑙巧雕刘海戏金蟾	高4.2cm	23,000	荣宝斋（上海）	2017-07-30
清 玛瑙巧雕翘色童子	长3.5cm	11,500	北京华辰	2017-12-17
清 玛瑙童子背莲摆件	高5.7cm	17,250	中贸圣佳	2017-09-04
清 蜜蜡雕罗汉像	高6cm；宽10cm	57,500	北京保利	2017-12-19
清 南红巧雕寿星摆件	高6.8cm（连座）	11,500	北京匡时	2017-06-04
清 巧色童子	长7cm	11,500	北京保利	2017-04-17
清 青白玉罗汉小像	高5.2cm	11,500	中国嘉德	2017-09-03
清 青白玉巧作郯子扮鹿	高6.3cm	34,911	香港苏富比	2017-06-01
清 青玉雕仙女戏狮摆件	高14.3cm	54,664	香港苏富比	2017-06-01
清 青玉鹿乳奉亲小像	高6.6cm	51,750	中国嘉德	2017-09-03
清 珊瑚雕持书仙女	高19cm	138,000	北京保利	2017-06-08
清 珊瑚雕人物（1组4件）	尺寸不一	92,000	北京匡时	2017-06-04
清 珊瑚雕仕女摆件	高15cm	13,800	北京翰海	2017-09-13
清珊瑚雕仕女童子招财进宝纹摆件	高39cm	1,012,000	北京匡时	2017-06-04
清 珊瑚雕童子弥勒摆件	高8cm	115,000	北京匡时	2017-06-04
清 珊瑚仕女摆件		224,250	广东崇正	2017-12-13
清 水晶雕佛坐像	高23.5cm	34,595	纽约佳士得	2017-03-17
清 水晶雕渔翁摆件	高18.7cm	14,950	北京保利	2017-11-05
清 雄晶雕寿星摆件	长7.5cm	13,800	北京保利	2017-06-07
清 玉雕高士游舟摆件	长12cm	40,250	北京翰海	2017-01-08
清 玉雕观音	高31cm	23,000	北京保利	2017-11-05
清 玉雕济公	高5.5cm	57,500	北京翰海	2017-09-13
清 玉雕神人兽面佩	长7cm	92,000	古天一	2017-06-07
清 玉雕童子（3件）	最大的宽5cm	57,566	中国嘉德	2017-05-30

拍品名称	物品尺寸	成交价RMB	拍卖公司	拍卖日期
清 玉佛	高19cm	517,500	北京翰海	2017-04-30
清 玉金蟾童子	高5.6cm	23,000	中国嘉德	2017-12-21
18世纪 白玉雕麻姑献寿摆件		164,326	纽约蘇富比	2017-03-14
18世纪 白玉雕麻姑献寿摆件		163,635	伦敦苏富比	2017-05-10
18世纪 白玉和合二仙	高7.3cn	283,648	香港苏富比	2017-06-01
18世纪 白玉弥勒坐像	高5.2cm	713,000	北京东正	2017-12-09
18世纪 红珊瑚雕童子	高8cm	57,500	北京东正	2017-12-09
18世纪 青白玉童子骑狮摆件	7.5cm	33,536	伦敦蘇富比	2017-05-10
18世纪 青玉高士泛舟摆件配染色象牙底座	长23.5cm	167,681	伦敦佳士得	2017-05-12
18世纪/19世纪 青白玉雕仙姑捧寿摆件	高22cm	146,253	纽约佳士得	2017-03-17
18世纪/19世纪 青玉雕童子把件（两件）		47,568	纽约蘇富比	2017-03-18
19世纪 白玉佛像	高15.5cm	805,000	北京保利	2017-12-19
19世纪 青白玉佛坐像	高10.3cm	620,780	巴黎苏富比	2017-06-22
19世纪 水晶无量寿佛坐像	高21.5cm	3,724,551	伦敦佳士得	2017-11-07
20世纪 珊瑚七财神	长44.5cm	287,500	北京保利	2017-12-19
民国 白玉雕童子洗象	长12cm	109,250	北京保利	2017-06-08
民国 白玉童子骑鹅	长5.8cm	10,350	北京保利	2017-11-04
民国 白玉童子洗象摆件	长8cm	17,250	中国嘉德	2017-04-01
民国 和田白玉观音连座	高15cm	31,050	上海大众	2017-06-24
民国 珊瑚人物摆件连座	直径7cm	16,100	上海大众	2017-06-24
4-7世纪 犍陀罗灰泥佛陀半身像	高23cm	31,341	中国嘉德	2017-10-02
白玉带皮梧桐仕女摆件	高16cm	63,759	纽约佳士得	2017-07-13
白玉雕渔家乐摆件	长16cm	11,500	北京保利	2017-04-17
白玉菩萨立像	高4.6cm	287,500	中贸圣佳	2017-06-18
白玉童子牧牛	长8cm	17,250	中国嘉德	2017-04-01
白玉渔家乐摆件	长18cm	20,700	中国嘉德	2017-04-01
北齐菩萨首	高6cm	23,000	北京保利	2017-12-20
陈祖雄 和田玉籽料参禅悟道摆件	14cm×5.1cm	57,500	尚品润博	2017-01-02
陈祖雄 和田玉籽料观音	4.9cm×4.8cm	40,250	尚品润博	2017-04-23
崔磊 丰泰永安 白玉摆件	12cm×11.5cm	6,600,000	上海联合	2017-12-17
翠玉观音坐像及粉水晶座	宽17.5cm	35,772	伦敦佳士得	2017-05-12
大肚佛	20cm×11cm	14,950	凤凰拍卖	2017-07-30
当代 白玉雕观音坐像	高13cm	28,750	北京华辰	2017-06-05
伏虎罗汉	20cm×11cm	25,300	凤凰拍卖	2017-07-30
高俊华 松下听泉 青花摆件	8.7cm×5.6cm	78,400	上海联合	2017-12-17
葛洪 和田玉籽料佛	3.5cm×3.3cm	46,000	尚品润博	2017-04-23
顾铭 碧玉降龙罗汉摆件	8.8cm×5.2cm	92,000	华艺国际	2017-11-24
顾永骏 夜游赤壁 白玉摆件	12.3cm×7.1cm	392,000	上海联合	2017-12-17
和田白玉飞天	高8.1cm	69,000	中拍国际	2017-06-04
和田白玉飞天	6.6cm×3.9cm	69,000	中拍国际	2017-06-04
和田白玉飞天	7.1cm×4.8cm	63,250	中拍国际	2017-06-04
和田白玉飞天	高6.7cm	34,500	中拍国际	2017-06-04
和田白玉飞天（一对）	5.9cm×4.5cm	69,000	中拍国际	2017-06-04
和田白玉飞天（一对）	5.1cm×2.6cm	57,500	中拍国际	2017-06-04
和田白玉胡人（一组五个）	高8cm	92,000	中拍国际	2017-06-04
和田玉贵人	高7cm	34,500	中拍国际	2017-06-04
褐斑白玉雕童子牵马摆件		12,973	纽约蘇富比	2017-03-18

2017玉器拍卖成交汇总

(成交价RMB：1万元以上)

拍品名称	物品尺寸	成交价RMB	拍卖公司	拍卖日期
洪新华 钟馗 青花摆件	18cm×8.8cm	1,650,000	上海联合	2017-12-17
侯晓锋 和田玉籽料佛	3.8cm×2.8cm	46,000	尚品润博	2017-04-23
黄财神	15cm×6.5cm	90,850	凤凰拍卖	2017-07-30
降龙罗汉	20cm×31cm	43,700	凤凰拍卖	2017-07-30
近代 黄恒颂雕人物摆件	通高12cm	11,500	朵云轩	2017-06-26
旧玉胡人献寿	高4.5cm	11,500	北京翰海	2017-06-04
雷剑镖 持珠观音 丹东绿摆件	11cm×3.2cm	39,200	上海联合	2017-06-18
良渚文化 神人兽面纹玉饰	高3.7cm	23,000	西泠拍卖	2017-07-15
林敬华一莲禅心 雅安绿观音摆件	10.1cm×7.5cm	39,200	上海联合	2017-06-18
林敬华 引福罗汉 雅安绿摆件	10.3cm×7.3cm	22,400	上海联合	2017-06-18
林伟涛制白玉雕藏佛	96cm×77cm	287,500	北京荣宝	2017-12-02
林伟涛制白玉雕拈花一笑	140cm×34cm	230,000	北京荣宝	2017-12-02
林伟涛制白玉雕千手观音	144cm×80cm	575,000	北京荣宝	2017-12-02
林友竹 高山罗汉	高4.3cm	32,200	中贸圣佳	2017-06-19
吕德 和田玉籽料降龙罗汉	3.8cm×2.8cm	55,200	尚品润博	2017-04-23
吕德 麻姑献寿 白玉摆件	10.4cm×5.1cm	358,400	上海联合	2017-06-18
绿度母	高3.4cm	17,250	北京保利	2017-12-20
绿松石飞天	长7.5cm；重41.9g	103,500	中拍国际	2017-06-04
玛瑙 美人摆件	玛瑙39cm×27cm	13,800	华艺国际	2017-03-19
美丽人生	33cm×9cm	87,400	凤凰拍卖	2017-07-30
孟庆东 白玉雕佛挂坠	4.8cm×3.8cm	13,800	中国嘉德	2017-06-21
孟庆东 白玉雕裸女挂件	5cm×3cm	17,250	中国嘉德	2017-06-21
青白玉童子洗象	高10cm	13,800	中国嘉德	2017-09-03
青白玉童子戏狮小像	高5.8cm	32,200	中国嘉德	2017-09-03
青白玉渔家乐摆件	长16.5cm	10,350	中国嘉德	2017-09-03
青金石配掐丝珐琅太平有象摆件	高64cm	34,500	北京保利	2017-11-05
青金石童子牧牛	长15cm	25,300	中国嘉德	2017-09-04
青金石无量寿佛配铜鎏金佛龛	高8cm；高15cm	13,800	北京保利	2017-04-17
渠敬鹏 龙女 白玉摆件	15cm×8.5cm	179,200	上海联合	2017-06-18
人生如意	21cm×21cm	37,950	凤凰拍卖	2017-07-30
十四世纪 黄财神	高5cm	57,500	北京匡时	2017-12-04
十四至十五世纪 成就者 黑财神	高2.5cm	11,500	北京匡时	2017-12-04
释迦牟尼佛	32cm×12cm×10cm	207,000	凤凰拍卖	2017-07-30
水晶代代有福	15.8cm×7.4cm	26,450	凤凰拍卖	2017-07-30
水银沁羊脂白玉舞人	高5cm	57,500	中拍国际	2017-06-04
孙澎（杜红东）和田玉籽料钟馗辟邪	6.5cm×4.1cm	172,500	尚品润博	2017-01-02
太子佛	18cm×5cm×5cm	43,700	凤凰拍卖	2017-07-30
唐奇伟 和田玉籽料富贵随人	8.0cm×3.7cm	51,750	尚品润博	2017-01-02
天然白玉“观音”摆件		265,512	天成国际	2017-12-03
天然白玉“观音”摆件		30,636	天成国际	2017-12-03
天然白玉“弥勒佛”摆件		35,742	天成国际	2017-12-03
天然软玉“弥勒佛”摆件		61,272	天成国际	2017-12-03
天然维纳斯金发晶卧佛	18cm×30cm	207,000	凤凰拍卖	2017-07-30
童子拜观音	20cm×3cm×3cm	29,900	凤凰拍卖	2017-07-30
汪德海作品 和田白玉雕刻 反弹琵琶飞天		92,000	十竹斋	2017-01-01
王平 慈怀无量白玉摆件	29.5cm×23.5cm	7,130,000	西泠拍卖	2017-07-15
王文龙 将军洞芙蓉	高5.4cm	25,300	中贸圣佳	2017-06-19
无量寿佛	高4.7cm	46,000	北京保利	2017-12-20

拍品名称	物品尺寸	成交价RMB	拍卖公司	拍卖日期
吴德升 妙趣横生 白玉摆件	12cm×8.5cm	8,580,000	上海联合	2017-12-17
夏立仁 济公青海烟青摆件	27cm×14.5cm	89,600	上海联合	2017-06-18
现代 玉雕“悟道”摆件（三件）		69,000	北京翰海	2017-09-10
徐志浩 和田玉籽料观音摆件	12.7cm×7.1cm	747,500	尚品润博	2017-01-02
徐庄坚 坑头童子摆件	高10.4cm	23,000	中贸圣佳	2017-06-19
颜桂明 和合二仙 白玉摆件	14cm×9.8cm	448,000	上海联合	2017-06-18
颜桂明 麻姑献寿 白玉摆件	15.5cm×9.5cm	3,136,000	上海联合	2017-12-17
杨建发 母子情深 糖玉摆件	13.1cm×7cm	112,000	上海联合	2017-06-18
杨菊青 大圣归来 青花摆件	12.9cm×6.5cm	112,000	上海联合	2017-12-17
杨菊青 观音 白玉摆件	18cm×7.8cm	235,200	上海联合	2017-12-17
杨菊青 和田玉籽料降龙罗汉摆件	19.5cm×5.5cm	230,000	尚品润博	2017-01-02
杨曦 和田玉籽料观音	5.3cm×4.7cm	120,750	尚品润博	2017-04-23
杨曦 和田玉籽料观音	4.9cm×3.0cm	115,000	尚品润博	2017-07-16
杨中伟 碧玉裸女	6.3cm×3.0cm	40,250	尚品润博	2017-04-23
姚圣国 和田玉籽料观音	6.4cm×4.9cm	207,000	尚品润博	2017-04-23
玉跪人	高6.6cm	34,500	北京翰海	2017-06-04
张成西 和田玉籽料飞天	4.8cm×2.6cm	57,500	尚品润博	2017-04-23
张焕庆 一鸣惊人	长2.5cm	28,750	凤凰拍卖	2017-07-30
张静 沐净梵尘白玉摆件	22cm×13.5cm	172,500	西泠拍卖	2017-07-15
张克钊 一溪童真独山玉摆件	36cm×18cm	149,500	西泠拍卖	2017-07-15
张胜利 尊胜佛母 白玉摆件	12.3cm×6cm	504,000	上海联合	2017-12-17
张逊作品 新疆天然和田玉雕刻佛公 笑口常开		13,800	十竹斋	2017-01-01
张逊作品 新疆天然和田玉雕刻件 仕女		17,250	十竹斋	2017-01-01
正道之光包青天	12cm×6cm×4cm	52,900	凤凰拍卖	2017-07-30
郑升帅 观音 琥珀摆件	5.5cm×2.7cm	35,840	上海联合	2017-12-17
自在观音	24cm×12cm	207,000	凤凰拍卖	2017-07-30
动物摆件				
文化期 玉龟	宽8.6cm	342,790	中国嘉德	2017-10-02
新石器时代 红山文化 黄玉马蹄形器料芯	高10.7cm	26,610	万昌斯	2017-05-29
新石器时代 良渚文化 玉兽面	长3.4cm	23,417	万昌斯	2017-05-29
商 玉虎	长6.4cm	180,948	万昌斯	2017-05-29
商 玉虎	长8.1cm	212,880	万昌斯	2017-05-29
商 玉羊	长10cm	4,490,490	中濠典藏	2017-05-23
商 玉鱼	15cm×5cm	240,189	中濠典藏	2017-05-23
商 玉鱼（六件）	长5.1 to 11.8cm	274,232	北京匡时	2017-10-02
商晚期 玉龙（两件）	长8.3cm，长9.8cm	259,463	纽约佳士得	2017-03-17
商晚期/西周早期 玉牛	宽4.5cm	103,785	纽约佳士得	2017-03-16
西周 白玉凤鸟	长5.5cm	104,430	中濠典藏	2017-05-23
西周 玉蚕（一对）	长8cm	36,551	中濠典藏	2017-05-23
西周中期 青玉牛	长4.5cm	276,575	佳士得	2017-11-29
春秋晚期 白玉S形龙	长6cm	127,322	中国嘉德	2017-10-02
战国 白玉带灰皮鹰首	长7.6cm	40,447	万昌斯	2017-05-29
战国 白玉谷纹S龙	长19.5cm	372,172	中国嘉德	2017-10-02
战国 白玉红沁谷纹S型玉龙	龙身长53cm	1,879,740	中濠典藏	2017-05-23
战国 玉S形龙	长13.5cm	104,666	中国嘉德	2017-05-30
战国 玉鱼	长10.4cm	261,665	中国嘉德	2017-05-30

拍品名称	物品尺寸	成交价RMB	拍卖公司	拍卖日期
西汉 青白玉立象	高8.4cm	6,504,300	香港蘇富比	2017-04-05
西汉 青白玉卧熊	长9.3cm	2,227,500	香港蘇富比	2017-04-05
东汉 玉雕瑞兽	宽5cm	439,597	中国嘉德	2017-05-30
东汉 玉鸟	长6.4cm	104,666	中国嘉德	2017-05-30
汉 白玉大辟邪	宽11cm	4,603,180	中国嘉德	2017-10-02
汉 白玉鸠	宽7cm	342,790	中国嘉德	2017-10-02
汉 白玉鸠鸟	宽5.5cm	489,700	中国嘉德	2017-10-02
汉 白玉鸟	宽2.2cm	17,629	中国嘉德	2017-10-02
汉 白玉卧羊	宽8cm	5,851,500	中国嘉德	2017-10-02
汉 青玉带灰皮天禄纹三角饰	长13.3cm	40,447	万昌斯	2017-05-29
汉 青玉龙首	长7cm	115,752	中濠典藏	2017-11-29
汉 青玉马	长13.5cm	6,678,000	中濠典藏	2017-11-29
汉 玉凤鸟	高6cm	418,664	中国嘉德	2017-05-30
汉 玉辟邪	宽8cm	4,395,972	中国嘉德	2017-05-30
汉 玉鹰	长5.3cm	180,948	万昌斯	2017-05-29
魏晋 受沁玉羊	长6.5cm	16,800	浙江佳宝	2017-07-23
魏晋南北朝 白玉辟邪	长6.5cm	332,625	佳士得	2017-05-31
南北朝 白玉瑞兽（两件）	最大的宽5.2cm	78,500	中国嘉德	2017-05-30
南北朝 黄玉鸟	高5cm	83,733	中国嘉德	2017-05-30
南北朝 满沁玉坐熊	高5cm	102,573	中国嘉德	2017-05-30
六朝 青白玉羊	宽3.5cm	83,733	中国嘉德	2017-05-30
唐 白玉卧兔	宽3cm	11,753	中国嘉德	2017-10-02
唐 玉雕受沁骆驼	宽5.3cm	29,382	中国嘉德	2017-10-02
唐 玉雕兔（两件）	最大的宽6.5cm	209,332	中国嘉德	2017-05-30
宋 白玉带红沁象	长7cm	117,084	万昌斯	2017-05-29
宋 白玉带沁双鹅	长3.7cm	29,803	万昌斯	2017-05-29
宋 白玉红沁凤鸟摆件	高3.8cm	149,500	西泠拍卖	2017-07-15
宋 白玉红沁卧牛	长5.9cm	57,500	浙江佳宝	2017-07-23
宋 白玉沁色财宝鼠	宽7.2cm	156,999	中国嘉德	2017-05-30
宋 白玉瑞兽	7cm×4cm	41,772	中濠典藏	2017-05-23
宋 白玉瑞兽	宽8.1cm	31,400	中国嘉德	2017-05-30
宋 白玉三羊开泰	长7.3cm	612,563	香港蘇富比	2017-04-05
宋 白玉提油骆驼	5.3cm×3.3cm	92,000	浙江佳宝	2017-07-23
宋 黄玉瑞兽	5cm×3.2cm	125,316	中濠典藏	2017-05-23
宋 黄玉卧犬	长7.5cm	125,316	中濠典藏	2017-05-23
宋 蜜蜡神兽	长3.7cm	34,061	万昌斯	2017-05-30
宋 青白玉卧马	长6.8cm	125,316	中濠典藏	2017-05-23
宋 青白玉细犬	长9.8cm	977,500	上海明轩	2017-06-30
宋 熊	长5.8cm	240,189	中濠典藏	2017-05-23
宋 玉雕雏鸣	长4.5cm	71,012	中濠典藏	2017-05-23
宋 玉雕带沁包袱虎	宽5.2cm	31,400	中国嘉德	2017-05-30
宋 玉雕猫	宽5.8cm	68,033	中国嘉德	2017-05-30
宋 玉雕鸟两件、鸡一件	最大的宽6cm	75,360	中国嘉德	2017-05-30
宋 玉雕沁色卧马	宽5.5cm	41,866	中国嘉德	2017-05-30
宋 玉雕瑞兽	宽4.9cm	85,826	中国嘉德	2017-05-30
宋 玉雕象	宽5cm	62,800	中国嘉德	2017-05-30
宋 玉鹅（3件）	最大的宽8cm	397,731	中国嘉德	2017-05-30
宋 玉兽	长6.8cm	21,288	万昌斯	2017-05-29
宋 玉卧羊	高6.6cm	417,720	中濠典藏	2017-05-23
宋 玉羊（3件）	最大的宽4cm	209,332	中国嘉德	2017-05-30

拍品名称	物品尺寸	成交价RMB	拍卖公司	拍卖日期
宋 玉走兽	长7.7cm	63,864	万昌斯	2017-05-29
宋/金 黄玉鱼	宽8.5cm	156,999	中国嘉德	2017-05-30
宋/明 白玉羊	宽8.5cm	29,382	中国嘉德	2017-10-02
宋/明 褐斑青玉雕卧熊摆件		34,595	纽约蘇富比	2017-03-18
宋/明 玉动物（三件）	最宽8.5cm	19,588	中国嘉德	2017-10-02
宋/明 玉瑞兽（3件）	最大的宽5.3cm	62,800	中国嘉德	2017-05-30
宋/元 褐斑青玉雕卧犬摆件		86,488	纽约蘇富比	2017-03-18
宋/元 黄玉卧犬	长10.8cm	103,500	西泠拍卖	2017-07-15
宋/元 黄玉鹗	高4cm	243,925	佳士得	2017-05-31
宋-明 青白玉龟背（1组3件）	最大长3.9cm	47,898	万昌斯	2017-05-29
辽 青白玉镂雕荷花仙鹭	长9.4cm	92,000	八益拍卖	2017-04-22
辽/金 白玉海冬青	宽5cm	58,764	中国嘉德	2017-10-02
辽/金 白玉镂雕秋山双鹿	高5.5cm	167,063	香港蘇富比	2017-04-05
辽/金 玛瑙熊首	直径4cm	26,712	中濠典藏	2017-11-29
辽/金 玉雕猎犬海东青	长8.2cm	208,860	中濠典藏	2017-05-23
辽金 青白玉留皮巧雕虎纹秋山	长6.9cm	29,803	万昌斯	2017-05-29
辽金 玉连珠纹海东青啄雁刺鹅锥柄	长10.2cm	90,474	万昌斯	2017-05-29
金/元 青花玉卧熊	长2.8cm	17,250	浙江佳宝	2017-07-23
元 白玉带沁卧熊摆件	长7cm	1,840,000	北京宣石	2017-12-03
元 白玉雕立鸭	长4cm	172,500	北京保利	2017-12-18
元 白玉虎	长5.2cm；高2cm	8,904	中濠典藏	2017-11-29
元 白玉留皮犬	长6.5cm	92,000	北京保利	2017-12-18
元 白玉骆驼	长6.3cm	816,500	北京保利	2017-12-18
元 白玉马上封侯	4.2cm×4.6cm	195,500	北京东正	2017-12-09
元 白玉沁色瑞兽	长4.6cm	230,000	北京东正	2017-06-08
元 白玉瑞兽	长4.5cm	759,000	北京东正	2017-06-08
元 黑白巧雕鳜鱼	长5.8cm	57,437	中濠典藏	2017-05-23
元 黑白玉巧雕双鱼摆件	长10.6cm	11,500	大羿拍卖	2017 12 04
元 黄玉欢	长5.4cm	138,000	北京保利	2017-12-18
元 黄玉鸡	长6.5cm	109,250	北京东正	2017-12-09
元 黄玉鸟	长5.5cm	8,904	中濠典藏	2017-11-29
元 灰白玉雕猴戏马摆件	长11cm	172,500	北京保利	2017-12-18
元 沁色玉狗	长6.3cm	460,000	北京东正	2017-12-09
元 青白玉角端摆件	长11cm	1,495,000	北京东正	2017-06-08
元 青黄玉兽	长7cm	48,300	北京宣石	2017-12-03
元 青玉大兽	18cm×12.8cm	1,725,000	北京东正	2017-12-09
元 玉雕提油鸡	宽5.5cm	282,598	中国嘉德	2017-05-30
元 玉行走辟邪	长9cm	63,250	北京东正	2017-12-09
元/明 白玉沁色瑞兽	长6.8cm	460,000	北京东正	2017-06-08
元以前 黄玉马上翻身	高3cm	218,500	凤凰拍卖	2017-07-30
明 白玉芭蕉双欢摆件	高15cm	230,000	广东崇正	2017-06-15
明 白玉带红沁叶尾虎	长7cm；厚1.4cm	37,254	万昌斯	2017-05-29
明 白玉带皮瑞兽	宽6.3cm	29,382	中国嘉德	2017-10-02
明 白玉带沁老虎摆件	长约6.5cm	1,150,000	上海匡时	2017-11-05
明 白玉带沁牛	宽5cm	20,933	中国嘉德	2017-05-30
明 白玉雕苍龙戏水	长14.8cm	365,505	中濠典藏	2017-05-23
明 白玉雕芦雁	长6.1cm	83,544	中濠典藏	2017-05-23
明 白玉雕双狮戏球摆件	带座高8cm	86,250	西泠拍卖	2017-07-15
明 白玉雕卧马	长5cm	218,500	中贸圣佳	2017-06-18

2017玉器拍卖成交汇总

(成交价RMB：1万元以上)

拍品名称	物品尺寸	成交价RMB	拍卖公司	拍卖日期
明 白玉雕卧马摆件	高3cm；长8.5cm	34,500	西泠拍卖	2017-07-15
明 白玉鹅	长5.5cm	11,500	北京翰海	2017-06-04
明 白玉凤鸟	长5.4cm	17,030	万昌斯	2017-05-29
明 白玉龟背	长4cm	26,610	万昌斯	2017-05-29
明 白玉鳜鱼摆件	长20cm	460,000	北京保利	2017-04-17
明 白玉海冬青	高4.3cm；长6cm	46,000	广东崇正	2017-12-13
明 白玉黑沁骆驼	高2.6cm	230,000	北京匡时	2017-06-04
明 白玉回首羊摆件	高4.2cm	230,000	北京匡时	2017-06-04
明 白玉刻铭文虎符	3cm×4.8cm	92,000	西泠拍卖	2017-07-15
明 白玉刘海戏金蟾	高7cm	25,300	北京翰海	2017-12-16
明 白玉留皮羊	高3.2cm	46,000	北京保利	2017-12-18
明 白玉留皮玉鹿	长6.7cm	21,288	万昌斯	2017-05-29
明 白玉马	宽9cm	215,468	中国嘉德	2017-10-02
明 白玉马上翻身	长5.6cm；高2cm	126,500	凤凰拍卖	2017-07-30
明 白玉马上封侯摆件	高5.5cm	230,000	北京匡时	2017-06-04
明 白玉趴蝮	长5.2cm	41,400	浙江佳宝	2017-07-23
明 白玉辟邪	长7cm	167,063	香港蘇富比	2017-04-05
明 白玉犬	长4cm；高2.3cm	23,000	浙江佳宝	2017-07-23
明 白玉瑞兽	高4.4cm	612,563	香港蘇富比	2017-04-05
明 白玉瑞兽	长5cm	82,800	北京翰海	2017-12-16
明 白玉瑞兽摆件	长6.5cm	23,000	西泠拍卖	2017-07-15
明 白玉洒金鹅	长6cm	172,500	北京翰海	2017-12-16
明 白玉洒金麒麟	长4.5cm	43,700	北京翰海	2017-12-16
明 白玉少狮太狮摆件	长10cm	11,500	中拍国际	2017-06-04
明 白玉受沁狻猊	宽10cm	979,400	中国嘉德	2017-10-02
明 白玉兽	长5.5cm	11,500	中贸圣佳	2017-09-04
明 白玉狻猊摆件	长7.8cm	207,000	上海匡时	2017-11-05
明 白玉太狮少狮	长12.1cm	340,608	万昌斯	2017-05-29
明 白玉提色镶宝卧犬摆件	长6cm	402,500	北京匡时	2017-06-04
明 白玉卧马	长4.6cm	115,000	观唐皕榷	2017-01-12
明 白玉卧马	长7.5cm	207,000	华艺国际	2017-05-27
明 白玉卧象	长7cm	28,750	北京翰海	2017-12-16
明 白玉獬豸	长5.5cm	26,712	中濠典藏	2017-11-29
明 白玉鸭首	宽7cm	58,764	中国嘉德	2017-10-02
明 白玉子母兽	长7.1cm	322,000	中贸圣佳	2017-06-18
明 白玉坐兽	长5.1cm	15,966	万昌斯	2017-05-29
明 浮雕螭龙衔灵芝纹雄黄摆件	高3.5cm	51,750	北京中汉	2017-06-17
明 和田玉雕瑞兽摆件	长16.5cm	13,800	中拍国际	2017-06-04
明 和田玉太狮少狮	7.6cm×4cm	57,500	中拍国际	2017-06-04
明 褐玉马	长9.5cm	89,100	佳士得	2017-04-04
明 褐玉卧马	宽6.5cm	180,838	佳士得	2017-11-29
明 黄玉带皮大象	宽7.2cm	244,850	中国嘉德	2017-10-02
明 黄玉带皮瑞兽	宽3.5cm	60,723	中国嘉德	2017-10-02
明 黄玉鹤	长4.2cm	69,000	古天一	2017-06-07
明 黄玉猴	高6.5cm	632,500	古天一	2017-06-07
明 黄玉骆驼	长8.5cm	189,750	广东崇正	2017-06-15
明 黄玉骆驼	宽6cm	29,382	中国嘉德	2017-10-02
明 黄玉骆驼摆件	长5.4cm	897,000	中贸圣佳	2017-06-18
明 黄玉马上封侯	宽4.1cm	20,933	中国嘉德	2017-05-30
明 黄玉沁色螭龙	高5.1cm	58,764	中国嘉德	2017-10-02

拍品名称	物品尺寸	成交价RMB	拍卖公司	拍卖日期
明 黄玉瑞兽	长7cm	805,000	北京匡时	2017-06-04
明 黄玉瑞兽	长8cm	115,000	北京翰海	2017-06-04
明 黄玉瑞兽	长7.7cm	1,113,750	香港蘇富比	2017-04-05
明 黄玉瑞兽	长6.3cm	11,500	北京翰海	2017-06-04
明 黄玉双欢	长6cm	57,500	北京翰海	2017-12-16
明 黄玉太狮少狮摆件	长10.5cm	4,025,000	古天一	2017-06-07
明 黄玉兔	长5.8cm	34,500	广东崇正	2017-12-13
明 黄玉卧兽	长7.3cm	415,000	香港蘇富比	2017-10-03
明 黄玉英雄	长5.2cm	10,644	万昌斯	2017-05-29
明 灰玉辟邪	长8.4cm	155,925	佳士得	2017-04-04
明 火烧玉鹅	长7cm	17,250	北京保利	2017-12-18
明 火烧玉天鹿	长8.6cm	230,000	北京保利	2017-12-18
明 鸡骨白玉灵猴献寿	高6cm	48,300	北京翰海	2017-12-16
明 旧玉雕瑞兽	宽5.5cm	19,588	中国嘉德	2017-10-02
明 旧玉骆驼摆件	长20cm	345,000	北京保利	2017-06-07
明 旧玉瑞兽	长7cm	23,000	北京翰海	2017-12-16
明 旧玉兽	长6cm	11,500	北京翰海	2017-12-16
明 旧玉鼠	长5cm	13,800	北京翰海	2017-12-16
明 旧玉提油蟾宫折桂	宽6.5cm	127,322	中国嘉德	2017-10-02
明 玛瑙卧牛	长10cm	17,250	北京翰海	2017-12-16
明 蜜蜡瑞兽摆件	长6.5cm	115,000	荣宝斋（上海）	2017-07-30
明 巧雕双鹿纹玉秋山	长7.6cm	10,644	万昌斯	2017-05-29
明沁色玉狗、沁色瑞兽（共两件）	长5cm	10,350	北京保利	2017-11-05
明 青白玉雕赑屃摆件	长10cm	32,200	西泠拍卖	2017-07-15
明 青白玉雕麒麟驮书摆件	长13.2cm	126,500	西泠拍卖	2017-07-15
明 青白玉花鸟摆件	长14.5cm	17,250	中国嘉德	2017-09-03
明 青白玉牛生麒麟	长13.5cm	525,336	中濠典藏	2017-11-29
明 青白玉巧作郏子扮鹿	长6.5cm	267,300	香港蘇富比	2017-04-05
明 青白玉天马摆件	8.8cm×5.2cm	460,000	北京荣宝	2017-06-02
明 青白玉卧马	长6.8cm	356,400	香港蘇富比	2017-04-05
明 青白玉卧马	长5.4cm	23,000	北京中汉	2017-06-17
明 青金石案头狮（一对）	长15.5cm	690,000	中拍国际	2017-06-04
明 青玉带沁包袱鸡	宽6.8cm	25,120	中国嘉德	2017-05-30
明 青玉雕秋山摆件	高10cm	241,500	观唐皕榷	2017-01-12
明 青玉留皮瑞兽摆件	长6.5cm	23,000	北京匡时	2017-06-04
明 青玉鼍鼍摆件	长9.5cm	33,835	中濠典藏	2017-11-29
明 青玉卧羊	长10cm；高6cm	62,328	中濠典藏	2017-11-29
明 青玉卧羊	长5.8cm	51,875	佳士得	2017-10-04
明 瑞兽	4cm×2cm×3.5cm	63,250	凤凰拍卖	2017-07-30
明 玉雕滚马	宽4.4cm	115,133	中国嘉德	2017-05-30
明 玉雕鹤衔寿桃摆件	长8.5cm	11,500	北京保利	2017-11-04
明 玉雕吉象摆件	高7.5cm	36,800	西泠拍卖	2017-07-15
明 玉雕鹿衔灵芝	5.2cm×2.8cm	40,250	古天一	2017-06-07
明 玉雕瑞兽、卧犬（两件）	长5.5cm；长6.7cm	13,800	北京保利	2017-11-05
明玉雕瑞兽、猪、乌龟（各一件）	最大的宽4.8cm	92,106	中国嘉德	2017-05-30
明 玉虎	6cm×2.4cm	34,500	凤凰拍卖	2017-07-30
明 玉浸色蟾	长5.5cm	92,000	中国嘉德	2017-06-19
明 玉浸色兽	高4.5cm	36,800	中国嘉德	2017-06-19

拍品名称	物品尺寸	成交价RMB	拍卖公司	拍卖日期
明 玉留皮虎	长6.3cm	57,500	中国嘉德	2017-06-19
明 玉马摆件	长9.4cm	425,500	佳士得	2017-11-29
明 玉辟邪	长8.8cm	81,004	万昌斯	2017-05-29
明 玉沁色马	宽5.5cm	83,733	中国嘉德	2017-05-30
明 玉瑞兽	宽7.5cm	156,704	中国嘉德	2017-10-02
明 玉瑞兽（两件）	最大的宽6.5cm	15,700	中国嘉德	2017-05-30
明 玉兽	长7.5cm	13,800	中国嘉德	2017-06-19
明 玉双狮摆件	长18cm	632,500	中贸圣佳	2017-06-18
明 玉卧虎	长5cm	23,000	中国嘉德	2017-12-21
明 玉卧马	长6.7cm	43,700	八益拍卖	2017-04-22
明 玉卧马	长9.4cm	13,837	万昌斯	2017-05-29
明 玉卧犬	高7.6cm	20,700	十竹斋	2017-01-01
明 玉卧犬	长57cm	57,500	八益拍卖	2017-04-22
明 玉卧犬（两件）	最大的宽8.2cm	29,306	中国嘉德	2017-05-30
明 玉鱼	长6cm	20,700	中国嘉德	2017-06-19
明或更早 墨青玉卧兽	长5.2cm	210,110	巴黎苏富比	2017-06-22
明或更早 青白玉瑞兽摆件	长8.3cm	112,000	上海联合	2017-12-17
明或以前 白玉圆雕狗	长5.6cm	63,250	荣宝斋（上海）	2017-07-30
明或以前 白玉圆雕虎	长3.7cm	57,500	荣宝斋（上海）	2017-07-30
明或以前 黄玉雕鹿乳奉亲	高10.2cm	345,000	华艺国际	2017-05-27
明或以前 青白玉卧犬	长9.2cm	134,875	佳士得	2017-10-02
明末/清初 白玉太狮少狮摆件	长8.5cm	106,375	佳士得	2017-11-29
明末清初 黄玉瑞兽	宽7cm	62,800	中国嘉德	2017-05-30
明末清初 青白玉卧犬	长11.2cm	45,607	伦敦佳士得	2017-11-07
明末清初 双色玉巧雕辟邪	长8.8cm	65,153	伦敦佳士得	2017-11-07
明早期 白玉雕瑞兽	长8cm	437,000	上海明轩	2017-06-30
17世纪 白玉羊	宽5.5cm	62,800	中国嘉德	2017-05-30
17世纪 碧玉卧牛	宽23cm	881,460	中国嘉德	2017-10-02
17世纪 黄玉骆驼	宽8cm	293,820	中国嘉德	2017-10-02
17世纪 黄玉育子摆件	宽16.5cm	489,700	中国嘉德	2017-10-02
17世纪 青玉瑞狮	宽8.5cm	119,446	伦敦佳士得	2017-11-07
17世纪/18世纪 黄玉衔芝瑞兔	长6.5cm	1,336,500	香港蘇富比	2017-04-05
17世纪/18世纪 青白玉卧犬	长9.6cm	83,000	香港蘇富比	2017-10-03
清早期 白玉狗	宽5.5cm	29,382	中国嘉德	2017-10-02
清早期 白玉瑞兽	宽6.5cm	14,691	中国嘉德	2017-10-02
清早期 白玉卧牛摆件	长20.5cm	345,000	北京保利	2017-11-05
清早期 黄玉带沁瑞兽	宽6cm	31,400	中国嘉德	2017-05-30
清早期 黄玉龟	长5cm	188,399	中国嘉德	2017-05-30
清早期 黄玉留皮瑞兽	长5cm	69,000	北京保利	2017-11-04
清早期 黄玉瑞兽	宽3.5cm	10,773	中国嘉德	2017-10-02
清早期 玛瑙巧雕鼍鼍	长4.6cm	20,700	中国嘉德	2017-12-21
清早期 青白玉双马摆件	宽13cm	636,610	中国嘉德	2017-10-02
清早期 青玉骆驼摆件	长11.5cm	207,000	保利厦门	2017-06-26
清早期 水晶青蛙	长5.3cm	57,500	北京保利	2017-12-18
清康熙 青白玉雕太师少狮摆件	长4.5cm	172,500	北京东正	2017-12-09
清雍正/乾隆 青白玉卧马	长12.5cn	1,041,746	伦敦苏富比	2017-05-10
清乾隆 白玉蝉	高4cm	120,750	北京东正	2017-12-09
清乾隆 白玉雕佛[illegible]太平有象	长17[illegible]	[illegible]	[illegible]	[illegible]

拍品名称	物品尺寸	成交价RMB	拍卖公司	拍卖日期
清乾隆 白玉雕生肖牛坐像	高5.5cm	172,500	北京保利	2017-12-19
清乾隆 白玉雕双欢摆件	带座高4.8cm	34,500	西泠拍卖	2017-07-15
清乾隆 白玉雕卧犬	长8.5cm	172,500	北京保利	2017-06-08
清乾隆 白玉鹅衔枝	长8.5cm	34,500	北京翰海	2017-06-04
清乾隆 白玉仿古牺尊式兽	长11.6cm	4,715,000	北京东正	2017-06-08
清乾隆 白玉吉庆有象摆件	长6.8cm	168,000	浙江佳宝	2017-07-23
清乾隆 白玉金鱼	长8.2cm	92,000	北京保利	2017-12-18
清乾隆 白玉连年有余	长12cm	230,000	北京保利	2017-12-18
清乾隆 白玉猎犬	长6.1cm	51,091	万昌斯	2017-05-29
清乾隆 白玉留皮雕太平有象摆件	高10.5cm（连座）	69,000	北京匡时	2017-06-04
清乾隆 白玉留皮凤凰摆件	长7.5cm	92,000	北京匡时	2017-12-03
清乾隆 白玉留皮巧雕卧犬	长5cm	460,000	北京荣宝	2017-06-02
清乾隆 白玉鹿	宽6.3cm	962,927	中国嘉德	2017-05-30
清乾隆 白玉马上封侯摆件	长11cm	3,565,000	北京保利	2017-04-17
清乾隆 白玉鼍鼍摆件	长8cm	402,500	北京匡时	2017-06-04
清乾隆 白玉辟邪	长3.8cm	34,500	北京保利	2017-06-07
清乾隆 白玉辟邪衔灵芝	长10.5cm	943,000	北京保利	2017-06-07
清乾隆 白玉巧雕欢天喜地	长5.5cm	667,000	北京东正	2017-12-09
清乾隆 白玉沁色猫	长5.5cm	253,000	北京东正	2017-12-09
清乾隆 白玉雀鸟（一对）	长12cm×2	460,000	保利厦门	2017-06-26
清乾隆 白玉洒金鸡	长5.8cm	36,800	北京翰海	2017-06-04
清乾隆 白玉洒金双欢	长3.5cm	13,800	北京翰海	2017-06-04
清乾隆 白玉三羊开泰	长5.6cm	69,000	北京翰海	2017-06-04
清乾隆 白玉三阳开泰摆件	长9cm	379,500	华艺国际	2017-03-19
清乾隆 白玉神羊吐太极	长7.5cm	230,000	北京保利	2017-06-07
清乾隆 白玉狮子戏球	长6.8cm	212,750	北京保利	2017-12-18
清乾隆 白玉鼠	宽.5cm	195,880	中国嘉德	2017-10-02
清乾隆 白玉双羊摆件		74,750	上海敬华	2017-07-01
清乾隆 白玉太平有象	宽8.5cm	1,046,660	中国嘉德	2017 05 30
清乾隆 白玉卧羊	长6.7cm	647,466	中濠典藏	2017-05-23
清乾隆 烤皮玉凤竹摆件	高11cm	977,500	中贸圣佳	2017-06-18
清乾隆 青白玉雕犀牛	高4.8cm	244,850	保利香港	2017-10-02
清乾隆 青白玉雕羊生肖	4.8cm	83,000	香港蘇富比	2017-10-03
清乾隆 青白玉卧鹿	长8cm	59,723	伦敦佳士得	2017-11-07
清乾隆 青白玉圆雕生肖鼠坐像	高3.8cm	161,000	北京中汉	2017-12-19
清乾隆 御题和阗白玉桃鹤如意	长39.4cm	11,517,848	巴黎苏富比	2017-06-22
清中期 白玉雕麒麟献芝摆件	长8cm	178,200	佳士得	2017-04-04
清中期 白玉独角兽	宽7.5cm	117,528	中国嘉德	2017-10-02
清中期 白玉刻青蛙荷叶	长6.6cm	78,352	北京匡时	2017-10-02
清中期 白玉留皮雕双欢摆件	长4cm	13,800	大羿拍卖	2017-12-04
清中期 白玉留皮摩羯鱼	长15cm	36,800	北京保利	2017-04-17
清中期 白玉甪端摆件	长10cm	57,500	中鸿信	2017-04-30
清中期 白玉马上封侯	长6cm	51,750	北京保利	2017-12-18
清中期 白玉马上封侯	宽5.1cm	14,691	中国嘉德	2017-10-02
清中期 白玉年年有余	长7.5cm	115,000	北京保利	2017-12-18
清中期 白玉辟邪	长5.5cm	172,500	北京保利	2017-12-20
清中期 白玉瑞兽摆件	长6.8cm	24,150	浙江佳宝	2017-07-23
清中期 白玉三阳开泰	宽6.9cm	261,665	中国嘉德	2017-05-30
清中期 白玉双欢	长5cm	63,250	北京翰海	2017-12-16
清中期 白玉双欢	长5cm	23,000	北京翰海	2017-12-16

2017玉器拍卖成交汇总

(成交价RMB：1万元以上)

拍品名称	物品尺寸	成交价RMB	拍卖公司	拍卖日期
清中期 白玉熊	高4.3cm	69,000	北京翰海	2017-06-04
清中期 白玉咬灵芝双欢	长4.7cm	146,910	北京匡时	2017-10-02
清中期 白玉一路连科摆件	长24cm	575,000	中国嘉德	2017-06-20
清中期 白玉一羊启泰	长9.5cm	230,000	北京翰海	2017-12-16
清中期 白玉圆雕喜报三元摆件	宽7.8cm	46,000	中鸿信	2017-04-30
清中期 黑白玉巧雕双欢	长5.5cm	63,250	北京保利	2017-11-04
清中期 黄玉牛	高5cm	83,733	中国嘉德	2017-05-30
清中期 青白玉雕瑞兽	长7cm	11,500	北京保利	2017-12-20
清中期 青白玉卧马	长18.5cm	207,000	浙江佳宝	2017-07-23
清中期/18世纪 琥珀雕摩羯摆件	宽7.5cm	57,500	北京保利	2017-12-19
清中期/18世纪 黄玉雕双鳜鱼	长11cm	115,000	北京保利	2017-12-19
清晚期 白玉雕太狮少狮把件		69,190	纽约蘇富比	2017-03-18
清晚期 青白玉雕卧狮把件		47,568	纽约蘇富比	2017-03-18
清 白玉宝鸭穿莲摆件	长8cm	11,500	北京保利	2017-11-05
清 白玉蟾	长3.6cm	55,200	华艺国际	2017-11-25
清 白玉带皮松鼠	长6cm	52,215	中濠典藏	2017-05-23
清 白玉雕鳜鱼摆件	长12.5cm	149,500	西泠拍卖	2017-07-15
清 白玉雕连年有余摆件	高11.5cm	172,500	西泠拍卖	2017-07-15
清 白玉雕灵猴献寿摆件	高6cm；长7.5cm	34,500	古天一	2017-06-07
清 白玉雕留皮螃蟹（一对）	尺寸不一	23,000	北京匡时	2017-12-03
清 白玉雕马上封侯	长5cm	13,800	北京保利	2017-06-08
清 白玉雕马上封侯	高5.1cm	93,987	中濠典藏	2017-05-23
清 白玉雕麒麟负书摆件	长12cm	345,000	北京华辰	2017-06-05
清 白玉雕狮子戏球	长4.5cm	17,250	北京保利	2017-04-16
清 白玉雕双欢摆件	长7cm	13,800	北京匡时	2017-12-03
清 白玉雕卧牛摆件	高6.8cm	32,200	西泠拍卖	2017-07-15
清 白玉雕卧犬	长7.6cm	11,200	上海联合	2017-12-17
清 白玉雕一鹭莲科摆件	带座高8.5cm	64,400	西泠拍卖	2017-07-15
清 白玉动物（三件）	最宽4.5cm	21,547	中国嘉德	2017-10-02
清 白玉鹅衔莲	长7.2cm	229,746	中濠典藏	2017-05-23
清 白玉鹅衔灵芝	长2.3cm	21,850	荣宝斋（上海）	2017-07-30
清 白玉滚马摆件	长4cm	23,000	中贸圣佳	2017-09-04
清 白玉海马驮书	长6.8cm	161,000	中贸圣佳	2017-06-18
清 白玉鹤衔灵芝摆件	长7.5cm	34,500	北京保利	2017-11-05
清 白玉猴	长5.5cm	43,700	北京保利	2017-11-05
清 白玉虎	长6.5cm	16,800	浙江佳宝	2017-07-23
清 白玉留皮凤戏牡丹纹摆件	长12cm	2,185,000	上海匡时	2017-11-05
清 白玉留皮平安如意摆件	长7cm	345,000	北京东正	2017-12-09
清 白玉留皮巧雕虎式摆件	长5.7cm	143,750	北京匡时	2017-06-04
清 白玉留皮巧雕鹿乳奉亲	长8.6cm	51,750	北京保利	2017-04-17
清 白玉留皮天禄	长9.5cm	26,712	中濠典藏	2017-11-29
清 白玉留皮羊	长6cm	34,500	中国嘉德	2017-09-03
清 白玉留皮羊	长7cm	34,500	北京保利	2017-11-05
清 白玉龙龟	长7.2cm	11,500	浙江佳宝	2017-07-23
清 白玉马	长6.5cm	11,500	广东崇正	2017-06-15
清 白玉耄耋	长6.5cm	40,250	中国嘉德	2017-12-21
清 白玉牧马摆件	长9.5cm	11,500	北京保利	2017-11-05
清 白玉牛	宽7.5cm	68,033	中国嘉德	2017-05-30
清 白玉巧雕刻子鹿乳奉亲摆件	长8.9cm	35,705	纽约佳士得	2017-07-13

拍品名称	物品尺寸	成交价RMB	拍卖公司	拍卖日期
清 白玉沁色牛摆件	长5cm	34,500	观唐皕榷	2017-01-12
清 白玉瑞兽	长7cm；宽5cm	51,643	中濠典藏	2017-11-29
清 白玉瑞兽摆件	长14.5cm	126,500	北京保利	2017-04-17
清 白玉三羊开泰	长5.8cm	103,500	中国嘉德	2017-12-21
清 白玉三羊开泰摆件	长11cm	46,000	广东崇正	2017-06-15
清 白玉三阳开泰	4.4cm × 3.3cm	11,000	上海驰翰	2017-02-25
清 白玉三阳开泰摆件	高4.3cm；长6cm	28,750	上海匡时	2017-11-05
清 白玉三阳开泰摆件	长6.5cm	97,750	古天一	2017-06-07
清 白玉狮子戏球摆件	长9.3cm	17,250	浙江佳宝	2017-07-23
清 白玉寿鹿同春摆件	宽6.6cm	69,000	中国嘉德	2017-06-19
清 白玉寿天百禄	长5.5cm	149,500	中贸圣佳	2017-06-18
清 白玉双鹅摆件	长7.5cm	34,500	北京保利	2017-04-17
清 白玉双欢	宽5cm	78,500	中国嘉德	2017-05-30
清 白玉双獾	4.3cm	33,350	中贸圣佳	2017-06-18
清 白玉双犬	长6cm	17,250	北京保利	2017-04-17
清 白玉双兽衔芝摆件	长6.4cm	28,750	中贸圣佳	2017-09-04
清 白玉太狮少狮摆件	长7.5cm	69,000	北京翰海	2017-01-08
清 白玉太狮少狮摆件	长8.3cm	32,200	北京翰海	2017-01-08
清 白玉太狮少狮摆件	长12cm	42,550	浙江佳宝	2017-07-23
清 白玉卧马	长9.6cm	276,000	中贸圣佳	2017-06-18
清 白玉卧马	长8cm	11,500	北京保利	2017-11-05
清 白玉卧羊	长5cm	122,513	佳士得	2017-04-04
清 白玉卧羊	长4.9cm	10,350	北京保利	2017-04-17
清 白玉衔芝瑞兽	4.0cm × 3.0cm	15,000	上海驰翰	2017-02-25
清 白玉象	长5.5cm	80,500	中贸圣佳	2017-06-18
清 白玉羊	长5.5cm	13,800	北京翰海	2017-01-08
清 白玉羊	长7.5cm	46,000	广东崇正	2017-12-13
清 白玉一连三甲摆件	长6.3cm	13,440	浙江佳宝	2017-07-23
清 白玉鱼化龙	长7cm	48,300	中国嘉德	2017-06-19
清 白玉圆雕瑞兽	高2.5cm	40,250	荣宝斋（上海）	2017-07-30
清 和田白玉狮子滚绣球摆件	长21cm	36,800	中拍国际	2017-06-04
清 和田玉雕双驹摆件	11cm × 16cm	28,750	中拍国际	2017-06-04
清 褐斑青白玉雕三羊开泰把件	高5.4cm	54,664	香港苏富比	2017-06-01
清 痕都斯坦玉鹰架	长51cm	207,000	北京华辰	2017-06-05
清 琥珀卧鹿	长6cm	17,250	北京翰海	2017-12-16
清 黄玉福在眼前	长6cm	13,800	北京保利	2017-11-05
清 黄玉狗	长5.2cm	161,000	中国嘉德	2017-06-19
清 黄玉猴	长6.2cm	90,474	万昌斯	2017-05-29
清 黄玉马	长5.3cm；高2cm	29,900	浙江佳宝	2017-07-23
清 黄玉双鹅	高3.1cm	690,000	古天一	2017-06-07
清 黄玉双鹿摆件	长11.4cm	253,000	上海匡时	2017-11-05
清 黄玉卧鹿	长7.5cm	13,800	北京保利	2017-11-05
清 黄玉卧兔	宽5cm	137,116	中国嘉德	2017-10-02
清 黄玉衔芝玉兔	长7.7cm	805,000	上海匡时	2017-11-05
清 火烧玉雕太狮少狮摆件	高5cm	69,000	西泠拍卖	2017-07-15
清 旧玉瑞兽摆件		80,500	北京翰海	2017-09-13
清 龙纹玉拂琴	长24.5cm	172,500	中贸圣佳	2017-06-18
清 玛瑙巧雕松鹤延年	高4.7cm	41,772	中濠典藏	2017-05-23
清 蜜蜡雕太狮少狮	长5cm	17,250	北京保利	2017-06-08

拍品名称	物品尺寸	成交价RMB	拍卖公司	拍卖日期
清 南红玛瑙锦绣前程摆件	高12.5cm	92,000	凤凰拍卖	2017-07-30
清 南红玛瑙瑞兽	长7cm	34,500	北京保利	2017-12-20
清 青白玉雕五福捧寿摆件	高9.2cm（连座）	23,000	北京匡时	2017-12-03
清 青白玉雕喜鹊登梅摆件	长10.5cm	17,250	北京保利	2017-12-20
清 青白玉留皮雕“蝠寿”摆件	长7cm	34,500	北京保利	2017-12-20
清 青白玉马上翻身	长7.5cm	34,500	中国嘉德	2017-09-03
清 青白玉沁色熊	长7cm	10,350	中国嘉德	2017-09-03
清 青白玉瑞兽	长5cm	17,250	中国嘉德	2017-04-01
清 青白玉太狮少狮摆件	长11cm	87,276	香港苏富比	2017-06-01
清 青白玉太狮少狮摆件	长7.4cm	20,700	北京保利	2017-11-05
清 青白玉卧马	长6.9cm	11,500	朵云轩	2017-09-17
清 青白玉卧羊	长5cm	283,648	香港苏富比	2017-06-01
清 青白玉鱼化龙摆件	高10.5cm（含座）	11,500	中国嘉德	2017-04-01
清 青玉雕卧牛摆件		22,487	纽约蘇富比	2017-03-18
清 水晶雕辈辈封侯摆件	长7cm；宽5.6cm；高7cm	86,250	荣宝斋（上海）	2017-07-30
清 水晶兔子	高4.6cm；长6cm	253,000	古天一	2017-06-07
清 糖玉蹲兽	3.5cm×3.5cm	26,450	古天一	2017-06-07
清 玉蚕	长6cm	575,000	古天一	2017-06-07
清 玉雕凤鸟（3件）	最大的宽5.2cm	39,773	中国嘉德	2017-05-30
清 玉雕胡人骑狮摆件	高5cm	17,250	北京宣石	2017-12-03
清 玉雕榴开百子金蟾	长6.6cm	138,000	古天一	2017-06-07
清 玉雕骆驼、玉福禄万代佩、玉雕马和玉人物摆件（各一件）	最大的宽6.7cm	23,027	中国嘉德	2017-05-30
清 玉雕马（两件）	最大的宽5cm	18,840	中国嘉德	2017-05-30
清 玉雕瑞兽	长5cm	17,250	北京翰海	2017-09-13
清 玉雕兔耳兽摆件	长7cm	22,400	中鸿信	2017-04-30
清 玉雕鸳鸯和白玉鹅（各一件）	最大的宽5cm	60,706	中国嘉德	2017-05-30
清 玉鹅	长5.7cm	17,250	中国嘉德	2017-06-19
清 工狗	直径4.5cm	667,000	古天一	2017-06-07
清 玉马上封侯摆件	长13.4cm	92,000	中贸圣佳	2017-06-18
清 玉兽、葫芦（两件）	长4.7cm；长4.2cm	17,250	中国嘉德	2017-06-19
清 玉双欢	高2.1cm	10,350	中贸圣佳	2017-09-04
清 玉鹗	长6cm	287,500	古天一	2017-06-07
清 紫晶松鼠摆件	长6cm	11,500	中国嘉德	2017-04-01
清初 白玉留皮圆雕卧象摆件	高4.5cm	977,500	北京匡时	2017-12-03
清初 白玉兽面纹饰件	高4.5cm	17,250	北京翰海	2017-12-16
清初 白玉鸳鸯	长8.5cm	34,500	北京翰海	2017-12-16
清初 墨灰玉卧牛	长9cm	60,003	香港苏富比	2017-06-01
清或更早 青白玉三羊开泰	长5.9cm	305,468	香港苏富比	2017-06-01
晚清 白玉一路连科摆件	高24cm	124,500	佳士得	2017-10-02
16世纪；17世纪及18世纪 青白玉瑞兽（一组两件）	最长6.8cm	54,294	伦敦佳士得	2017-11-07
18世纪 白玉宝鸭	宽9cm	680,329	中国嘉德	2017-05-30
18世纪 白玉雕凤毛麟角摆件	长12cm	223,575	伦敦苏富比	2017-05-10
18世纪 白玉雕双卧马	长16cm	830,000	香港蘇富比	2017-10-03
18世纪 白玉雕卧鹅把件		30,271	纽约蘇富比	2017-03-18
18世纪 白玉猴	长3.7cm	184,000	北京中汉	2017-06-17
18世纪 白玉[illegible]	[illegible]	[illegible]	北京保利	2017-12-18

拍品名称	物品尺寸	成交价RMB	拍卖公司	拍卖日期
18世纪 白玉灵猴献寿摆件	12cm×7cm	1,840,000	北京东正	2017-12-09
18世纪 白玉猫	宽5.5cm	20,122	伦敦佳士得	2017-05-12
18世纪 白玉螃蟹摆件		230,000	北京中汉	2017-06-17
18世纪 白玉辟邪	长8.9cm	556,875	香港蘇富比	2017-04-05
18世纪 白玉巧雕双鹿	长5cm	34,500	北京保利	2017-06-08
18世纪 白玉瑞鸡	高6.6cm	349,106	香港苏富比	2017-06-01
18世纪 白玉双鹅献瑞摆件	宽13.3cm	372,313	佳士得	2017-11-29
18世纪 白玉岁岁平安	长7cm	167,063	香港蘇富比	2017-04-05
18世纪 白玉卧马	长6.5cm	72,662	伦敦佳士得	2017-05-12
18世纪 白玉鱼	宽11cm	680,329	中国嘉德	2017-05-30
18世纪 褐斑白玉雕瑞兽吊坠		32,865	纽约蘇富比	2017-03-18
18世纪 红珊瑚圆雕雄鸡牡丹摆件	10cm×33cm	747,500	上海明轩	2017-06-30
18世纪 灰玉卧马	长12cm	39,126	伦敦佳士得	2017-05-12
18世纪 青白玉雕天鸡	长10.2cm	103,750	香港蘇富比	2017-10-03
18世纪 青白玉福禄寿摆件	长12.5cm	152,807	巴黎苏富比	2017-06-22
18世纪 青白玉细犬	长10.2cm	201,250	北京中汉	2017-06-17
18世纪/19世纪 白玉雕合欢摆件	宽7.5cm	202,113	佳士得	2017-11-29
18世纪/19世纪 青白玉生肖牛及羊坐像（一组两件）	高5.5cm	100,609	伦敦佳士得	2017-05-12
19世纪 白玉雕三羊开泰把件		51,893	纽约蘇富比	2017-03-18
19世纪 黄玉大吉摆件	高5cm	207,000	保利厦门	2017-06-26
19世纪 黄玉辟邪	长6cm	87,276	香港苏富比	2017-06-01
19世纪 玛瑙雕（1组4件）	高6cm	26,829	伦敦佳士得	2017-05-12
19世纪 青白玉雕兽（1组3件）	长7.7cm	72,662	伦敦佳士得	2017-05-12
19世纪 青玉雕并蒂莲摆件	长20.1cm	65,596	香港苏富比	2017-06-01
19世纪/20世纪 青白玉雕（1组5件）	长6.7cm	16,768	伦敦佳士得	2017-05-12
19世纪/20世纪 青玉雕（一组两件）	长5.8cm	13,415	伦敦佳士得	2017-05-12
19世纪/20世纪 青玉象形摆件	宽9.5cm	20,403	纽约佳士得	2017-07-13
20世纪 白玉封侯摆件	高8.3cm	29,900	北京保利	2017-06-08
20世纪 青白玉背书麒麟	长10cm	163,643	香港苏富比	2017-06-01
20世纪初 碧玉雕绶带鸟摆件（一对）		24,217	纽约蘇富比	2017-03-18
民国 白玉年年有余摆件	高14cm	46,000	北京保利	2017-11-04
民国 碧玉太平有象摆件	高21.5cm	11,500	北京保利	2017-04-17
民国 玉雕卧牛	长12cm	34,500	北京保利	2017-11-05
19世紀 白玉雕驄驕飲溪擺件		43,244	纽约蘇富比	2017-03-18
19世紀 青玉雕辟邪擺件		34,595	纽约蘇富比	2017-03-18
2世纪 鄂尔多斯风格玉虎	宽6.8cm	188,399	中国嘉德	2017-05-30
白玉雕太平有象摆件	高8cm	10,350	北京保利	2017-04-17
白玉凤凰摆件	长16cm	20,700	北京保利	2017-11-05
白玉鹿衔灵芝	长9.5cm	17,250	中国嘉德	2017-09-03
白玉犬	长8.5cm	36,800	北京保利	2017-04-17
白玉三羊开泰摆件	长5.7cm	105,800	中国嘉德	2017-04-01
白玉狮子	长5.5cm	11,500	北京保利	2017-04-17
白玉鸳鸯	长5.2cm	43,700	中国嘉德	2017-04-01
比翼双飞（蜥蜴）（一对）	16cm×16cm	184,000	凤凰拍卖	2017-07-30
碧玉卧马	长19cm	17,250	中国嘉德	2017-04-01
二龙戏珠摆件	高26cm	11,500	中国嘉德	2017-04-02

2017玉器拍卖成交汇总

(成交价RMB：1万元以上)

拍品名称	物品尺寸	成交价RMB	拍卖公司	拍卖日期
范民广 白玉籽料龙龟	长6.4cm	280,000	浙江佳宝	2017-07-23
郭万龙 和田玉籽料喜报三元	4.75cm×3.48cm	69,000	尚品润博	2017-01-02
和田玉彩沁玉虎	长8.2cm	69,000	中拍国际	2017-06-04
和田玉马摆件	长6.4cm	20,700	北京银座	2017-12-20
黑白玉封侯拜相摆件	长13.4cm	17,250	中国嘉德	2017-09-04
红沁玉龟	6.4cm×4cm	34,500	中拍国际	2017-06-04
近现代 王乃杰雕菊黄蟹肥摆件	通高34cm	55,200	朵云轩	2017-06-26
旧玉虎	高3.5cm	11,500	北京翰海	2017-06-04
旧玉迦楼罗鸟神	高4cm	34,500	北京翰海	2017-06-04
旧玉骆驼	长7cm	3,450,000	北京东正	2017-12-09
旧玉瑞兽	长7.6cm	11,500	北京翰海	2017-06-04
快活鱼	28cm×34cm	41,400	凤凰拍卖	2017-07-30
雷剑镖 结晶芙蓉马	高3.7cm	23,000	中贸圣佳	2017-06-19
李剑 亨通 俏色玉茶宠	长5.1cm	43,700	西泠拍卖	2017-07-15
灵猴献寿	12cm×14cm	32,200	凤凰拍卖	2017-07-30
龙龟	14cm×13cm	34,500	凤凰拍卖	2017-07-30
绿松石圆雕卷尾龙	长2.7cm	92,000	中拍国际	2017-06-04
绿幽灵水晶连升三级	15cm×11cm	32,200	凤凰拍卖	2017-07-30
玛瑙鱼化龙摆件	高12.7cm	11,500	中国嘉德	2017-09-04
鸟喙神面纹黄玉嵌件	高9.3cm	92,000	中拍国际	2017-06-04
青白玉瑞兽	长13cm	11,500	中国嘉德	2017-09-03
青白玉瑞兽（三件）	长7.3cm；长6.5cm；长5.2cm	10,350	中国嘉德	2017-09-03
青白玉鸭嘴兽	长9.5cm；高5cm	13,800	中拍国际	2017-06-04
青玉刻螭龙樽	长16cm；高16cm	18,400	十竹斋	2017-01-01
瞿利军 驱邪纳福白玉摆件	长8.1cm	402,500	西泠拍卖	2017-07-15
水晶路路发财	20cm×9.5cm	172,500	凤凰拍卖	2017-07-30
天禄神兽（貔貅）	12cm×15cm	92,000	凤凰拍卖	2017-07-30
天然水晶化蝶	27cm×14cm	184,000	凤凰拍卖	2017-07-30
天然水晶相亲相爱	30cm×28cm	109,250	凤凰拍卖	2017-07-30
田黄雕羊摆件	高3.6cm；重53g	19,588	保利香港	2017-10-02
万伟 封侯拜相	长4cm	26,450	凤凰拍卖	2017-07-30
吴金星 和田玉籽料龙龟	4.2cm×3.4cm	46,000	尚品润博	2017-01-02
现代 南田轩制白玉仿古辟邪	长6cm	184,000	中国嘉德	2017-12-21
现代 玉雕金蟾	长7cm	28,750	北京翰海	2017-09-10
现代 玉雕商机无限摆件	长19.5cm	40,250	北京翰海	2017-09-10
现代 玉雕一路连科摆件	长16cm	28,750	北京翰海	2017-09-10
现代 玉雕猪	长5.5cm	20,700	北京翰海	2017-09-10
现代 玉鱼	长10cm	20,700	北京翰海	2017-09-10
谢麟 祥瑞雅安绿摆件	8.9cm×6cm	470,400	上海联合	2017-06-18
徐志浩 鱼跃龙门 白玉摆件	11.1cm×4.8cm	672,000	上海联合	2017-12-17
许林 碧玉荷塘一景摆件	9.9cm×4.5cm	92,000	尚品润博	2017-07-16
杨菊青 和田玉青花太湖虾趣摆件	18cm×10cm	40,250	尚品润博	2017-01-02
杨菊青 和田玉籽料叱咤风云摆件	10.3cm×6.9cm	115,000	尚品润博	2017-01-02
鱼跃龙门	21cm×42cm	29,900	凤凰拍卖	2017-07-30
玉鼠	4.5cm	36,800	中贸圣佳	2017-06-18
玉熊	长7.1cm	345,000	中拍国际	2017-06-04
张焕庆 一夜成名	长3.2cm	11,500	凤凰拍卖	2017-07-30
植物摆件				
紫晶雕事事如意摆件	长15cm	10,925	上海大众	2017-06-24
清乾隆 白玉莲蓬摆件	长7cm	218,500	华艺国际	2017-03-19
清中期 白玉黄皮刻灵芝摆件	长5.7cm	195,880	北京匡时	2017-10-02
清中期 白玉圆雕寿桃摆件	高9.1cm	25,300	中鸿信	2017-04-30
清中期 青白玉雕福寿双桃摆件	带座高8.7cm	56,350	西泠拍卖	2017-07-15
清中期 青白玉寿桃摆件	长12cm	368,000	北京保利	2017-08-02
清中期 青白玉岁寒三友摆件	宽8.7cm	156,999	中国嘉德	2017-05-30
清 白玉百财摆件	高20.5cm	115,000	北京保利	2017-11-05
清 白玉福豆	长7.2cm	10,350	中贸圣佳	2017-09-04
清 白玉菱角	长5.5cm	17,250	中贸圣佳	2017-09-04
清 白玉菱角	长6.5cm	13,800	中贸圣佳	2017-09-04
清 白玉榴开百子摆件	长6.8cm	130,915	香港苏富比	2017-06-01
清 白玉寿桃摆件	长7cm	11,200	上海联合	2017-12-17
清 琥珀三多摆件、鹤鹿同春印材各一件	长5.4cm；高4.4cm	11,500	中国嘉德	2017-09-03
清 黄玉蟾蜍石榴摆件	宽8cm	127,650	佳士得	2017-11-29
清 南红玛瑙巧雕福寿双全树桩摆件	高14.5cm	92,000	西泠拍卖	2017-07-15
清 南红桃形	高5cm	23,000	中贸圣佳	2017-09-04
清 青玉巧作荔枝	长5.3cm	76,367	香港苏富比	2017-06-01
18世纪 白玉沁色莲蓬摆件	长6cm	97,750	北京东正	2017-12-09
18世纪/19世纪 青白玉巧作福寿双桃摆件	长12.7cm	240,010	香港苏富比	2017-06-01
民国 白玉荷趣摆件	宽20cm	74,750	北京保利	2017-11-05
茶色发晶四季纳福	33cm×15.5cm	82,800	凤凰拍卖	2017-07-30
发晶连年有余	34cm×12cm	43,700	凤凰拍卖	2017-07-30
青玉百财摆件	长18.5cm	13,800	中国嘉德	2017-04-01
柔葭 葫芦	12.5cm×5.5cm	135,700	凤凰拍卖	2017-07-30
水晶寿桃	23cm×13cm	59,800	凤凰拍卖	2017-07-30
天然白玉“神兽”及天然碧玉“青椒”摆件		49,018	天成国际	2017-12-03
天然铜条发晶硕果累累	20cm×20cm	172,500	凤凰拍卖	2017-07-30
现代 玉雕莲蓬摆件	长8.5cm	23,000	北京翰海	2017-09-10
徐珝 白玉雕七星伴月香摆	12.5cm×7.8cm	322,000	中国嘉德	2017-12-21
其他摆件				
明或更早 玉雕七孔摆件	带座高6.7cm；高4.6cm；宽10.2cm	20,700	西泠拍卖	2017-07-15
明治时代 水晶玉	高29.8cm	518,750	佳士得	2017-10-02
清乾隆 青玉药船	长31cm	622,500	香港蘇富比	2017-10-03
清 白玉棺	长7cm	17,250	北京保利	2017-11-04
清 六一山房款绿云孔雀石	长35cm	20,700	中鸿信	2017-04-30
清 绿云绿松石	高111cm	828,000	北京东正	2017-06-08
清 青玉雕十三级浮屠宝塔	高21.9cm	63,250	西泠拍卖	2017-07-15
崔磊 和田白玉大吉大利	高9cm	6,325,000	凤凰拍卖	2017-07-30
高俊华 山水 青花摆件	9.2cm×5.4cm	56,000	上海联合	2017-06-18
顾铭 和田玉籽料和和美美摆件	11cm×7.3cm	207,000	尚品润博	2017-07-16
顾永骏 和田玉籽料江山如画山籽雕	长20cm	345,000	华艺国际	2017-05-27
郭万龙 和田玉籽料福寿双全	4.6cm×3.97cm	195,500	尚品润博	2017-01-02
侯庆军 江山入怀 独山玉摆件	42cm×13cm	172,500	西泠拍卖	2017-07-15
孔雀石（洞奇石秀）		63,250	北京保利	2017-12-17

拍品名称	物品尺寸	成交价RMB	拍卖公司	拍卖日期
孔雀石（千岩竞秀）	19cm x 13cm	120,750	北京保利	2017-12-17
孔雀石边儿（一对）	约为高69cm	115,000	保利厦门	2017-06-26
菱锰矿＆水晶	13cm x 15.5cm	80,500	北京保利	2017-12-17
绿发晶五子运财	9cm x 18cm x 8cm	43,700	凤凰拍卖	2017-07-30
绿松石		51,750	北京保利	2017-12-17
倪伟滨 白玉雕锦灰堆摆件	20cm x 10.8cm	3,220,000	中国嘉德	2017-12-21
乔凯 南红与时俱进摆件	6.75cm x 5.75cm	115,000	尚品润博	2017-01-02
青白玉小船	长8.6cm	13,800	中国嘉德	2017-09-03
洒金皮和田玉籽料原石	103cm x 67cm	391,000	西泠拍卖	2017-07-15
水晶、旧玉和松石（一组9件）	最大的宽3.8cm	73,266	中国嘉德	2017-05-30
水晶摆件（10个）	尺寸不一	184,000	中贸圣佳	2017-06-18
水晶报春图（挂）	5cm x 2.3cm	207,000	凤凰拍卖	2017-07-30
水晶步步高升	18cm x 13cm	74,750	凤凰拍卖	2017-07-30
水晶大业有成	21cm x 11cm	34,500	凤凰拍卖	2017-07-30
水晶代代有福	23cm x 12cm	46,000	凤凰拍卖	2017-07-30
水晶节节高升	18cm x 14cm	78,200	凤凰拍卖	2017-07-30
孙澎（杜红东）新疆和田黄玉籽料 问鼎天下摆件	14.5cm x 4.5cm	552,000	尚品润博	2017-01-02
天然玛瑙石皮蛋豆腐	尺寸不一	1,207,500	中国嘉德	2017-06-19
杨菊青 力争上游青花摆件	16cm x 11.5cm	44,800	上海联合	2017-06-18
倚望 玛瑙摆件	高9.6cm	20,160	上海联合	2017-06-18
郁立雄 和田玉籽料锦灰堆摆件	14.3cm x 9.3cm	46,000	尚品润博	2017-01-02
张焕庆 一帆风顺 白玉摆件	10.9cm x 5.3cm	358,400	上海联合	2017-12-17
紫水晶	7cm x 8cm	23,000	北京保利	2017-12-17
紫水晶（含水胆）	9.5cm x 3cm	23,000	北京保利	2017-12-17
和田玉黄沁籽料原石	6.8cm x 3.8cm	174,800	尚品润博	2017-07-16
和田玉黄沁籽料原石	40cm x 23cm	13,800	西泠拍卖	2017-07-15
和田玉山流水料原石	155cm x 85cm	575,000	西泠拍卖	2017-07-15
和田玉籽料原石	6.1cm x 4.4cm	172,500	尚品润博	2017-07-16
和田玉籽料原石	3.4cm x 1.5cm	80,500	尚品润博	2017-01-02
和田玉籽料原石	4.7cm x 4.6cm	69,000	尚品润博	2017-07-16
和田玉籽料原石	4.7cm x 2.8cm	43,700	尚品润博	2017-07-16
和田玉籽料原石	5.0cm x 3.1cm	43,700	尚品润博	2017-07-16
和田玉籽料原石	117cm x 69cm	460,000	西泠拍卖	2017-07-15
和田玉籽料原石	69cm x 37cm	230,000	西泠拍卖	2017-07-15
和田玉籽料原石	72cm x 53cm	207,000	西泠拍卖	2017-07-15
和田玉籽料原石	45cm x 41cm	69,000	西泠拍卖	2017-07-15
黑油皮和田玉籽料原石	56cm x 46cm	345,000	西泠拍卖	2017-07-15
黑油皮和田玉籽料原石	96cm x 76cm	345,000	西泠拍卖	2017-07-15
红皮和田玉籽料原石	48cm x 52cm	287,500	西泠拍卖	2017-07-15
红皮和田玉籽料原石	60cm x 36cm	184,000	西泠拍卖	2017-07-15
红皮和田玉籽料原石	38cm x 28cm	43,700	西泠拍卖	2017-07-15
聚红皮和田玉籽料原石	15.9cm x 12.7cm	3,450,000	西泠拍卖	2017-07-15
聚红皮和田玉籽料原石	21.8cm x 10.6cm	6,555,000	西泠拍卖	2017-07-15
聚红皮和田玉籽料原石	88cm x 49cm	1,667,500	西泠拍卖	2017-07-15
聚红皮和田玉籽料原石	101cm x 87cm	747,500	西泠拍卖	2017-07-15
聚红皮和田玉籽料原石	108cm x 49cm	713,000	西泠拍卖	2017-07-15
聚红皮和田玉籽料原石	68cm x 47cm	517,500	西泠拍卖	2017-07-15
聚红皮和田玉籽料原石	43cm x 30cm	120,750	西泠拍卖	2017-07-15
聚红皮和田玉籽料原石	43cm x 20cm	115,000	西泠拍卖	2017-07-15
聚红皮和田玉籽料原石	29cm x 24cm	92,000	西泠拍卖	2017-07-15
秋梨皮和田玉籽料原石	118cm x 83cm	97,750	西泠拍卖	2017-07-15
洒金皮和田玉籽料原石	21.5cm x 10.5cm	1,552,500	西泠拍卖	2017-07-15
洒金皮和田玉籽料原石	22.5cm x 13.0cm	3,450,000	西泠拍卖	2017-07-15
洒金皮和田玉籽料原石	135cm x 96cm	920,000	西泠拍卖	2017-07-15
洒金皮和田玉籽料原石	132cm x 88cm	460,000	西泠拍卖	2017-07-15
洒金皮和田玉籽料原石	158cm x 63cm	460,000	西泠拍卖	2017-07-15
洒金皮和田玉籽料原石	80cm x 40cm	287,500	西泠拍卖	2017-07-15
新疆95于田料原石	12cm x 8cm	48,300	尚品润博	2017-01-02
新疆和田玉籽料原石	13.3cm x 8.0cm	57,500	尚品润博	2017-04-23
新疆九五于田山料原石	13.1cm x 21cm	172,500	尚品润博	2017-04-23
羊脂级聚红皮和田玉籽料原石	15.2cm x 12.7cm	11,270,000	西泠拍卖	2017-07-15
枣红皮和田玉籽料原石	32cm x 18cm	92,000	西泠拍卖	2017-07-15
玉瓶				
宋-明 白玉螭龙耳瓶	高22.7cm	115,000	西泠拍卖	2017-07-15
明 白玉红沁回纹方盖瓶	高22.7cm	287,500	北京匡时	2017-06-04
明 鸡骨白带盖玉瓶	高17cm	18,400	中贸圣佳	2017-09-04
明 青白玉琮式瓶	高9.9cm	31,932	万昌斯	2017-05-29
明晚期 青玉雕螭龙纹瓶	高17.7cm	32,200	西泠拍卖	2017-05-05
清早期 白玉蕉叶兽面纹象耳活环盖瓶	高37cm（连座）	161,000	北京匡时	2017-12-03
清早期 白玉饕餮纹提梁瓶	高17cm	138,000	中鸿信	2017-04-30
清早期 灰白玉丹凤朝阳纹赏瓶	高20.5cm	12,320	浙江佳宝	2017-07-23
清乾隆 白玉雕麒麟凤凰宝瓶摆件	高9.5cm	63,250	北京匡时	2017-12-03
清乾隆 白玉雕兽面纹瓶	高18cm	184,000	西泠拍卖	2017-07-15
清乾隆 白玉雕饕餮纹活环扁瓶		184,000	上海敬华	2017-07-01
清乾隆白玉雕饕餮纹兽耳活环盖瓶		691,900	纽约蘇富比	2017-03-14
清乾隆白玉雕饕餮纹兽耳活环盖瓶		688,990	伦敦苏富比	2017-05-10
清乾隆 白玉凤凰觥形盖瓶	宽21cm	868,700	伦敦佳士得	2017-11-07
清乾隆 白玉浮雕螭龙纹瓶	高9cm	862,500	华艺国际	2017-11-25
清乾隆 白玉九龙衔环扁瓶	高19cm	3,220,000	观唐皕榷	2017-01-11
清乾隆 白玉兽面纹双耳瓶	高14.5cm	97,750	北京保利	2017-04-17
清乾隆 碧玉雕夔龙纹游环盖瓶	高28.6cm	437,000	中鸿信	2017-04-29
清乾隆 碧玉痕都斯坦式缠枝莲纹四活环耳梅瓶 连盖	高18.5cm	525,275	巴黎苏富比	2017-06-22
清乾隆 碧玉西番莲纹扁瓶	高23.5cm	483,000	观唐皕榷	2017-01-11
清乾隆 和田白玉福寿薄胎瓶	高17.5cm	11,500	中拍国际	2017-06-04
清乾隆 痕都白玉西番莲纹葫芦形净水瓶	高12.8cm	97,750	中鸿信	2017-04-30
清乾隆 黄玉雕双联瓶	高14.3cm	621,000	北京诚轩	2017-06-20
清乾隆 黄玉兽面纹方盖瓶	高12.7cm	517,500	北京保利	2017-06-07
清乾隆 黄玉饕餮纹提梁盖瓶	高13cm	230,000	北京匡时	2017-06-04
清乾隆 火烧玉花卉盖瓶	高12.5cm	55,200	北京保利	2017-04-17
清乾隆 青白玉三联抱月荷花瓶配底座	长37cm	943,000	上海匡时	2017-11-05
清乾隆 水晶仿古蝉纹龙钮盖瓶	高19cm	460,000	北京匡时	2017-06-04
清乾隆 西番作饕餮纹薄胎瓶（一对）	高17.8cm	55,200	中拍国际	2017-06-04
清乾隆 玉雕龙纹壶式瓶	高21cm	46,000	北京保利	2017-04-17
清乾隆 玉兽面纹如意耳扁瓶	高12cm	138,000	西泠拍卖	2017-07-15

2017玉器拍卖成交汇总

(成交价RMB：1万元以上)

拍品名称	物品尺寸	成交价RMB	拍卖公司	拍卖日期
清嘉庆 碧玉雕兽面纹贯耳扁瓶	高32.5cm	460,000	北京保利	2017-12-19
清中期 白玉八吉祥纹抱月瓶	高15.5cm	146,910	中国嘉德	2017-10-02
清中期 白玉雕龙纹双螭耳瓶	高16.5cm	40,250	西泠拍卖	2017-07-15
清中期 白玉雕兽面纹双环耳瓶	高9cm	17,250	北京保利	2017-06-08
清中期 红釉玉壶春瓶	高28.5cm	55,200	西泠拍卖	2017-07-15
清中期 黄玉仿古铜兽耳瓶	高12cm	983,860	中国嘉德	2017-05-30
清晚期 青白玉饕餮纹双龙活环耳盖瓶	高21cm	349,106	香港苏富比	2017-06-01
清晚期 水晶雕凤竹牡丹图兽耳活环盖瓶		77,839	纽约蘇富比	2017-03-18
清晚期/民初 白玉如意活环耳方瓶	高25cm	1,219,625	佳士得	2017-05-31
清 白玉包袱锦双连瓶	高14.5cm	322,000	中国嘉德	2017-06-19
清 白玉螭龙进爵双环耳瓶	高20.5cm	82,800	北京保利	2017-06-08
清 白玉雕大吉葫芦瓶	高17.8cm	149,500	西泠拍卖	2017-07-15
清 白玉雕飞鸣食宿图盖瓶	高18cm	195,500	华艺国际	2017-05-27
清 白玉雕葫芦形链瓶	高17cm	69,000	北京保利	2017-11-05
清 白玉雕兽面纹盖瓶	高11.5cm	14,950	西泠拍卖	2017-05-05
清 白玉雕双螭龙耳瓶	高18cm	115,000	北京匡时	2017-12-03
清 白玉凤凰牡丹五福瓶	高14.8cm	63,864	万昌斯	2017-05-29
清 白玉留皮英雄双联瓶	长8.2cm	1,955,000	上海匡时	2017-11-05
清 白玉龙戏珠纹赏瓶	高27cm	212,800	浙江佳宝	2017-07-23
清 白玉梅花盖瓶	高9.5cm	17,250	北京保利	2017-11-05
清 白玉梅兰竹菊纹四方赏瓶	高12.5cm	14,560	浙江佳宝	2017-07-23
清 白玉兽面纹赏瓶	宽5cm；高11.3cm	13,440	浙江佳宝	2017-07-23
清 白玉兽面纹双耳盖瓶	高21.7cm	55,200	北京保利	2017-06-08
清 白玉兽首衔环双耳瓶	高6.5cm	11,500	朵云轩	2017-06-25
清 碧玉雕螭龙耳瓶	带座高17.8cm	23,000	西泠拍卖	2017-07-15
清 碧玉狮钮活环兽面纹瓶	高28cm	23,000	北京保利	2017-12-20
清 黄玉雕兽面纹铺首衔环瓶	高25cm	460,000	北京匡时	2017-12-03
清 青白玉双龙扁瓶	高17.5cm	19,550	北京保利	2017-12-20
清 青金石加金漆龙纹环耳盖瓶	高35cm	92,000	北京保利	2017-12-20
清 青玉雕凤纹双耳盖瓶	高32cm	267,413	巴黎苏富比	2017-06-22
清 青玉瓶盒（一组）	瓶高13.5cm；盒直径6.7cm；高3.3cm	36,800	北京银座	2017-06-07
清 水晶螭虎铺首纹瓶	高13.5cm	13,800	浙江佳宝	2017-07-23
清 水晶螭龙纹瓶	高13.5cm	46,000	中鸿信	2017-04-30
清 水晶雕花卉诗文象耳瓶	高18cm	80,500	上海敬华	2017-07-01
清 水晶雕栖凤图灵芝盖瓶	高14cm	46,000	北京匡时	2017-12-03
清 水晶雕寿字纹瑞兽纽瓶	带座高7.8cm；高7.4cm	36,800	西泠拍卖	2017-07-15
清 水晶双狮耳活环小盖瓶	高19cm	11,500	北京保利	2017-06-08
清 玉雕龙纹瓶（两件）	高25cm	23,000	北京翰海	2017-09-10
18世纪 白玉雕饕餮纹兽面衔环耳盖瓶	高32.2cm	2,242,500	中贸圣佳	2017-06-18
18世纪 白玉雕象耳活环龙凤纹扁瓶（带座）	高30.5cm	2,300,000	华艺国际	2017-11-25
18世纪 白玉芦雁图如意耳八方瓶	高29cm	3,565,000	北京荣宝	2017-12-02
18世纪 白玉饕餮纹小贯耳瓶	高10.8cm	73,514	纽约佳士得	2017-03-17
18世纪 火烧玉仿古饕餮纹瓶	高18cm	195,500	观唐皕榷	2017-01-12
18世纪 青玉荷塘鸳鸯瓶	高12cm	20,122	伦敦佳士得	2017-05-12

拍品名称	物品尺寸	成交价RMB	拍卖公司	拍卖日期
18世纪 青玉饕餮纹瓶	17cm高	24,593	伦敦佳士得	2017-05-12
18世纪/19世纪 白玉雕螭龙纹双联盖瓶	高8.2cm	275,300	纽约佳士得	2017-03-17
18世纪/19世纪 碧玉雕番莲纹带盖扁瓶	高31.8cm	103,785	纽约佳士得	2017-03-17
18世纪/19世纪 青白玉螭龙耳带盖扁瓶	高29.5cm	155,678	纽约佳士得	2017-03-17
18世纪/19世纪 青白玉雕苍龙教子图盖瓶	高29.2cm	5,172,199	纽约佳士得	2017-03-17
18世纪/19世纪 青玉雕龙纹带盖扁瓶	高17.2cm	224,868	纽约佳士得	2017-03-17
19世纪 青白玉山水象耳瓶	高15.5cm	127,322	中国嘉德	2017-10-02
19世纪 青玉莲瓶	高14cm	35,772	伦敦佳士得	2017-05-12
19世纪 青玉莲瓶	高13cm	16,768	伦敦佳士得	2017-05-12
19世纪 青玉婴戏图盖瓶（一对）	高28.7cm	78,251	伦敦佳士得	2017-05-12
19世纪/20世纪 青玉雕饕餮纹贯耳瓶改装台灯		172,975	纽约蘇富比	2017-03-18
19世纪初 黄玉饕餮纹活环耳盖瓶	高12.5cm	32,576	伦敦佳士得	2017-11-07
20世纪 痕都斯坦式白玉镂雕卷草花卉纹梅瓶				
连碧玉镂雕卷草纹三足底座	高20.4cm	45,917	香港苏富比	2017-06-01
民国 白玉雕狮钮兽耳活环盖瓶	高15.5cm	55,200	北京保利	2017-06-08
民国 白玉吊瓶	高30cm	10,350	北京翰海	2017-01-08
民国 黄玉兽面纹扁瓶	高18.6cm	32,200	中国嘉德	2017-04-01
民国 青白玉龙纹瓶	高12.5cm	13,800	中国嘉德	2017-04-01
民国 青玉透雕凤凰穿花盖瓶	高23cm	13,800	北京保利	2017-06-08
19世纪 青玉雕山海雲龍紋蓋瓶		207,572	纽约蘇富比	2017-03-14
白玉缠枝莲纹环耳瓶	高23cm	20,700	中国嘉德	2017-04-01
白玉缠枝莲纹链瓶	高49.1cm（含架）	51,750	中国嘉德	2017-04-01
白玉雕宝相花纹链瓶	高20cm	23,000	北京保利	2017-04-17
白玉雕仿古饕餮纹连座盖瓶	高26.1cm	2,874,845	纽约佳士得	2017-03-15
白玉环耳兽足小瓶（一对）	高11.5cm	11,500	中国嘉德	2017-09-03
白玉山水人物纹链瓶（一对）	高45.5cm（含架）	36,800	中国嘉德	2017-04-01
碧玉兽面纹提梁瓶（一对）	高42cm	74,750	中国嘉德	2017-09-04
翠玉凤形瓶（一对）	高28.7cm	33,536	伦敦佳士得	2017-05-12
翠玉饕餮纹双环耳盖瓶（一对）	高33.5cm	67,073	伦敦佳士得	2017-05-12
高毅进 和田籽料缠枝纹瓶	高18.5cm	690,000	华艺国际	2017-05-27
好运连连 链条瓶	9cm×3cm×38cm	37,950	凤凰拍卖	2017-07-30
黄玉螭耳八方瓶（一对）	高19.3cm	34,500	中国嘉德	2017-09-03
蒋大雄 双象活耳碧玉瓶	23.5cm×10.2cm	313,600	上海联合	2017-06-18
净瓶观音	30cm×15cm	69,000	凤凰拍卖	2017-07-30
孔雀石松鹤延年盖瓶	高7.8cm	11,500	荣宝斋（上海）	2017-07-30
龙瓶	13cm×10cm	34,500	凤凰拍卖	2017-07-30
绿松石兽面纹瓶	高20.3cm	20,700	中国嘉德	2017-04-01
绿松石兽面纹兽耳瓶	高20.5cm	46,000	中国嘉德	2017-09-04
青白玉缠枝莲寿字瓶	高21cm	17,250	中国嘉德	2017-04-01
青白玉螭龙纹螭耳瓶	高23.3cm	36,800	中国嘉德	2017-09-04
青白玉雕喜鹊登梅盖瓶	高16.3cm	57,500	十竹斋	2017-01-01
青白玉凤耳小瓶（一对）	高14cm	13,800	中国嘉德	2017-09-03

拍品名称	物品尺寸	成交价RMB	拍卖公司	拍卖日期
青白玉赶珠云龙纹双灵芝活环耳海棠式盖瓶	高33cm	573,027	巴黎苏富比	2017-06-22
青白玉巧做喜鹊登梅龙凤瓶	长15cm	25,300	中国嘉德	2017-04-01
青白玉兽面纹龙耳瓶	高23.7cm	23,000	中国嘉德	2017-09-03
青金石兽面纹龙凤瓶	高19.5cm	13,800	中国嘉德	2017-04-01
青玉缠枝莲寿字链瓶（一对）	高58.5cm	149,500	中国嘉德	2017-09-04
岁岁平安链条瓶	27cm×10cm	66,700	凤凰拍卖	2017-07-30
天然白玉悬挂式镂空花瓶摆件（一对）		173,604	天成国际	2017-12-03
王广安 和田玉万寿链瓶	36cm×9.5cm	43,700	尚品润博	2017-07-16
王广安 和田玉长寿链瓶	54cm×17cm	69,000	尚品润博	2017-04-23
王广安 和田玉籽料天和瓶	16.8cm×8.2cm	69,000	尚品润博	2017-01-02
现代 玉雕双耳倭角方瓶	高18.5cm	34,500	北京翰海	2017-09-10
玉雕诗文寿字瓶	高17.8cm	25,300	北京保利	2017-11-05
约1940年及1920年 苏格兰 水晶瓶及香槟杯水晶酒具配簪花铸铜鎏银盘（六件套）	尺寸不一	20,700	保利厦门	2017-06-26
玉尊				
汉 白玉铺首尊	高10cm	3,139,980	中国嘉德	2017-05-30
元 白玉熊尊	高6.8cm	3,220,000	北京东正	2017-12-09
明 和田青白玉狻猊尊	长19.5cm	34,500	中拍国际	2017-06-04
明 青白玉雕兽面纹出戟尊	高16.5cm	69,000	北京匡时	2017-12-03
清乾隆 白玉喜鹊登梅兽面纹尊	高14cm	149,500	北京匡时	2017-12-03
清乾隆 和田玉雕天鸡尊	高9.3cm	13,800	中拍国际	2017-06-04
清乾隆 和田玉雕犀尊	高12cm；长15cm	28,750	中拍国际	2017-06-04
清乾隆 黄玉仿古牺尊	宽16.8cm	861,872	中国嘉德	2017-10-02
清乾隆 青白玉仿古蝉纹方尊	高10.8cm	943,000	北京匡时	2017-06-04
清 风调雨顺青白玉牺尊	长16.5cm	26,450	中拍国际	2017-06-04
清 绿松石鱼篓尊	高7cm	34,500	北京匡时	2017-12-03
清 水晶太平有象尊	高10.7cm	34,500	中拍国际	2017-06-04
19世纪 黄玉兽面纹尊	高21.5cm	1,380,000	保利厦门	2017-06-26
玉觥				
明 火烧玉雕螭龙錾兽面纹觥	高16cm	103,500	西泠拍卖	2017-07-15
明 旧玉龙凤纹觥	高12cm	28,750	北京翰海	2017-12-16
晚明 玉饕餮纹觥	宽18cm	82,163	纽约佳士得	2017-03-17
清早期 青白玉龙纹觥	高9.8cm	29,382	中国嘉德	2017-10-02
清乾隆 青白玉龙形柄兽面纹觥	高14.4cm	828,000	观唐皕榷	2017-01-12
青白玉螭龙纹瑞兽觥	高17.5cm	32,200	中国嘉德	2017-09-04
青玉兽面纹觥	高21.4cm	46,000	中国嘉德	2017-09-04
玉觚				
清早期 青白玉雕蕉叶纹出戟方觚	高25cm	57,500	北京保利	2017-06-08
清早期 青白玉兽面纹方花觚	高21.6cm	218,500	中国嘉德	2017-04-01
清乾隆 黄玉仿古活环觚	高11cm	402,500	北京保利	2017-12-18
19世纪 灰白玉万寿纹出戟方觚	高25.2cm	114,605	巴黎苏富比	2017-06-22
民国 岫玉花觚	高18cm	23,000	北京翰海	2017-01-08
碧玉兽面纹凤耳方花觚	高20.8cm	36,800	中国嘉德	2017-04-01
碧玉兽面纹凤耳花觚	高21cm	36,800	中国嘉德	2017-09-04
青白玉兽面纹出戟花觚	高27.5cm	32,200	中国嘉德	2017-09-03
青金石兽面纹花觚	高26cm	10,350	中国嘉德	2017-04-01
青玉兽面纹花觚、觥各一件	高20.2cm；高15.8cm	17,250	中国嘉德	2017-04-01

拍品名称	物品尺寸	成交价RMB	拍卖公司	拍卖日期
玉鼎				
清乾隆白玉仿古饕餮纹双兽耳方鼎	高16cm	282,328	伦敦佳士得	2017-11-07
清中期 白玉小方鼎	高7cm	138,000	北京保利	2017-08-02
清晚期/民初 白玉雕仿古纹狮钮盖方鼎	高18.8cm	1,436,940	佳士得	2017-05-31
清 青白玉兽面纹方鼎	高25cm	1,725,000	观唐皕榷	2017-01-12
清 青玉兽面纹活环耳鼎	高20cm	34,500	北京保利	2017-04-17
玉壶				
宋鸣放 青花玉壶	长12cm	172,500	凤凰拍卖	2017-07-30
元 青白玉仿古双耳壶	高10.5cm	184,000	北京保利	2017-12-18
明 黄玉提色螭龙执壶	高17.4cm	1,380,000	中国嘉德	2017-06-20
明 银嵌龙纹百宝执壶	高25cm（连座）	46,000	北京匡时	2017-12-03
清乾隆 白玉留皮八方壶	宽20.5cm	7,475,000	北京保利	2017-12-18
清乾隆 龙柄白玉壶	高14.5cm	437,000	北京荣宝	2017-06-02
清乾隆 柠檬黄料鼻烟壶	高4.5cm	11,350	中鸿信	2017-04-30
清乾隆 青白玉仿古铜雕龙凤呈祥纹活环耳大壶	高33cm	2,300,000	北京中汉	2017-05-21
清乾隆 水晶龙柄凤首执壶	高14cm	287,500	观唐皕榷	2017-01-11
清乾隆 御制白玉瓜棱式羊首掐丝珐琅提梁茶壶		62,644,250	香港蘇富比	2017-10-03
清 白玉雕花卉寿字壶	长11.5cm	69,000	北京翰海	2017-06-04
清 白玉勾云纹鼻烟壶	高6.7cm	35,616	中濠典藏	2017-11-29
清 碧玉凤首壶	长17.3cm	32,200	中国嘉德	2017-04-01
清 碧玉兽面纹提梁壶	高23cm	115,000	北京保利	2017-08-02
清 玉雕寿字纹壶	宽20.5cm	13,800	北京保利	2017-11-05
18世纪 白玉兽面方壶	高23.5cm	1,265,000	北京保利	2017-12-19
民国 和田白玉鸳鸯茶壶	高16cm	34,500	上海大众	2017-06-24
1930年制 圣路易水晶酒壶（一对）	高34.5cm；宽12.3cm；底部直径8.6cm	40,250	西泠拍卖	2017-07-16
白水晶龙凤壶	19cm×28cm	253,000	凤凰拍卖	2017-07-30
黄玉诗文壶	长13.5cm	25,300	中国嘉德	2017-04-01
蒋大雄 白玉对壶	7.6cm×4.9cm；7cm×4.2cm	30,800	上海联合	2017-12-17
蒋大雄 墨玉玲珑壶	宽15.5cm	112,000	上海联合	2017-06-18
蒋大雄 一片冰心在玉壶	10.5cm×6.8cm	19,440	上海联合	2017-12-17
绿松石丹药壶	长6cm	69,000	中拍国际	2017-06-04
奶油晶蓄壶	16cm×6cm×8cm	42,090	凤凰拍卖	2017-07-30
青玉竹节壶	长21cm；高19cm	20,700	十竹斋	2017-01-01
王广安 和田玉籽料四君子壶	尺寸不一	57,500	尚品润博	2017-07-16
杨光 和田玉青花籽料芦雁壶	8.9cm×5.0cm	132,250	尚品润博	2017-04-23
玉卣				
清中期 白玉双夔凤纹提梁卣	高24.5cm	1,150,000	中国嘉德	2017-06-20
白玉兽面纹提梁卣	高14cm	20,700	中国嘉德	2017-09-03
玉罐				
清初至民国 青白玉双龙耳盖罐	高14cm	120,005	香港苏富比	2017-06-01
郑志明 白玉团花罐	高11.6cm	24,640	上海联合	2017-12-17
16世纪/17世纪 痕都斯坦青玉雕几何纹罐		51,893	纽约蘇富比	2017-03-18
清 白玉瓜形盖罐、白料烟壶（两件）	宽5.5cm；高8.3cm	10,000	北京保利	2017-12-20

拍品名称	物品尺寸	成交价RMB	拍卖公司	拍卖日期
清 蛐蛐罐	宽13.5cm	11,500	中鸿信	2017-04-30
20世纪 白玉炭碧玉雕八骏图蟋蟀罐	高15.6cm	54,664	香港苏富比	2017-06-01
民国 青白玉雕双螭耳小盖罐	高7.5cm	19,550	北京保利	2017-12-20
玉 匜				
明 玉兽柄螭纹匜		115,000	北京翰海	2017-09-13
清雍正 玛瑙三足匜	长11cm	28,750	中国嘉德	2017-12-21
清乾隆 白玉龙凤纹匜	高7.5cm	1,380,000	中贸圣佳	2017-06-18
清乾隆 黄玉雕龙柄匜	高12.7cm，宽16.2cm	115,000	中鸿信	2017-04-30
清中期 白玉兽面龙凤耳三足匜	高8.9cm	17,250	北京翰海	2017-06-04
清 白玉雕痕都斯坦卷草纹匜	长14.8cm	126,500	观唐皕榷	2017-01-12
清 白玉嵌宝花卉纹仿古匜	长22cm	437,000	上海匡时	2017-11-05
明 火烧玉龙首匜	长16.5cm	18,400	中贸圣佳	2017-09-04
玉 炉				
明 白玉双龙耳炉	宽12.5cm	28,750	北京保利	2017-04-17
明 黄玉螭龙纹簋式炉	高6cm	1,150,000	古天一	2017-06-07
明 岫玉云龙纹海棠形熏炉	宽15cm	13,800	浙江佳宝	2017-07-23
清早期 白玉盖炉	高6.5cm	109,250	北京荣宝	2017-06-02
清早期 旧玉夔龙蕉叶纹三足鼎式炉	高14cm	57,500	北京保利	2017-06-08
清早期 青白玉雕龙凤纹双耳三足炉	直径20cm	253,000	北京华辰	2017-12-17
清 乾隆年制款掐丝珐琅白玉雕人物香熏	高6.2cm；口径5.4cm	28,750	西泠拍卖	2017-05-05
清乾隆 白玉留皮朝冠耳兽足炉	长17.8cm	437,000	中国嘉德	2017-09-03
清乾隆 白玉镂雕花卉纹香熏	高14cm	1,035,000	古天一	2017-06-07
清乾隆 白玉三羊开泰寿字纹盖炉	高14.2cm	3,679,830	保利香港	2017-04-04
清乾隆 白玉双童子耳炉	长13cm	7,254,200	香港蘇富比	2017-10-03
清乾隆 白玉饕餮纹簋式炉	长15.4cm	690,000	广东崇正	2017-06-15
清乾隆 白玉香薰	高10cm	92,000	中鸿信	2017-04-30
清乾隆 碧玉雕八吉祥龙钮朝天耳炉	高24.3cm	391,760	保利香港	2017-10-02
清乾隆 碧玉雕兽面纹出脊盖炉	宽20.2cm	471,500	北京诚轩	2017-06-20
清乾隆 碧玉双耳炉	宽15.5cm	92,000	北京保利	2017-11-05
清乾隆 碧玉饕餮纹龙钮带盖熏炉	高17cm	747,500	华艺国际	2017-11-25
清乾隆 痕都斯坦碧玉盖炉	高15cm（含座）	460,000	中贸圣佳	2017-06-18
清乾隆 青白玉雕饕餮纹冲耳方炉	高15.8cm	29,900	大羿拍卖	2017-12-04
清乾隆 青金石兽面纹双龙耳三兽足炉	高17cm；宽16cm	345,000	北京东正	2017-12-09
清乾隆西番作和田青白玉叶钮香熏	高24cm	32,200	中拍国际	2017-06-04
清中期 白玉双蝶耳如意钮盖炉	高7.7cm	322,000	观唐皕榷	2017-01-12
清中期 白玉饕餮纹象耳炉	高13.5cm	207,000	荣宝斋（上海）	2017-07-30
清中期 碧玉缠枝莲三足香薰	直径19cm	92,000	北京保利	2017-04-17
清中期 碧玉鼎式炉	高20cm	115,000	北京保利	2017-04-17
清中期 嵌宝白玉香炉	高10.2cm	322,000	观唐皕榷	2017-01-12
清 白玛瑙炉、瓶、盒（三件）	高10cm；长14cm；直径5.8cm	126,500	北京保利	2017-11-04
清 白玉雕方型兽面香炉		17,250	上海敬华	2017-07-01
清 白玉雕海棠形蝴蝶花卉纹活环鼎式熏炉	高19cm	138,000	西泠拍卖	2017-07-15

拍品名称	物品尺寸	成交价RMB	拍卖公司	拍卖日期
清 白玉雕狮钮活环耳炉	长17cm	86,250	西泠拍卖	2017-07-15
清 白玉花卉熏炉	高11cm	115,000	北京保利	2017-11-05
清 白玉龙钮双狮耳三足炉	玉高22.1cm	1,809,480	万昌斯	2017-05-29
清 白玉镂雕三狮钮兽耳游环炉	高12.2cm	483,000	中鸿信	2017-04-30
清 白玉炉瓶盒三式	高4.5cm；高12cm；高10.7cm	920,000	中贸圣佳	2017-06-18
清 白玉兽面纹四足鼎式炉	高5.9cm	28,750	北京翰海	2017-06-04
清 白玉双环耳盖炉	宽11cm	57,500	北京保利	2017-11-05
清 白玉双菊耳小香炉	宽8cm	17,250	北京保利	2017-04-17
清 翡翠雕狮钮兽耳活环盖炉	高22cm	862,500	中鸿信	2017-04-29
清 和田玉雕龙杯炉	高11.5cm	13,800	中拍国际	2017-06-04
清 和田籽料白玉雕狮子香熏	高13cm	40,250	上海大众	2017-06-24
清 黄玉刻诗文香炉	直径4.5cm	34,500	北京匡时	2017-12-04
清 玛瑙雕葵口三足炉	高11cm；宽13cm	20,700	西泠拍卖	2017-05-05
清 青白玉缠枝花卉纹熏炉	高8cm	25,300	北京匡时	2017-12-03
清 青白玉龙首香炉	宽18cm	10,350	北京保利	2017-11-05
清 青白玉双龙耳活环香炉	宽14.5cm	13,800	北京保利	2017-11-04
清 青玉兽面纹双耳熏炉	宽22.5cm	172,500	北京保利	2017-11-05
清 水晶兽面纹双耳四足炉	高18cm	74,750	荣宝斋（上海）	2017-07-30
清 水晶双狮耳镂空香熏	高15.5cm	46,000	中拍国际	2017-06-04
清 水晶西番作花卉纹炉	高8.2cm；耳径13.5cm	48,300	中拍国际	2017-06-04
清 玉雕饕餮纹双耳香盖炉	12.3cm × 20.5cm	598,000	西泠拍卖	2017-07-15
清 紫檀镶玉冠架香熏	高32cm	103,500	中鸿信	2017-04-30
清 水晶狮耳三足炉	高12cm	36,800	北京翰海	2017-01-08
18世纪/19世纪 碧玉八吉祥纹香盖炉	直径14cm	195,458	伦敦佳士得	2017-11-07
19世纪 碧玉饕餮纹三足炉	宽20.3cm	20,403	纽约佳士得	2017-07-13
民国 白玉浅刻人物亭台香薰	高9.5cm	43,700	北京翰海	2017-01-08
民国 白玉狮钮活环三足炉	宽15.5cm	25,300	北京保利	2017-12-20
民国 碧玉狮钮香炉	长18cm	13,800	北京保利	2017-04-17
民国 青金石雕仿古双兽耳饕餮纹盘龙钮三足盖炉	高15.7cm	218,654	香港苏富比	2017-06-01
白玉雕双耳三足炉	高6.5cm	28,750	朵云轩	2017-09-17
白玉戟耳炉（一对）	长5.6cm	20,700	中国嘉德	2017-04-01
白玉炉、瓶、盒三式	尺寸不一	32,200	北京保利	2017-04-17
白玉人物纹炉	高6.8cm	11,500	中国嘉德	2017-09-03
白玉兽面纹炉瓶三式	长12.5cm	43,700	中国嘉德	2017-04-01
白玉香炉	宽17cm	10,350	北京保利	2017-04-17
碧玉炉、瓶、盒三式	尺寸不一	23,000	北京保利	2017-04-17
碧玉兽面纹炉瓶三式	长15.4cm	25,300	中国嘉德	2017-04-01
曾堂贵 碧玉观止	直径5.59cm；高1.97cm；直径5.3cm；高8.3cm	48,300	尚品润博	2017-04-23
黄玉鬲式炉	直径12.5cm	11,500	中国嘉德	2017-09-04
黄玉双兽耳小炉	高6cm	28,750	北京保利	2017-04-17
蒋大雄 墨玉仿古炉	宽13.6cm；高8cm	22,400	上海联合	2017-06-18
蒋大雄 青花天官香炉	高14.2cm	28,000	上海联合	2017-06-18
墨玉雕龙纹双耳炉	高44cm	11,500	十竹斋	2017-01-01
青白玉螭龙纹环耳炉	长16cm	23,000	中国嘉德	2017-09-03
青白玉炉瓶三式	长12.5cm	23,000	中国嘉德	2017-04-01

拍品名称	物品尺寸	成交价RMB	拍卖公司	拍卖日期
青白玉炉瓶三式	长13.8cm	43,700	中国嘉德	2017-09-03
青白玉兽面纹炉瓶三式	高12.5cm	23,000	中国嘉德	2017-09-04
青白玉兽面纹兽耳衔环炉	长15.5cm	32,200	中国嘉德	2017-09-04
青玉兽钮四管炉	高34cm	299,000	十竹斋	2017-01-01
天然白玉香炉摆件		40,848	天成国际	2017-12-03
王广安 和田玉链条炉	49.4cm×21.5cm	57,500	尚品润博	2017-01-02
溪玉阁玉雕工作室 古韵添香 白玉香炉	7.5cm×10.3cm	51,750	西泠拍卖	2017-07-15
玉盒				
金代 白玉雕菊瓣纹小香盒	高2cm；直径6cm	80,500	古天一	2017-06-07
明 白玉瓜蝶连绵嵌百宝盖盒	高7.5cm	28,750	北京匡时	2017-12-03
明 白玉饕餮纹出戟小香盒	高4.1cm	92,000	上海明轩	2017-06-30
明 青白玉仙桃纹盖盒	长9.3cm	15,966	万昌斯	2017-05-29
明 项子京家珍藏款白玉雕凤纹香盒	高1.3cm；直径8.4cm	55,200	西泠拍卖	2017-07-15
明 玉雕饰件六件、青玉莲花纹盒一件	最大的宽5.5cm	33,493	中国嘉德	2017-05-30
明 玉海屋添筹方盒	高6.2cm	172,500	中贸圣佳	2017-06-18
晚明 青玉倭角方盒	长19cm	43,244	纽约佳士得	2017-03-17
清早期 青玉兰花盖盒	直径5.8cm	34,500	中国嘉德	2017-12-21
清乾隆 白玉“一团和气”香盒	直径4cm	92,000	华艺国际	2017-11-25
清乾隆 白玉雕宝相花纹盖盒	直径14.2cm	402,500	大羿拍卖	2017-12-04
清乾隆 白玉花蝶纹盖盒	长7.8cm	632,500	中国嘉德	2017-06-20
清乾隆 白玉巧雕绳纹如意方形盒	高5.6cm	172,500	中鸿信	2017-04-30
清乾隆 白玉寿字纹盖盒	直径9.7cm	207,000	北京匡时	2017-06-04
清乾隆 白玉双龙纹魔方套盒	长7.1cm	253,000	华艺国际	2017-05-27
清乾隆 碧玉雕痕都斯坦式宝相花纹盖盒	直径16.3cm	368,000	中鸿信	2017-04-29
清乾隆 雕官上加官玉翠盖盒	高8.3cm	57,500	北京中汉	2017-06-17
清乾隆 痕都斯坦累丝金镶玉嵌红蓝宝石盖盒	直径4.9cm	1,008,000	浙江佳宝	2017-07-23
清乾隆 青白玉双螭龙福寿纹方盒	高8.2cm	552,000	观唐皕槯	2017-01-12
清乾隆 御制青玉刻藏文敕封八世达赖喇嘛嘎巴拉式盖盒	长14.6cm	3,867,800	香港蘇富比	2017-10-03
清中期 白玉雕瓜瓞绵绵纹盖盒	带座高8.5cm	161,000	西泠拍卖	2017-07-15
清中期 白玉雕水禽香盒	长8cm	115,000	北京东正	2017-12-09
清中期 白玉福寿纹桃形盖盒	长8cm	57,500	北京翰海	2017-12-16
清中期 白玉鸡形盖盒	长7cm	46,000	北京翰海	2017-06-04
清中期 青白玉雕瓜蝶连绵盖盒	长9.5cm	46,000	北京匡时	2017-12-03
清 白玉雕螭虎纹盖盒	7cm×4.7cm×7cm	92,000	北京匡时	2017-12-03
清 白玉双蝠盖盒	高8.2cm	43,700	中国嘉德	2017-12-21
清 碧玺盖盒	高6cm	40,250	北京翰海	2017-09-13
清 碧玉如意纹盒	长6.5cm	32,200	中国嘉德	2017-09-03
清 和田白玉饕餮纹盖盒	长11.5cm	41,400	中拍国际	2017-06-04
清 和田玉万字纹镂空香盒	直径5.5cm	57,500	中贸圣佳	2017-06-18
清 花玛瑙小香盒	直径3.6cm	34,500	北京保利	2017-11-04
清 玛瑙灵芝盖盒	长7.5cm	25,300	北京荣宝	2017-09-24
清 玉雕仿古纹小盒	直径5.7cm	20,700	中国嘉德	2017-12-21
清 水晶牡丹纹粉盒	直径9.4cm	23,000	北京翰海	2017-01-08
18世纪 白玉鸭型盖盒	长7.8cm	368,000	北京东正	2017-12-09

拍品名称	物品尺寸	成交价RMB	拍卖公司	拍卖日期
18世纪 青白玉雕叶形盖盒	长8.4cm	174,923	香港苏富比	2017-06-01
18世纪/19世纪 玛瑙雕莲瓣纹小盖盒 一对		25,946	纽约蘇富比	2017-03-14
18世纪/19世纪 青白玉描金刻蝶恋花小盖盒	直径5.2cm	32,729	香港苏富比	2017-06-01
18世纪/19世纪 青玉雕饕餮纹四方盖盒	15.9cm×15.9cm	773,587	巴黎苏富比	2017-06-22
水晶嵌金粉盒	直径7.2cm	20,700	中拍国际	2017-06-04
玉奁				
清乾隆 青白玉花卉纹盖奁(两个)	高9.5cm×2	89,430	伦敦苏富比	2017-05-10
18世纪 白玉万年有余盖奁	高14.6cm	1,660,000	香港蘇富比	2017-10-03
18世纪 青白玉饕餮纹四活环盖奁	高9.6cm	311,250	香港蘇富比	2017-10-03
玉簋				
清中期 碧玉兽面纹双飞龙耳簋	直径23cm	218,500	观唐皕槯	2017-01-12
玉盘 杯托				
宋 玛瑙椭圆形高足盘	长15.7cm	133,050	佳士得	2017-05-31
元 旧玉螭龙耳杯连瑞兔灵芝捧寿杯托	长15cm	63,250	中鸿信	2017-04-30
明 青白玉香盘	18cm×14cm	69,000	古天一	2017-06-07
17世纪-19世纪 青白玉仿古匜及青玉托盘（一组两件）	最宽23.6cm	32,576	伦敦佳士得	2017-11-07
清乾隆 “斋宫”款冰糖玛瑙盘	直径18.5cm	34,500	北京匡时	2017-12-03
清乾隆 白玉西番莲御题诗文盘	直径19.5cm	1,058,000	北京匡时	2017-06-04
清乾隆 白玉喜字纹八棱托	13.1cm×9.5cm	92,000	北京匡时	2017-06-04
清乾隆 玛瑙活环盘香橼盘	长19.5cm	22,700	中鸿信	2017-04-30
清乾隆 御制白玉大盘连镂空云蝠座	直径23.4cm	5,002,500	北京东正	2017-06-08
清嘉庆 白玉海棠形杯托 嘉庆御用刻款	宽16cm	864,875	纽约佳士得	2017-03-17
清嘉庆 白玉菱花式盘（一对）	宽13cm	269,750	佳士得	2017-10-02
清中期 翡翠雕菊瓣纹盘	直径29.5cm	299,000	中鸿信	2017-04-30
清 白玉龙纹盘	直径12.3cm	11,500	上海匡时	2017-11-05
清 青玉双鱼纹盘	直径17cm	24,150	广东崇正	2017-03-24
18世纪 白玉杯、盘（一套两件）	直径6.5cm；直径10cm	276,000	北京保利	2017-12-18
18世纪 青白玉盘	直径23.4cm	389,194	纽约佳士得	2017-03-17
18世纪/19世纪 白玉海棠式盘	长14.5cm	545,478	香港苏富比	2017-06-01
和田青白玉雕迦楼罗玉盘	直径17.7cm	69,000	中拍国际	2017-06-04
青白玉嵌百宝五老观画海棠形盘	长17cm	23,000	中国嘉德	2017-09-03
天然玛瑙果盘	19.5cm×14.5cm	23,000	中国嘉德	2017-06-19
玉碗				
清 白玉“乾隆年制”款花卉纹碗	直径12.5cm	161,000	上海匡时	2017-11-05
清 乾隆御制诗文描金玉碗（带古玉椀托）	口径11.2cm	3,450,000	上海匡时	2017-11-05
清乾隆 白玉碗	直径12cm	598,000	华艺国际	2017-11-25
清乾隆 青白玉烤色松竹梅碗（一对）	直径11.5cm	138,000	北京保利	2017-11-05
清乾隆 青白玉御题诗文碗	直径11cm	1,702,000	佳士得	2017-11-29
清乾隆 御制白玉刻“三清诗”盖碗	直径11cm	4,370,000	北京保利	2017-12-18

2017玉器拍卖成交汇总

(成交价RMB：1万元以上)

拍品名称	物品尺寸	成交价RMB	拍卖公司	拍卖日期
清中期 碧玉碗	直径12.5cm	25,300	广东崇正	2017-12-13
清中期 花玛瑙碗	直径16.8cm	287,500	北京保利	2017-12-20
清 白玉碗（一对）	直径10cm	195,500	北京宣石	2017-12-03
清 碧玉缠枝莲大碗（一对）	直径26.5cm	195,500	北京保利	2017-11-04
清 碧玉描金云龙纹大碗	直径20cm	172,500	北京东正	2017-12-09
玉杯				
春秋晚期 玉龙纹羽觞杯	长8cm	340,400	佳士得	2017-11-29
汉 白玉勾连纹甘露杯	高11cm	2,938,200	中国嘉德	2017-10-02
汉 青白玉高足杯（一对）	高13.3cm	1,590,923	中国嘉德	2017-05-30
汉或以后 黄玉凤纹耳杯	长13.5cm	1,053,313	佳士得	2017-05-31
隋 青白玉粟特瓜棱形镶红宝石杯	高10cm	4,452,000	中濠典藏	2017-11-29
宋/明 小玉杯	直径7.5cm	51,875	佳士得	2017-10-02
宋鸣放 辈辈吉祥爵杯	高14cm；宽13cm	322,000	凤凰拍卖	2017-07-30
明 白玉螭龙杯	宽8cm	23,000	中国嘉德	2017-06-19
明 白玉螭纹杯（一对）	最大长9.9cm	79,830	万昌斯	2017-05-29
明白玉雕螭龙花卉纹盏托（一套）	18.3cm×12.7cm	28,750	北京匡时	2017-06-04
明 白玉雕太白醉酒双龙耳杯	宽10.5cm	86,250	西泠拍卖	2017-07-15
明 白玉荷叶莲花螭龙双耳杯	高8.8cm	32,200	八益拍卖	2017-04-22
明 白玉倭角海棠式如意耳杯	长13cm	230,000	北京翰海	2017-12-16
明 白玉英雄合卺杯	高10cm	106,440	万昌斯	2017-05-29
明 白玉云雷纹双龙耳簋式杯	长9.4cm	28,750	浙江佳宝	2017-07-23
明 螭龙纹双耳玉杯	高连座10cm	71,300	荣宝斋（上海）	2017-07-30
明 和田青白玉爵杯	高8.7cm	78,200	中拍国际	2017-06-04
明 琥珀桃形杯	长6.5cm	33,600	上海联合	2017-12-17
明 黄玉杯	高6.8cm	22,960	浙江佳宝	2017-07-23
明 旧玉龙纹杯	长15cm	40,250	北京翰海	2017-12-16
明 旧玉兽面龙纹杯	高11.5cm	23,000	北京翰海	2017-12-16
明 旧玉双龙耳杯	长14cm	28,750	北京翰海	2017-12-16
明 六方兽耳含环杯	长6cm	14,950	中贸圣佳	2017-09-04
明 青白玉雕花卉螭龙杯	高5.5cm	13,800	北京匡时	2017-06-04
明 青白玉雕蟠桃式杯	长10.3cm	34,500	北京匡时	2017-12-03
明 青白玉雕寿字双耳杯	宽11.5cm	11,500	北京保利	2017-06-08
明 青白玉鱼藻纹瓦子、青玉岁寒三友图杯各一件	长11.8cm；直径9cm	17,250	中国嘉德	2017-04-01
明 青玉螭龙纹单鋬杯	长8.2cm	11,500	中国嘉德	2017-04-01
明玉乳钉纹杯	直径5.5cm	11,500	广东崇正	2017-06-15
明 玉兽耳爵杯	宽14cm	97,750	中国嘉德	2017-06-19
明末/18世纪 青白玉雕兽面纹三足杯	高14.3cm	138,380	纽约佳士得	2017-03-17
明末清初 白玉雕双螭六方把杯	宽7cm	161,000	北京诚轩	2017-06-20
明末至清初 青白玉山水图耳杯	直径12cm	109,096	香港苏富比	2017-06-01
明晚期 青白玉雕松竹梅龙柄杯	宽11cm	20,700	北京保利	2017-12-20
明以前 双螭耳杯	高15.5cm	2,070,000	中贸圣佳	2017-06-18
明早期 玉雕双龙耳杯	宽11.5cm	207,000	北京保利	2017-06-08
17世纪 白玉螭龙杯	宽8.3cm	206,316	伦敦佳士得	2017-11-07
17世纪/18世纪 青白玉桃形杯	宽8.9cm	18,703	纽约佳士得	2017-07-13
清早期 白玉痕都斯坦爵杯	高3.8cm	41,400	上海工美	2017-07-23
清早期 白玉花卉杯	高9.5cm	28,750	北京保利	2017-12-20
清早期 白玉兰花杯	高12cm	40,250	北京保利	2017-04-16
清早期 玉雕碧筒饮杯	宽10.5cm	172,500	保利华谊	2017-12-08
清雍正 白玉卧足杯一对连纯金暗八仙盏托	杯直径5.5cm；托直径6.5cm	4,140,000	北京保利	2017-12-18
清乾隆 白玉痕都斯坦式菊瓣杯	直径5.7cm	440,730	中国嘉德	2017-10-02
清乾隆 薄胎白玉杯（一对）	直径7cm×2	126,500	上海明轩	2017-06-30
清乾隆 碧玉痕都斯坦风格荷花式吸杯	长15cm	437,000	北京东正	2017-06-08
清乾隆 青白玉仿古单耳杯	高10cm	460,000	北京保利	2017-06-06
清中期 白玉饕餮纹爵杯（带座）	高10.5cm	276,000	华艺国际	2017-11-25
清中期 黄玉爵杯	高26.5cm	253,000	十竹斋	2017-01-01
清 白玉杯	直径5.5cm	92,000	大羿拍卖	2017-12-04
清 白玉雕螭龙荷叶杯	长7.1cm	74,750	西泠拍卖	2017-07-15
清 白玉雕螭龙爵杯摆件	高22cm	195,500	西泠拍卖	2017-05-05
清 白玉雕螭龙纹耳杯	长8.3cm	40,250	北京匡时	2017-12-03
清 白玉雕魁星点斗四方杯	长6.3cm；宽5cm	48,300	西泠拍卖	2017-07-15
清 白玉仿古纹角形杯	高15.5cm	1,629,425	纽约佳士得	2017-03-17
清 白玉双螭纹虎首杯	长11.1cm	90,474	万昌斯	2017-05-29
清 白玉籽料俏色雕荷叶杯	直径9.5cm	112,700	北京东正	2017-06-08
清 缠丝玛瑙茶杯	直径8.3cm	23,000	北京匡时	2017-12-03
清 和田白玉饕餮纹觥杯	高9cm	23,000	中拍国际	2017-06-04
清 和田玉雕觥形杯	高12cm	13,800	中拍国际	2017-06-04
清痕都斯坦玛瑙菊瓣杯盏（一套）	盏长14.8cm	28,750	中国嘉德	2017-04-01
清 黄玉杯	长11.5cm	13,800	北京保利	2017-11-05
清 玛瑙花卉杯	长9cm	17,250	中国嘉德	2017-04-01
清 玛瑙双耳杯	宽11cm	11,500	北京保利	2017-04-16
清 青玉带皮雕仿古纹角杯及盖	长11cm	54,664	香港苏富比	2017-06-01
18世纪 白玉痕都斯坦风格小爵杯	宽6.8cm	126,500	北京保利	2017-12-18
18世纪 玛瑙螭龙杯	宽11cm	95,019	伦敦佳士得	2017-05-12
18世纪 青白玉螭龙纹角杯连盖	高17cm	315,165	巴黎苏富比	2017-06-22
18世纪/19世纪 碧玉仿犀角莲池鸳鸯纹杯	长18cm	887,000	佳士得	2017-05-31
19世纪 青白玉双耳杯及座	宽15.4cm	50,304	伦敦佳士得	2017-05-12
19世纪 青白玉鹦鹉桃式杯	宽10.4cm	218,191	香港苏富比	2017-06-01
19世纪 青玉素耳杯	长11.1cm	26,829	伦敦佳士得	2017-05-12
民国 白玉雕盘龙杯	宽8cm	23,000	北京保利	2017-06-08
民国 碧玉雕兽面纹觥形杯	高15cm	138,000	西泠拍卖	2017-07-15
白玉杯（一对）	高5.7cm×2	363,248	纽约佳士得	2017-03-17
白玉凤耳杯	高10.5cm	13,800	中国嘉德	2017-09-03
黄玉羽觞杯	长9cm；宽7.2cm	10,350	中拍国际	2017-06-04
青白玉螭耳杯	长11.5cm	23,000	中国嘉德	2017-09-03
青金石雕灵芝杯	长21cm；高13cm	11,500	十竹斋	2017-01-01
杨光 和田玉青玉匜杯	11.1cm×6.3cm	57,500	尚品润博	2017-04-23
杨光 和田玉青玉籽料爵杯	26cm×22cm	402,500	尚品润博	2017-01-02
杨光 黄玉匜杯	8.4cm×4.6cm	78,200	尚品润博	2017-07-16
玉缸				
民国 黄玉小缸	直径5.5cm	23,000	中国嘉德	2017-06-19
玉盆、玉钵				
宋或以后 褐青玉莲花佛供钵	直径12.2cm	1,489,250	佳士得	2017-11-29
清乾隆 白玉海棠形花盆	宽21cm	345,000	北京保利	2017-04-17
清乾隆 白玉秋海棠御题诗海棠盆	长15cm	460,000	华艺国际	2017-05-27

拍品名称	物品尺寸	成交价RMB	拍卖公司	拍卖日期
清 碧玉珊瑚花盆	高21cm	23,000	北京保利	2017-04-17
玉花插 盆景				
明 黄玉雕湖石芭蕉纹花插	高17cm	977,500	古天一	2017-06-07
明 南红三色玛瑙“福寿子三多”花插	高13.8cm	172,500	上海匡时	2017-11-05
清早期 白玉镂雕玉兰花插	高19cm	276,000	西泠拍卖	2017-07-15
清乾隆 白玉螭龙纹花插（带座）	高14cm	345,000	华艺国际	2017-11-25
清乾隆 白玉带皮孔雀石榴花插	高7cm	207,000	北京匡时	2017-06-04
清乾隆 白玉松树灵芝花插	高10.5cm	138,000	北京保利	2017-11-05
清乾隆青白玉雕一路清廉荷叶花插	高25cm	28,750	中鸿信	2017-04-30
清中期 白玉佛手花插	高5.5cm	28,750	北京翰海	2017-12-16
清中期 白玉三多花插	高20.5cm	1,092,500	北京保利	2017-11-05
清晚期 碧玉花盆嵌珊瑚、绿松石盆景	高33cm	32,200	北京保利	2017-04-17
清 白玉雕玉兰花插	高8cm；带座高10cm	20,700	西泠拍卖	2017-05-05
清 白玉浮雕灵芝纹花插	高11cm	86,250	中贸圣佳	2017-09-04
清 白玉嵌金雕荷叶花卉摆件	高11cm	63,250	西泠拍卖	2017-07-15
清 白玉一品清廉花插	高18.2cm	234,168	万昌斯	2017-05-29
清 白玉玉兰花插	高11.5cm	69,000	十竹斋	2017-01-01
清 白玉玉兰花花插	高7.2cm	34,500	中国嘉德	2017-06-19
清 碧玉凤凰花插	高14.4cm	85,152	万昌斯	2017-05-29
清 红珊瑚圆雕凤凰神仙图大花插	高25cm	195,500	北京保利	2017-06-08
清 黄玉雕凤鸣岐山双联花插	高10cm	32,200	中鸿信	2017-04-30
清 旧玉雕贯耳瓶花插	高13.5cm	10,350	北京保利	2017-06-08
清 孔雀石镶南红雕灵芝桃竹花插	高14.6cm	80,500	中鸿信	2017-04-30
清 南红玛瑙花插	高9cm	34,500	北京保利	2017-06-08
清 青黄玉摩羯鱼花插	高15.5cm	763,669	香港苏富比	2017-06-01
清 青玉雕岁寒三友花插		51,893	纽约蘇富比	2017-03-14
清 水晶雕鲤鱼花插	高17.5cm	253,000	北京保利	2017-11-04
19世纪/20世纪 玛瑙仙鹤寿桃纹花插	宽18.2cm	34,005	纽约佳士得	2017-07-13
玛瑙松鹤延年花插	高12cm（含座）	11,500	中国嘉德	2017-09-04
青白玉夔凤花插	高12.4cm	10,350	中国嘉德	2017-04-01
清中期 白玉嵌百宝盆景（一对）	高32cm	57,500	北京保利	2017-11-04
清 珊瑚盆景	高21cm	11,500	中国嘉德	2017-09-04
玉香插				
白玉清莲香插	4.4cm×1.8cm	11,200	上海联合	2017-06-18
范栋强 青玉薄胎莲花香插	5.5cm×5.5cm	25,300	中国嘉德	2017-06-21
黄玉螭耳香插	长8cm	11,500	中国嘉德	2017-04-01
瞿利军 白玉羽香插	23.5cm×5.5cm	25,300	中国嘉德	2017-06-21
蛙趣 白玉香插	5.6cm×4.4cm	12,960	上海联合	2017-06-18
朱玉峰作品 碧玉香插		69,000	十竹斋	2017-01-01
玉香筒				
清乾隆 南红玛瑙四方香筒	高9.4cm	115,000	上海匡时	2017-11-05
清 白玉雕龙纹香筒	高7.5cm	23,000	北京华辰	2017-06-05
清 白玉会昌九老图香筒（一对）	高22.5cm	1,495,000	上海匡时	2017-11-05
清 白玉平安如意足香筒	高30.8cm	276,000	中鸿信	2017-04-30
清 碧玉山水人物纹香筒	高24cm	189,750	上海匡时	2017-11-05

拍品名称	物品尺寸	成交价RMB	拍卖公司	拍卖日期
清 紫檀盒御制白玉镂雕溪山亭阁香筒	高18.9cm	3,795,000	中贸圣佳	2017-06-18
18世纪/19世纪 青白玉透雕煮泉观鹤图香筒	高24.2cm	284,250	香港苏富比	2017-06-01
碧玉山水人物纹香筒	高56cm	23,000	中国嘉德	2017-04-01
殷建国 墨虾图 青花香筒	高12.9cm	11,500	西泠拍卖	2017-07-15
玉镜				
明/清 玉龙纹带钩放大镜两件及玉镜	长19.4cm；长19.1cm；长22.5cm	42,506	纽约佳士得	2017-07-13
清 白玉镜子	长20.5cm	29,900	北京匡时	2017-06-04
玉烛台				
清乾隆 御制碧玉浮雕缠枝莲纹大烛台(一对)	高37cm×2	402,500	中鸿信	2017-04-29
碧玉海晏河清烛台（一对）	高23cm	48,300	太平洋	2017-03-30
白玉龙凤纹烛台	高11cm	862,500	北京翰海	2017-06-04
碧玉花卉纹烛台(一对)	高43.8cm×2	103,785	纽约佳士得	2017-03-17
其他玉生活用品				
元 旧玉仿古卮	高8cm	230,000	北京保利	2017-12-18
元 葵口螭龙柄曲卮	12.6cm×6.8cm	207,000	上海明轩	2017-06-30
明 旧玉鎏金嵌宝勺	长21cm	172,500	中贸圣佳	2017-06-18
清中期 白玉小渣斗	直径5.7cm	126,500	北京保利	2017-12-18
清 白玉笺筒	长8.6cm	22,103	纽约佳士得	2017-07-13
清 白玉筷（两双）	长23.6cm	28,750	中贸圣佳	2017-09-04
清 青玉兽面纹双耳罐	高10cm	17,250	太平洋	2017-09-10
意大利 巴卡拉风格 铜鎏金手工切割水晶台灯（一对）	约为高82cm	115,000	保利厦门	2017-06-26
卓凡 圣境	长66.2cm；总高56cm；宽88cm	51,750	中国嘉德	2017-12-21
玉碗				
汉 白玉碗	直径9.3cm	39,773	中国嘉德	2017-05-30
清雍正 冰糖玛瑙雕菊瓣小碗	直径6.3cm	287,500	北京东正	2017-06-08
清 乾隆年制款青玉描金龙纹碗	直径9.4cm	805,000	荣宝斋（上海）	2017-07-30
清乾隆 白玉刻三清茶诗盖碗	直径11.2cm	1,893,375	香港蘇富比	2017-04-05
清乾隆 白玉御题诗文碗	直径12.7cm	322,000	北京银座	2017-06-07
清乾隆 碧玉描金缠枝莲云龙戏珠纹碗	口径17cm	212,396	伦敦苏富比	2017-05-10
清乾隆 碧玉碗一对	直径16.8cm×2	460,000	中鸿信	2017-04-30
清乾隆 痕都斯坦碧玉薄胎二龙戏珠纹大碗	直径33cm	51,750	中拍国际	2017-06-04
清乾隆 青玉御题痕都斯坦式花耳碗	直径17cm	706,734	巴黎苏富比	2017-06-22
清乾隆 羊脂白玉碗	直径12.2cm	460,000	观唐皕榷	2017-01-11
清乾隆 玉痕都斯坦式菊瓣纹大碗		562,169	伦敦苏富比	2017-05-10
清乾隆 御题和阗白玉茶碗	直径11.9cm	518,750	香港蘇富比	2017-10-03
清嘉庆 白玉玉堂富贵纹盖碗	直径9.8cm	253,000	观唐皕榷	2017-01-12
清 白玉碗	直径12cm	1,543,380	佳士得	2017-05-31
清 白玉碗	高5cm	196,372	香港苏富比	2017-06-01
清 西藏银鎏金玛瑙碗	长17.5cm	105,800	北京保利	2017-06-08
清 鱼脑冻冰糖玛瑙碗	直径13cm	46,000	北京匡时	2017-03-30

拍品名称	物品尺寸	成交价RMB	拍卖公司	拍卖日期
清 玉雕螭龙碗	直径10.2cm	13,800	北京翰海	2017-09-10
18世纪 白玉镶金碗	直径12.8cm	115,000	北京东正	2017-06-08
19世纪 碧玉痕都斯坦式菊瓣碗	直径13.3cm	15,650	伦敦佳士得	2017-05-12
青玉碗	直径11.7cm	16,152	纽约佳士得	2017-07-13
四 文房用品				
玉笔				
清乾隆 白玉雕螭龙纹笔杆	长19cm	11,500	大羿拍卖	2017-12-04
清中期 白玉云龙纹笔杆	长14.5cm	161,000	北京翰海	2017-12-16
清 青玉诗文笔	长29cm	11,500	北京保利	2017-11-04
清乾隆 白玉铭笔杆（一对）	长18cm	632,500	观唐皕榷	2017-01-11
玉笔筒				
明 火烧玉梅枝诗文笔筒	高12.3cm	172,500	荣宝斋（上海）	2017-07-30
清康熙至乾隆 碧玉雕五老图笔筒	高17.8cm	5,741,733	巴黎苏富比	2017-06-22
清乾隆 白玉雕梅花纹笔筒	高12cm	1,150,000	大羿拍卖	2017-12-04
清乾隆 白玉烤色松树纹笔筒	高14.5cm	230,000	北京保利	2017-04-17
清乾隆 碧玉雕通景山水图笔筒	高14cm	1,380,000	北京保利	2017-06-06
清乾隆 碧玉五老图笔筒	高16.5cm	460,000	北京翰海	2017-12-16
清乾隆 青白玉刻松竹梅诗文方形如意足笔筒	高12.8cm	374,550	中鸿信	2017-04-29
清乾隆 青白玉山水人物图笔筒	高8.8cm	334,266	巴黎苏富比	2017-06-22
清中期 白玉留皮梅花小笔筒	高8.3cm	109,250	北京保利	2017-04-17
清中期 白玉松下高士笔筒	高10.2cm	63,250	北京保利	2017-12-20
清中期 白玉小笔筒	高7cm	83,249	中国嘉德	2017-10-02
清中期 白玉竹纹笔筒	高10.5cm	97,750	北京保利	2017-04-17
清中期 水晶雕梅花高士笔筒	高13.5cm	57,500	上海敬华	2017-07-01
清晚期 碧玉人物故事笔筒	高18.8cm	80,500	北京荣宝	2017-09-24
清 白玉山水诗文笔筒	高8cm	74,750	十竹斋	2017-01-01
清 白玉整挖素身笔筒	高11cm	298,032	万昌斯	2017-05-29
清 碧玉雕人物笔筒	高18.5cm	57,500	北京荣宝	2017-04-02
清 碧玉雕十六罗汉诗文笔筒	高15cm	172,500	中鸿信	2017-04-30
清 碧玉雕石室藏书笔筒	高16.5cm	126,500	山西晋德	2017-05-27
清 碧玉诗文笔筒	高18.5cm	17,250	北京保利	2017-11-05
清 玳瑁雕山水诗文描金笔筒	高11.5cm	17,250	北京华辰	2017-12-17
清 琥珀雕岁寒三友笔筒	高11cm	16,100	西泠拍卖	2017-05-05
清 青白玉五老图笔筒	高12.7cm	35,280	浙江佳宝	2017-07-23
19世纪 青白玉山水人物纹笔筒	高16.2cm	418,664	中国嘉德	2017-05-30
民国 碧玉笔筒	高19.5cm	13,800	北京保利	2017-04-17
民国 碧玉雕山水人物纹笔筒	高11.7cm	35,840	上海联合	2017-12-17
碧玉御题诗文笔筒	高18.5cm	17,250	中国嘉德	2017-04-01
碧玉御题诗文笔筒	高18.7cm	20,700	中国嘉德	2017-09-04
碧玉御题诗文笔筒	高18.7cm	13,800	中国嘉德	2017-09-04
玉雕山石兰花笔筒	直径12cm	32,200	北京保利	2017-04-17
玉雕松枝纹笔筒	高7.5cm	23,000	朵云轩	2017-04-21
张焕庆 和田玉籽料梅兰竹菊笔筒	9.3cm×6.8cm	92,000	尚品润博	2017-01-02
玉笔架（笔搁）、笔山				
宋 白玉赏石形笔架	长14.5cm	42,576	万昌斯	2017-05-29
元 玉雕山形笔架	长9.8cm	46,000	北京荣宝	2017-06-02
明 白玉雕瑞兽凤凰笔架	长8cm	115,000	北京宣石	2017-12-03
明 旧玉卧犬笔搁	长10cm	20,700	北京保利	2017-12-18

拍品名称	物品尺寸	成交价RMB	拍卖公司	拍卖日期
明 旧玉五孔云龙纹笔插	宽12.5cm	287,500	北京保利	2017-06-06
清 白玉笔架	长8.5cm	115,000	凤凰拍卖	2017-07-30
清 白玉雕年年有余笔搁	长10.6cm	28,000	上海联合	2017-06-18
清 白玉洞石灵芝笔架	长11.5cm	28,750	北京保利	2017-11-05
清 白玉留皮藕节笔搁	长9cm	143,750	北京东正	2017-06-08
清 火烧玉松树纹笔插	高14.5cm	34,500	北京保利	2017-04-17
清 青玉螭龙纹山形笔架（带座）	长18.5cm	172,500	华艺国际	2017-11-25
清 青玉留皮童子山水纹笔架山子	长15cm	28,750	北京保利	2017-06-08
清 青玉蟠龙笔架	高10cm	44,520	中濠典藏	2017-11-29
清 水晶山形笔架	高7.3cm；带座高8cm	11,500	西泠拍卖	2017-05-05
清 向月水晶雕笔架山子	10cm×6cm	34,500	中贸圣佳	2017-06-18
18世纪 白玉雕瑞兽笔搁	长7.5cm	103,500	北京东正	2017-12-09
18世纪 青白玉雕福山寿海双龙笔搁	长12cm	109,096	香港苏富比	2017-06-01
18世纪 青白玉山子形笔架	高5.5cm	356,500	北京中汉	2017-06-17
18世纪/19世纪 青白玉文光射斗竹节式笔搁	长6.7cm	18,703	纽约佳士得	2017-07-13
18世纪/19世纪 水晶如意云头纹笔搁	宽8.9cm	10,202	纽约佳士得	2017-07-13
白玉灵芝笔架	长12cm	20,700	中国嘉德	2017-09-03
高俊华 太湖人家 碧玉笔架	16.5cm×5cm	72,800	上海联合	2017-12-17
青白玉福寿纹笔架	长10cm	17,250	中国嘉德	2017-04-01
玉印盒				
清乾隆 白玉雕八卦十二章纹印色池	长10.4cm	977,500	西泠拍卖	2017-07-15
清乾隆 白玉菊花印盒	直径6.5cm	80,500	北京保利	2017-06-08
清乾隆 白玉一团和气印盒	直径4.1cm	48,970	中国嘉德	2017-10-02
清乾隆 黄玉描金花蝶印盒	直径5.2cm	74,750	北京保利	2017-11-04
清乾隆 玛瑙菊瓣纹印盒	直径6.5cm	126,408	羅芙奧	2017-06-03
清中期 白玉印泥盒	5cm×3.8cm	46,000	凤凰拍卖	2017-07-30
清 白玉八卦纹印盒	直径4cm	11,500	北京保利	2017-11-04
清 白玉雕玉别、印盒一组	尺寸不一	17,250	中鸿信	2017-04-30
清 白玉利事大开印盒	直径5cm	20,700	凤凰拍卖	2017-07-30
清 白玉龙纹盖盒	长8.5cm	115,000	广东崇正	2017-06-15
清 白玉诗文饕餮纹椭圆形印盒	宽7cm	111,375	佳士得	2017-04-04
清 白玉素面印泥盒	直径5.5cm	11,500	保利厦门	2017-06-26
清 黄玉四系印盒	直径5.2cm	32,200	中国嘉德	2017-04-01
清 玛瑙素印盒	直径6cm	25,300	中国嘉德	2017-06-19
清 玉印盒	长5cm	55,200	北京翰海	2017-09-13
玉墨床				
明 旧玉墨床	宽7cm	23,000	中国嘉德	2017-12-21
清中期 白玉诗文琴式墨床	长14cm	48,300	北京翰海	2017-12-16
清 白玉雕梅花卷儿墨床及青白玉雕圆形三足砚（一组两件）	高1.8cm；长7.5cm；直径11cm	55,200	西泠拍卖	2017-07-15
清 白玉开光铜钱纹墨床	长7.4cm	69,186	万昌斯	2017-05-29
清 白玉刻山水人物纹墨床	长12cm	16,800	上海联合	2017-12-17
清 白玉太狮少狮墨床	长14cm	57,500	北京保利	2017-11-05
清 白玉喜鹊登梅墨床	长9.7cm	57,500	上海明轩	2017-06-30
清 和田白玉梅花纹墨床	长11.8cm	18,400	中拍国际	2017-06-04
清 楠木嵌白玉兰花纹墨床	长8cm	51,750	西泠拍卖	2017-07-15

拍品名称	物品尺寸	成交价RMB	拍卖公司	拍卖日期
清 五峰山人铭红木嵌白玉诗文墨床	高2.4cm；长8.5cm	43,700	西泠拍卖	2017-07-15
18世纪/19世纪 黑青玉书卷形墨床	宽15.6cm	22,103	纽约佳士得	2017-07-13
19世纪 白玉竹节式墨床	长12cm	54,548	香港苏富比	2017-06-01
青白玉寒江独钓图墨床	长8.2cm	13,800	中国嘉德	2017-09-03
玉水丞				
明 白玉辟邪式水丞	长11.5cm	402,500	观唐皕榷	2017-01-12
明 青白玉雕春水水盂	长8.5cm	57,500	观唐皕榷	2017-01-12
明 青白玉瑞兽水丞	宽8cm	43,960	中国嘉德	2017-05-30
明末/清初 青白玉辟邪形水丞	长11.5cm	44,550	佳士得	2017-04-04
17世纪或更晚 青白玉瑞兽水丞	宽10.4cm	33,536	伦敦佳士得	2017-05-12
清早期 白玉瓜果形水盂	高连座5.8cm	59,020	上海工美	2017-07-23
清康熙 白玉留皮荷花水丞	长9cm	172,500	北京保利	2017-12-18
清 乾隆年制款冰糖玛瑙雕四君子水丞	带座高3.8cm；高2.9cm；长5.2cm；宽5cm	23,000	西泠拍卖	2017-07-15
清乾隆 白玉雕婴戏图水斗	高6cm	34,500	北京匡时	2017-12-03
清乾隆 白玉巧雕凤穿云水呈	长13cm	517,500	北京东正	2017-06-08
清乾隆 白玉瑞兽水盂	长8.5cm	103,500	上海匡时	2017-11-05
清乾隆 玛瑙灵芝形水呈	宽7cm	34,500	中国嘉德	2017-06-19
清乾隆 南红玛瑙雕螭龙纹水盂	高3.5cm	138,000	北京匡时	2017-06-04
清乾隆 青白玉莲蓬水盂	高5cm	402,500	北京匡时	2017-06-04
清中期 白玉凤衔枝水呈	长11.4cm	51,750	北京翰海	2017-06-04
清中期 白玉洒金螭龙纹水呈	长7.5cm	28,750	北京翰海	2017-12-16
清中期 琥珀水盂	长11cm	43,700	北京保利	2017-11-04
清中期 青玉雕凫形水盂	8.5cm×7.5cm	36,800	北京诚轩	2017-06-20
清晚期 青白玉松鹤长春水盂	宽12.8cm	76,367	香港苏富比	2017-06-01
清 白玉灵芝水盂	长8.7cm	349,106	香港苏富比	2017-06-01
清 白玉留皮龟游水丞	长7cm	31,932	万昌斯	2017-05-29
清 白玉六方水丞	宽6cm	57,500	北京保利	2017-06-07
清 白玉铺首瓶式水丞	高6.2cm	115,000	北京东正	2017-06-08
清 白玉三螭纹水丞	高4cm	230,000	北京东正	2017-06-08
清 白玉双兽耳小水盂	宽5.2cm	51,750	中国嘉德	2017-06-19
清 白玉云蝠纹水丞	直径6.6cm	17,250	中国嘉德	2017-04-01
清 黄玛瑙凤衔灵芝水丞	宽9cm	585,063	佳士得	2017-11-29
清 玛瑙荷叶水盂	长7.7cm	20,700	西泠拍卖	2017-05-05
清 南红玛瑙巧做灵芝水丞	长10.5cm	17,250	北京保利	2017-04-17
清 青白玉雕金蟾形水盂	长23cm	52,900	中鸿信	2017-04-30
清 水晶童子水丞	长7.3cm	23,000	中国嘉德	2017-04-01
清 铜胎掐丝珐琅镶白玉雕人物故事水盂	高6.7cm	46,000	中鸿信	2017-04-30
瞿惠中 清远 白玉水盂	直径5.4cm	89,600	上海联合	2017-12-17
18世纪 白玉石榴形水丞	宽5.7cm	129,731	纽约佳士得	2017-03-17
18世纪/19世纪 青白玉螭龙水丞	12.3cm	38,256	纽约佳士得	2017-07-13
19世纪 青白玉带皮葫芦形水丞	高6.6cm	21,865	香港苏富比	2017-06-01
20世纪 灰青玉雕三多纹水丞	宽9.5cm	18,703	纽约佳士得	2017-07-13
民国 玛瑙巧雕螭龙灵芝水丞	长8.8cm	28,750	中国嘉德	2017-04-01
清/民国 黄玉三羊开泰水呈	宽9.5cm	509,288	中国嘉德	2017-10-02
白玉石榴水丞	6.5cm×11cm	46,000	朵云轩	2017-06-26
玛瑙瑞兽水丞	长9.4cm	69,000	中拍国际	2017-06-04
[illegible]	直径7.5cm	10,350	中国嘉德	2017-04-01

拍品名称	物品尺寸	成交价RMB	拍卖公司	拍卖日期
王金高 碧玉水丞	5.5cm×5.5cm	43,700	尚品润博	2017-04-23
真玉汇 碧玉虾趣水盂	5.5cm×5.5cm	34,500	中国嘉德	2017-12-21
玉砚滴（水注、水滴）				
明 白玉雕螭龙纹水注	长8.5cm	74,750	北京荣宝	2017-06-02
玉笔洗				
汉 和田籽料白玉洗（一对）	直径8.4cm	881,460	中国嘉德	2017-10-02
汉 和田籽料白玉熊纹铺首洗	宽5.5cm	4,992,450	中国嘉德	2017-10-02
宋 玉雕龟叶洗	宽10.5cm	52,333	中国嘉德	2017-05-30
明 白玉荷叶洗	高约14.5cm	1,380,000	上海匡时	2017-11-05
明 玛瑙海棠洗	长13cm	25,300	北京匡时	2017-03-30
明 青白玉笔洗	宽8.5cm	34,500	北京保利	2017-11-05
明末清初 青白玉荷叶洗	长12.5cm	43,638	香港苏富比	2017-06-01
明末清初 青玉螭龙纹洗及青白玉仿古双耳杯（一组两件）	最宽11.8cm	108,588	伦敦佳士得	2017-11-07
17世纪/18世纪 青玉如意形洗	宽21.2cm	51,008	纽约佳士得	2017-07-13
清早期 三色玛瑙巧雕双螭纹洗	长8cm	34,500	浙江佳宝	2017-07-23
清雍正 仿旧玉釉洗	直径27cm	115,000	北京中汉	2017-05-21
清乾隆 白玉带皮荷花型水洗	长12.5cm	184,000	八益拍卖	2017-04-22
清乾隆 白玉雕如意云纹双蝶耳洗	直径20cm	460,000	北京宣石	2017-12-03
清乾隆 白玉福寿双全桃形洗	宽25cm	2,875,000	观唐皕榷	2017-01-11
清乾隆 白玉荷叶形笔洗	口径约8cm	86,250	上海匡时	2017-11-05
清乾隆 白玉花卉纹洗	直径13.4cm	469,508	伦敦苏富比	2017-05-10
清乾隆 白玉留皮“丙”字款和谐洗	宽9.5cm	391,760	中国嘉德	2017-10-02
清乾隆 白玉双鱼洗	直径21.6cm	2,331,740	佳士得	2017-11-29
清乾隆 白玉桃形洗	宽11cm	55,200	北京保利	2017-04-17
清乾隆 黄玉双鱼洗	宽6.1cm	125,599	中国嘉德	2017-05-30
清乾隆 黄玉洗	直径5.3cm	167,466	中国嘉德	2017-05-30
清乾隆 乾隆年制款白玉雕福寿灵芝纹水洗	带座高4.6cm；高2.7cm；长13.7cm	36,800	西泠拍卖	2017-07-15
清乾隆 青白玉螭龙洗	宽15cm	434,350	伦敦佳士得	2017-11-07
清乾隆 青白玉福寿双全桃式洗	宽19.2cm	2,441,096	巴黎苏富比	2017-06-22
清乾隆 青白玉福寿双全洗	宽11.5cm	521,220	伦敦佳士得	2017-11-07
清乾隆 青白玉海棠形洗	长13.4cm；高4.3cm	13,800	大羿拍卖	2017-12-04
清乾隆 青玉双牡丹洗	宽15cm	92,299	伦敦佳士得	2017-11-07
清中期 白玉雕寒蝉葡萄纹洗	长14cm	25,300	大羿拍卖	2017-12-04
清中期 白玉雕双凤耳水洗	高4.7cm；直径11.9cm	92,000	西泠拍卖	2017-07-15
清中期 白玉福禄万代洗	长12.5cm	287,500	观唐皕榷	2017-01-12
清中期 白玉海棠洗	长10.55cm；宽7.7cm；高4.6cm	13,440	浙江佳宝	2017-07-23
清中期 白玉巧雕一塘荷趣水洗	长14cm	57,500	北京东正	2017-12-09
清中期 白玉双凤耳洗	高7.5cm	253,000	观唐皕榷	2017-01-12
清中期 白玉双凤耳洗	直径14.3cm；高11.5cm	138,000	北京银座	2017-06-07
清中期 玛瑙巧雕荷花形洗	长14.5cm	34,500	北京匡时	2017-12-03
清中期 玛瑙巧雕灵芝洗	长12.5cm	36,800	保利厦门	2017-06-26
清中期 青白玉浮雕螭龙纹水洗	直径15.5cm	34,500	中鸿信	2017-04-30
清 白玉螭龙纹方洗	长10.3cm	115,000	十竹斋	2017-01-01

2017玉器拍卖成交汇总

（成交价RMB：1万元以上）

拍品名称	物品尺寸	成交价RMB	拍卖公司	拍卖日期
清 白玉雕如意形花卉诗文洗	宽14.9cm	345,000	保利华谊	2017-12-08
清 白玉雕云蝠纹水洗	直径11.5cmc	230,000	中鸿信	2017-04-30
清 白玉福寿小笔洗	高4.2cm	10,350	中贸圣佳	2017-09-04
清 白玉海八怪纹水洗（带座）	长13.5cm	218,500	华艺国际	2017-11-25
清 白玉海棠形洗	长10.6cm	13,800	北京保利	2017-12-20
清 白玉荷塘纹笔洗	长14cm；高5cm	69,000	广东崇正	2017-12-13
清 白玉荷叶水洗	长10cm	17,250	北京荣宝	2017-04-02
清 白玉莲瓣钵形洗	直径10.5cm	414,000	北京东正	2017-06-08
清 白玉镂空三螭龙洗	长11.5cm	24,640	浙江佳宝	2017-07-23
清 白玉兽面纹洗	直径13cm	63,250	中贸圣佳	2017-09-04
清 白玉水洗	11cm×8.7cm	80,500	北京匡时	2017-12-03
清 白玉五福海螺笔洗	长9.5cm	271,518	中濠典藏	2017-05-23
清 碧玉雕福寿灵芝活环耳双联洗	口径21.5cm	86,250	西泠拍卖	2017-07-15
清 碧玉雕荷叶形水洗	带座高12.5cm；口径9cm	29,900	西泠拍卖	2017-05-05
清 和田玉雕龙纹双蝶耳洗	长11.7cm	92,000	中拍国际	2017-06-04
清 红玛瑙留皮巧雕梅花水洗	长11.5cm	17,250	上海敬华	2017-07-01
清 黄玉雕方胜形双凤耳笔洗	宽21.2cm	997,875	佳士得	2017-05-31
清 黄玉雕灵芝耳海棠洗	高2.6cm；长13cm；宽8.6cm	27,600	西泠拍卖	2017-05-05
清 玛瑙瓜瓞绵绵笔洗	长14cm	25,300	北京翰海	2017-06-04
清 玛瑙菊瓣纹洗及座	宽12cm	34,500	中国嘉德	2017-06-19
清 玛瑙巧雕灵芝蝙蝠水洗	高4.5cm；带座高6cm	17,250	西泠拍卖	2017-05-05
清 青白玉雕荷蟹洗	长17cm	46,000	中贸圣佳	2017-09-04
清 青白玉福寿洗	长14cm	34,500	北京保利	2017-04-17
清 青玉洗		56,217	纽约蘇富比	2017-03-18
清 水晶松鼠葡萄叶形洗	长13.3cm	11,500	中国嘉德	2017-04-01
清 玉雕福寿桃形洗	直径16.5cm	21,850	北京保利	2017-11-04
清 玉喜事连连水洗	长18.2cm	85,152	万昌斯	2017-05-29
晚清 青玉雕云蝠纹洗	宽13.5cm	20,750	佳士得	2017-10-04
18世纪 白玉雕螭龙纹洗	长7.5cm	172,500	保利厦门	2017-06-26
18世纪 白玉雕云龙纹洗	长10.7cm	2,116,125	香港蘇富比	2017-04-05
18世纪 白玉痕都斯坦风格花形洗	长11.3cm	184,000	北京保利	2017-12-18
18世纪 青白玉龙纹洗	宽14.5cm	477,523	巴黎苏富比	2017-06-22
18世纪 青玉带皮螭龙纹桃形洗	宽8.5cm	21,240	伦敦佳士得	2017-05-12
18世纪/19世纪 白玉福寿如意活环耳洗	长16.5cm	1,348,750	香港蘇富比	2017-10-03
18世纪/19世纪 黑白玉巧雕葫芦形洗		64,866	伦敦苏富比	2017-05-10
18世纪/19世纪 青白玉灵芝形洗	宽10.8cm	65,153	伦敦佳士得	2017-11-07
18世纪/19世纪 青白玉如意式洗	直径7.3cm	103,861	香港苏富比	2017-06-01
18世纪/19世纪 青白玉松鼠葡萄纹洗	宽10cm	55,894	伦敦佳士得	2017-05-12
18世纪/19世纪 青玉梅纹洗	宽17.2cm	33,536	伦敦佳士得	2017-05-12
19世纪 琥珀雕龙纹海棠洗（一对）	长17.5cm×2	430,156	纽约佳士得	2017-03-17
19世纪 青玉莲式洗	宽10.5cm	22,275	佳士得	2017-04-04
民国 青白玉雕如意形水洗	宽11.8cm	36,800	北京保利	2017-06-08
18世紀 墨白玉雕童子雲龍耳海棠式洗	寬12.5cm	200,476	佳士得	2017-04-04

拍品名称	物品尺寸	成交价RMB	拍卖公司	拍卖日期
白玉螭龙洗	长10.5cm	20,700	中国嘉德	2017-09-03
白玉螳螂捕蝉荷叶洗	长11.8cm	10,350	中国嘉德	2017-09-03
白玉五龙洗	长14cm	13,800	中国嘉德	2017-04-01
冯钤 猫戏图 碧玉笔洗	4.6cm×9cm	115,000	西泠拍卖	2017-07-15
黄玉花口洗	长16cm	13,800	中国嘉德	2017-04-01
黄玉龙耳洗	长19.8cm	20,700	中国嘉德	2017-09-03
青白玉海棠洗	长15.5cm	11,500	中国嘉德	2017-09-03
青玉海棠形洗两件	长15cm；长13.5cm	11,500	中国嘉德	2017-09-03
张焕庆 一路连科 白玉水洗	14.8cm×10.5cm	952,000	上海联合	2017-06-18
玉笔掭				
17世纪 白玉瓜瓞绵绵笔掭	长9.8cm	89,100	香港蘇富比	2017-04-05
清早期 白玉瑶池献寿笔掭	7.3cm×6.2cm	55,200	北京荣宝	2017-06-02
清早期 紫檀嵌玉马上封侯笔掭	9cm×9cm	126,500	上海匡时	2017-11-05
清乾隆 西番作和田玉雕叶形笔掭	长16.8cm	11,500	中拍国际	2017-06-04
清中期 白玉百财笔掭	长16cm	161,000	北京保利	2017-11-04
清中期 白玉螭龙纹笔掭	长11cm	149,500	华艺国际	2017-11-25
清中期 白玉雕鸿福齐天笔掭	长10.3cm	291,200	上海联合	2017-06-18
清 白玉佛手笔掭	长10.5cm	36,800	北京荣宝	2017-04-02
清 白玉浮雕螃蟹蟾蜍长方笔掭	长6.5cm	55,688	香港蘇富比	2017-04-05
清 白玉梅纹笔掭	长9cm；宽7cm	16,800	浙江佳宝	2017-07-23
清 白玉叶形笔掭	长18.7cm	36,800	中国嘉德	2017-04-01
清 碧玉雕荷塘清趣笔掭	长8.5cm	13,800	北京华辰	2017-12-17
清 玉雕双鱼笔添	直径18cm	10,350	北京保利	2017-11-05
民国 白玉叶形笔掭	长11.8cm	13,800	中国嘉德	2017-04-01
玉纸镇				
明 白玉瑞兽镇	长6cm	92,000	北京保利	2017-11-04
明 黄玉鹅型纸镇	长8cm	402,500	北京匡时	2017-06-04
明 黄玉青蛙纸镇	长7.1cm	293,820	北京匡时	2017-10-02
明 青白玉饕餮纹方形书镇	长6.7cm；宽6.6cm；高0.93cm	89,600	浙江佳宝	2017-07-23
明 青玉巧雕螭龙纹纸镇	宽8.6cm	51,008	纽约佳士得	2017-07-13
明 玉雕双面工瑞兽纹镇	长6.5cm	17,250	北京保利	2017-11-04
明 玉雕太狮少狮镇	长8cm	20,700	北京保利	2017-11-04
明 玉雕卧羊镇	长5cm	34,500	北京保利	2017-11-05
明或更早 青白玉雕五龙穿云镇纸	7cm×5cm	2,415,000	华艺国际	2017-05-27
明-清 玉雕鳌鱼镇	长7cm	23,000	北京保利	2017-12-20
17世纪 白玉螭龙纸镇	长18cm	977,500	北京东正	2017-06-08
清早期 蜜蜡雕三瑞兽镇	宽6.5cm	184,000	北京诚轩	2017-06-20
清早期 青玉瑞兽纸镇	长9.5cm	207,000	北京匡时	2017-06-04
清乾隆 白玉卧象纸镇	长6.5cm	184,000	中国嘉德	2017-12-21
清乾隆 黄玉高浮雕螭龙纸镇（一对）	长13.5cm×2	1,955,000	北京东正	2017-12-09
清乾隆 青白玉莲蓬青蛙纸镇	长6.5cm	80,500	北京保利	2017-12-18
清乾隆 玉雕天禄镇	长11.2cm	92,000	北京诚轩	2017-06-20
清中期 白玉雕琴棋书画纹纸镇	长9.2cm	13,800	大羿拍卖	2017-12-04
清中期 白玉教子升天纸镇	长17.6cm	28,750	北京翰海	2017-06-04
清中期 白玉辟邪镇	长10.4cm	230,000	北京保利	2017-12-20
清中期 黑白玉巧雕太师少师纸镇	长7.5cm	280,000	上海联合	2017-06-18
清中期 紫檀嵌白玉螭龙纹纸镇	长9.6cm	40,250	北京翰海	2017-12-16

拍品名称	物品尺寸	成交价RMB	拍卖公司	拍卖日期
清中期 紫檀嵌白玉龙纹纸镇	长24cm	23,000	北京翰海	2017-12-16
清 白玉花卉纹镇纸（带座）	长16cm	195,500	华艺国际	2017-11-25
清 白玉鹿衔灵芝纸镇	长8cm	23,000	中国嘉德	2017-04-01
清 白玉鸟形纸镇	长8.3cm	69,000	北京匡时	2017-12-03
清 白玉瑞兽镇	长11cm	34,500	北京保利	2017-11-05
清 黄玉螭龙镇纸	长16cm	345,000	上海明轩	2017-06-30
清 耄耋白玉纸镇	长7.5cm	14,560	浙江佳宝	2017-07-23
清 玉雕灵芝镇纸	长10.5cm	25,300	北京翰海	2017-01-08
清 玉雕瑞兽镇	高13.5cm	34,500	北京保利	2017-11-05
清 玉雕瑞兽镇（三件）	长6.8cm；长6.6cm；长5.4cm	20,700	北京保利	2017-12-20
19世纪 青白玉耄耋镇纸	长7.8cm	10,910	香港苏富比	2017-06-01
白玉“寒月回文”纸镇	直径5.6cm	28,750	中国嘉德	2017-09-03
白玉梅花纹书卷纸镇	长7cm	11,500	中国嘉德	2017-09-03
白玉瑞兽纸镇	长5.3cm	25,300	中国嘉德	2017-09-03
玛瑙彩沁羊镇	高6.8cm；长14cm	92,000	中拍国际	2017-06-04
杨大钊 般若波罗蜜多心经 青玉镇纸	12.9cm×5.1cm	56,000	上海联合	2017-06-18
杨大钊 春坞村居图 青玉镇纸	12.9cm×5.1cm	56,000	上海联合	2017-06-18
忠荣玉典 伯牙抚琴白玉镇纸	11.5cm×4.7cm	784,000	上海联合	2017-06-18
玉砚台				
明 青黄玉风字砚	长11.3cm	402,500	北京匡时	2017-06-04
清乾隆 白玉雕兽面纹风字砚	12.2cm×8.3cm	402,500	北京匡时	2017-06-04
清中期 白玉凤形砚	长11.1cm	17,250	北京翰海	2017-06-04
清 白玉雕凤纹包袱形砚	长14.9cm	57,500	西泠拍卖	2017-07-15
清 白玉题诗琴式砚	高18.5cm	293,820	北京匡时	2017-10-02
清 青白玉葫芦形砚台	长18cm	20,700	北京保利	2017-04-17
清 玉砚	10.8cm×6.8cm	11,500	广东崇正	2017-12-13
黄玉宝瓶砚	长8.4cm	13,800	北京保利	2017-04-17
近代 黄宾虹款碧玉砚	长7.5cm	57,500	上海敬华	2017-07-01
玉玺				
元 白玉卧龙钮“弘阐佛宗”方玺	长 6cm	5,859,800	香港蘇富比	2017-10-03
明 白玉螭龙钮备用玺	5.1cm×4.6cm	57,500	中鸿信	2017-04-30
清雍正 白玉雕螭龙钮玺	3.3cm×3.2cm	862,500	西泠拍卖	2017-07-15
清乾隆 白玉螭龙钮烟云无尽藏宝玺	3cm×3cm×6cm	552,000	中鸿信	2017-04-29
清乾隆 缠丝南红玛瑙朱雀钮宝玺丛云	高2.8cm	4,370,000	北京保利	2017-06-06
清乾隆 御制白玉交龙钮宝玺	6.5cm×4.8cm	11,039,000	香港蘇富比	2017-10-03
清嘉庆 白玉螭龙钮水为准平宝玺	高5cm	483,000	中鸿信	2017-04-29
清嘉庆 白玉瑞兽钮宝玺富春楼	高5.7cm	5,290,000	北京保利	2017-06-06
清道光 御制青玉瑞兽钮小玺（一套两方）	4.7cm×2.2cm×2	7,959,012	香港苏富比	2017-06-01
清光绪 青白玉雕“体和殿御赏”交龙钮宝玺	14.4cm×10cm	632,500	中贸圣佳	2017-09-04
清 白玉雕交龙钮“敬天勤民之宝”宝玺	14.5cm×14.5cm	1,322,500	北京保利	2017-12-19
18世纪初 青白玉双螭龙钮方玺	5cm×5.9cm	764,036	巴黎苏富比	2017-06-22
当代 凤舞九天·国玺		920,000	北京翰海	2017-04-30
当代 普天同庆九州方园国玺		1,265,000	北京翰海	2017-04-30

拍品名称	物品尺寸	成交价RMB	拍卖公司	拍卖日期
玉印				
战国晚期 玉勾云纹王子遢方印	宽2.2cm	425,500	佳士得	2017-11-29
汉 白玉带沁螭龙钮印	宽1.8cm	83,249	中国嘉德	2017-10-02
汉 玉勾连纹覆斗印	宽2.2cm	19,588	中国嘉德	2017-10-02
汉 玉兽钮印	宽2cm	41,135	中国嘉德	2017-10-02
汉或以后 白玉龙钮印	高2.3cm	186,750	佳士得	2017-10-02
元 白玉龟钮方印	高3.2cm	172,500	北京翰海	2017-12-16
明 白玉雕瑞兽钮印章	高2.2cm；长2.4cm；宽2.3cm	32,200	西泠拍卖	2017-07-15
明 白玉龙钮印	长5.1cm	638,640	万昌斯	2017-05-29
明 螭钮白玉官印	4cm×4cm×3.6cm	138,000	西泠拍卖	2017-07-16
明 青玉螭龙钮方章	直径5.5cm；高4.9cm；371g	178,250	中国嘉德	2017-12-21
明 玉蝉钮印	长3.4cm	20,700	中贸圣佳	2017-09-04
明 玉雕兽钮法印	高7.7cm	11,500	北京翰海	2017-01-08
明、清 玉、水晶印（三十方）	尺寸不一	80,500	中国嘉德	2017-09-03
明以前 白玉龟钮印章	高3.3cm	69,000	广东崇正	2017-12-13
明永乐 火烧玉盘螭“太子太傅陈循”方印	6cm×6cm×3.6cm	287,500	北京保利	2017-12-19
宋/明 玉雕刚印，多宝串（共3件）	最大的长2.6cm	36,633	中国嘉德	2017-05-30
17世纪 沃日土司三方玉印	主印长9.5cm	367,524	香港翰海	2017-10-05
清早期 白玉雕兽钮印章（五枚）	尺寸不一	115,000	北京东正	2017-12-09
清早期 白玉留皮云龙纹印章	高2.5cm	517,500	北京东正	2017-06-08
白玉抑斋款乾隆方章	3.5cm×4.4cm	575,000	荣宝斋（上海）	2017-07-30
清 旧玉雕乾隆皇十一子鼻钮印	长3.6cm 宽3.6cm	31,780	中鸿信	2017-04-30
清乾隆 白玉龙钮秘殿新编石渠宝笈印章	高2.8cm	63,250	中鸿信	2017-04-29
清乾隆 白玉角端钮印章『颐堂』	高2.6cm	184,000	北京东正	2017-12-09
清乾隆 南红玛瑙印	2.2cm×2.4cm	517,500	北京保利	2017-12-19
清乾隆 紫檀盒旧玉印章（一组八方）	尺寸不一	667,000	北京保利	2017-12-19
清嘉庆 黄玉丹青绮分印章	2.5cm×2.5cm	28,750	中鸿信	2017-04-30
清道光 御赐水晶九螭龙钮印	高9.4cm	207,000	中鸿信	2017-04-29
清中期 白玉留皮狮钮章	5.1cm×4.3cm	115,000	北京保利	2017-06-07
清中期 青白玉螭龙钮章（1组3件）	3cm×3cm×3.1cm；3cm×1cm×3cm；3cm×3cm×3.1cm	138,000	北京保利	2017-06-07
清晚期 御赐为国藩辅水晶印章	高4.0cm	575,000	观唐皕榷	2017-01-11
顾纪强制、姜丙雷刻 清雅、喜上眉梢碧玉印笼（一对）	5.5cm×4.3cm；4cm×3.2cm	42,560	上海联合	2017-12-17
清 白玉蹲兽印章	高5.3cm	109,250	古天一	2017-06-07
清 白玉活环钮印章	长4.5cm	51,750	中贸圣佳	2017-09-04
清 白玉龙钮印章	高4.7cm	155,250	上海匡时	2017-11-05
清 白玉瑞兽印	高8.8cm；宽4.8cm；长4.8cm	172,500	八益拍卖	2017-04-22
清 白玉狮钮印	高4.8cm	21,288	万昌斯	2017-05-29
清 白玉兽钮印章	长3cm；高2.5cm	23,000	广东崇正	2017-06-15

2017玉器拍卖成交汇总

(成交价RMB：1万元以上)

拍品名称	物品尺寸	成交价RMB	拍卖公司	拍卖日期
清 白玉兽钮印章（一组十件）	尺寸不一	230,000	上海匡时	2017-11-05
清 白玉羊钮印	2.8cm×3.5cm	402,500	北京保利	2017-12-19
清 白玉竹节钮鼎日堂书印	高1.8cm；直径2.7cm	20,700	浙江佳宝	2017-07-23
清 白玉竹形小章	高2.9cm	40,806	纽约佳士得	2017-07-13
清 潘玉茂刻茹钮扁方章	高3.3cm	230,000	广东崇正	2017-12-13
清 青白玉龙钮一溪云闲章	高9cm	115,000	中拍国际	2017-06-04
清 水晶雕法轮钮方章	4cm×4cm×6cm	51,750	北京保利	2017-06-08
清 玉雕瑞兽钮印	长7cm	23,000	北京保利	2017-11-05
清 御制白玉活环三联印	1.3cm×1.6cm	1,035,000	浙江佳宝	2017-07-23
清末民初 汪晓棠水晶素方印	高4.5cm	172,500	保利厦门	2017-06-26
18世纪 白玉螭龙钮葫芦形印	长5cm	2,542,733	纽约佳士得	2017-03-17
18世纪 白玉雕如意云纹活环方印	高3cm	466,875	佳士得	2017-10-02
18世纪 白玉兽钮章	高4cm	86,250	北京东正	2017-06-08
18世纪/19世纪 白玉螭龙纹印	高3.3cm	35,772	伦敦佳士得	2017-05-12
18世纪/19世纪 白玉印（一组7件）	高5.1cm	111,788	伦敦佳士得	2017-05-12
18世纪/19世纪 发晶阴阳钮方印	高5.2cm	167,681	伦敦佳士得	2017-05-12
19世纪/20世纪 白玉印及青白玉卧马（一组两件）	白玉印高2.5cm；青白玉卧马5.4cm	11,902	纽约佳士得	2017-07-13
19世纪/20世纪 碧玉龙钮印	高11.5cm	53,658	伦敦佳士得	2017-05-12
白玉、铜兽钮印（5方）	尺寸不一	25,300	中国嘉德	2017-04-01
白玉瓜瓞绵绵钮方章	3.6cm×3.6cm	218,500	荣宝斋（上海）	2017-07-30
白玉兽钮印	高6.3cm	105,800	中国嘉德	2017-04-01
白玉兽钮印	高4.5cm	17,250	中国嘉德	2017-09-03
白玉兽钮印三方	高6.3cm；高5cm；高4.7cm	20,700	中国嘉德	2017-09-03
白玉素章	3.2cm×2.3cm	44,800	上海联合	2017-12-17
碧玉龙纹套章	长14.5cm	10,350	北京保利	2017-04-17
螭龙 白玉钮章	3.1cm×2.6cm	11,200	上海联合	2017-06-18
翠玉瑞兽钮印（六方）	高4.5cm	83,000	佳士得	2017-10-02
冯钤 牧牛图 青花印	8.3cm×3.2cm	24,150	西泠拍卖	2017-07-15
顾铭 碧玉醉太白圆章		28,750	华艺国际	2017-05-27
和田玉印章	3cm×4cm×6cm	11,500	广东保利	2017-11-26
黄罕勇 祥瑞玉摆件（一组）	佩4cm×3.8cm；梳8.8cm×2cm；兽钮章4.2cm×2.1cm；兔钮章4.3cm×2.4cm	184,000	西泠拍卖	2017-07-15
黄玉螭龙钮圆印	直径4.5cm	17,250	北京翰海	2017-06-04
旧玉方印（两件）	高2.2cm	11,500	北京翰海	2017-06-04
青白玉兽钮印两方	高6.8cm；高5.6cm	17,250	中国嘉德	2017-09-03
瞿利军 白玉印泥盒	直径5.5cm，高2.5cm；98g	101,200	中国嘉德	2017-12-21
水晶瑞兽钮印	长4cm；宽4cm；高10.3cm	28,750	荣宝斋（上海）	2017-07-30
殷小金 和田玉黄玉螭龙印章	5.9cm×2.8cm	57,500	尚品润博	2017-07-16
张群自用玉龟钮印章	2.5cm×2.4cm	28,750	中国嘉德	2017-12-20
周立祥 笃行致远 白玉印	5.3cm×1.8cm	31,360	上海联合	2017-12-17

拍品名称	物品尺寸	成交价RMB	拍卖公司	拍卖日期
周立祥 心无物趣白玉印	5.4cm×2.2cm	64,960	上海联合	2017-06-18
周立祥 以德为邻白玉印	3.6cm×1.9cm	64,960	上海联合	2017-06-18
玉臂搁				
明 子冈款碧玉雕螭龙纹臂搁	长17cm	805,000	北京匡时	2017-06-04
清中期 白玉雕灵芝翠竹纹臂搁	长14.2cm；宽4.9cm	57,500	西泠拍卖	2017-07-15
清 白玉雕云龙诗文臂搁	长24cm	23,000	北京华辰	2017-12-17
清 白玉双螭纹镂雕臂搁	长11cm	287,500	北京东正	2017-06-08
清 碧玉雕竹节臂搁		17,250	上海敬华	2017-07-01
清 青白玉竹形臂搁	长14cm	36,313	佳士得	2017-10-04
其他玉文房用品				
17世纪 白玉镀金螭龙纹裁纸刀	长22cm	172,500	北京东正	2017-12-09
清 白玉龙钩开信刀、放大镜（两件）	长21cm；长20.5cm	34,500	北京保利	2017-06-08
清 白玉如意福寿纹书签	长30cm	20,700	西泠拍卖	2017-05-05
清 水晶文房（一组）	尺寸不一	10,350	朵云轩	2017-06-26
18世纪/19世纪 白玉文件架玉	宽18.7cm	27,204	纽约佳士得	2017-07-13

五 兵器及刀剑饰

拍品名称	物品尺寸	成交价RMB	拍卖公司	拍卖日期
玉刀				
文化期 玉三孔刀和青灰玉斧（各一件）	最大的长37.5cm	219,799	中国嘉德	2017-05-30
新石器时代齐家文化或商 玉刀	长27cm	131,193	香港苏富比	2017-06-01
明 御制白玉席地螭龙柄铜鎏金裁纸刀	长22.5cm	184,000	中鸿信	2017-04-29
清乾隆 御制白玉蒙兀儿帝国短刀	长35cm	126,500	中鸿信	2017-04-29
清 白玉五孔刀	长14.3cm	23,000	太平洋	2017-03-30
清 和田青白玉痕都斯坦马首刀柄	长15.5cm	11,500	中拍国际	2017-06-04
清 痕都斯坦青玉漆金狮首花纹钢刀	长35.2cm	34,500	中国嘉德	2017-09-04
18世纪 白玉柄裁纸刀及刀鞘	长23.5cm	473,172	纽约佳士得	2017-03-17
玉戈				
红山文化 鹰首棒	长17.3cm	245,016	香港翰海	2017-10-05
商 玉戈	25cm×5.5cm	193,196	中濠典藏	2017-05-23
商 玉戈	长34cm	1,063,750	佳士得	2017-11-29
商 玉戈	长25.9cm	44,073	中国嘉德	2017-10-02
西周 黄玉戈	长16.9cm	30,602	万昌斯	2017-05-29
战国 马纹玉戈	18cm×10.5cm	3,959,100	香港翰海	2017-10-05
玉钺				
二里头文化 约公元前1800-1600年 玉戚	长16.2cm	2,331,740	佳士得	2017-11-29
龙山文化中晚期至夏时期 约公元前2100-1600年 玉戚	长20.9cm	797,813	佳士得	2017-11-29
新石器时代 可能为龙山文化中晚期 约公元前2100-1600年 青玉虎纹钺	高17.1cm	4,374,140	佳士得	2017-11-29
商 玉雕带沁钺	高23cm	293,820	中国嘉德	2017-10-02
饕餮纹玉钺	高9.1cm	138,000	中拍国际	2017-06-04
玉剑格、玉珩及玉钺		26,239	香港苏富比	2017-06-01
玉钺、玉兽面纹剑格及玉夔龙纹玦		207,721	香港苏富比	2017-06-01
玉斧				
龙山文化 玉斧	10.7cm×6.5cm	33,418	中濠典藏	2017-05-23

拍品名称	物品尺寸	成交价RMB	拍卖公司	拍卖日期
文化期 黄玉斧	高8.3cm	10,467	中国嘉德	2017-05-30
新石器时代 玉斧残件	长14.9cm	23,804	纽约佳士得	2017-07-13
约新石器时代 玉斧	长10cm	109,327	香港苏富比	2017-06-01
商 玉嵌铜斧	高20.6cm	261,665	中国嘉德	2017-05-30
西周 黄玉带灰皮斧	长8cm；厚0.5cm	74,508	万昌斯	2017-05-29
西周 青玉兽面纹斧	长9.9cm；厚0.7cm	127,728	万昌斯	2017-05-29
明以前 青玉斧上有龙	高7cm	34,500	广东崇正	2017-06-15
清乾隆 白玉龙纹长宜子孙斧形佩	高9cm	28,750	北京翰海	2017-06-04
清乾隆 白玉御题诗文夔龙纹斧形佩	高9.5cm	690,000	北京翰海	2017-12-16
清晚期 白玉双螭斧形佩	高4.6cm	76,367	香港苏富比	2017-06-01
清 黄玉饕餮纹斧形佩	长7.3cm；宽4cm	34,500	荣宝斋（上海）	2017-07-30
清 玉斧型佩	高5.8cm	18,400	北京翰海	2017-09-13
清 玉斧型佩	高7.5cm	17,250	北京翰海	2017-09-13
清 玉斧型佩	高7.6cm	11,500	北京翰海	2017-09-13
清 玉兽斧佩	高8cm	11,500	北京翰海	2017-09-13
18世纪 白玉斧形佩	长7cm	218,500	北京东正	2017-06-08
玉铲				
约商 玉铲形佩	长6.7cm	218,654	香港苏富比	2017-06-01
清 玉铲(3件)	长20.7cm，长17.5cm，长16.8cm	87,462	香港苏富比	2017-06-01
玉剑首				
战国 玉雕剑首	直径4cm	10,467	中国嘉德	2017-05-30
战国 玉剑首两件和玉梳、玉韘形佩、玉瑞兽簸箕形佩（各一件）	最大的宽5.3cm	33,493	中国嘉德	2017-05-30
西汉 白玉带沁勾连谷纹剑首	直径4cm	34,279	中国嘉德	2017-10-02
西汉 螭龙纹玉剑首	直径4cm	146,910	北京匡时	2017-10-02
西汉及战国 玉谷纹剑首及玉兽面纹璏	直径4.2cm，宽5.8cm	327,981	香港苏富比	2017-06-01
汉 剑首、剑格、剑璏、剑珌	尺寸不一	293,820	北京匡时	2017-10-02
汉 玉雕螭龙纹剑首	直径4.8cm	23,000	西泠拍卖	2017-07-15
汉 玉剑首	直径4.5cm	56,150	香港翰海	2017-10-05
明 玉剑首（两件）	宽4.4cm	17,298	纽约佳士得	2017-03-16
清 螭龙纹玉剑首	直径3.5cm	138,000	古天一	2017-06-07
清 青玉剑首	直径4.5cm	11,500	朵云轩	2017-09-17
清 玉剑首	直径4.8cm	149,500	古天一	2017-06-07
黄玉剑首	直径4.5cm；高1.2cm	230,000	北京东正	2017-12-09
玉剑格				
西汉 白玉高浮雕螭龙纹剑格	宽5.5cm	47,100	中国嘉德	2017-05-30
宋 玉雕出廓螭龙纹剑格	宽5.7cm	18,840	中国嘉德	2017-05-30
清 饕餮纹玉剑格	长5cm	55,200	古天一	2017-06-07
玉剑璏				
战国 红镐螭龙纹剑璏	长5cm	18,840	中国嘉德	2017-05-30
战国 青玉谷纹龙形佩和白玉兽面勾连纹剑璏	最大的宽16.5cm	31,400	中国嘉德	2017-05-30
战国 玉、玛瑙剑璏（6件）	最大的长5.1cm	57,566	中国嘉德	2017-05-30

拍品名称	物品尺寸	成交价RMB	拍卖公司	拍卖日期
战国 玉卷云纹剑璏	长10.5cm	88,700	佳士得	2017-05-31
战国 玉弦纹剑璏	长3.8cm	31,400	中国嘉德	2017-05-30
东周晚期/汉 玉剑璏	长3.8cm	86,488	纽约佳士得	2017-03-16
西汉 白玉带沁高浮雕螭龙纹剑璏	长10cm	156,704	中国嘉德	2017-10-02
西汉 玉三灵纹剑璏	长10cm	3,352,940	佳士得	2017-11-29
西汉 玉兽面纹璏	长9.5cm	120,260	香港苏富比	2017-06-01
西汉 玉兽面纹璏	长8cm	45,917	香港苏富比	2017-06-01
西汉 玉弦纹璏	宽6.4cm	76,529	香港苏富比	2017-06-01
东汉 玉螭虎纹璏	宽7.3cm	153,058	香港苏富比	2017-06-01
东汉 玉螭龙纹璏	长6.6cm	65,596	香港苏富比	2017-06-01
汉 白玉苍龙戏熊纹剑璏	长8cm	421,325	佳士得	2017-05-31
汉 白玉螭虺纹剑璏	长9.5cm	831,563	佳士得	2017-05-31
汉 白玉螭虺纹剑璏	长8.5cm	443,500	佳士得	2017-05-31
汉 白玉螭龙擒熊纹剑璏	长9.2cm	243,925	佳士得	2017-05-31
汉 青白玉龙凤纹剑璏	长5.2cm	156,999	中国嘉德	2017-05-30
汉 玉螭虎纹璏	长9.7cm	218,654	香港苏富比	2017-06-01
汉 玉螭虺纹剑璏	长9cm	776,125	佳士得	2017-05-31
汉 玉螭龙纹剑璏	长3.5cm	310,450	佳士得	2017-05-31
汉 玉雕螭龙纹剑璏	长9.5cm	58,764	中国嘉德	2017-10-02
汉 玉凤纹剑璏	长11.5cm	665,250	佳士得	2017-05-31
汉 玉剑璏	长8.3cm	22,975	中濠典藏	2017-05-23
汉 玉兽面纹璏	长10.3cm	142,125	香港苏富比	2017-06-01
汉 玉兽面纹璏	长7cm	109,327	香港苏富比	2017-06-01
宋 白玉红沁兽面纹剑璏	长7.3cm；宽1.8cm	70,150	浙江佳宝	2017-07-23
宋 白玉浸黑沁苍龙教子纹剑璏	10.4cm × 2.46cm	448,000	浙江佳宝	2017-07-23
明 剑璏	长6.3cm	34,500	北京匡时	2017-12-03
明/清 白玉璏	The slide 长10.2cm	22,103	纽约佳士得	2017-07-13
明末至清初 玉兽面纹璏	长10.3cm	26,239	香港苏富比	2017-06-01
清 黄玉浮雕螭龙剑璏	长5.5cm	46,000	古天一	2017-06-07
清 兽面纹谷纹玉剑璏	长12cm	161,000	古天一	2017-06-07
清 玉勾连谷纹璏	长6.8cm	24,052	香港苏富比	2017-06-01
清 玉兽面纹璏	长7.7cm	38,264	香港苏富比	2017-06-01
玉剑珌				
战国 青白玉受沁兽面纹剑珌	宽8cm	41,866	中国嘉德	2017-05-30
战国至西汉 玉螭龙纹珌	长6.4cm	81,995	香港苏富比	2017-06-01
西汉 玉镂空螭龙灵猴纹剑珌	长7.5cm	904,188	佳士得	2017-11-29
约西汉 玉勾连纹珌	长6.3cm	81,995	香港苏富比	2017-06-01
汉 白玉螭龙纹出廓剑珌	宽5cm	52,333	中国嘉德	2017-05-30
汉 白玉剑珌	6cm × 5cm × 5cm	62,658	中濠典藏	2017-05-23
汉 白玉龙纹剑珌	宽6cm	332,625	佳士得	2017-05-31
汉 青白玉兽面纹剑珌、蒲纹剑璏和谷纹剑首（各一件）	最长6.5cm	44,073	中国嘉德	2017-10-02
汉 青玉剑珌	高5.3cm	53,424	中濠典藏	2017-11-29
清 玉剑珌	长6cm	161,000	古天一	2017-06-07
玉剑璲				
战国 褐白玉勾连云纹剑璏	长9cm	145,250	佳士得	2017-10-02
战国 褐白玉勾连云纹剑璏	长11.6cm	83,000	佳士得	2017-10-02
战国 褐白玉蒲纹剑璏	长7.5cm	83,000	佳士得	2017-10-02
战国 褐白玉云谷纹剑璏	长9.5cm	166,000	佳士得	2017-10-02

2017玉器拍卖成交汇总

（成交价RMB：1万元以上）

拍品名称	物品尺寸	成交价RMB	拍卖公司	拍卖日期
汉 白玉苍龙戏熊剑璏	长10.4cm	186,750	佳士得	2017-10-02
汉 白玉双螭龙纹剑璏	长9.6cm	498,000	佳士得	2017-10-02
明 青白玉带沁高浮雕兽面纹剑璏	长10.9cm	21,288	万昌斯	2017-05-29
清 白玉螭龙剑璏	长9.5cm	92,000	古天一	2017-06-07
玉刀剑饰				
东周 玉雕剑饰四件、玉雕蟠虺纹勒四件	最大的长5.3cm	177,932	中国嘉德	2017-05-30
西汉 玉螭龙纹剑饰一套3件及玉勾云纹剑格一件	宽8.8cm	7,504,020	佳士得	2017-05-31
汉 青白玉螭龙剑饰	长4.4cm	54,426	中国嘉德	2017-05-30
汉 玉雕龙剑饰	长6.2cm；宽2.1cm	28,750	西泠拍卖	2017-07-15
汉 玉剑饰（1组4件）	尺寸不一	276,000	西泠拍卖	2017-07-15
汉 玉剑饰（一组）	最长9.2cm	63,661	中国嘉德	2017-10-02
汉或以后 白玉镂雕龙凤纹剑饰	长9.2cm	31,400	中国嘉德	2017-05-30
明 白玉剑饰	长9.2cm	11,500	中贸圣佳	2017-09-04
明 旧玉螭龙剑饰	长10cm	17,250	北京保利	2017-06-08
明 玉雕剑饰	长9cm	36,800	北京保利	2017-11-04
明 玉雕剑饰	长8.5cm	23,000	北京保利	2017-11-04
明 玉剑饰（1组3件）		36,800	西泠拍卖	2017-07-15
明以前 穿云龙剑卫	长7.5cm	368,000	凤凰拍卖	2017-07-30
清 玉雕螭剑饰	长5.5cm	11,500	北京翰海	2017-09-13
18世纪 白玉痕都斯坦风格剑饰	长5.5cm	40,250	北京保利	2017-12-18
白玉鹰、青白玉剑饰各一件	长5.4cm；长3.5cm	11,500	中国嘉德	2017-04-01
古玉具剑（一组）	尺寸不一	23,000	中贸圣佳	2017-09-04
旧玉虎符（两件）	长9.5cm	414,000	北京翰海	2017-06-04
绿松石雕剑具（1组4件）	尺寸不一	920,000	中拍国际	2017-06-04
六 葬玉				
文化期 玉蝉、玉人形饰	最大的高5.6cm	10,467	中国嘉德	2017-05-30
文化期 玉蝉形饰、玉饰件（6件）	最大的长8.6cm	50,240	中国嘉德	2017-05-30
文化期 玉鸮、蝉等饰件（共10件）	最大的高10cm	36,633	中国嘉德	2017-05-30
西汉 白玉带沁面饰和塞（共八件）	最长6.8cm	19,588	中国嘉德	2017-10-02
西汉 玉豚（一对）	长10.6cm	819,953	香港苏富比	2017-06-01
汉 白玉带灰皮八刀蝉	长6.2cm；厚0.9cm	69,186	万昌斯	2017-05-29
汉 青白玉蝉	长6cm	71,232	中濠典藏	2017-11-29
汉 玉蝉	长4.2cm	183,762	香港翰海	2017-10-05
汉 玉蝉	长7cm	105,331	佳士得	2017-05-31
汉 玉塞	长5.8cm	8,746	香港苏富比	2017-06-01
汉至宋 玉蝉（10件）	最大的高6.5cm	96,293	中国嘉德	2017-05-30
约汉 玉蝉	高6.7cm	45,917	香港苏富比	2017-06-01
宋 白玉蝉	长6cm	51,875	佳士得	2017-10-02
宋 玉猪	宽6.7cm	39,176	中国嘉德	2017-10-02
明 旧玉蝉	长6.2cm	10,350	中国嘉德	2017-09-03
清 玉蝉	长6.5cm	230,000	古天一	2017-06-07
清 玉雕蝉	长6.5cm	69,000	古天一	2017-06-07

拍品名称	物品尺寸	成交价RMB	拍卖公司	拍卖日期
玉蝉	长6cm	97,750	十竹斋	2017-01-01
西周中期 玉猪	长4cm	5,191,100	佳士得	2017-11-29
西汉 玉握猪（一对）	长8.9cm	319,125	佳士得	2017-11-29
东汉 白玉握猪	长11cm	83,544	中濠典藏	2017-05-23
东汉 玉握猪	长11.8cm	2,740,220	佳士得	2017-11-29
东汉 玉握猪（一对）	长11.7cm	446,775	佳士得	2017-11-29
汉 白玉握猪（一对）	长11.5cm	411,348	中国嘉德	2017-10-02
汉 包鎏金铜玉握猪（一对）	最大长11.2cm	19,159	万昌斯	2017-05-29
汉 青玉汉八刀猪（一对）	长10cm	261,665	中国嘉德	2017-05-30
汉 玉猪	宽8.5cm	96,293	中国嘉德	2017-05-30
汉 玉猪（一对）	长12cm	31,400	中国嘉德	2017-05-30
宋 玉雕猪（两件）	最大的宽4.5cm	96,293	中国嘉德	2017-05-30
明 黄玉猪握	长8cm	20,700	西泠拍卖	2017-05-05